Alexander Bissels, Martina Hidalgo (Hrsg.)

Flexibilisierung von Arbeitsbedingungen in der unternehmerischen Praxis

De Gruyter Praxishandbuch

Flexibilisierung von Arbeitsbedingungen in der unternehmerischen Praxis

Herausgegeben von
Dr. Alexander Bissels, CMS Hasche Sigle, Köln
Martina Hidalgo, CMS Hasche Sigle, München

Bearbeitet von
Dr. Martin Triemel, CMS Hasche Sigle München
Dr. Michael Kobler, CMS Hasche Sigle, München

DE GRUYTER

Zitiervorschlag: Bissels/Hidalgo/*Bearbeiter*, Kap. 5 Rn 2.

Hinweis:
Alle Angaben in diesem Werk sind nach bestem Wissen unter Anwendung aller gebotenen Sorgfalt erstellt worden. Trotzdem kann von dem Verlag und den Autoren keine Haftung für etwaige Fehler übernommen werden.

ISBN 978-3-11-035521-5
e-ISBN 978-3-11-035524-6

Bibliografische Information der Deutschen Nationalbibliothek
Die Deutsche Nationalbibliothek verzeichnet diese Publikation in der Deutschen Nationalbibliografie; detaillierte bibliografische Daten sind im Internet über http://dnb.d-nb.de abrufbar.

Einbandabbildung: Thomas Northcut/Digital Vision/Thinkstock
Datenkonvertierung/Satz: jürgen ullrich typosatz, 86720 Nördlingen
Druck: CPI books GmbH, Leck
♾ Gedruckt auf säurefreiem Papier
Printed in Germany

www.degruyter.com

Vorwort

Da Arbeitsverhältnisse im Idealfall auf Dauer angelegte Vertragsbeziehungen zwischen Arbeitgeber und Arbeitnehmer sind, ist es in der Praxis für die Unternehmen sehr wichtig, einzelne Arbeitsbedingungen notfalls auch ohne Zustimmung des Mitarbeiters ändern zu können. Dies betrifft vor allem die Vergütung, aber auch den Arbeitsort, die Arbeitszeit und den Inhalt der Tätigkeit. Die einseitige Anpassungsmöglichkeit liegt aber auch im Interesse des Arbeitnehmers, da der Arbeitgeber z.B. eine Erhöhung der Vergütung nur sehr zögerlich vornehmen wird, wenn er diese in wirtschaftlich schwierigen Zeiten nicht rückgängig machen kann. Der Grundsatz „Pacta sunt servanda" kann im Arbeitsverhältnis deshalb nicht allein maßgeblich sein. Wo allerdings die Grenze zwischen berechtigten Flexibilisierungsinteressen und unzulässigen Eingriffen in vertragliche Festlegungen verläuft, ist im Einzelfall schwierig zu bestimmen.

Das vorliegende Praxishandbuch möchte dabei eine Hilfestellung geben, indem die wesentlichen Arbeitsbedingungen konkret auf Flexibilisierungsmöglichkeiten untersucht werden. Dabei bereitet es die gesetzlichen Grundlagen sowie die Rechtsprechung der Arbeitsgerichte soweit wie nötig auf und bietet konkrete Lösungsvorschläge an. Um jedoch den Bedürfnissen der Praxis Rechnung zu tragen, sollten die Ausführungen knapp und die Auseinandersetzung mit der Literatur überschaubar bleiben, wobei die Autoren großen Wert darauf gelegt haben, den Einstieg in die jeweilige Materie durch Zusammenfassungen und Checklisten zu erleichtern. Wir freuen uns über jede Rückmeldung, Anregung oder Kritik, die uns zeigt, dass das Buch angenommen wird.

Dass dieses Handbuch entstehen konnte, ist nicht zuletzt dem Verlag zu verdanken. Wir bedanken uns vor allem bei Frau Rechtsanwältin Kira Falter sowie Frau Jessica Gutschke und den zuständigen Lektorinnen Frau Virgina Engels und Frau Maria Erge, die uns mit viel Engagement unterstützt haben, aber auch bei Herrn Ulrich Wittek, mit dem wir zusammen die Idee zu diesem Buch entwickelt haben.

Köln/München, im Oktober 2014

Alexander Bissels
Martina Hidalgo

Inhaltsübersicht

Inhaltsverzeichnis

Kapitel 2
Flexibilisierung des Arbeitsortes

Kapitel 3
Flexibilisierung der Arbeitszeit

Kapitel 4
Flexibilisierung der Tätigkeit

Kapitel 5
Flexibilisierung der Vergütung

Kapitel 6
Flexibilisierung von Sachbezügen

Kapitel 7
Flexibilisierung des Urlaubsanspruchs

Kapitel 8
Verweise auf Regelungen außerhalb des Arbeitsvertrages

Abkürzungsverzeichnis

§	Paragraph
€	Euro
%	Prozent
a.A.	anderer Ansicht
a.F.	alte Fassung
Abs.	Absatz
AGB	Allgemeine Geschäftsbedingungen
AGG	Allgemeines Gleichbehandlungsgesetz
ALEB	Arbeitnehmerverband land- und ernährungswirtschaftlicher Berufe
Alt.	Alternative
AMP	Arbeitgeberverband Mittelständischer Personaldienstleister e.V.
AP	Arbeitsrechtliche Praxis
ArbeitstättenVO	Arbeitstättenverordnung
ArbG	Arbeitsgericht
ArbGG	Arbeitsgerichtsgesetz
ArbRAktuell	Arbeitsrecht aktuell (Zeitschrift)
ArbSchG	Arbeitsschutzgesetz
ArbuR	Arbeit und Recht (Zeitschrift)
ArbZG	Arbeitszeitgesetz
ARGE	Arbeitsgemeinschaft
Art.	Artikel
ATG	Altersteilzeitgesetz
AuA	Arbeit und Arbeitsrecht (Zeitschrift)
AÜG	Arbeitnehmerüberlassungsgesetz
AuR	Arbeit und Recht (Zeitschrift)
Az.	Aktenzeichen
BA	Bundesagentur für Arbeit
BAG	Bundesarbeitsgericht
BAG GS	Bundesarbeitsgericht, Großer Senat
BAGE	Entscheidungen des Bundesarbeitsgerichts
BAT	Bundesangestelltentarifvertrag
BAVAZ	bedarfsabhängige variable Arbeitszeit
BB	Betriebs-Berater (Zeitschrift)
BeckRS	Beck'sche Rechtsprechung
BEEG	Bundeselterngeld- und Elternzeitgesetz
Beschl.	Beschluss
BetrVG	Betriebsverfassungsgesetz
BGB	Bürgerliches Gesetzbuch
BGBl.	Bundesgesetzblatt
BIGD	Beschäftigtenverband Industrie, Gewerbe, Dienstleistung
BildschirmarbeitsVO	Bildschirmarbeitsverordnung
BR-Drucks	Bundesrat-Drucksache
BSG	Bundessozialgericht
BSGE	Entscheidungen des Bundessozialgerichts

BT-Drucks	Bundestag-Drucksache
BUrlG	Bundesurlaubsgesetz
BVerfG	Bundesverfassungsgericht
BZA (jetzt BAP)	Bundesverband Zeitarbeit Personal-Dienstleistungen e.V.
bzw.	beziehungsweise
CGB	Christlicher Gewerkschaftsbund Deutschland
CGM	Christliche Gewerkschaft Metall
CGZP	Tarifgemeinschaft Christlicher Gewerkschaften für Zeitarbeit und Personal-Service-Agenturen
DB	Der Betrieb (Zeitschrift)
DGB	Deutscher Gewerkschaftsbund
DHV	DHV – die Berufsgewerkschaft e.V.
DRV	Deutsche Rentenversicherung Bund
e.V.	eingetragener Verein
EFZG	Entgeltfortzahlungsgesetz
eG	eingetragene Genossenschaft
EStG	Einkommenssteuergesetz
etc.	et cetera
ETV	Entgelttarifvertrag
EuGH	Europäischer Gerichtshof
EzA	Entscheidungen zum Arbeitsrecht
FA	Beilage zu Fachanwalt Arbeitsrecht (Zeitschrift)
gem.	gemäß
GewO	Gewerbeordnung
GG	Grundgesetz
ggf.	gegebenenfalls
HGB	Handelsgesetzbuch
Hs.	Halbsatz
i.d.F.	in der Fassung
i.S.d.	im Sinne des
i.V.m.	in Verbindung mit
iGZ	Interessenverband Deutscher Zeitarbeitsunternehmen
JArbSchG	Jugendarbeitsschutzgesetz
Kap.	Kapitel
KAPOVAZ	Kapazitätsorientierte Arbeitszeit
krit.	kritisch
KSchG	Kündigungsschutzgesetz
LAG	Landesarbeitsgericht
LAGE	Entscheidungen der Landesarbeitsgerichte

LG	Landgericht
LSG	Landessozialgericht
m. Anm.	mit Anmerkung
MTV	Manteltarifvertrag
MuSchG	Mutterschutzgesetz
n.v.	nicht veröffentlicht
NJOZ	Neue juristische Online-Zeitschrift
NJW	Neue Juristische Wochenschrift
NJW-Spezial	Neue juristische Wochenzeitschrift spezial
Nr.	Nummer
NZA	Neue Zeitschrift für Arbeitsrecht
NZA-RR	Neue Zeitschrift für Arbeitsrecht- Rechtsprechungs-Report Arbeitsrecht
NZS	Neue Zeitschrift für Sozialrecht
o.ä.	oder ähnlich
OLG	Oberlandesgericht
PflegeZG	Pflegezeitgesetz
Pkw	Personenkraftwagen
RdA	Recht der Arbeit (Zeitschrift)
S.	Satz; Seite
SG	Sozialgericht
SGB	Sozialgesetzbuch
SGB I	Allgemeiner Teil
SGB II	Grundsicherung für Arbeitsuchende
SGB III	Arbeitsförderung
SGB IV	Gemeinsame Vorschriften für die Sozialversicherung
SGB V	Gesetzliche Krankenversicherung
SGB VI	Gesetzliche Rentenversicherung
SGB VII	Gesetzliche Unfallversicherung
SGB VIII	Kinder- und Jugendhilfe
SGB IX	Rehabilitation und Teilhabe behinderter Menschen
SGB X	Sozialverwaltungsverfahren und Sozialdatenschutz
SGB XI	Soziale Pflegeversicherung
SGG	Sozialgerichtsgesetz
TVöD	Tarifvertrag für den öffentlichen Dienstag
TzBfG	Teilzeit- und Befristungsgesetz
u.a.	unter anderem
u.ä.	und ähnlich
Urt.	Urteil
v.H.	vom Hundert
vgl.	vergleiche

z.B.	zum Beispiel
ZFA	Zeitschrift für Arbeitsrecht
Ziff.	Ziffer
ZPO	Zivilprozessordnung
ZTR	Zeitschrift für Tarifrecht
zust.	zustimmend

Abkürzungsverzeichnis der zitierten Literatur

Annuß/Thüsing/ *Bearbeiter*	Annuß/Thüsing, Kommentar zum Teilzeit- und Befristungsgesetz, 3. Auflage 2012
Anzinger/Koberski	Anzinger/Koberski, Arbeitszeitgesetz, 4. Auflage 2014
APS/*Bearbeiter*	Ascheid/Preis/Schmidt, Kündigungsrecht, 4. Auflage 2012
Baeck/Deutsch, ArbZG	Baeck/Deutsch, Arbeitszeitgesetz, 3. Auflage 2014
Bauer/Lingemann/ Diller/Haußmann/ *Bearbeiter,* ArbR	Bauer/Lingemann/Diller/Haußmann, Anwalts-Formularbuch Arbeitsrecht, 5. Auflage 2014
Däubler/*Bearbeiter,* TVG	Däubler, Tarifvertragsgesetz, 3. Auflage 2012
Däubler/Bonin/ Dienert, AGB	Däubler/Bonin/Deinert, AGB im Arbeitsrecht, 4. Auflage 2014
ErfK/*Bearbeiter*	Erfurter Kommentar zum Arbeitsrecht, 14. Auflage 2014
Fitting	Fitting/Engels/Schmidt/Trebinger/Linsenmaier, BetrVG, 27. Auflage 2014
Gagel/*Bearbeiter*	Gabel, Kommentar zum SGB III, Stand 2014
Grobys/Panzer/ *Bearbeiter*	Grobys/Panzer, StichwortKommentar Arbeitsrecht, 2. Auflage 2014
Hahn, Flexible Arbeitszeit	Hahn, Flexible Arbeitszeit, 1. Auflage 2011
Henssler/Moll/Bepler/ *Bearbeiter,* Tarifvertrag	Henssler/Moll/Bepler, Der Tarifvertrag, 1. Auflage 2012
Hümmerich/Lücke/ Mauer/*Bearbeiter,* ArbR	Hümmerich/Lücke/Mauer, Arbeitsrecht, 8. Auflage 2013
Hümmerich/Reufels/ *Bearbeiter,* Arbeitsverträge	Hümmerich/Reufels, Gestaltung von Arbeitsverträgen, 2. Auflage 2011
HWK/*Bearbeiter*	Henssler/Willemsen/Kalb, Arbeitsrecht Kommentar, 6. Auflage 2014
Kempen/Zachert/ *Bearbeiter,* TVG	Kempen/Zachert, Tarifvertragsgesetz, 5. Auflage 2014
Küttner/*Bearbeiter*	Küttner, Personalbuch, 21. Auflage 2014
Leinemann/Linck, Urlaubsrecht	Leinemann/Linck, Urlaubsrecht, 2. Auflage 2001
Liebers/*Bearbeiter,* Formularbuch Fachanwalt ArbR	Liebers, Formularbuch des Fachanwalts Arbeitsrecht, 2. Auflage 2013
Löwisch/Rieble, TVG	Löwisch/Rieble, Tarifvertragsgesetz, 3. Auflage 2012
Moll/*Bearbeiter,* ArbR	Moll, Münchner Anwaltshandbuch Arbeitsrecht, 3. Auflage 2012
MüArbR/*Bearbeiter*	Münchner Handbuch Arbeitsrecht, 3. Auflage 2009
MüKo-BGB/*Bearbeiter*	Münchner Kommentar BGB, §§ 617 bis 704 BGB, 5. Auflage 2009
Nägele, Dienstwagen	Nägele, Der Dienstwagen, 2. Auflage 2010
Neumann/Fenski, BUrlG	Neumann/Fenski, Bundesurlaubsgesetz, 9. Auflage 2003
Preis/*Bearbeiter,* Arbeitsvertrag	Preis, Der Arbeitsvertrag, 4. Auflage 2011
Rolfs/Giesen/ Kreikebohm/Udsching	Rolfs/Giesen/Kreikebohm/Udsching, Arbeitsrecht, 1. Auflage 2008

Schaub, Formular- und Vertragshandbuch	Schaub/Schrader/Straube/Vogelsang, Arbeitsrechtliches Formular- und Verfahrenshandbuch, 10. Auflage 2013
Schaub/*Bearbeiter*, ArbR-Hb.	Schaub/Koch/Linck/Treber/Vogelsang, Arbeitsrechts-Handbuch, 15. Auflage 2013
Schrader/Straube, Dienstwagen	Schrader/Straube, Der Dienstwagen im Arbeits- und Steuerrecht, 1. Auflage 2013
Tschöpe/*Bearbeiter*, AHB-Arbeitsrecht	Tschöpe, Anwaltshandbuch Arbeitsrecht, 8. Auflage 2013

Bearbeiterverzeichnis

Alexander Bissels, Dr. jur., Jg. 1976, ist Partner und Fachanwalt für Arbeitsrecht bei CMS Hasche Sigle in Köln. Er berät deutsche und multinationale Unternehmen auf sämtlichen Gebieten des Individual- und Kollektivarbeitsrechts, insbesondere zu Fragen im Bereich des Fremdpersonaleinsatzes (Arbeitnehmerüberlassung und Werkvertrag). Dr. Alexander Bissels ist Autor zahlreicher Publikationen, u.a. Mitherausgeber eines Kommentars zum AÜG sowie Mitautor in einem arbeitsrechtlichen Praktikerhandbuch mit den Kapiteln „Anbahnung des Arbeitsverhältnisses“ und „AGB-Kontrolle“, in dem er sich mit der Flexibilisierung von Arbeitsbedingungen befasst. Darüber hinaus hält er regelmäßig Vorträge zu aktuellen arbeitsrechtlichen Themen insbesondere mit Bezug zur Arbeitnehmerüberlassung.

Martina Hidalgo, ist Partnerin und Fachanwältin für Arbeitsrecht bei CMS Hasche Sigle in München und hat sich seit Beginn ihrer Tätigkeit im Jahr 1997 konsequent auf den Bereich des Individual- und Kollektivarbeitsrechts konzentriert. Der Schwerpunkt ihrer Tätigkeit liegt in der arbeitsrechtlichen Begleitung von Umstrukturierungen sowie der Gestaltung der arbeitsrechtlichen Konzepte bei Transaktionen. Daneben berät sie international agierende Großkonzerne ebenso wie mittelständische Arbeitgeber bei strategischen HR-Projekten. Martina Hidalgo veröffentlicht regelmäßig Artikel und Entscheidungsbesprechungen in der Fachpresse und ist mit dem Kapitel „Wirtschaftliche Mitbestimmung – Interessenausgleich und Sozialplan“ Autorin eines arbeitsrechtlichen Standardwerks.

Michael Kobler, Dr. jur., Jg. 1981, ist Rechtsanwalt im Münchener Büro von CMS Hasche Sigle. Er berät deutsche und internationale Unternehmen auf sämtlichen Gebieten des Individual- und Kollektivarbeitsrechts. Schwerpunkte seiner Tätigkeit sind die Flexibilisierung von Arbeitsbedingungen, die arbeitsrechtliche Begleitung von Umstrukturierungsprozessen sowie die Prozessvertretung vor Arbeits- und Zivilgerichten.

Martin Triemel, Dr. jur., Jg. 1975, ist Rechtsanwalt und Fachanwalt für Arbeitsrecht bei CMS Hasche Sigle in München. Er berät laufend nationale und internationale Unternehmen sowie multinationale Konzerne in sämtlichen individual- und kollektivarbeitsrechtlichen Fragestellungen. Ein Schwerpunkt seiner Tätigkeit liegt auf der arbeitsrechtlichen Begleitung von Umstrukturierungsprozessen sowie der Prozessvertretung.

Kapitel 1
Allgemeine Flexibilisierungsinstrumente

A. Direktionsrecht

I. Begriff und Reichweite des Direktionsrechts

1 (Schriftliche) Arbeitsverträge enthalten für gewöhnlich Regelungen hinsichtlich des Aufgabengebiets, des Arbeitsorts und der Arbeitszeit des Arbeitnehmers. Oftmals handelt es sich dabei jedoch nur um rahmenmäßige Umschreibungen, insbesondere bei der vom Mitarbeiter zu erbringenden Tätigkeit.[1] Mit Hilfe des sog. **Direktionsrechts (auch Weisungsrecht genannt)** kann der Arbeitgeber die vom Arbeitnehmer geschuldeten Leistungen in ihren Einzelheiten einseitig bestimmen.[2] Dies ist insbesondere deshalb notwendig, da im Laufe des Arbeitsverhältnisses wechselnde Marktbedingungen, neue Produktionstechniken oder andere Organisationsformen insbesondere eine Änderung der Tätigkeit oder des Arbeitsortes erforderlich machen können.[3]

2 Das Direktionsrecht ist wesentlicher Bestandteil des Arbeitsverhältnisses.[4] Aus Gründen von Rechtsklarheit und Rechtssicherheit findet sich jedoch eine **ausdrückliche Regelung** zu Inhalt und Grenzen dieses Rechts in § 106 GewO.[5] In § 6 Abs. 2 GewO wird klargestellt, dass diese Norm auf alle Arbeitnehmer Anwendung findet.

3 Nach § 106 S. 1 GewO kann der Arbeitgeber Inhalt, Ort und Zeit der Arbeitsleistung nach billigem Ermessen näher bestimmen. Weisungen im Hinblick auf den **Inhalt der Arbeitsleistung** können die Art der Tätigkeit („Was") und deren konkrete Ausübung („Wie") betreffen.[6] Der Arbeitgeber kann daher sowohl die einzelnen Tätigkeiten und ihre Reihenfolge als auch die Begleitumstände, unter denen die Arbeit zu verrichten ist, festlegen.[7] Ferner kann der Arbeitgeber näher bestimmen, wo der Arbeitnehmer die Arbeitsleistung erbringen soll (**Ort der Arbeitsleistung**).[8] Durch das Direktionsrecht ist es dem Arbeitgeber letztlich auch möglich, die **Zeit**

---

1 Vgl. BAG, Urt. v. 19.5.2010 – 5 AZR 162/09 – NZA 2010, 1119; *Schaub/Linck*, ArbR-Hb., § 45 Rn 13.

2 BAG, Urt. v. 10.11.1992 – 1 AZR 185/92 – NZA 1993, 331; *Küttner/Griese*, Personalbuch, Weisungsrecht Rn 1.

3 BT-Drucks. 14/8796, S. 24.

4 BT-Drucks. 14/8796, S. 24; BAG, Urt. v. 13.10.2009 – 9 AZR 722/08 – NZA 2010, 327; ErfK/*Preis*, § 106 GewO Rn 1.

5 Vgl. BT-Drucks. 14/8796, S. 24.

6 HWK/*Lembke*, § 106 GewO Rn 15.

7 *Küttner/Griese*, Personalbuch, Weisungsrecht Rn 3.

8 HWK/*Lembke*, § 106 GewO Rn 24.

der Arbeitsleistung und damit das „Wann“ und „Wie lange“ näher zu bestimmen.[9] Gegenstand der Weisung kann dabei der Arbeitsbeginn und das Arbeitsende sowie die Festlegung von Pausen, die Anforderung von Bereitschaftsdienst oder Rufbereitschaft sein.[10]

4 Aufgrund des Direktionsrechts ist der Arbeitgeber folglich in der Lage, die Hauptleistungspflicht zu konkretisieren, indem er dem Arbeitnehmer bestimmte Aufgaben zuweist und den Ort und die Zeit ihrer Erledigung verbindlich festlegt.[11] Das Direktionsrecht erschöpft sich jedoch nicht hierin, sondern bezieht sich ferner auf eine nicht abschließend aufzählbare, je nach den Umständen des Einzelfalls näher zu bestimmende Vielzahl von Pflichten, deren Erfüllung unumgänglich ist, um den Austausch der Hauptleistungspflichten sinnvoll zu ermöglichen (**sog. leistungssichernde Verhaltenspflichten**).[12] Insofern ist es dem Arbeitgeber z.B. möglich, den Arbeitnehmer anzuweisen, an einem Gespräch mit inhaltlichem Bezug zu dessen Arbeitspflichten teilzunehmen.[13]

5 Der Arbeitgeber kann ferner die Ordnung und das Verhalten der Mitarbeiter im Betrieb nach billigem Ermessen näher bestimmen, § 106 S. 2 GewO.[14] Zu diesen sog. **betriebsbezogenen Weisungen** gehören bspw. die Anordnung von Rauchverboten, die Durchführung von Eingangskontrollen oder die Weisung, Schutzkleidung zu tragen.[15]

6 Das Direktionsrecht umfasst sowohl eine **konkrete Einzelanweisung** des Arbeitgebers an den Arbeitnehmer als auch die Befugnis, **generell-abstrakte Regelungen** für den gesamten Betrieb festzulegen.[16] Bei einer individuelle Anweisung geht es um die konkrete Arbeitspflicht im Einzelfall (z.B. das Einräumen eines Regals, das Reinigen eines Büroraums); eine generell-abstrakte Weisung betrifft vor allem die Ordnung des Betriebs und das Verhalten der Arbeitnehmer (z.B. Rauchverbote, Bekleidungsvorschriften).[17]

7 In **formeller Hinsicht** ist zu beachten, dass Weisungen keinem Formzwang unterliegen und demgemäß grundsätzlich auch mündlich erteilt werden können.[18] Dies ist sicherlich der Normalfall.

---

9 HWK/*Lembke*, § 106 GewO Rn 5.

10 *Küttner/Griese*, Personalbuch, Weisungsrecht Rn 4.

11 BAG, Urt. v. 23.6.2009 – 2 AZR 606/08 – NZA 2009, 1011.

12 BAG, Urt. v. 23.6.2009 – 2 AZR 606/08 – NZA 2009, 1011.

13 Vgl. BAG, Urt. v. 23.6.2009 – 2 AZR 606/08 – NZA 2009, 1011; HWK/*Lembke*, § 106 GewO Rn 5; *Urban*, ArbRAktuell 2011, 87.

14 Dabei ist jedoch das Mitbestimmungsrecht des Betriebsrats gem. § 87 Abs. 1 Nr. 1 BetrVG zu beachten, soweit einschlägig, ErfK/*Preis*, § 106 GewO Rn 2.

15 BT-Drucks. 14/8796, S. 24.

16 *Fuhlrott*, AuA 2012, 648.

17 MünchHdBArbR/*Reichold*, § 36 Rn 21; vgl. auch BT-Drucks. 14/8796, S. 24.

18 BAG, Urt. v. 23.6.2009 – 2 AZR 606/08 – NZA 2009, 1011.

Praxistipp
Wenn sich zwischen den Parteien des Arbeitsverhältnisses ein Konflikt abzeichnet, empfiehlt es sich, Weisungen, die dem Arbeitnehmer erteilt werden und die mit dem Streitpunkt im Zusammenhang stehen, schriftlich zu dokumentieren, um im „worst case" eines Gerichtsverfahrens die erforderlichen Beweise erbringen zu können.

Die Ausübung des Weisungsrechts hat stets nach **„billigem Ermessen"** zu erfolgen, vgl. § 315 BGB.[19] Hierbei ist eine Abwägung der wechselseitigen Interessen nach verfassungsrechtlichen und gesetzlichen Wertentscheidungen, den allgemeinen Grundsätzen der Verhältnismäßigkeit und Angemessenheit sowie der Verkehrssitte und Zumutbarkeit erforderlich.[20] In diesen Abwägungsvorgang sind sämtliche Umstände einzubeziehen, zu denen die Vorteile aus einer Regelung, die Risikoverteilung zwischen den Vertragsparteien, die beiderseitigen Bedürfnisse, außervertragliche Vor- und Nachteile, Vermögens- und Einkommensverhältnisse sowie soziale Lebensverhältnisse, wie familiäre Pflichten und Unterhaltsverpflichtungen, gehören.[21] Bei der Ausübung des Ermessens hat der Arbeitgeber auch auf Behinderungen des Arbeitnehmers Rücksicht zu nehmen, § 106 S. 3 GewO. Maßgeblich ist der Zeitpunkt der Weisungserteilung.[22] Ein besonderes Gewicht kommt in diesem Zusammenhang den dem einzelnen Arbeitnehmer zustehenden **Grundrechten** zu.[23] Kollidieren diese mit dem Grundrecht des Arbeitgebers aus Art. 12 Abs. 1 S. 2 GG, sind die gegensätzlichen Rechtspositionen grundrechtskonform auszugleichen (**„praktische Konkordanz"**).[24] Ob der Arbeitgeber die Grenzen seines Bestimmungsrechts beachtet hat, obliegt der gerichtlichen Überprüfung gem. §§ 106 S. 1 GewO, 315 Abs. 3 S. 1 BGB (**sog. Ausübungskontrolle**).[25] 8

Die Reichweite des Direktionsrechts zeigt, dass der Arbeitgeber hiermit über ein **Flexibilisierungsinstrument** verfügt, mit dessen Hilfe er die Arbeitsleistung der einzelnen Arbeitnehmer gezielt steuern kann. Es eignet sich jedoch nicht nur dazu, den „alltäglichen" Betriebsablauf zu koordinieren, sondern auch, um auf veränderte (wirtschaftliche) Rahmenbedingungen schnell und angemessen reagieren zu können.[26] 9

---

19 HWK/*Lembke*, § 106 GewO Rn 115.
20 BAG, Urt. v. 28.8.2013 – 10 AZR 569/12 – juris.
21 BAG, Urt. v. 28.8.2013 – 10 AZR 569/12 – juris; krit. dazu *Schaub/Linck*, ArbR-Hb., § 45 Rn 17.
22 BAG, Urt. v. 24.2.2011 – 2 AZR 636/09 – NZA 2011, 1087.
23 Vgl. dazu HWK/*Lembke*, § 106 GewO Rn 126.
24 BAG, Urt. v. 24.2.2011 – 2 AZR 636/09 – NZA 2011, 1087.
25 BAG, Urt. v. 28.8.2013 – 10 AZR 569/12 – juris; *Reinecke*, NZA-RR 2013, 393, 397 ff.
26 Vgl. bereits BT-Drucks. 14/8796, S. 24.

II. Grenzen des Direktionsrechts

10 Das Direktionsrecht unterliegt jedoch bestimmten Grenzen. So ist der Arbeitgeber – neben der Einhaltung des „billigem Ermessens“ – bei der Erteilung von Weisungen an die Festlegung der Arbeitsbedingungen im Arbeitsvertrag, in einer Betriebsvereinbarung bzw. einem anwendbaren Tarifvertrages sowie in gesetzlichen Vorschriften gebunden. Diese Bestimmungen können sich auf Inhalt, Ort und Zeit der Arbeitsleistung sowie die Ordnung und das Verhalten der Arbeitnehmer im Betrieb beziehen.[27] Insbesondere der Umstand, dass das Verhalten der Mitarbeiter nur „im Betrieb“ geregelt werden kann, zeigt, dass es dem Arbeitgeber grundsätzlich nicht erlaubt ist, mit Hilfe des Direktionsrechts in den Bereich der privaten Lebensführung einzugreifen.[28] Zudem unterliegen die **wesentlichen Bestandteile des Austauschverhältnisses** (d.h. die Höhe des Entgelts und der Umfang der geschuldeten Arbeitsleistung) bereits dem Grunde nach nicht dem Direktionsrecht.[29] Diese sind in Form einer für die Arbeitsvertragsparteien bindenden und verbindlichen Vereinbarung festzuschreiben, ohne dass der Arbeitgeber diese nachträglich einseitig modifizieren kann.

11 Die wichtigste Grenze, die das Direktionsrechts einschränkt, ergibt sich aus den im **Arbeitsvertrag** vereinbarten Arbeitsbedingungen.[30] Im Hinblick auf diese gilt im Grundsatz: Je enger bzw. konkreter die Festlegungen, desto enger ist das arbeitgeberseitige Direktionsrecht und je weiter bzw. offener die von den Parteien getroffene Regelung, desto weiter ist das Direktionsrecht.[31] Der Inhalt des Arbeitsvertrags bestimmt demnach die Reichweite des Weisungsrechts des Arbeitgebers.[32]

12 Auch in einer **Betriebsvereinbarung** oder einem **anwendbaren Tarifvertrag** geregelte Arbeitsbedingungen schränken die Weisungsbefugnis des Arbeitgebers ein. Betriebsvereinbarungen enthalten i.d.R. generell-abstrakte Regelungen hinsichtlich Inhalt, Ort und Zeit der Arbeitsleistung sowie zur Ordnung und zum Verhalten der Arbeitnehmer im Betrieb.[33] Gleiches gilt für Bestimmungen eines Tarifvertrages, der insb. auch sog. Betriebsnormen enthalten kann, die sich auf die Ordnung und das Verhalten der Arbeitnehmer im Betrieb beziehen.[34] Ein Tarifvertrag ist an-

---

27 HWK/*Lembke*, § 106 GewO Rn 54.

28 BAG, Urt. v. 23.8.2012 – 8 AZR 804/11 – NZA 2013, 268, für den Fall, in dem ein Arbeitgeber den Arbeitnehmer verpflichten wollte, dessen Steuererklärung durch ein von ihm selbst bestimmtes Unternehmen erstellen zu lassen.

29 BAG, Urt. v. 23.6.2009 – 2 AZR 606/08 – NZA 2009, 1011; HWK/*Lembke*, § 106 GewO Rn 13; ErfK/*Preis*, § 106 GewO Rn 2.

30 *Lakies*, ArbRAktuell 2013, 3.

31 *Lakies*, ArbRAktuell 2013, 3; HWK/*Lembke*, § 106 GewO Rn 12.

32 ErfK/*Preis*, § 106 GewO Rn 5.

33 HWK/*Lembke*, § 106 GewO Rn 88.

34 HWK/*Lembke*, § 106 GewO Rn 95ff., 103.

wendbar, wenn sowohl Arbeitgeber als auch Arbeitnehmer tarifgebunden sind, § 3 TVG.[35]

Sofern Arbeitsbedingungen in **gesetzlichen Vorschriften** festgelegt sind, müs- 13
sen diese vom Arbeitgeber bei der näheren Konkretisierung der Arbeitsleistung durch das Weisungsrecht ebenfalls beachtet werden. Hierunter fallen spezielle Arbeitnehmerschutzbestimmungen, insb. aus dem MuSchG, JArbSchG, ArbSchG, ArbZG und dem BUrlG.[36] Aber auch allgemeine Gesetze (öffentlich-rechtliche oder strafrechtliche Normen) sowie Rechtsverordnungen oder Unfallverhütungsvorschriften sind in diesem Zusammenhang relevant.[37] Ausweislich der Gesetzesbegründung zählt das Mitbestimmungsrecht des Betriebsrats nach dem BetrVG ebenfalls zu den „gesetzlichen Vorschriften", die das Direktionsrecht begrenzen.[38]

Das BAG hat zudem erst kürzlich entschieden, dass der Arbeitgeber bei der 14
Verteilung der Lage der Arbeitszeit (hier: Nachtdienst bei Krankenschwestern) Rücksicht auf die Interessen des Arbeitnehmers nehmen muss, wenn dieser aus gesundheitlichen Gründen nur beschränkt einsetzbar ist.[39] Der Arbeitgeber muss die Erkrankung bei der Erstellung der Schichtpläne angemessen berücksichtigen. Das Direktionsrecht wird damit durch die gesundheitlich Disposition des Mitarbeiters und die daran anknüpfenden Interessen beschränkt.

Darüber hinaus ist grundsätzlich anerkannt, dass sich ein Arbeitsverhältnis nach 15
einem längerem Zeitraum „de facto" auf bestimmte Arbeitsbedingungen konkretisieren und so das Weisungsrecht begrenzt werden kann.[40] Jedoch schafft die **Nichtausübung des Direktionsrechts** durch den Arbeitgeber über einen längeren Zeitraum regelmäßig keinen Vertrauenstatbestand dahingehend, dass dieser von seinem Recht in Zukunft keinen Gebrauch mehr machen will, da diese keinen Erklärungswert hat.[41] Etwas anderes kann nur gelten, sofern besondere Umstände hinzutreten, aufgrund derer der Arbeitnehmer darauf vertrauen darf, dass er nicht in anderer Weise eingesetzt werden soll.[42] In diesem Fall kann es durch schlüssiges Verhalten zu einer **vertraglichen Beschränkung des Direktionsrechts** kommen.[43]

---

35 *Fuhlrott*, AuA 2012, 648, 649, der darauf hinweist, dass eine Tarifbindung auch dann besteht, wenn ein Arbeitsvertrag auf einen Tarifvertrag Bezug nimmt; HWK/*Lembke*, § 106 GewO Rn 96 merkt hierzu allerdings an, dass in einem solchen Fall der Arbeitsvertrag dogmatisch die Grenze des Direktionsrechts darstellt.

36 *Tettinger/Wank/Ennuschat/Wank*, § 106 GewO Rn 13; *Fuhlrott*, AuA 2012, 648, 649.

37 *Fuhlrott*, AuA 2012, 648, 649; *Tettinger/Wank/Ennuschat/Wank*, § 106 GewO Rn 17.

38 BT-Drucks. 14/8796, S. 24; *Tettinger/Wank/Ennuschat/Wank*, § 106 GewO Rn 16.

39 BAG, Urt. v. 9.4.2014 – 10 AZR 637/13 – NZA 2014, 719.

40 BAG, Urt. v. 13.6.2012 – 10 AZR 296/11 – NZA 2012, 1154.

41 BAG, Urt. v. 13.6.2012 – 10 AZR 296/11 – NZA 2012, 1154.

42 BAG, Urt. v. 13.6.2012 – 10 AZR 296/11 – NZA 2012, 1154.

43 BAG, Urt. v. 13.6.2012 – 10 AZR 296/11 – NZA 2012, 1154.

III. Rechte und Pflichten bei Ausübung des Direktionsrechts

16 Der Arbeitnehmer muss einer unter Ausübung des Direktionsrechts ausgesprochenen **rechtmäßigen Weisung** nachkommen.[44] Weigert sich der Mitarbeiter, diese zu beachten und/oder umzusetzen, kann er seinen Entgeltanspruch (teilweise) verlieren und sich u.U. ggü. dem Arbeitgeber schadensersatzpflichtig machen.[45] Die beharrliche Arbeitsverweigerung stellt zudem eine erhebliche Pflichtverletzung dar, die geeignet ist, nach einer entsprechenden Abmahnung des Arbeitnehmers im Wiederholungsfall eine ordentliche Kündigung des Arbeitsverhältnisses zu rechtfertigen.[46] Darüber hinaus kann der Arbeitgeber ggf. – je nach den Umständen des Einzelfalls – auch ohne eine vorherige Abmahnung berechtigt sein, eine außerordentliche Kündigung auszusprechen.[47]

17 Erfolgt dagegen eine **rechtswidrige** Festlegung der Arbeitsleistung durch den Arbeitgeber, ist der Arbeitnehmer an diese nicht gebunden.[48] Weigert sich der Mitarbeiter, einer unwirksamen Weisung nachzukommen, verletzt er seine Vertragspflichten nicht.[49] Er kann nach der Rspr. des BAG[50] die Leistung verweigern und behält dennoch seinen Entgeltanspruch.[51] U.U. kann er ferner selbst den Arbeitsvertrag kündigen und Schadensersatzansprüche gegen den Arbeitgeber geltend machen.[52] In diesem Zusammenhang ist aber zu beachten, dass nach einer aktuellen Entscheidung des BAG eine **unbillige Weisung** nicht nichtig, sondern nur unverbindlich ist.[53] Über eine solche darf sich der Arbeitnehmer nicht hinwegsetzen, sondern muss entsprechend § 315 Abs. 3 S. 2 BGB die Gerichte für Arbeitssachen anrufen.[54] Der Arbeitnehmer ist daher an die unbillige Weisung vorläufig gebunden, bis durch ein rechtskräftiges Urteil deren Unverbindlichkeit feststeht.[55] Daher kann der Grundsatz, dass ein Mitarbeiter an eine rechtswidrige Weisung nicht gebunden ist, danach (wohl) zumindest bei deren schlichter „Unbilligkeit" nicht gelten. Sofern eine entsprechende gerichtliche Feststellung (noch) nicht getroffen wurde, kann im

---

44 ErfK/*Preis*, § 106 GewO Rn 1; *Tettinger/Wank/Ennuschat/Wank*, § 106 GewO Rn 31.
45 *Preis/Preis*, Arbeitsvertrag, II D 30 Rn 276; *Tettinger/Wank/Ennuschat/Wank*, § 106 GewO Rn 31.
46 BAG, Urt. v. 24.2.2011 – 2 AZR 636/09 – NZA 2011, 1087.
47 ErfK/*Preis*, § 106 GewO Rn 1; *Tettinger/Wank/Ennuschat/Wank*, § 106 GewO Rn 31.
48 *Preis/Preis*, Arbeitsvertrag, II D 30 Rn 277.
49 BAG, Urt. v. 24.2.2011 – 2 AZR 636/09 – NZA 2011, 1087.
50 BAG, Urt. v. 24.2.2011 – 2 AZR 636/09 – NZA 2011, 1087.
51 *Tettinger/Wank/Ennuschat/Wank*, § 106 GewO Rn 33.
52 *Tettinger/Wank/Ennuschat/Wank*, § 106 GewO Rn 33.
53 BAG, Urt. v. 22.2.2012 – 5 AZR 249/11 – NZA 2012, 858; die Nichtigkeit einer Weisung könne sich z.B. aus deren „Unzumutbarkeit" i.S.v. § 275 Abs. 3 BGB ergeben, so *Zundel*, NJW 2014, 195.
54 BAG, Urt. v. 22.2.2012 – 5 AZR 249/11 – NZA 2012, 858.
55 BAG, Urt. v. 22.2.2012 – 5 AZR 249/11 – NZA 2012, 858; krit. dazu *Schaub/Linck*, ArbR-Hb., § 45 Rn 19.

Falle der Nichtbefolgung der Anweisung daher auch in diesem Fall – ggfs. nach entsprechender Abmahnung – eine verhaltensbedingte Kündigung des Arbeitnehmers in Betracht kommen.[56]

Beispiel
Sofern aufgrund einer gerichtlichen Entscheidung jedoch die Unwirksamkeit einer Bestimmung in einer Betriebsvereinbarung festgestellt wurde, muss ein Arbeitnehmer einer auf dieser beruhenden Weisung nicht nachkommen.

B. Freiwilligkeitsvorbehalte

I. Inhalt eines Freiwilligkeitsvorbehalts

Unter einem Freiwilligkeitsvorbehalt versteht man eine Regelung, durch die das Entstehen eines Rechtsanspruchs verhindert wird.[57] Der Arbeitgeber bindet sich nicht an eine vertragliche Zusage, sondern macht gegenüber dem Arbeitnehmer deutlich, dass er zwar jetzt eine Leistung erbringt, dadurch aber **keine Ansprüche** für die **Zukunft** entstehen. Er behält sich also durch einen Freiwilligkeitsvorbehalt die Entscheidung vor, ob und in welcher Höhe er zukünftig eine Leistung gewähren möchte.[58] Weil es an einer versprochenen Leistung fehlt, kann der Arbeitnehmer auch nicht darauf vertrauen, dass er die unter einem Freiwilligkeitsvorbehalt gewährte Leistung in Zukunft erhält. Auf den ersten Blick scheint der Freiwilligkeitsvorbehalt für den Arbeitgeber deshalb ein hervorragendes Mittel zu sein, um gerade bei der Entgeltgestaltung extrem flexibel zu bleiben. 18

II. Anwendungsbereich für Freiwilligkeitsvorbehalte

Wegen seiner Flexibilität stand der Freiwilligkeitsvorbehalt schon immer in einem **Spannungsfeld** dazu, dass auch im Arbeitsverhältnis geschlossene Verträge von beiden Seiten zu erfüllen sind („pacta sunt servanda“) und deshalb z.B. die Vergütung nicht beliebig mit Freiwilligkeitsvorbehalten versehen werden kann. 19

Vor diesem Hintergrund war und ist die Rechtsprechung stets bemüht, den **Anwendungsbereich** für Freiwilligkeitsvorbehalte **einzugrenzen**, was zu vielfältigen 20

56 *Zundel*, NJW 2014, 195.
57 St. Rspr., z.B. BAG, Urt. v. 30.7.2008 – 10 AZR 606/07; BAG, Urt. v. 8.10.2010 – 10 AZR 671/09; BAG, Urt. v. 14.9.2011 – 10 AZR 526/10 – Rn 20.
58 Ständige Rechtsprechung, vgl. BAG, Urt. v. 14.9.2011 – 10 AZR 526/10 – Rn 20.

und sich auch widersprechenden Entscheidung geführt hat.[59] Auch wenn das Thema nach wie vor im Fluss ist, lassen sich derzeit folgende Leitlinien aufstellen:

1. Keine Freiwilligkeitsvorbehalte bei fixen Vergütungsbestandteilen

21 Die monatliche Festvergütung sowie **monatlich zahlbare**, gleichbleibende **Zulagen**, die keinen weiteren Voraussetzungen unterliegen (fixe Vergütungsbestandteile), können nicht unter einen Freiwilligkeitsvorbehalt gestellt werden. Denn der Arbeitnehmer darf in einem Arbeitsverhältnis grundsätzlich auf die Beständigkeit der monatlich zugesagten Vergütung vertrauen, wenn diese nicht an besondere Voraussetzungen geknüpft ist. Er erbringt im Hinblick auf sie seine Arbeitsleistung und stellt auch sein Leben darauf ein. Deshalb würde die Freiheit des Arbeitgebers, monatlich neu über die fixen Vergütungsbestanteile zu entscheiden, dem Zweck des Arbeitsvertrages widersprechen und den Arbeitnehmer unangemessen benachteiligen.[60] Werden deshalb die Grundvergütung und/oder zusätzliche regelmäßige Zahlungen, die ausschließlich als unmittelbare Gegenleistung für die vom Arbeitnehmer zu erbringende Arbeitsleistung vereinbart werden, mit einem **Freiwilligkeitsvorbehalt** kombiniert, ist eine solche Klausel gemäß § 307 Abs. 1 S. 1 BGB **unwirksam** und kann auch nicht in ein anderes Flexibilisierungsinstrument (z.B. einen Widerrufsvorbehalt) umgedeutet werden.[61] Der Arbeitgeber wird deshalb so behandelt, als hätte er dem Arbeitnehmer die Leistung ohne Freiwilligkeitsvorbehalt zugesagt.

2. Anwendungsbereich: Sonderzahlungen

22 Damit bleiben grundsätzlich die sog. **Sonderzahlungen** im Arbeitsverhältnis übrig, die unter einen Freiwilligkeitsvorbehalt gestellt werden können.[62]

23 Bei „echten“ Sonderzahlungen[63] schließt der Freiwilligkeitsvorbehalt die Entstehung einer betrieblichen Übung aus. Aber auch bei arbeitsleistungsbezogenen Sondervergütungen[64] kann ein Freiwilligkeitsvorbehalt immer dann vereinbart werden, wenn eine **Leistung** des Arbeitgebers **einmalig** an die Arbeitnehmer erfolgen

---

59 Vgl. nur BAG, Urt. v. 30.7.2008 – 10 AZR 606/07 – zur Wirksamkeit von allgemeinen Freiwilligkeitsvorbehalten in Arbeitsverträgen und BAG, Urt. v. 14.9.2011 – 10 AZR 526/10 – zur Unwirksamkeit solcher Klauseln unter Aufgabe der bisherigen Rechtsprechung.

60 BAG, Urt. v. 25.4.2007 – 5 AZR 627/06.

61 BAG, Urt. v. 25.4.2007 – 5 AZR 627/06 – Rn 18 ff., 25 ff.

62 St. Rspr., z.B. BAG, Urt. v. 14.9.2011 – 10 AZR 526/10 – Rn 20; BAG, Urt. v. 30.7.2008 – 10 AZR 606/07 – Rn 12; BAG, Urt. v. 24.10.2007 – 10 AZR 825/06.

63 Vgl. zur Kategorisierung von Vergütungsbestandteilen ausführlich Kapitel 5 C – Rn 34 ff.

64 Vgl. zur Kategorisierung von Vergütungsbestandteilen ausführlich Kapitel 5 C – Rn 34 ff.

soll. Dies gilt z.B. auch für die einmalige Ausgabe von Aktienoptionen[65]. Wird das Aktienoptionsprogramm dagegen als Vergütungsbestandteil implementiert und ergeben sich hieraus für die Berechtigten regelmäßige Ansprüche auf Zuteilung von Aktienoptionen, kommt ein Freiwilligkeitsvorbehalt nicht in Betracht.[66]

III. Vertragsgestaltung

Bei der Formulierung von Freiwilligkeitsvorbehalten hat das BAG mittlerweile **hohe** 24 **Hürden** aufgestellt, die berücksichtigt werden müssen.

1. Prüfungsmaßstab der Rechtsprechung

Da es sich bei Regelungen im Arbeitsverhältnis üblicherweise um vom Arbeitgeber 25 **vorformulierte Vertragsbedingungen** handelt, die sich an eine Vielzahl von Arbeitnehmer richten und nicht individuell ausgehandelt werden, werden sie nach den Regeln zu Allgemeinen Geschäftsbedingungen (AGB) geprüft (§§ 305ff. BGB). Ob Freiwilligkeitsvorbehalte als kontrollfähige Vertragsbedingungen verstanden werden können, war zwar bis vor kurzem streitig.[67] Das BAG hat seine Zweifel daran aber mittlerweile aufgegeben und prüft Freiwilligkeitsvorbehalte am Maßstab der §§ 305ff. BGB.[68] Die Auslegung solcher AGB orientiert sich dabei nicht am Willen der jeweiligen Vertragspartner, sondern in erster Linie am Vertragswortlaut. Ist dieser nicht eindeutig, kommt es für die Auslegung entscheidend darauf an, wie der Vertragstext typischerweise zu verstehen ist. Bleibt nach Ausschöpfung aller Auslegungsmethoden ein nicht behebbarer Zweifel, geht dies gemäß § 305c Abs. 2 BGB zu Lasten des Arbeitgebers. Damit es jedoch überhaupt zu einer Auslegung von Vertragsklauseln kommt, müssen die einzelnen Klauseln klar und verständlich formuliert sein (Transparenzgebot des § 307 Abs. 1 Satz 2 BGB) und dürfen sich insbesondere auch nicht widersprechen. Denn intransparente Klauseln sind von Vornherein unwirksam, weil sie den Arbeitnehmer unangemessen benachteiligen (§ 307 Abs. 1 Satz 2 BGB).[69]

---

65 *Lunk/Oberthür*, § 1 Rn 254.

66 *Preis/Preis*, Der Arbeitsvertrag, II V 70 Rn 62, allerdings mit der pauschalen Ablehnung eines Freiwilligkeitsvorbehalts ohne Differenzierung.

67 BAG, Urt. v. 30.7.2008 – 10 AZR 606/07 – Rn 16ff. mit Darlegung der verschiedenen Auffassungen; dies wurde aber in den jüngeren BAG-Entscheidungen bereits nicht mehr thematisiert, sondern vorausgesetzt, z.B. BAG, Urt. v. 20.2.2013 – 10 AZR 177/12; BAG, Urt. v. 17.4.2013 – 10 AZR 281/12.

68 BAG, Urt. v. 19.3.2014 – 10 AZR 622/13 – Rn 28.

69 St. Rspr. des BAG, vgl. z.B. BAG, Urt. v. 10.12.2008 – Rn 13ff. – BAG, Urt. v. 20.2.2013 – 10 AZR 177/12 – Rn 15ff.

2. „Freiwillig“ allein genügt nicht

26 Vor diesem Hintergrund genügt es für die Vereinbarung eines wirksamen Freiwilligkeitsvorbehalts nicht, die Leistung schlicht als „freiwillige Leistung“ zu bezeichnen. Denn „freiwillig“ kann zwar einerseits als „kein Anspruch für die Zukunft“ verstanden werden. Andererseits kann es aber auch ein Hinweis sein, dass der Arbeitgeber Leistungen erbringt, **ohne** dazu durch andere Regelungen – wie z.B. Tarifvertrag oder Betriebsvereinbarung – **gezwungen** zu sein.[70] „Freiwillig“ kann damit zwei Bedeutungen haben. Gibt es aber zwei verschiedene Möglichkeiten des Verständnisses, gilt die für den Arbeitgeber nachteilige Auslegung, da er es in der Hand hat, eindeutige Klauseln zu formulieren (§ 305c Abs. 2 BGB). Wenn deshalb das Entstehen eines Rechtsanspruchs des Arbeitnehmers auf künftige Zahlungen nicht gewollt ist, muss der Arbeitgeber dies klar zum Ausdruck bringen.

3. Keine Kombination von Freiwilligkeits- und Widerrufsvorbehalt

27 Die Kombination eines Freiwilligkeits- mit einem Widerrufsvorbehalt hält einer gerichtlichen Überprüfung nicht stand. Auch heute noch findet sich in vielen älteren Verträgen diese Kombination:

! Fettnapf

„Sonstige, in diesem Vertrag nicht vereinbarte Leistungen des Arbeitgebers sind freiwillig und jederzeit widerruflich. Auch wenn der Arbeitgeber sie mehrmals und regelmäßig erbringen sollte, erwirbt der Arbeitnehmer dadurch keinen Rechtsanspruch für die Zukunft.“[71]

28 Eine solche Kombination von einem Freiwilligkeits- und Widerrufsvorbehalt verstößt nach der Rechtsprechung des BAG gegen das Transparenzgebot des § 307 Abs. 1 Satz 2 BGB, da die Klausel **nicht klar und verständlich** gefasst ist und deshalb eine unangemessene Benachteiligung des Arbeitnehmers bewirkt. Denn bei einem Freiwilligkeitsvorbehalt entsteht schon kein Anspruch auf die Leistung, während bei einem Widerrufsvorbehalt der Arbeitnehmer grundsätzlich einen Anspruch auf die Leistung hat, die der Arbeitgeber aber später einseitig ändern kann.[72] Diese Widersprüchlichkeit führt zur **Unwirksamkeit** der kombinierten Klausel, so dass der Arbeitgeber sich weder auf den Freiwilligkeits- noch auf den Widerrufsvorbehalt berufen kann. Die Leistung gilt als vorbehaltlos zugesagt, der Arbeitgeber ist hieran gebunden.[73]

---

70 BAG, Urt. v. 24.10.2007 – 10 AZR 825/06 – Rn 7; BAG, Urt. v. 30.7.2008 – 10 AZR 606/07 – Rn 39; BAG, Urt. v. 14.9.2011 – 10 AZR 526/10 – Rn 23.

71 Beispiel entnommen aus BAG, Urt. v. 14.9.2011 – 10 AZR 526/10.

72 BAG, Urt. v. 14.9.2011 – 10 AZR 526/10 – Rn 21 ff.

73 BAG, Urt. v. 14.9.2011 – 10 AZR 526/10 – Rn 24 bis 28.

Praxistipp
Formulierungen wie „freiwillig, jederzeit widerruflich“ sollten unbedingt vermieden werden, da sie zur Unwirksamkeit der gesamten Klausel führen.

4. Keine Kombination mit einem vertraglichen Anspruch

Wenn der Arbeitgeber dem Arbeitnehmer einen vertraglichen Anspruch auf eine Leistung einräumt und die Höhe vertraglich präzise bestimmt, kommt ein Freiwilligkeitsvorbehalt ebenfalls nicht mehr in Betracht. Früher weit verbreitete Klauseln werden deshalb heute entweder zu Lasten des Arbeitgebers dahingehend ausgelegt, dass ein Anspruch des Arbeitnehmers dennoch besteht,[74] oder sie werden als unklare und in sich widersprüchliche Regelungen verstanden, die bereits deshalb unwirksam sind (§ 307 Abs. 1 Satz 2 BGB).[75] 29

Fettnapf
„Als Sonderleistung **zahlt** das Unternehmen als Urlaubsgeld zum 1. Juli und als Weihnachtsgeld zum 1. Dezember eines jeden Jahres jeweils 50% des vereinbarten Brutto-Monatsverdienstes. Die Zahlung von Sonderleistungen, Gratifikationen, Prämien und ähnlichen Zuwendungen liegt im freien Ermessen des Unternehmens und **begründet keinen Rechtsanspruch**, auch wenn die Zahlung wiederholt ohne ausdrücklichen Vorbehalt der Freiwilligkeit erfolgt.“[76]

Immer dann, wenn der Arbeitgeber vertraglich regelt, dass er dem Arbeitnehmer eine Leistung **„zahlt“** oder **„gewährt“** bzw. der Arbeitnehmer eine Zahlung **„erhält“**, wird somit ein Anspruch begründet. Wird dieser Anspruch dann nachfolgend mit einem Freiwilligkeitsvorbehalt verbunden, hält die Rechtsprechung diese Kombination für widersprüchlich und deshalb unwirksam.[77] 30

Praxistipp
Sobald eine Leistung vertraglich geregelt ist, kann diese nicht mehr als „freiwillige“ bezeichnet werden, wenn damit ein Rechtsanspruch ausgeschlossen werden soll. Nur wenn die Leistung für den Arbeitnehmer unsicher ist und der Arbeitgeber deutlich macht, dass er sich die Entscheidung über die Zahlung vorbehält, kommt ein Freiwilligkeitsvorbehalt noch in Betracht.[78]

74 Vgl. z.B. BAG, Urt. v. 17.4.2013 – 10 AZR 281/12.

75 Vgl. z.B. BAG, Urt. v. 10.12.2008 – 10 AZR 1/08; BAG, Urt. v. 14.9.2011 – 10 AZR 526/10.

76 Entnommen aus BAG, Urt. v. 10.12.2008 – 10 AZR 1/08: dieser Freiwilligkeitsvorbehalt ist unwirksam, der Mitarbeiter hat einen Anspruch auf Urlaubs- und Weihnachtsgeld.

77 BAG, Urt. v. 17.4.2013 – 10 AZR 281/12; BAG, Urt. v. 20.2.2013 – 10 AZR 177/12; BAG, Urt. v. 30.7.2008 – 10 AZR 606/07 – Rn 45.

78 Vgl. z.B. Hinweise des BAG, Urt. v. 17.4.2013 – 10 AZR 281/12 – Rn 17, wie der Arbeitgeber formulieren könnte: „Die etwaige Zahlung eines 13. Gehalts ist eine freiwillige Leistung ...“ bzw. „Es kann ein 13. Gehalt als freiwillige Leistung der Firma gezahlt werden ...“

5. Allgemeine (pauschale) Freiwilligkeitsvorbehalte

31 Es war bisher üblich, in Arbeitsverträgen allgemeine (pauschale) Freiwilligkeitsvorbehalte aufzunehmen, die vorsorglich für künftige, bei Vertragsabschluss noch nicht absehbare Zahlungen das Entstehen eines Rechtsanspruchs verhindern sollen.

! **Fettnapf**

„Sonstige, in diesem Vertrag nicht vereinbarte Leistungen des Arbeitgebers an den Arbeitnehmer sind freiwillig. Auch wenn der Arbeitgeber sie mehrmals erbringen sollte, erwirbt der Arbeitnehmer dadurch keinen Rechtsanspruch für die Zukunft.“[79]

32 Eine solche Vertragsklausel hat das BAG bis Mitte 2008 grundsätzlich für wirksam gehalten und eine ständige Wiederholung von Freiwilligkeitsvorbehalten bei Auszahlung einer Leistung nicht für erforderlich angesehen. Ein Arbeitnehmer würde der ständigen Wiederholung des Vorbehalts vor jeder Leistung keine größere Bedeutung beimessen als einem klaren und verständlichen Hinweis im Arbeitsvertrag.[80] Drei Jahre später wurde eine solche **„Generalklausel“** jedoch für **unwirksam** gehalten, weil sie alle zukünftigen Leistungen (unabhängig von ihrer Art und ihrem Entstehungsgrund) erfasst. Es wird also in solchen „Generalklauseln“ nicht danach unterschieden, ob es sich um laufendes Entgelt (fixe Vergütungsbestandteile) oder einmalige Sonderzahlungen handelt. Außerdem ist nicht ausgeschlossen, dass Arbeitgeber und Arbeitnehmer sich auf vertragliche Ansprüche im Rahmen von Individualabreden einigen.[81] Zusätzlich äußerte das Gericht Bedenken, ob ein solcher vertraglicher Vorbehalt dauerhaft den Erklärungswert einer Zahlung erschüttern kann, die der Arbeitgeber jahrelang ohne Vorbehalt und ohne den Hinweis auf den vertraglichen Freiwilligkeitsvorbehalt leistet.[82]

33 In einer weiteren Entscheidung sah das BAG den pauschalen Freiwilligkeitsvorbehalt unter anderem deshalb als unwirksam an, weil er auch den Anspruch auf eine **arbeitsleistungsbezogene Sonderzahlung** erfasst, ohne dabei zu unterscheiden, ob die Arbeitsleistung bereits erbracht worden ist. Insofern benachteiligt der pauschale Freiwilligkeitsvorbehalt den Arbeitnehmer unangemessen, weil er auch Vergütung für bereits erbrachte Arbeitsleistung nachträglich entfallen lassen kann.[83]

---

79 Entnommen (etwas abgewandelt) BAG, Urt. v. 14.9.2011 – 10 AZR 526/10.

80 BAG, Urt. v. 30.7.2008 – 10 AZR 606/07 mit ausführlicher Begründung.

81 BAG, Urt. v. 14.9.2011 – 10 AZR 526/10; ebenso: ErfK/*Preis*, § 305 bis 310 BGB Rn 72a; a.A.: *Schaub/Linck*, ArbR-Hb., § 35 Rn 67; *Bauer/v. Medem*, NZA 2012, 894; *Crisolli/Zumseil*, BB 2012, 1281 f.; *Hromadka*, DB 2012, 1037.

82 BAG, Urt. v. 14.9.2011 – 10 AZR 526/10 – es ging um eine gleichmäßige Zahlung über 20 Jahre; ebenso: ErfK/*Preis*, § 305 bis 310 BGB Rn 72a; a.A.: *Schaub/Linck*, ArbR-Hb., § 35 Rn 67; *Bauer/v. Medem*, NZA 2012, 894; *Crisolli/Zumseil*, BB 2012, 1281 f.; *Hromadka*, DB 2012, 1037.

83 BAG, Urt. v. 19.4.2014 – 10 AZR 622/13 – Rn 52.

Es ist also heute **offen**, ob „Generalklauseln" überhaupt noch ihre Wirkung entfalten können. Jedenfalls müssen sie sehr viel sorgfältiger als früher formuliert werden, um den Anforderungen des BAG an solche Klauseln gerecht zu werden. 34

Praxistipp

Der vorsichtige Arbeitgeber wird derzeit sowohl eine „Freiwilligkeits-Generalklausel" in seinen Arbeitsvertrag aufnehmen als auch bei jeder Sonderzahlung entweder auf die Generalklausel im Arbeitsvertrag hinweisen oder den Freiwilligkeitsvorbehalt wiederholen. Nur so ist er sicher, dass der Arbeitnehmer die Freiwilligkeit der Leistung nicht im Laufe der Jahre „vergisst."

6. Formulierungsvorschlag

Will ein Arbeitgeber eine konkrete Leistung einmalig gewähren, jedoch für die Zukunft einen Rechtsanspruch ausschließen, kann der Freiwilligkeitsvorbehalt wie folgt formuliert werden: 35

Klauselmuster

Wir freuen uns, Ihnen wegen eines sehr guten Ergebnisses dieses Jahr eine Sonderzahlung in Höhe von EUR 3.000,00 brutto gewähren zu können. Sie erhalten sie mit dem Dezember-Gehalt. Diese Sonderzahlung gewähren wir Ihnen nur einmalig in diesem Jahr und freiwillig, so dass für Sie daraus kein Anspruch auf Fortführung der Leistung für die Zukunft erwächst.

Wer vorsorglich zusätzlich einen **„Pauschalvorbehalt"** in den Arbeitsvertrag aufnehmen möchte, auch wenn derzeit zweifelhaft ist, ob dies rechtlich die gewünschten Konsequenzen haben kann, könnte diesen wie folgt formulieren: 36

Klauselmuster

Soweit wir Ihnen zusätzlich zu Ihrem laufenden Arbeitsentgelt eine Sonderzahlung gewähren (z.B. ein Weihnachtsgeld), deren Voraussetzungen wir nicht im Arbeitsvertrag oder in sonstiger Weise mit Ihnen individuell vereinbart haben, ist diese Zahlung freiwillig. Sie begründet für Sie keinen Anspruch auf eine solche Zahlung auch in Zukunft. Selbst wenn wir Ihnen eine gleichartige Sonderzahlung mehrmals zahlen würden, entsteht durch die wiederholte Zahlung kein Anspruch für die Zukunft, wenn wir dies nicht mit Ihnen individuell vereinbaren. Im Gegenteil entscheiden wir jedes Mal neu über den Grund und die Höhe von solchen Sonderzahlungen. Haben Sie eine Sonderzahlung bereits ganz oder teilweise durch Ihre Arbeitsleistung verdient, bezieht sich dieser Freiwilligkeitsvorbehalt nur auf künftige Ansprüche; bereits verdiente Vergütung für erbrachte Arbeitsleistung kann Ihnen nicht rückwirkend entzogen werden.

IV. Zusammenfassung/Checkliste

Der Freiwilligkeitsvorbehalt ist nach wie vor ein wichtiges Flexibilisierungsinstrument, damit der Arbeitgeber seiner Belegschaft in besonderen Fällen Sonderzah- 37 lungen gewähren kann, ohne fürchten zu müssen, dass aus diesem Verhalten Ansprüche der Arbeitnehmer für die Zukunft entstehen. Es ist allerdings oftmals schwierig zu entscheiden, wann ein Freiwilligkeitsvorbehalt wirksam vereinbart werden kann und wann nicht. Auch an die Vertragsgestaltung stellt die Rechtsprechung hohe Anforderungen.

! **Checkliste**

38 – Handelt es sich bei der freiwilligen Leistung um eine Leistung außerhalb des regelmäßigen Arbeitsentgelts?

39 – Ist sichergestellt, dass die Leistung nicht im Arbeitsvertrag oder in sonstiger Weise als Anspruch vereinbart ist?

40 – Stellt der Freiwilligkeitsvorbehalt klar, dass der Arbeitnehmer keinen Rechtsanspruch für die Zukunft erwirbt?

41 – Ist sichergestellt, dass dem Arbeitnehmer bereits verdiente Vergütung für erbrachte Arbeitsleistung nicht nachträglich entzogen werden kann?

C. Widerrufsvorbehalte

I. Inhalt eines Widerrufsvorbehalts

42 Ein Widerrufsvorbehalt soll das Recht des Arbeitgebers begründen, versprochene Leistungen einseitig zu ändern.[84] Anders als beim Freiwilligkeitsvorbehalt sagt der Arbeitgeber dem Arbeitnehmer also zunächst eine Leistung zu, d.h. der Arbeitnehmer hat einen vertraglichen Anspruch auf diese. Der Arbeitgeber behält sich aber ein Widerrufsrecht vor, mit dem er die Leistung für die Zukunft ganz oder teilweise einstellen kann.

II. Anwendungsbereich für Widerrufsvorbehalte

43 Ein Widerrufsvorbehalt ist ein anerkanntes Flexibilisierungsinstrument, dessen **grundsätzliche Zulässigkeit** nicht bezweifelt wird.[85] Denn jeder Arbeitgeber hat insbesondere wegen der Ungewissheit der wirtschaftlichen Entwicklung seines Unternehmens und der Arbeitsverhältnisse ein anerkennenswertes Interesse daran, bestimmte Leistungen flexibel auszugestalten.

44 Allerdings werden Widerrufsvorbehalte, die in der Praxis eigentlich nur als vorformulierte Klauseln vorkommen, einer **Inhaltskontrolle** anhand der AGB-Vor-

---

84 St. Rspr., z.B. BAG, Urt. v. 12.1.2005 – 5 AZR 364/04 – Rn 17.
85 St. Rspr., BAG, Urt. v. 21.1.2005 – 5 AZR 364/04.

schriften unterzogen. Sie dürfen also den Arbeitnehmer nicht unangemessen benachteiligen (§ 307 Abs. 1 Satz 1 BGB) und müssen klar und verständlich sein (§ 307 Abs. 1 Satz 2 BGB). Die Änderung der zugesagten Leistung, die der Widerrufsvorbehalt dem Arbeitgeber ermöglicht, muss dem Arbeitnehmer unter Berücksichtigung der Interessen des Unternehmens zumutbar sein, sonst ist sie unwirksam (§ 308 Nr. 4 BGB). Wie diese ausfüllungsbedürftigen Begriffe zu verstehen sind, hat das BAG inzwischen konkretisiert:

1. Kein Widerrufsvorbehalt über 25% der Gesamtvergütung

Zunächst darf durch den Widerrufsvorbehalt das Verhältnis von Leistung und Ge- 45
genleistung im Arbeitsverhältnis nicht grundlegend berührt werden. Dem Arbeitnehmer muss grundsätzlich **75% seiner Gesamtvergütung „sicher"** verbleiben; sie darf ihm nicht einseitig entzogen werden. Ein Widerrufsvorbehalt darf – unabhängig davon, auf welche Vergütungsbestandteile er sich bezieht – somit immer **nur 25% der Gesamtvergütung** betreffen, wobei das BAG als weitere Grenze stets formelhaft darauf hinweist, dass auch der Tariflohn nicht unterschritten werden darf.[86] Gerechtfertigt wird diese Beschränkung damit, dass Eingriffe in den Kernbereich des Arbeitsvertrages nicht zulässig sind und der Arbeitgeber sein Wirtschaftsrisiko nicht vollständig auf den Arbeitnehmer verlagern darf.[87]

Praxistipp !

Wie sich die Gesamtvergütung des Arbeitnehmers zusammensetzt, ist für die „25%-Grenze" nicht relevant. Der Arbeitgeber kann z.B. eine monatlich zu zahlende übertarifliche Zulage sowie die private Nutzung des Dienstwagens widerruflich ausgestalten, so lange diese beiden Vergütungsbestandteile zusammen nicht 25% der Gesamtvergütung erreichen.

Dass der **Tariflohn** bei tarifgebundenen Arbeitgebern **nicht unterschritten** werden 46
darf, ist selbstverständlich. Ob dies allerdings (zusätzlich zur „25%-Grenze") auch bei nicht tarifgebundenen Unternehmen gilt, ist offen.[88] Dadurch können Tariflöhne zur Messlatte werden, obwohl der Arbeitgeber diese für sich nicht als verbindlich anerkennen will, wenn er nicht Mitglied im Arbeitgeberverband ist und keinen Firmentarifvertrag abgeschlossen hat.[89] Eine solche Messlatte hat das BAG bei der Prüfung von sittenwidrigen Vergütungen stets abgelehnt und auf das allgemeine Lohnniveau im Wirtschaftsgebiet abgestellt, wenn die Zahlung der Tarifvergütung nicht

86 St. Rspr., BAG, Urt. v. 21.1.2005 – 5 AZR 364/04 – Rn 23; BAG, Urt. v. 11.10.2006 – 5 AZR 721/05 – Rn 23; BAG, Urt. v. 19.12.2006 – 9 AZR 294/06 – Rn 24; BAG, Urt. v. 21.3.2012 – 5 AZR 651/10 – Rn 19.
87 BAG, Urt. v. 12.1.2005 – 5 AZR 364/04 – Rn 23.
88 Vgl. z.B. BAG, Urt. v. 18.3.2009 – 10 AZR 289/08 – Rn 26; *Preis/Lindemann*, NZA 2006, 632.
89 Vgl. hierzu auch *Küttner/Kania*, Personalbuch, Änderungsvorbehalte – Rn 5.

üblich war.[90] Deshalb ist davon auszugehen, dass das BAG Flexibilisierungen bei nicht tarifgebundenen Arbeitgebern auch unterhalb des Tariflohns für zulässig halten wird, solange die Vergütung nicht sittenwidrig wird. Jede andere Entscheidung des BAG würde die Koalitionsfreiheit des Arbeitgebers ignorieren.

2. Erhöhung der Grenze auf bis zu 30% der Gesamtvergütung

47 Der widerrufliche Teil der Gesamtvergütung **kann sich erhöhen**, wenn darin nicht nur Vergütungsbestandteile enthalten sind, die eine unmittelbare Gegenleistung für die Arbeitsleistung darstellen, sondern Ersatz für Aufwendungen sind, die der Arbeitnehmer eigentlich selbst tragen müsste. In diesem Fall können **bis zu 30% des Gesamtverdienstes** widerruflich gestaltet werden.

Beispiel
Der Arbeitgeber zahlt dem Arbeitnehmer monatlich einen Zuschuss für Fahrtkosten für den Weg zwischen Wohnung und Arbeitsstätte in Höhe von EUR 50,00. Da der Arbeitnehmer die Kosten für die Fahrt zwischen Wohnung und Arbeitsstätte eigentlich selbst tragen muss, erhöht sich die „25%-Grenze" der widerruflichen Leistungen auf bis zu 30% des Gesamtverdienstes.[91]

3. Erhöhung der „25%-Grenze" bei Spitzenverdienern?

48 Offen und noch nicht geklärt ist, ob der Arbeitgeber bei Spitzenverdienern möglicherweise einen größeren Spielraum hat. Das BAG hat dies bei einem **Chefarzt** in einer älteren Entscheidung angenommen, dessen Vergütung sich aufgrund einer in solchen Verträgen typischen Entwicklungs- und Anpassungsklausel durch organisatorische Maßnahmen der Klinik auf ca. 60% bis 65% seiner bisherigen Einnahmen reduziert hatte.[92] Da sich nur die dogmatische Verankerung, nicht jedoch die grundsätzlich anzustellenden Erwägungen geändert haben, ist auch die ältere „Kernbereichsrechtsprechung" des BAG zur Beurteilung der Zulässigkeit eines Widerrufs weiter heranzuziehen.[93] Wenn es deshalb um Spitzenverdiener geht, ist es durchaus möglich, dass die „25%-Grenze" anzuheben ist.[94]

---

90 BAG, Urt. v. 18.4.2012 – 5 AZR 630/10 – Rn 12; vgl. ausführlich Kapitel 5 B – Rn 8 ff.

91 BAG, Urt. v. 11.10.2006 – 5 AZR 721/05 – Rn 23: Der insolvente Arbeitgeber hatte eine außertarifliche Zulage von DM 379,20 p.m. sowie einen Fahrtkostenersatz in Höhe von DM 44,30 p.m. widerrufen.

92 BAG, Urt. v. 28.5.1997 – 5 AZR 125/96; ebenso *Reinecke*, BB 2008, 554.

93 BAG, Urt. v. 12.1.2005 – 5 AZR 364/04 – Rn 23.

94 Rechtlich ungeklärt ist allerdings, wer „Spitzenverdiener" ist. Mögliche Anknüpfung z.B. BAG, Urt. v. 27.6.2012 – 5 AZR 530/11 – Rn 19 (keine Vergütungserwartung wegen Überstunden bei deutlich herausgehobener, die Beitragsbemessungsgrenze der gesetzlichen Rentenversicherung über-

Bei Spitzenverdienern ist jedoch stets zu prüfen, ob überhaupt AGB vorliegen, die insbesondere gemäß § 308 Nr. 4 BGB überprüft werden, oder ob individuelle Vereinbarungen vorliegen, bei denen die „25%-Grenze" von Vornherein nicht gilt. 49

4. „25%-Grenze" bei Kombination von Freiwilligkeits- und Widerrufsvorbehalten?

Ungeklärt ist außerdem, inwieweit ein Arbeitgeber einen Teil der Leistungen mit Freiwilligkeitsvorbehalten versehen kann, einen anderen Teil mit Widerrufsvorbehalten, um so mehr als 25% der Gesamtvergütung flexibel zu gestalten. 50

Das BAG lehnt es ab, eine feste Grenze der Gesamtvergütung zu definieren, die unter einen Freiwilligkeitsvorbehalt gestellt werden kann. Entscheidend ist lediglich, ob es sich um eine „echte" Sonderzahlung und nicht um fixe Vergütungsbestandteile handelt und die sonstigen Voraussetzungen für Freiwilligkeitsvorbehalte eingehalten sind. Die beträchtliche Höhe der Sonderzahlung führt dann nicht dazu, dass der Freiwilligkeitsvorbehalt unzulässig wird.[95] 51

Konsequenterweise muss man freiwillige Leistungen (die ja nicht mehr Teil der Gesamtvergütung sein dürfen, da sie nicht vertraglich verankert sind und nach der neueren Rechtsprechung nicht mehr regelmäßig bezahlt werden dürfen) bei der für einen Widerrufsvorbehalt maßgeblichen Gesamtvergütung sowie der 25%-Grenze **nicht einbeziehen**. Dafür spricht, dass es dem Arbeitgeber möglich sein muss, die Arbeitnehmer in einem guten Jahr mit einer einmaligen Sonderzahlung am Erfolg des Unternehmens zu beteiligen, ohne dass er fürchten muss, dadurch die Wirksamkeit von Widerrufsvorbehalten (z.B. bei übertariflichen Zulagen) zu gefährden. „Gesamtvergütung" kann nur sein, worauf der Arbeitnehmer Anspruch hat; freiwillige Leistungen ohne Rechtsanspruch für die Zukunft fallen nicht darunter. Es bleibt jedoch abzuwarten, wie die Rechtsprechung einen solchen Fall entscheiden wird. 52

III. Vertragsgestaltung

Widerrufsvorbehalte müssen den strengen formellen Anforderungen des BAG genügen. 53

---

schreitender Vergütung); Grenze für den Spitzensteuersatz: § 32a Abs. 1 Nr. 5 i.V.m. § 52 Abs. 41 EStG.

95 BAG, Urt. v. 18.3.2009 – 10 AZR 289/08 – Rn 26.

1. Angabe der Widerrufsgründe

54 Damit ein Widerrufsvorbehalt wirksam ist, muss der Arbeitgeber im Vertrag die Gründe konkretisieren, die zu einem Widerruf führen können.[96] Nicht klar ist, wie konkret diese beschrieben sein müssen. Einerseits soll es nach Ansicht des 5. Senats des BAG genügen, wenn zumindest die Richtung angegeben wird, aus der der Widerruf möglich sein soll, z.B. wirtschaftliche Gründe, Leistung oder Verhalten des Arbeitnehmers.[97] Andererseits soll nach Auffassung des 9. Senats des BAG allein die Angabe, dass die Überlassung eines Dienstwagens aus „wirtschaftlichen Gründen" widerrufen werden kann, nicht ausreichen, weil der Arbeitnehmer nicht hinreichend genau erkennen kann, wann solche wirtschaftlichen Gründen vorliegen.[98]

55 Der Arbeitgeber sollte die **Widerrufsgründe** deshalb **so konkret wie möglich** angeben, wenn er das Risiko der (formellen) Unwirksamkeit eines Widerrufsvorbehalts vermeiden möchte.

Beispiel
- Wirtschaftliche Notlage des Arbeitgebers (bei Widerruf von Vergütungsbestandteilen).
- Freistellung des Arbeitnehmers (bei Widerruf der Dienstwagenüberlassung).[99]
- Unterdurchschnittliche Leistung des Mitarbeiters (bei Widerruf einer Leistungsprämie)
- Wegfall der Schichtarbeit (bei Widerruf einer Schichtzulage).

56 Die formellen Anforderungen, dass ein Widerrufsvorbehalt bereits die Widerrufsgründe in der vertraglichen Regelung enthalten muss, sind erst durch die Einführung der AGB-Kontrolle gemäß §§ 305ff. BGB ab 1.1.2002 für Arbeitsverträge formuliert worden. Widerrufsvorbehalte sind deshalb auch erst seit diesem Zeitpunkt gemäß § 308 Nr. 4 BGB unwirksam, wenn sie die Widerrufsgründe nicht angeben. Das BAG gewährt bei sog. **„Altfällen"** – also Verträgen, die vor dem 1.1.2002 abgeschlossen wurden – einen Vertrauensschutz dahingehend, dass eine ergänzende Vertragsauslegung in Betracht kommt. Kommt ein Gericht zu dem Ergebnis, dass die Parteien bei Kenntnis der neuen gesetzlichen Anforderungen in einem „Altfall" die Widerrufsmöglichkeit für den konkreten Fall vorgesehen hätten, und wäre eine solche formell rechtmäßige Widerrufsmöglichkeit dem Kläger zumutbar gewesen, gilt die Widerrufsklausel als formell ordnungsgemäß.[100] An der Möglichkeit der ergän-

---

96 St. Rspr. des BAG, z.B. BAG, Urt. v. 12.1.2005 – 5 AZR 364/04 – Rn 28; zuletzt BAG, Urt. v. 21.3.2012 – 5 AZR 651/10 – Rn 16.

97 BAG, Urt. v. 21.3.2013 – 5 AZR 651/10 – Rn 16; BAG, Urt. v. 20.4.2010 – 5 AZR 191/10 – Rn 10; BAG, Urt. v. 20.4.2011 – 5 AZR 191/10 – Rn 10.

98 BAG, Urt. v. 13.4.2010 – 9 AZR 113/09.

99 BAG, Urt. v. 21.3.2012 – 5 AZR 651/10 – Rn 17, das die Widerrufsmöglichkeit in diesem Fall als eine zutreffende Verknüpfung der dienstlichen und privaten Nutzung ansieht.

100 St. Rspr. des BAG, vgl. z.B. BAG, Urt. v. 12.1.2005 – 5 AZR 364/04; BAG, Urt. v. 11.10.2006 – 5 AZR 721/05 – Rn 33f.; BAG, Urt. v. 20.4.2011 – 5 AZR 191/10 – Rn 13.

zenden Vertragsauslegung in Altfällen hat der 5. Senat des BAG auch dann festgehalten, wenn der Arbeitgeber seit dem Jahr 2002 nicht versucht hat, den (mittlerweile unwirksam gewordenen) Arbeitsvertrag anzupassen.[101]

2. Kein „rückwirkender" Widerruf

Der Widerruf kann den Anspruch auf die Leistung nur für die Zukunft beseitigen. 57
Eine Regelung, die dem Widerruf des Arbeitgebers eine Rückwirkung zubilligt, ist unwirksam.[102]

3. Keine Ankündigungsfrist erforderlich

Nicht notwendig für die Wirksamkeit eines Widerrufsvorbehalts ist, dass der Arbeit- 58
geber dem Arbeitnehmer in der Widerrufsklausel eine Ankündigungs- bzw. Auslauffrist einräumt, bis zu der die versprochene Leistung zunächst weiter gewährt wird.[103] Allerdings prüft die Rechtsprechung ergänzend, ob der ausgeübte Widerruf im konkreten Fall billigem Ermessen entspricht (sog. **Ausübungskontrolle**).[104] Spätestens dann sollte über Fristen nachgedacht werden, weil sie den Arbeitnehmer vor zu großen Überraschungen bewahren und damit bei der anzustellenden Interessenabwägung zugunsten des Arbeitgebers wirken.

4. Formulierungsvorschlag

Ein Widerrufsvorbehalt kann unter Berücksichtigung der oben genannten Grund- 59
sätze wie folgt formuliert werden:

Klauselmuster

Der Arbeitgeber behält sich vor, die Überlassung des Dienstwagens auch zur privaten Nutzung zu widerrufen, wenn und solange der Arbeitnehmer den Pkw für dienstliche Zwecke nicht benötigt. Dies ist insbesondere dann der Fall, wenn der Arbeitnehmer nach Kündigung des Arbeitsverhältnisses von der Arbeitsleistung freigestellt wird. Im Fall der Ausübung des Widerrufs ist der Arbeitnehmer nicht berechtigt, eine Nutzungsentschädigung oder Schadensersatz zu verlangen.[105]

---

101 BAG, Urt. v. 20.4.2011 – 5 AZR 191/10 – Rn 14; vgl. aber die abweichende Auffassung des 9. und 10. Senats des BAG: BAG, Urt. v. 10.12.2008 – 10 AZR 2/08 – Rn 17; BAG, Urt. v. 30.7.2008 – 10 AZR 606/07 – Rn 49; BAG, Urt. v. 19.12.2006 – 9 AZR 294/06 – Rn 38; BAG, Urt. v. 11.4.2006 – 9 AZR 610/05 – Rn 37.

102 *Schaub/Linck*, ArbR-Hb., § 69 Rn 27.

103 BAG, Urt. v. 21.3.2012 – 5 AZR 651/10 – Rn 18; BAG, Urt. v. 11.10.2006 – 5 AZR 721/05 – Rn 24; BAG, Urt. v. 12.1.2005 – 5 AZR 364/04.

104 BAG, Urt. v. 21.3.2012 – 5 AZR 651/10 – Rn 17.

105 Entnommen BAG, Urt. v. 21.3.2012 – 5 AZR 651/10 –, wobei das BAG insbesondere den Entfall jeder Entschädigung für den Entzug der privaten Nutzung gebilligt hat.

IV. Ausübungskontrolle bei Widerrufsvorbehalten

60 Wird eine Leistung vom Arbeitgeber widerrufen, prüft das Arbeitsgericht im Streitfall nicht nur die Wirksamkeit der Vertragsklausel, sondern in einer **zweiten Stufe** auch, ob die konkrete **Ausübung** des Widerrufsrechts im Einzelfall billigem Ermessen entsprochen hat.[106] In diesem Zusammenhang werden die konkreten Interessen des Arbeitnehmers und des Arbeitgebers gegeneinander abgewogen und insbesondere geprüft, ob die vom Arbeitgeber angegebenen Gründe für den Widerruf tatsächlich vorliegen.

61 Die Gesamtbewertung der beiderseitigen Interessen kann dazu führen, dass der Arbeitgeber z.B. einen Dienstwagen nur unter Einräumung einer Auslauffrist zurückfordern darf, weil der Arbeitnehmer sonst den geldwerten Vorteil versteuern muss, obwohl er den Dienstwagen gar nicht mehr nutzen kann.[107]

! **Praxistipp**

Selbst wenn der Widerrufsvorbehalt im Arbeitsvertrag wirksam vereinbart ist, muss sich der Arbeitgeber stets überlegen, ob der Widerruf im konkreten Fall angemessen ist. Dabei muss er die Interessen des Arbeitnehmers berücksichtigen und versuchen, die Folgen des Widerrufs in zumutbarer Weise abzumildern.

V. Zusammenfassung/Checkliste

62 Mit einem Widerrufsvorbehalt kann der Arbeitgeber im Regelfall bis zu 25% der Gesamtvergütung flexibel gestalten, so dass er sich für die Zukunft von den widerruflichen Leistungen durch Erklärung des Widerrufs befreien kann. Er muss dafür allerdings in der Vertragsklausel die Gründe angeben, die ihn zum Widerruf berechtigen sollen; der Arbeitnehmer muss wissen, wann er mit einem Widerruf rechnen muss. Die Wirksamkeit eines Widerrufs wird im Streitfall zusätzlich im Rahmen einer sog. Ausübungskontrolle geprüft, d.h. der Widerrufsgrund muss tatsächlich vorliegen und von einem solchen Gewicht sein, dass er den Widerruf im konkreten Fall unter Berücksichtigung der Interessen des Arbeitnehmers rechtfertigt.

! **Checkliste**

- Sind die potentiellen Widerrufsgründe in der Vertragsklausel angegeben?
- Stellen alle widerruflichen Leistungen zusammen – z.B. widerrufliche Zulage und Widerruf der Privatnutzung des Dienstwagens – nicht mehr als 25% der Gesamtvergütung dar?

---

106 St. Rspr., vgl. z.B. BAG, Urt. v. 21.3.2012 – 5 AZR 651/10 – Rn 21ff.

107 BAG, Urt. v. 21.3.2012 – 5 AZR 651/10 – Rn 23.

- Welche konkreten Gründe rechtfertigen den Widerruf, wenn er erklärt werden soll (Ausübungskontrolle)?
- Welche Interessen des Arbeitnehmers müssen bei Ausübung des Widerrufs berücksichtigt werden (z.B. Abmilderung der Folgen durch Ankündigungsfrist)?

D. Befristung von Arbeitsbedingungen

I. Inhalt von Befristungen

Nicht nur Arbeitsverträge insgesamt können befristet werden, sondern auch einzel- 63
ne Arbeitsbedingungen.[108] Dies führt dazu, dass eine bestimmte Leistung von Vornherein nur für einen bestimmten Zeitraum gewährt wird.

II. Anwendungsbereich von Befristungen

Grundsätzlich kann **jede Regelung im Arbeitsvertrag** befristet werden, also z.B. 64
eine Aufgabe oder auch eine Position dem Arbeitnehmer bis zu einem bestimmten Datum übertragen, seine Arbeitszeit oder seine Vergütung befristet erhöht oder in wirtschaftlich schwierigen Zeiten reduziert werden.

Allerdings hatte die Rechtsprechung bisher noch keine Gelegenheit, sich mit 65
diesem Flexibilisierungsinstrument vertieft auseinanderzusetzen. Die meisten Entscheidungen sind zur befristeten Erhöhung der Arbeitszeit im Schuldienst bzw. öffentlichen Dienst ergangen.[109] Für andere Arbeitsbedingungen fehlen höchstrichterliche Entscheidungen weitgehend, so dass der Arbeitgeber nie genau weiß, ob seine Befristung tatsächlich „hält".

III. Vertragsgestaltung

Üblicherweise werden Arbeitsbedingungen erst befristet, wenn das Arbeitsverhält- 66
nis zwischen Arbeitnehmer und Arbeitgeber schon besteht und sich nachträglich ein Bedürfnis nach einer zeitlich befristeten Änderung einzelner Arbeitsbedingungen ergibt.

---

108 Vgl. nur *Maschmann*, RdA 2005, 214, *Willemsen/Jansen*, RdA 2010, 5.

109 BAG, Urt. v. 27.7.2005 – 7 AZR 486/04; BAG, Urt. v. 8.8.2007 – 7 AZR 855/06; BAG, Urt. v. 18.6.2008 – 7 AZR 245/07; BAG, Urt. v. 2.9.2009 – 7 AZR 233/08.

1. Befristete Änderung auf Wunsch des Arbeitnehmers

67 Geht der Wunsch nach einer befristeten Anpassung der Arbeitsbedingungen vom Arbeitnehmer aus, weil er z.B. seine Arbeitszeit am Ende eines berufungsbegleitenden Studiums wegen des erhöhten Lernaufwandes für eine bestimmte Zeit reduzieren möchte, ist die Befristung **ohne weiteres wirksam**. Denn es fehlt an kontrollfähigen vorformulierten Vertragsbedingungen, die auf ihre Angemessenheit überprüft werden müssten, da der Arbeitgeber die Einbeziehung der Klausel in den Arbeitsvertrag nicht verlangt hat.[110] Auch wenn die Parteien die Befristung der Arbeitsbedingung für ihren konkreten Fall ausgehandelt haben, entfällt eine Inhaltskontrolle (§ 305 Abs. 1 Satz 3 BGB).

! **Praxistipp**
Beruht die Befristung der Arbeitsbedingungen auf einem Wunsch des Arbeitnehmers, sollte der Arbeitgeber dies möglichst in einer Präambel zur Befristungsvereinbarung dokumentieren und auch den Grund festhalten, warum der Arbeitnehmer mit diesem Wunsch an ihn herangetreten ist.

---

2. Kontrollmaßstab bei formularmäßigen Vereinbarungen

68 Formuliert der Arbeitgeber jedoch die befristeten Arbeitsbedingungen für eine Vielzahl von Arbeitnehmern vor und beruht der Abschluss dieser Verträge auf seiner Initiative, werden diese **formularmäßigen Vereinbarungen** als AGB auf ihre Angemessenheit überprüft. Sie sind immer dann unwirksam, wenn die Abwägung der Interessen von Arbeitgeber und Arbeitnehmer eine unangemessen Benachteiligung des Mitarbeiters ergibt (§ 307 Abs. 1 Satz 1 BGB).[111]

69 Eines rechtfertigenden **Sachgrundes**, der früher für eine solche Befristung verlangt wurde, wenn in den Kernbereich des Arbeitsverhältnisses eingegriffen wurde, bedarf es nicht mehr. Ebenso wenig wird die Befristung von Arbeitsbedingungen an den Grundsätzen gemessen, die für die Befristung des gesamten Arbeitsvertrages gelten (§§ 14 ff. TzBfG).[112] Trotzdem greift das BAG gerade bei befristeten Erhöhungen der Arbeitszeit auf die in § 14 Abs. 1 Satz 2 TzBfG normierten Sachgründe zurück und hält eine solche z.B. dann für wirksam, wenn sie zur Vertretung eines anderen Arbeitnehmers erforderlich geworden und auf den Vertretungsfall beschränkt ist.[113] Denn wenn sogar die Befristung des gesamten Arbeitsvertrages nach § 14 Abs. 1 Satz 2 TzBfG gerechtfertigt ist, haben die nach § 307 Abs. 1 BGB zu berücksichtigen-

---

110 Vgl. BAG, Urt. v. 2.9.2009 – 7 AZR 233/08 – Rn 20; *Schramm/Naber*, NZA 2009, 1318, 1319; ErfK/*Preis*, §§ 305 bis 310 BGB Rn 75.

111 St. Rspr. seit BAG, Urt. v. 27.7.2005 – 7 AZR 486/04; vgl. zuletzt BAG, Urt. v. 16.5.2012 – 10 AZR 252/112 – Rn 21.

112 BAG, Urt. v. 27.7.2005 – 7 AZR 486/04.

113 BAG, Urt. v. 8.8.2007 – 7 AZR 855/06 – Rn 24 ff.

den Interessen des Arbeitgebers an der nur befristeten Erhöhung der Arbeitszeit ein solches Gewicht, dass sie das Interesse des Arbeitnehmers an einer unbefristeten Vereinbarung überwiegen. Der Arbeitnehmer wird deshalb durch die Befristung der Arbeitsbedingungen in solchen Fällen in aller Regel nicht unangemessen benachteiligt.[114] Das BAG hat sogar angenommen, dass bei einer befristeten Erhöhung der Arbeitszeit ein rechtfertigender Sachgrund nach dem TzBfG im Regelfall vorliegen muss, wenn die vorübergehende Arbeitszeitaufstockung erheblich ist (im Streitfall: $^4/_8$ für drei Monate).[115]

Im Ergebnis ist damit die Befristung von Arbeitsbedingungen zulässig, wenn 70
das gesamte Arbeitsverhältnis aus diesem Grund befristet werden könnte. In allen anderen Fällen fehlt es noch an einer höchstrichterlichen Klärung, wie der Arbeitgeber eine unangemessene Benachteiligung des Arbeitnehmers gemäß § 307 Abs. 1 Satz 1 BGB vermeiden kann. So bleiben eine Reihe **offener** Fragen, die bei der Befristung von Arbeitsbedingungen zu erheblicher Rechtsunsicherheit führen, z.B.:[116]
- Können Arbeitsbedingungen für maximal zwei Jahre auch ohne Sachgrund befristet werden (entsprechend § 14 Abs. 2 TzBfG)?[117]
- Ist bei der befristeten Absenkung von Vergütungsbestandteilen die 25%-Grenze wie bei Widerrufsvorbehalten einzuhalten?[118]

Es spricht viel dafür, dass eine Befristung einzelner Arbeitsbedingungen den Ar- 71
beitnehmer nur dann nicht unangemessen gemäß § 307 Abs. 1 Satz 1 BGB benachteiligt, wenn **berechtigte Flexibilisierungsinteressen** des Arbeitgebers bestehen. Bei einer Vergütungsabsenkung in einer wirtschaftlichen Notlage des Unternehmens ist deren Umfang und Dauer sicherlich eher gerechtfertigt, als wenn sie ausschließlich aus Gewinnmaximierungsinteresse erfolgt.

Dabei wird unterstellt, dass die Befristung der Arbeitsbedingungen immer erst 72
dann erfolgt, wenn der Grund eingetreten ist (z.B. wirtschaftliche Notlage, Vertretungsfall bei Arbeitszeiterhöhung). Möchte der Arbeitgeber dagegen für die Zukunft absichern, dass z.B. bestimmte Vergütungsbestandteile bei einer wirtschaftlichen Notlage nicht mehr gezahlt werden müssen, ist nicht die Befristung, sondern der Widerrufsvorbehalt das Flexibilisierungsinstrument mit der größeren Rechtssicherheit.

---

114 BAG, Urt. v. 8.8.2007 – 7 AZR 855/06 – Rn 23.

115 BAG, Urt. v. 15.12.2011 – 7 AZR 394/10 – Rn 24, 25.

116 Vgl. *Schramm/Naber*, NZA 2009, 1318, 1321f.

117 Befürwortend: *Thüsing*, RdA2005, 257, 265; *Hanau/Hromadka*, NZA 2005, 73, 77; *Lunk/Leder*, NZA 2008, 504, 507; zweifelnd mit Hinblick auf die beschäftigungspolitische Zielrichtung von § 14 Abs. 2 TzBfG: *Hohenstatt/Schramm*, NZA 2007, 238, 244; *Preis/Bender*, NZA-RR 2005, 337, 342.

118 Eher nein, weil kein einseitiges Anordnungsrecht des Arbeitgebers besteht, sondern die Befristung vertraglich vereinbart wird: *Schramm/Naber*, NZA 2009, 1318, 1322; *Willemsen/Grau*, NZA 2005, 1137, 1142.

3. Keine Angabe des Befristungsgrundes erforderlich

73 Trotz der Bedeutung des Grundes, der zur Befristung der Arbeitsbedingungen führt, ist es nicht erforderlich, dass der Arbeitgeber diesen ausdrücklich in der Vereinbarung angibt. Es ist ausreichend, dass ein Befristungsgrund, der die Interessen des Arbeitgebers an der Befristungsregelung darstellt, tatsächlich vorliegt.[119] Dies gilt jedenfalls bei einer ausschließlich **kalendermäßigen Befristung.**[120] Denn in diesem Fall sieht nicht einmal die Befristung des gesamten Arbeitsvertrages die Notwendigkeit einer schriftlichen Vereinbarung des rechtfertigenden Grundes vor.

74 Wird die Befristung der Arbeitsbedingungen allerdings nicht kalendermäßig bestimmt, sondern ergibt sich der **Beendigungszeitpunkt** erst aus dem mit der Befristung verfolgten **Zweck** (z.B. Rückkehr einer Arbeitnehmerin aus dem Mutterschutz), muss der Grund angegeben werden; andernfalls kann der Arbeitnehmer aus der Regelung nicht erkennen, wann die Befristung endet.[121]

4. Formulierungsbeispiele

75 Geht die befristete Reduzierung der Arbeitszeit auf einen Wunsch des Arbeitnehmers zurück, kann dies wie folgt formuliert werden:

Klauselmuster

Der Arbeitnehmer ist an den Arbeitgeber herangetreten, weil er seine Arbeitszeit für eine adäquate Prüfungsvorbereitung reduzieren möchte. Die Prüfung findet am [Datum] statt. Bis [Datum] arbeitet der Arbeitnehmer deshalb nur 50% der vertraglich vereinbarten Arbeitszeit, verteilt auf die Tage von Montag bis Mittwoch einer Woche. Die Vergütung reduziert sich entsprechend bis [Datum] auf 50% der vertraglich geschuldeten Vergütung.

---

76 Die Erhöhung der Arbeitszeit kann z.B. wie folgt befristet werden:

Klauselmuster

Ab dem [Datum] befristet bis [Datum] erhöht sich Ihre wöchentliche Arbeitszeit auf 40 Stunden pro Woche (= Vollzeittätigkeit). Dementsprechend erhöht sich Ihr monatliches Grundgehalt in dieser Zeit auf EUR [Betrag] brutto.[122]

---

119 BAG, Urt. v. 2.9.2009 – 7 AZR 233/08 – Rn 23.
120 A.A. ErfK/*Preis*, §§ 305 bis 310 BGB Rn 75; *Preis/Preis*, Der Arbeitsvertrag, II V 70 Rn 79 f.
121 So auch *Schramm/Naber*, NZA 2009, 1318, 1320.
122 Entnommen aus BAG, Urt. v. 2.9.2009 – 7 AZR 233/08.

IV. Zusammenfassung/Checkliste

Der Arbeitgeber kann einzelne Arbeitsbedingungen grundsätzlich befristen. Wird dieser Wunsch von einem Arbeitnehmer an ihn herangetragen, stellen sich üblicherweise keine rechtlichen Fragen. Möchte der Arbeitgeber dagegen die Befristung in einer Vielzahl von Fällen mit einer vorformulierten Vereinbarung erreichen, darf diese die Arbeitnehmer nicht unangemessen benachteiligen. Die Interessen des Arbeitgebers sind dabei mit den Interessen der Arbeitnehmer abzuwägen; dabei kommt den Gründen maßgebliche Bedeutung zu, die den Arbeitgeber zur Befristung der Arbeitsbedingungen veranlassen. Würden die Gründe auch für die Befristung eines Arbeitsvertrages insgesamt ausreichen (z.B. Arbeitszeiterhöhung wegen Vertretung einer Mitarbeiterin im Mutterschutz), ist die Befristung im Regelfall wirksam. Der Befristungsgrund muss jedenfalls bei kalendermäßigen Befristungen trotz seiner Bedeutung für die Rechtfertigung der formularmäßigen Regelung nicht selbst schriftlich fixiert werden. Es ist ausreichend, wenn er bei Vertragsabschluss vorliegt. 77

Checkliste !
- Wird die Befristung von Arbeitsbedingungen nur individuell mit einem Arbeitnehmer vereinbart (dann unproblematisch) oder für eine Vielzahl von Fällen?
- Welcher Grund rechtfertigt die Befristung?
- Würde der Grund auch die Befristung des gesamten Arbeitsverhältnisses rechtfertigen? Wenn nein: Reicht er aus, dem Arbeitnehmer die Nachteile einer Befristung zuzumuten?
- Soll der Befristungsgrund zur besseren Verständlichkeit in die Regelung aufgenommen werden (nur bei Zweckbefristungen ist die Angabe zwingend erforderlich)?

E. Teilkündigungen

I. Inhalt von Teilkündigungen

Unter „Teilkündigung“ versteht man eine Kündigung, die nicht das gesamte Arbeitsverhältnis betrifft, sondern nur einzelne Vertragsbedingungen. 78

II. Anwendungsbereich von Teilkündigungen

Teilkündigungen werden **grundsätzlich für unzulässig** gehalten, weil sie einen nicht gerechtfertigten Eingriff in das ausgehandelte Äquivalenz- und Ordnungsgefüge des Vertrags darstellen.[123] 79

123 BAG, Urt. v. 23.3.2011 – 10 AZR 563/09 – Rn 27; BAG, Urt. v. 14.11.1999 – 5 AZR 509/8 – juris Rn 21ff.

80 **Ausnahmsweise** ist eine Teilkündigung dann zulässig, wenn einem Vertragspartner das Recht hierzu im Vertrag vorbehalten ist und sich das Arbeitsverhältnis aus mehreren Teilverträgen zusammensetzt, von denen ein Teilvertrag von Vornherein eindeutig als selbständig lösbar verstanden werden kann. Außerdem darf kein zwingender Kündigungsschutz umgangen werden.[124] Generell können Teilkündigungen deshalb nur im „Randbereich" des Arbeitsverhältnisses eine Rolle spielen. Vereinbaren Arbeitgeber und Arbeitnehmer zum Beispiel eine Entgeltumwandlung in einen Sachbezug, kann diese Entgeltumwandlungsvereinbarung selbständig für die Zukunft kündbar sein. Denn sie berührt nur die Verwendung der Arbeitsvergütung seitens des Arbeitnehmers, ohne dass im Fall ihrer Beendigung in das Gefüge von Leistung und Gegenleistung eingegriffen wird.

III. Vertragsgestaltung

1. Eigenständige Teilvereinbarung

81 Ein Teilkündigungsrecht sollte möglichst nur in einer eigenständigen Abrede zwischen Arbeitgeber und Arbeitnehmer vereinbart werden, um zu dokumentieren, dass diese vom Arbeitsverhältnis selbständig lösbar ist.

2. Formulierungsbeispiel

82 Eine Teilkündigung wird ebenso formuliert wie die Kündigung des gesamten Vertragsverhältnisses:

Klauselmuster

1. Der Arbeitgeber gewährt dem Arbeitnehmer erstmals am [Datum] einen monatlichen Sachbezug in Form eines nur für Sachleistungen verwendbaren Guthabens auf einer Gutscheinkarte in Höhe von EUR [Betrag] brutto pro Kalendermonat. Der Arbeitnehmer verzichtet hierfür auf einen Betrag von EUR [Betrag] brutto pro Monat (Gehaltsumwandlung).
2. Diese Vereinbarung kann von beiden Parteien jederzeit mit einer Frist von einem Monat zum Ende eines Kalenderquartals gekündigt werden.

IV. Zusammenfassung/Checkliste

83 Eine Teilkündigung kommt nur in seltenen Fällen in Betracht, wenn sie ausdrücklich für eine gesonderte, selbständig vom Arbeitsverhältnis lösbare Vereinbarung

---

124 BAG, Urt. v. 14.11.1990 – 5 AZR 509/89 – juris Rn 22; BAG, Urt. v. 6.11.2007 – 1 AZR 826/06 – Rn 25ff.; BAG, Urt. v. 13.3.2007 – 9 AZR 612/05 – Rn 30; BAG, Urt. v. 23.3.2011 – 10 AZR 562/09 – Rn 27.

vorgesehen ist und durch die Teilkündigung das Gefüge von Leistung und Gegenleistung nicht einseitig verändert wird. In Betracht kommt die Teilkündigung deshalb nur in „Randbereichen" des Arbeitsverhältnisses. Im Übrigen ist sie als Flexibilisierungsinstrument nach herrschender Meinung unzulässig.

Checkliste !
- Wird eine selbständige, vom Arbeitsverhältnis gesondert zu betrachtende Vereinbarung geschlossen, die ohne Auswirkung auf das Gefüge von Leistung- und Gegenleistung allein gekündigt werden soll?
- Wird der Kernbereich des Arbeitsverhältnisses durch die Vereinbarung der Teilkündigung berührt?
- Ist das Kündigungsrecht beidseitig ausgestaltet?
- Ist die Kündigungsfrist unter Berücksichtigung der Interessen beider Vertragsparteien angemessen?

F. Verweisungs-/Bezugnahmeklauseln

Ein weiteres in der Praxis weit verbreitetes Flexibilisierungsinstrument ist die ar- 84
beitsvertragliche Verweisung auf andere Regelungswerke, die außerhalb des Arbeitsvertrages angesiedelt sind.[125] *Preis* bezeichnet Verweisungs- und Bezugnahmeklauseln sogar als *„Kernbestand jeder arbeitsvertraglichen Regelung"*; *Rieble/Schul* sprechen arbeitsvertraglichen Bezugnahmen Geltungserstreckungs-, Heilungs- und Besitzstandsfunktion zu.[126]

I. Inhalt einer Verweisungs-/Bezugnahmeklausel

Unter einer Verweisungs- oder Bezugnahmeklausel ist eine arbeitsvertragliche Be- 85
stimmung zu verstehen, durch die die Arbeitsvertragsparteien auf ein **außerhalb des Arbeitsvertrages** liegendes Regelungswerk, z.B. einen Tarifvertrag, eine Betriebsvereinbarung oder vom Arbeitgeber einseitig gestellte Richtlinien, Ordnungen oder allgemeine Arbeitsbedingungen, verweisen. Diese Bezugnahme hat zur Folge, dass das betreffende Regelungswerk zum **Inhalt des Arbeitsvertrages** wird.[127]

125 Die Begriffe „Verweisungsklausel" und „Bezugnahmeklausel" werden im Folgenden synonym verwendet.

126 *Preis/Preis*, Arbeitsvertrag, II V 40 Rn 1; *Rieble/Schul*, NZA 2006, 339, 340.

127 *Küttner/Röller*, Personalbuch, Arbeitsvertrag Rn 40; *Schaub/Treber*, ArbR-Hb., § 206 Rn 6 m.w.N.

II. Anwendungsbereich für Verweisungs-/Bezugnahmeklauseln

86 Für die Beliebtheit und somit den großen Anwendungsbereich von Bezugnahmeklauseln gibt es mehrere Gründe: Zum einen können durch einen „einfachen" Verweis komplexe Regelungswerke zum Inhalt des Arbeitsvertrages gemacht werden, ohne dass dieser überfrachtet wird. Vor allem sog. **dynamische Verweisungen** auf das jeweilige Regelungswerk in seiner jeweiligen Fassung erleichtern auf den ersten Blick die Anpassung der im Arbeitsvertrag vereinbarten Arbeitsbedingungen. In diesem Fall entwickeln sich diese ohne Änderungen des Arbeitsvertrages weiter. Zum anderen hat die Verweisung auf Regelungen außerhalb des Arbeitsvertrages grundsätzlich den Zweck, gleiche vertragliche Bedingungen für alle Mitarbeiter oder zumindest abgrenzbare Teile der Belegschaft zu gewährleisten. Durch eine Bezugnahme soll daher oft die **Gleichbehandlung** der Mitarbeiter erreicht werden. Beispielsweise kann der **tarifgebundene** Arbeitgeber durch eine Verweisung auf den für ihn geltenden Tarifvertrag einheitliche Arbeitsbedingungen im Betrieb schaffen, ohne dass er auf die Gewerkschaftszugehörigkeit seiner Arbeitnehmer Rücksicht nehmen muss.[128]

87 Arbeitgeber verweisen außerdem häufig auf eigene Regelungswerke, auf die sie – wiederum mit dem Ziel der Flexibilisierung der Arbeitsbedingungen – einwirken können, ohne dass es einer einvernehmlichen Änderung des Arbeitsvertrages oder einer Änderungskündigung bedarf. Allein diese Beispiele zeigen, dass es in der arbeitsrechtlichen Praxis für Verweisungsklauseln einen **sehr weiten Anwendungsbereich** gibt.[129]

III. Zulässigkeit und rechtliche Schranken

1. Grundsätzliche Zulässigkeit von Verweisungsklauseln

88 Der große praktische Anwendungsbereich spiegelt sich sowohl in der Rechtsprechung als auch in der arbeitsrechtlichen Literatur wider: Die grundsätzliche **Zulässigkeit von Bezugnahmeklauseln** ist seit langem **unumstritten.**[130] Die Verweisung auf andere Rechtsnormen ist dem geltenden Recht nicht fremd und deshalb nichts Ungewöhnliches. Dies folgt bereits aus dem **Grundsatz der Vertragsfreiheit** (§§ 241 Abs. 1, 311 Abs. 1 BGB); allein die Verweisung auf Vorschriften eines anderen Rege-

---

128 Vgl. für die Bezugnahme auf einen Tarifvertrag: BAG, Urt. v. 19.3.2003 – 4 AZR 331/02 – NZA 2003, 307; BAG, Urt. v. 21.1.1997 – 1 AZR 572/96 – NZA 1997, 1009, 1012, wobei das BAG insoweit deutlich macht, dass in einem Betrieb eine Betriebsvereinbarung schon aufgrund ihrer normativen Wirkung für alle Arbeitnehmer gilt. Vgl. hierzu auch: ErfK/*Franzen*, § 3 TVG Rn 29.

129 Zu weiteren Vorteilen von Verweisungsklauseln: *Schaub*/*Treber*, ArbR-Hb., § 206 Rn 3.

130 Vgl. statt vieler: ErfK/*Preis*, § 310 BGB Rn 26, 80a.

lungswerks führt nicht zur Unwirksamkeit.[131] Dies gilt zunächst unabhängig von dem gewählten Bezugnahmeobjekt und der Reichweite der Verweisung.[132]

Auch ist die Bezugnahme nicht nur ausdrücklich, sondern generell **formfrei** 89
möglich, z.B. durch eine betriebliche Übung oder durch konkludentes Verhalten der Arbeitsvertragsparteien.[133] Allerdings stellt das BAG zumindest im Fall eines nicht tarifgebundenen Arbeitgebers an die Bezugnahme auf einen Tarifvertrag durch betriebliche Übung sehr hohe Anforderungen.[134]

Praxistipp !
Eine **schriftliche Verweisungsklausel** ist im Interesse der Rechtssicherheit und -klarheit immer vorzugswürdig.

2. Anforderungen des NachwG

Die Notwendigkeit einer schriftlichen Vereinbarung von Bezugnahmeklauseln ergibt 90
sich zumindest für Tarifverträge und Betriebsvereinbarungen aus dem Nachweisgesetz. Da die in Bezug genommenen Regelungswerke auf das Arbeitsverhältnis angewendet werden, sind sie als *„wesentliche Vertragsbedingungen"* grundsätzlich gemäß § 2 Abs. 1 und 3 NachwG ***„schriftlich niederzulegen"***. Beispielsweise muss laut § 2 Abs. 1 S. 2 Nr. 10 NachwG ein Arbeitsvertrag zwingend einen *„in allgemeiner Form gehaltene(n) Hinweis auf die Tarifverträge, Betriebs- oder Dienstvereinbarungen"* (enthalten), *„die auf das Arbeitsverhältnis anzuwenden sind"*. Diese Bestimmung stellt zwar lediglich eine deklaratorische Nachweispflicht dar und ist überdies nur auf normativ geltende Tarifverträge anzuwenden. Allerdings lässt sich eine Nachweispflicht hinsichtlich der in Nr. 10 genannten Komplexe aus § 2 Abs. 1 Satz 1 NachwG auch dann ableiten, wenn diese nicht normativ gelten, da diese in der Regel die *„wesentlichen Vertragsbedingungen"* beinhalten. Auch verweist § 2 Abs. 3 NachwG auf die Möglichkeit arbeitsvertragliche Festlegungen durch Hinweise auf die einschlägigen Tarifverträge, Betriebs- oder Dienstvereinbarungen und ähnliche Rege-

---

131 St. Rspr.: BAG, Urt. v. 19.3.2014 – 10 AZR 622/13 – Rn 37; BAG, Urt. v. 24.9.2008 – 6 AZR 76/07 – Rn 30.

132 *Schaub/Treber*, ArbR-Hb., § 206 Rn 5 und 20. Vgl. zum Verweis auf Tarifverträge in Betriebsvereinbarungen, der in der Regel an der Sperrwirkung von § 77 Abs. 3 BetrVG scheitert: BAG, Urt. v. 29. 1.2002 – 1 AZR 267/01 – NJOZ 2003, 1179, 1181 m.w.N.

133 Ausführlich hierzu: BAG, Urt. v. 19.1.1999 – 1 AZR 606/98 – NZA 1999, 879; MüKo-BGB/*Müller-Glöge*, § 611 BGB Rn 340; *Schaub/Treber*, ArbR-Hb., § 206 Rn 7, 8, 10 und 19.

134 Vgl. BAG, Urt. v. 19.10.2011 – 5 AZR 359/10 – Rn 14 ff., das darauf verweist, dass sich ein nicht tarifgebundener Arbeitgeber grundsätzlich nicht für die Zukunft der Regelungsmacht der Verbände unterwerfen will. Dies hat der Arbeitgeber durch seinen nicht erfolgten Beitritt zu einem Arbeitgeberverband deutlich zum Ausdruck gebracht.

lungen zu ersetzen.[135] Gemäß § 2 Abs. 4 NachwG können diese Verpflichtungen durch die Vereinbarung eines **schriftlichen Arbeitsvertrages** erfüllt werden, wobei eine detaillierte Angabe des in Bezug genommenen Regelungswerks nicht notwendig ist.[136]

Praxistipp

Insbesondere aufgrund der Verpflichtungen des NachwG sollte die Verweisung auf andere Regelungswerke **stets schriftlich**, d.h. im Rahmen des Arbeitsvertrages, erfolgen. Der Arbeitnehmer muss die für ihn geltenden wesentlichen Arbeitsbedingungen auch bei der Verwendung von Verweisungsklauseln erkennen können.

---

3. Rechtliche Schranken

91 Die Vielzahl von Gestaltungsmöglichkeiten, die sich durch die Verwendung von Verweisungsklauseln ergeben, ist allerdings mit rechtlichen Unsicherheiten vor allem für den Arbeitgeber verbunden. Dies folgt daraus, dass das BAG seit Inkrafttreten der Schuldrechtsreform mit Wirkung zum 1.1.2002 arbeitsvertragliche Verweisungsklauseln der **AGB-Kontrolle nach §§ 305 ff. BGB** unterwirft.[137] Daher ist in jedem Einzelfall zu prüfen, ob die gewählte Formulierung wirksam ist, d.h. ob es sich um ein zulässiges Bezugnahmeobjekt handelt und ob die Klausel in zulässiger Weise auf dieses verweist.

a) Auslegung von Verweisungsklauseln

92 In einem ersten Schritt und unabhängig davon, ob in einem Arbeitsvertrag auf Tarifverträge, Betriebsvereinbarungen oder Arbeitgeberrichtlinien verwiesen wird, muss zunächst das Bezugnahmeobjekt, die Wirkung und die Reichweite der Verweisungsklausel durch **Auslegung** ermittelt werden.[138] Dies rührt daher, dass die Auslegung von AGB der Inhaltskontrolle vorauszugehen hat, denn erst ein entsprechend festgestellter Vertragsinhalt kann nach den Grundsätzen der §§ 307 ff. BGB geprüft werden.[139]

---

135 BAG, Urt. v. 17.4.2002 – 5 AZR 89/01 – NZA 2002, 1096. Ausführlich hierzu: *Preis/Preis*, Arbeitsvertrag, II V 40 Rn 42 ff.

136 Für die Verweisung auf einen Tarifvertrag: BAG, Urt. v. 14.11.2012 – 5 AZR 107/11 – Rn 14 ff.

137 *Preis/Preis*, Arbeitsvertrag, II V 40 Rn 3. Vor der Schuldrechtsreform wurden arbeitsvertragliche Verweisungsklauseln an §§ 138, 242 BGB gemessen. Vgl. hierzu: BAG, Urt. v. 25.5.2005 – 5 AZR 572/04 – Rn 16 ff.; BAG, Urt. v. 13.12.2000 – 10 AZR 168/00 – NZA 2001, 723, 724 f.

138 Vgl. *Stoffels/Bieder*, RdA 2012, 27, 28; *Schaub/Treber*, ArbR-Hb., § 206 Rn 23.

139 BGH, Urt. v. 24.5.2006 – IV ZR 263/03 – Rn 10 ff.

b) Grundsätze der Vertragsauslegung

AGB sind Vertragsbedingungen, sodass sich ihre Auslegung nach §§ 133, 157 BGB richtet.[140] Das BAG legt AGB in ständiger Rechtsprechung nach ihrem **objektiven Inhalt und typischen Sinn** einheitlich so aus, wie sie von verständigen und redlichen Vertragspartnern unter Abwägung der Interessen der normalerweise beteiligten Verkehrskreise verstanden werden. Es kommt insoweit nicht auf die Verständnismöglichkeiten des konkreten, sondern die des durchschnittlichen Vertragspartners des Verwenders, d.h. des Arbeitgebers, an. **Ansatzpunkt** für die nicht am Willen der konkreten Vertragspartner zu orientierende Auslegung von AGB ist zunächst der **Vertragswortlaut**. Ist dieser nicht eindeutig, kommt es für die Auslegung entscheidend darauf an, wie der Vertragstext aus Sicht der typischerweise an Geschäften dieser Art beteiligten Verkehrskreise zu verstehen ist. Hierbei muss der Vertragswille verständiger und redlicher Vertragspartner beachtet werden. Soweit auch der mit dem Vertrag verfolgte Zweck einzubeziehen ist, kann das nur in Bezug auf typische und von redlichen Geschäftspartnern verfolgte Ziele gelten.[141] Den Vertragsschluss begleitende Umstände sind gem. § 310 Abs. 3 Nr. 3 BGB hingegen nicht bei der Auslegung, sondern bei der Prüfung der unangemessenen Benachteiligung nach § 307 Abs. 1 und 2 BGB zu berücksichtigen.[142] 93

Verweisungsklauseln, die **konstitutiv** auf andere Regelungswerke Bezug nehmen oder sich **inhaltlich mit diesen decken**, sind nach denselben Maßstäben auszulegen wie einseitig vom Arbeitgeber vorformulierte Klauseln. Dies gilt unabhängig davon, ob im zweiten Fall das Regelungswerk vor seiner Verwendung kollektivrechtlich ausgehandelt wurde.[143] 94

Fettnapf !

Eine Formulierung wie z.B. „Der Arbeitsvertrag basiert auf den Tarifverträgen für den Groß- und Außenhandel in Bayern" lässt bereits nicht erkennen, ob die Klausel die Tarifverträge zum Inhalt des Arbeitsvertrages machen will oder ob sich die vereinbarten Arbeitsbedingungen lediglich an diesen orientieren sollen. Verweist der Arbeitgeber gleichzeitig noch auf eigene Ordnungen oder Richtlinien, ist die Formulierung jedenfalls intransparent.[144]

---

140 Zum Vorrang übereinstimmenden Parteiwillens: *Schaub/Linck*, ArbR-Hb., § 35 Rn 31 m.w.N.

141 BAG, Urt. v. 20.1.2010 – 10 AZR 914/08 – Rn 12 m.w.N.

142 BAG, Urt. v. 7.12.2005 – 5 AZR 535/04 – Rn 22; differenzierend: BAG, Urt. v. 18.5.2010 – 3 AZR 373/08 – Rn 36 f.

143 BAG, Urt. v. 9.2.2011 – 7 AZR 91/10 – Rn 30. Ausführlich zur Begründung: *Schaub/Linck*, ArbR-Hb., § 35 Rn 30a.

144 Vgl. hierzu auch: *Moll/Hamacher*, Arbeitsrecht, § 68 Rn 91.

c) Auslegungsregeln des BAG

95 Auf Basis der dargestellten Grundsätze hat das BAG im Laufe seiner Rechtsprechung **zwei** wesentliche Auslegungsregeln aufgestellt, auf die bereits an dieser Stelle hingewiesen werden soll. Diese hat das BAG im Zusammenhang mit der Bezugnahme auf Tarifverträge aufgestellt:[145]

– Eine **dynamische Verweisung**, die auch zukünftige Änderungen erfasst, ist anzunehmen, wenn der in Bezug genommene Tarifvertrag in einer bestimmten Fassung nicht durch ein konkretes Datum festgelegt wird. Dies ist sachgerechter und wird daher den Interessen der Parteien in der Regel eher gerecht als eine statische Bezugnahme.[146] Dies gilt unabhängig davon, ob in der Verweisungsklausel der Zusatz „in der jeweiligen Fassung" fehlt.[147] Eine **statische Bezugnahme** ist nach dem BAG nur dann anzunehmen, wenn sich dies eindeutig aus dem Wortlaut der arbeitsvertraglichen Regelung ergibt.[148]
– Die Arbeitsvertragsparteien wollen grundsätzlich eine **konstitutive Verweisung** erreichen; eine deklaratorische Bezugnahme kann nur in Sonderfällen angenommen werden.[149]

d) Gegenstand der Inhaltskontrolle

96 Seit dem Inkrafttreten des Schuldrechtsmodernisierungsgesetzes mit Wirkung zum 1.1.2002 unterfallen auch Arbeitsverträge grundsätzlich der AGB-Kontrolle, § 310 Abs. 4 BGB. Diese stellen in der Regel AGB gemäß § 305 Abs. 1 BGB dar, da der im Einzelnen ausgehandelte Arbeitsvertrag in der täglichen Praxis so gut wie nie vorkommt. Ausreichend ist bereits, wenn der Arbeitgeber ein Vertragsmuster einmalig nutzt und die dreimalige Verwendung beabsichtigt ist, wobei die §§ 305c Abs. 2, 306 und 307 bis 309 BGB auch Anwendung finden, wenn der zu prüfende Arbeitsvertrag oder die zu prüfende Klausel nur zu einer einmaligen Verwendung bestimmt ist, § 310 Abs. 3 Nr. 2 BGB.[150] Es sind allerdings *„die **im Arbeitsrecht geltenden Besonderheiten** angemessen zu berücksichtigen"* und Tarifverträge und Betriebsvereinbarungen werden gemäß § 310 Abs. 4 S. 1 und 2 BGB nicht am Maßstab der §§ 305 ff. BGB geprüft.[151]

---

145 Zu weiteren Auslegungsregeln und deren Änderung: *Moll/Hamacher*, Arbeitsrecht, § 68 Rn 102 ff.
146 BAG, Urt. v. 20.4.2012 – 9 AZR 504/10 – Rn 25 ff.; BAG, Urt. v. 6.5.2009 – 10 AZR 390/08 – Rn 23 ff.; BAG, Urt. v. 17.1.2006 – 9 AZR 41/05 – Rn 30; vgl. zur Kritik in der Literatur: *Preis/Preis*, Arbeitsvertrag, II V 40 Rn 37 m.w.N.
147 BAG, Urt. v. 20.4.2012 – 9 AZR 504/10 – Rn 26.
148 BAG, Urt. v. 13.9.2006 – 4 AZR 803/05 – Rn 13 ff.
149 BAG, Urt. v. 22.4.2009 – 4 AZR 100/08 – Rn 38 m.w.N.
150 BAG, Urt. v. 1.3.2006 – 5 AZR 363/05 – Rn 19 ff.
151 Ausführlich hierzu: MüKo-BGB/*Müller-Glöge*, § 611 BGB Rn 50 ff.

Anders ausgedrückt: Ein **Tarifvertrag** oder eine **Betriebsvereinbarung als Ganzes** unterfallen nicht der AGB-Kontrolle nach §§ 308, 309 und § 307 Abs. 1 und 2 BGB, wenn durch eine arbeitsvertragliche Verweisung Bezug genommen wird. Dies folgt daraus, dass durch die bloße Bezugnahme auf eine Kollektivvereinbarung keine *„von Rechtsvorschriften abweichende oder diese ergänzende Regelungen"* gemäß § 307 Abs. 3 S. 1 BGB vereinbart werden. Es wird durch die Verweisungsklausel nur auf das andere Regelungswerk Bezug genommen; eine von Rechtsvorschriften abweichende oder ergänzende Regelung enthält sie hingegen nicht.[152] Hierdurch soll eine mittelbare Inhaltskontrolle von Kollektivvereinbarungen unterbunden werden. Wird hingegen auf eine vom Arbeitgeber einseitig vorgegebene **Arbeits- oder Betriebsordnung** verwiesen, unterliegt diese uneingeschränkt der Inhaltskontrolle.[153] 97

Das Vorstehende gilt auch dann, wenn im Wege einer betrieblichen Übung auf fremde Regelungswerke verwiesen wird. Ob überhaupt eine betriebliche Übung vorliegt und wie diese „auszulegen" ist, bedarf jeweils einer Entscheidung im Einzelfall.[154] 98

e) Keine Überraschende Klausel i.S.v. § 305c BGB

Das Verbot überraschender Klauseln nach § 305c Abs. 1 BGB war bereits vor dem Inkrafttreten der Schuldrechtsreform zum 1.1.2002 und des AGB-Gesetzes vom 9.12.1976 anerkannt.[155] So hat eine Bestimmung **überraschenden Charakter**, wenn sie von den Erwartungen des Vertragspartners deutlich abweicht und dieser mit ihr den Umständen nach vernünftigerweise nicht zu rechnen braucht. Entscheidend sind insoweit die Erkenntnismöglichkeiten des für derartige Verträge in Betracht kommenden Personenkreises, nicht der Kenntnisstand des einzelnen, d.h. konkreten, Vertragspartners. Nach Ansicht des BAG ist das Überraschungsmoment desto eher zu bejahen, je belastender die arbeitsvertragliche Bestimmung für den Arbeitnehmer ist.[156] 99

---

152 BAG, Urt. v. 21.11.2012 – 4 AZR 85/11 – Rn 40 und 43, das insbesondere darauf verweist, dass der dynamische Verweis auf ein tarifliches Regelungswerk keinen Änderungsvorbehalt nach § 308 Nr. 4 BGB enthält.

153 BT-Drucks. 14/6857, S. 54 li. Sp.; *Schaub/Linck*, ArbR-Hb., § 35 Rn 19; ErfK/*Preis*, §§ 305–310 BGB Rn 8 f.; MüKo-BGB/*Müller-Glöge*, § 611 BGB Rn 68 f.

154 BAG, Urt. v. 23.3.2011 – 4 AZR 268/09 – Rn 56 ff.; BAG, Urt. v. 5.8.2009 – 10 AZR 483/08 – Rn 9 ff.

155 Vgl. hierzu: BAG, Urt. v. 13.12.2000 – 10 AZR 168/00 – AP Nr. 2 zu § 241 BGB.

156 BAG, Urt. v. 14.8.2007 – 8 AZR 973/06 – Rn 21; MüKo-BGB/*Müller-Glöge*, § 611 BGB Rn 61.

f) Grundsatz: Keine Überrumpelungssituation

100 Im **Arbeitsverhältnis** kommt es darauf an, ob der Arbeitnehmer nach den Begleitumständen des Vertragsschlusses vernünftigerweise mit der verwendeten Klausel, d.h. mit der Bezugnahme, rechnen musste oder nicht. Zu klären ist, ob die zu beurteilende Bestimmung **objektiv ungewöhnlich** und für den Mitarbeiter **subjektiv überraschend** ist.[157] Notwendig ist ein **Überrumpelungseffekt**; dabei ist die Klausel nur dann überraschend, wenn zwischen den berechtigten Erwartungen des Arbeitnehmers an den Arbeitsvertrag und dem Regelungsinhalt eine deutliche Diskrepanz besteht. Dabei ist auch der Grad der Abweichung vom dispositiven Gesetzesrecht und die für den Geschäftskreis übliche Gestaltung einerseits, Gang und Inhalt der Vertragsverhandlungen sowie der äußere Zuschnitt des Vertrages andererseits einzubeziehen.[158]

101 Werden diese – vom BAG allgemein formulierten Grundsätze – auf den Abschluss eines Arbeitsvertrages übertragen, kommt man zu folgendem Ergebnis: Der Abschluss eines Arbeitsvertrages ist für einen Arbeitnehmer **kein alltägliches Rechtsgeschäft**. In der Regel wird ihm eine Überlegungsfrist gewährt, sodass bereits aus diesem Grund das subjektive Überraschungsmoment nur selten gegeben sein wird.[159] Auch hat das BAG bereits mehrfach entschieden, dass – aufgrund ihrer Üblichkeit – die (dynamische) arbeitsvertragliche Verweisung auf ein anderes Regelungswerk nicht zu einer unzulässigen Überraschung des Arbeitnehmers führt.[160] Grundsätzlich liegt daher bei der arbeitsvertraglichen Bezugnahme auf außerhalb des Arbeitsvertrages liegende Regelungswerke **keine Überrumpelungssituation** vor.[161]

102 Dies kann anders zu bewerten sein, wenn auf **branchen- oder ortsfremde** Tarifverträge verwiesen wird. Jedoch wird dieser Fall nur sehr selten eintreten, da das BAG in ständiger Rechtsprechung davon ausgeht, dass die Arbeitsvertragsparteien grundsätzlich berechtigt sind, auf Tarifverträge eines anderen betrieblichen, räumlichen oder zeitlichen Geltungsbereichs zu verweisen.[162] Das Vorliegen einer überraschenden Klausel kann außerdem nicht mit Hinweis auf Bestimmungen des Ta-

---

157 BAG, Urt. v. 8.8.2007 – 7 AZR 605/06 – Rn 26 ff.; BAG, Urt. v. 13.7.2005 – 10 AZR 532/04 – Rn 24 ff.

158 BAG, Urt. v. 13.7.2005 – 10 AZR 532/04 – Rn 24 ff. m.w.N. Hierzu ausführlich: MüKo-BGB/*Basedow*, § 305c BGB Rn 5 ff.

159 ErfK/*Preis*, §§ 305–310 BGB Rn 29.

160 BAG, Urt. v. 22.7.2010 – 6 AZR 847/07 – Rn 16; BAG, Urt. v. 24.9.2008 – 6 AZR 76/07 – Rn 20; BAG, Urt. v. 22.1.2002 – 9 AZR 601/00 – NZA 2002, 1041.

161 Vgl. hierzu auch: BAG, Urt. v. 9.5.2007 – 4 AZR 319/06 – Rn 23 ff., das in diesem Fall eine überraschende Klausel angenommen hat.

162 *Däubler/Bonin/Deinert/Däubler*, AGB-Kontrolle, § 305c BGB Rn 22; ErfK/*Preis*, §§ 305–310 BGB Rn 30. St. Rspr. zum Verweis auf „fremde" Tarifverträge: BAG, Urt. v. 21.9.2011 – 5 AZR 520/10 – Rn 23 f.; ErfK/*Franzen*, § 3 TVG Rn 34 m.w.N.

rifvertrages begründet werden, mit denen der Arbeitnehmer nicht zu rechnen braucht.[163]

g) Aber: Unklarheiten gehen zu Lasten des Arbeitgebers

Selbst wenn die Verweisung auf außerhalb des Arbeitsvertrages liegende Rege- 103
lungswerke grundsätzlich keine überraschende Klausel darstellt, können unsaubere Formulierungen gemäß der **Unklarheitenregel** des § 305c Abs. 2 BGB zu Lasten des Arbeitgebers gehen. Dies ist dann der Fall, wenn auch nach Auslegung der Regelung **nicht behebbare Zweifel** bestehen. Hiervon kann nur ausgegangen werden, wenn nach Ausschöpfung aller bekannten Auslegungsmethoden mindestens zwei Auslegungsalternativen rechtlich vertretbar sind. Diese Zweifel gehen zu Lasten des Klauselverwenders, d.h. des Arbeitgebers.[164] Dies folgt daraus, dass sich der Arbeitgeber als Verwender einer Verweisungsklausel klar und unmissverständlich hätte ausdrücken können.[165] Die Klausel muss **mehrdeutig** sein.[166] Die Unklarheitenregel wird nicht angewendet, wenn unterschiedliche Auslegungen lediglich möglich sind, sondern erst dann, wenn keine Auslegung den klaren Vorzug verdient. Die bloß entfernte Möglichkeit zu einem anderen Ergebnis zu kommen, ist nicht ausreichend.[167]

Beispiel

Verweist ein Arbeitsvertrag eindeutig auf die „jeweils gültige Fassung" von zwei Tarifverträgen (BAT und hinsichtlich der Vergütung auf den Vergütungstarifvertrag der Vereinigung der kommunalen Arbeitgeberverbände) und regelt in einem zweiten Schritt, dass im Fall des Wegfalls der in Bezug genommenen Tarifverträge der ersetzende Tarifvertrag (unter Berücksichtigung möglicher Überleitungsbestimmungen) an deren Stelle tritt, ist die Verweisungsklausel eindeutig hinsichtlich der Art der Verweisung; § 305c Abs. 2 BGB ist nicht anwendbar.[168]

Nach Ansicht des BAG scheitert die Anwendung der Unklarheitenregel des § 305c 104
Abs. 2 BGB auf arbeitsvertragliche Bezugnahmeklauseln in der Regel daran, dass *„nicht abstrakt und unabhängig von der jeweiligen Fallkonstellation beantwortet werden kann"*, welche Auslegungsalternative für den Arbeitnehmer günstiger

---

163 A.A.: *Thüsing/Lambrich*, NZA 2002, 1361, 1364f. m.w.N. Zum unwahrscheinlichen Fall, dass ein dynamisch in Bezug genommener Tarifvertrag unvorhersehbare Änderungen erfährt: *Rieble*, Arbeitsmarkt, Rn 1732.

164 BAG, Urt. v. 20.1.2010 – 10 AZR 914/08 – Rn 13ff. m.w.N.

165 BAG, Urt. v. 26.9.2007 – 5 AZR 808/06 – Rn 13.

166 BAG, Urt. v. 14.11.2012 – 5 AZR 107/11 – Rn 18 bis 20; BAG, Urt. v. 9.2.2011 – 7 AZR 91/10 – Rn 42.

167 BAG, Urt. v. 15.4.2008 – 9 AZR 159/07 – Rn 69 bis 71 m.w.N.; BAG, Urt. v. 21.6.2011 – 9 AZR 203/10 – Rn 29 m.w.N. Ausführlich zur Ermittlung des Inhalts einer mehrdeutigen Klausel: *Schaub/Linck*, ArbR-Hb., § 35 Rn 33.

168 Zum ausführlichen Sachverhalt: BAG, Urt. v. 9.6.2010 – 5 AZR 122/09 – Rn 1ff.

ist.[169] Diese würde je nach Fallkonstellation zu unterschiedlichen Auslegungsergebnissen für dieselbe Bezugnahmeklausel führen, was wiederum zu Unklarheiten bei der Tarifanwendung führen würde.[170] Diese Rechtsprechung kann zwar grundsätzlich sowohl auf die Verweisung auf Betriebsvereinbarungen als auch auf die Bezugnahme von Arbeitgeberrichtlinien übertragen werden. Allerdings wird dies in den letzten beiden Fällen nur selten relevant werden, da schwer vorstellbar ist, dass unterschiedliche Betriebsvereinbarungen oder Arbeitgeberrichtlinien denselben Aspekt des Arbeitsverhältnisses betreffen.

Beispiel

Regelt ein Arbeitsvertrag allerdings die Vergütung mit der Formulierung *„Der Arbeitnehmer erhält folgende Vergütung"* in Verbindung mit der Benennung einer bestimmten tarifvertraglichen Vergütungsgruppe/-stufe, kann nicht eindeutig festgestellt werden, ob eine statische oder dynamische Verweisung gemeint ist. Hier hat das BAG über § 305c Abs. 2 BGB eine dynamische Bezugnahme angenommen; diese ist für den Arbeitnehmer grundsätzlich günstiger. Zweifel gehen zu Lasten des Arbeitgebers.[171]

h) Transparenzkontrolle

105 Eine Verweisungsklausel unterliegt – unabhängig von dem Bezugnahmeobjekt – jedenfalls der **Transparenzkontrolle** nach § 307 Abs. 1 S. 2 BGB, die Bestandteil der Angemessenheitskontrolle ist.[172]

106 Allerdings geht das BAG in ständiger Rechtsprechung davon aus, dass allein der (auch dynamische) Verweis auf Vorschriften eines anderen Regelungswerks für sich genommen noch nicht zur Intransparenz führt. Vielmehr sind (auch dynamische) Bezugnahmeklauseln im Arbeitsrecht weit verbreitet, entsprechen daher einer **üblichen Regelungstechnik** und dienen den beiderseitigen Interessen der Vertragsparteien an einem auf die Zukunft gerichteten Arbeitsverhältnis.[173] Es reicht aus diesem Grund zur Wahrung des Transparenzgebotes aus, wenn die im Zeitpunkt der jeweiligen Anwendung geltenden und in Bezug genommenen Regelungen **bestimmbar** sind.[174] Unschädlich ist, wenn bei Vertragsschluss der genaue Inhalt des in Bezug genommenen Regelungswerks noch nicht absehbar ist.[175]

169 BAG, Urt. v. 9.6.2010 – 5 AZR 122/09 – Rn 18.
170 BAG, Urt. v. 9.6.2010 – 5 AZR 122/09 – Rn 17 ff. m.w.N. Zur Gegenauffassung, die allerdings zu einer *„gespaltenen Auslegung der Vertragsklausel"* führt: *Schaub/Linck*, ArbR-Hb., § 35 Rn 33a.
171 BAG, Urt. v. 9.11.2005 – 5 AZR 128/05 – Rn 16 ff.
172 MüKo-BGB/*Müller-Glöge*, § 611 BGB Rn 73 und 340.
173 St. Rspr.: BAG, Urt. v. 19.3.2014 – 10 AZR 622/13 – Rn 37 m.w.N.
174 BAG, Urt. v. 21.11.2012 – 4 AZR 85/11 – Rn 35; BAG, Urt. v. 14.11.2012 – 5 AZR 107/11 – Rn 22.
175 BAG, Urt. v. 16.2.2010 – 3 AZR 181/08 – Rn 43; BAG, Urt. v. 18.11.2009 – 4 AZR 493/08 – Rn 25 m.w.N.

Das **Bestimmtheitsgebot** – als maßgebliche Ausprägung des Transparenzgebots – verlangt laut BAG lediglich, *„dass die tatbestandlichen Voraussetzungen und Rechtsfolgen so genau beschrieben werden, dass für den Verwender keine ungerechtfertigten Beurteilungsspielräume entstehen und der Gefahr vorgebeugt wird, dass der Vertragspartner* (d.h. der Arbeitnehmer, Anm. des Verfassers) *von der Durchsetzung bestehender Rechte abgehalten wird. Ein Verstoß gegen das Transparenzgebot liegt deshalb nicht schon dann vor, wenn der Arbeitnehmer keine oder nur eine erschwerte Möglichkeit hat, die betreffende Regelung zu verstehen. Erst in der Gefahr, dass er wegen unklar abgefasster Allgemeiner Vertragsbedingungen seine Rechte nicht wahrnimmt, liegt eine unangemessene Benachteiligung im Sinne von § 307 Abs. 1 S. 2 BGB“.*[176] 107

Praxistipp !

Im Ergebnis führt daher eine (dynamische) Verweisung auf außerhalb des Arbeitsvertrages liegende Regelungswerke grundsätzlich nicht zur Intransparenz der jeweiligen Bezugnahmeklausel.

IV. Zusammenfassung/Checkliste

Verweisungs- und Bezugnahmeklauseln in Arbeitsverträgen sind als Flexibilisierungsinstrument bereits wegen des Grundsatzes der Vertragsfreiheit zulässig und in der Praxis weit verbreitet. Sie unterliegen zwar – wie alle Standard-Arbeitsverträge – der Kontrolle nach §§ 305 ff. BGB; sind aber weder aufgrund der Bezugnahme auf außerhalb des Arbeitsvertrages liegende Regelungswerke von vornherein intransparent, noch ist eine Verweisungsklausel überraschend oder unklar. Allerdings kommt es bei jeder Bezugnahme im Einzelfall auf ihren durch Auslegung zu ermittelnden Inhalt an. 108

Checkliste Rechtliche Schranken !

- Grundsätzliche Zulässigkeit von Verweisungsklauseln, da übliches Mittel der arbeitsrechtlichen Vertragsgestaltung.
- Aufgrund der Bestimmungen des NachwG und der im Streitfall notwendigen Auslegung von Bezugnahmeklauseln, sollte die Verweisung **schriftlich** fixiert werden.
- Das BAG geht im Rahmen der **Auslegung** von Verweisungsklauseln davon aus, dass eine Bezugnahme grundsätzlich **konstitutive** Wirkung haben und im Zweifel **dynamisch** auf das jeweilige Regelungswerk verweisen soll.
- Bei der AGB-Kontrolle ist zwischen der Kontrolle der Verweisungsklausel als solcher und der Kontrolle des in Bezug genommenen Regelungswerks oder dessen Teile **zu unterscheiden**.
- Eine Bezugnahmeklausel ist in der Regel weder überraschend gemäß § 305c Abs. 1 BGB noch unklar im Sinne von § 305c Abs. 2 BGB.

---

176 BAG, Urt. v. 24.9.2008 – 6 AZR 76/07 – Rn 30 m.w.N.

– Die – auch dynamische – Verweisung auf ein anderes Regelungswerk hat grundsätzlich **keine Intransparenz** der Bezugnahmeklausel zur Folge.

G. Weitere Flexibilisierungsinstrumente

109 Neben den dargestellten Flexibilisierungsinstrumenten gibt es weitere vertragliche Gestaltungsmöglichkeiten wie z.B. Leistungen nach billigem Ermessen, Anrechnungsvorbehalte, Kürzungs- und Stichtagsregelungen sowie Rückzahlungsklauseln im Bereich der Vergütung. Da diese Flexibilisierungsinstrumente jedoch ihren Anwendungsbereich ausschließlich im Bereich der Vergütung haben, werden sie auch dort behandelt.

Kapitel 2
Flexibilisierung des Arbeitsortes

A. Einleitung

I. Reichweite des Direktionsrechts

Nach § 106 S. 1 GewO[1] kann der Arbeitgeber u.a. den Ort der Arbeitsleistung **nach billigem Ermessen** näher bestimmen, soweit dieser nicht durch den Arbeitsvertrag, Bestimmungen einer Betriebsvereinbarung bzw. eines anwendbaren Tarifvertrages oder gesetzliche Vorschriften festgelegt ist. Nach der Gesetzeskonzeption kann daher der Arbeitgeber grundsätzlich jederzeit im Wege des Direktionsrechts anordnen, dass der Arbeitnehmer die geschuldete Arbeitsleistung zukünftig an einem anderen als dem bisherigen Arbeitsort zu erbringen hat. Voraussetzung ist lediglich, dass die Zuweisung billigem Ermessen entspricht (§ 315 BGB). 1

Dies gilt allerdings nicht, wenn der Arbeitsvertrag – praktisch seltener eine Betriebsvereinbarung oder ein Tarifvertrag, für die aber dasselbe gilt – den Arbeitsort abschließend festlegt. Das Direktionsrecht des Arbeitgebers findet dann seine Grenze in der entgegenstehenden vertraglichen Vereinbarung. Die Zuweisung eines anderen Arbeitsortes als dem vereinbarten ist in diesem Fall nur zulässig, wenn sich der Arbeitgeber dies in der betreffenden Vereinbarung vorbehalten hat **(sog. „örtliche Versetzungsklausel")** und die Tatbestandsvoraussetzungen des Versetzungsvorbehalts erfüllt sind.[2] 2

Für eine vertragliche Konkretisierung des Arbeitsortes reicht es nach Ansicht des BAG[3] nicht, dass der Arbeitsvertrag unter der Überschrift „Beginn der Tätigkeit" vorsieht, dass der Arbeitnehmer für einen bestimmten Standort „eingestellt" wird. Hieraus ergibt sich keine Beschränkung des Direktionsrechts, da lediglich festgelegt werden soll, wo der Arbeitnehmer bei Vertragsbeginn seine Arbeit aufnehmen soll. Dadurch übt der Arbeitgeber – so das BAG[4] – sein Direktionsrecht nur erstmalig aus. 3

Eine Festlegung des Arbeitsortes kann allerdings grundsätzlich auch **konkludent vereinbart** werden. Hierfür genügt es nach der Rechtsprechung des BAG[5] aber 4

---

1 Vgl. hierzu ausführlich Kapitel 1. A.

2 Dazu ausführlich *Tschöpe/Wisskirchen/Bissels*, Arbeitsrechtshandbuch, Teil 1 D. Rn 80ff.; s.a. *Bonanni/Niklas*, ArbRB 2008, 347ff.; *Preis/Genenger*, NZA 2008, 969ff.

3 BAG, Urt. v. 28.8.2013 – 10 AZR 569/12 – DB 2014, 123.

4 BAG, Urt. v. 28.8.2013 – 10 AZR 569/12 – DB 2014, 123.

5 Zuletzt BAG, Urt. v. 17.8.2011 – 5 AZR 573/96 – NZA 2012, 265; vgl. auch BAG, Urt. v. 28.8.2013 – 10 AZR 569/12 – DB 2014, 123 für den Fall eines in einer Betriebsvereinbarung vorbehaltenen örtlichen Versetzungsrechts.

nicht, dass der Arbeitgeber von dem ihm zustehenden Direktionsrecht über einen längeren Zeitraum keinen Gebrauch macht. Vielmehr müssen besondere Umstände hinzutreten, aufgrund derer bei dem Arbeitnehmer ein **Vertrauen** dahingehend erstehen kann, dass der Arbeitgeber ihn örtlich nicht mehr versetzen wird.[6]

5 Die Instanzgerichte sind teilweise recht schnell geneigt, solche Umstände zu bejahen und eine konkludente (und insoweit das Direktionsrecht gem. § 106 S. 1 GewO ausschließende) Vereinbarung des Arbeitsortes anzunehmen. So hat etwa das Hessische LAG[7] aus der Tatsache, dass der Arbeitnehmer seit Beginn des Arbeitsverhältnisses nur an einem Standort des Arbeitgebers eingesetzt wurde, geschlossen, dass das Direktionsrecht auf diesen beschränkt ist. Es berücksichtigte dabei auch, dass der Arbeitnehmer – was der Arbeitgeber wusste – verheiratet war und zwei Kinder hatte, so dass ein Standortwechsel mit erheblichen Konsequenzen für seine private Lebensführung verbunden wäre.

! **Praxistipp**
Aus diesem Grund ist aus Arbeitgebersicht regelmäßig empfehlenswert, sich die Ausübung des Direktionsrechts in örtlicher Hinsicht ausdrücklich vorzubehalten, wenn im Arbeitsvertrag – wie üblicherweise – ein konkreter Arbeitsort genannt ist. Der ausdrückliche Vorbehalt der Versetzung schließt die Annahme einer konkludenten Beschränkung des Direktionsrechts regelmäßig aus und vermeidet damit grundsätzlich eine Beschränkung des Direktionsrechts in örtlicher Hinsicht.[8] Alternativ kann arbeitsvertraglich schlichtweg kein Arbeitsort angegeben werden, so dass sich der Arbeitgeber auf sein „normales", aus § 106 S. 1 GewO abgeleitetes Weisungsrecht berufen kann. Hier riskiert er aber, dass sich der Arbeitnehmer auf die konkludente Beschränkung des Direktionsrechts beruft. Diesen Konflikt kann der Arbeitgeber durch eine entsprechend offene Gestaltung des Arbeitsvertrages (Festlegung eines Arbeitsortes sowie einer entsprechenden Versetzungsklausel) von vornherein vermeiden.

II. Dienstreisen

6 Das Recht des Arbeitgebers, den Ort der Arbeitsleistung festzulegen, erfasst die Befugnis zur Anordnung von Dienstreisen.[9] Wenn der Arbeitsort vertraglich weder ausdrücklich noch konkludent bestimmt ist, kann der Arbeitgeber im Rahmen billigen Ermessens anordnen, dass der Arbeitnehmer die geschuldete Arbeitsleistung zeitweise an einem anderen Ort – auch im Ausland – zu erbringen hat.

---

6 Vgl. auch ErfK/*Preis*, § 106 GewO Rn 4a.
7 Hessisches LAG, Urt. v. 14.6.2007 – 11 Sa 296/06 – juris.
8 BAG, Urt. v. 13.6.2012 – 10 AZR 296/11 – NZA 2012, 1154; BAG, Urt. v. 19.1.2011 – 10 AZR 738/09 – DB 2011, 1056; BAG, Urt. v. 13.4.2010 – 9 AZR 36/09 – BB 2010, 2432; BAG, Urt. v. 28.8.2013 – 10 AZR 569/12 – NZA-RR 2014, 181.
9 Vgl. hierzu umfassend *Grobys/Panzer/Bissels*, SWK-Arbeitsrecht 2014, 65. Dienstreise, Rn 1 ff.

Selbst wenn der Arbeitsort im Arbeitsvertrag grundsätzlich bestimmt ist, kann der Arbeitgeber weiter berechtigt sein, die vorübergehende Arbeitsleistung an einem anderen Arbeitsort oder an wechselnden Arbeitsorten im Rahmen von Dienstreisen anzuordnen. Eine entsprechende Befugnis des Arbeitgebers kann sich insbesondere aus dem vereinbarten Tätigkeitsinhalt ergeben.[10] So ist etwa dem Tätigkeitsbild eines **Außendienstmitarbeiters, Monteurs oder Unternehmensberaters** der Einsatz an ständig wechselnden Arbeitsorten immanent. Auch zum Tätigkeitsbild einer **Führungskraft, eines angestellten Rechtsanwalts oder eines Applikationsingenieurs** gehören jedenfalls gelegentliche Dienstreisen dazu. Nur wenn der Arbeitnehmer im Hinblick auf die vereinbarte Tätigkeit grundsätzlich nicht mit der Notwendigkeit von Dienstreisen zu rechnen braucht, wie etwa bei einem Rezeptionisten, muss sich der Arbeitgeber eine entsprechende Anordnungsbefugnis im Arbeitsvertrag vorbehalten, wenn er sich die Möglichkeit offenhalten will, gegenüber dem Arbeitnehmer einseitig eine vorübergehende Tätigkeitserbringung an einem anderen Ort anordnen zu können. 7

B. Örtliche Versetzungsklauseln

Mit einer örtlichen Versetzungsklausel behält sich der Arbeitgeber das Recht vor, dem Arbeitnehmer – auch dauerhaft – einen anderen als den bisherigen Arbeitsort zuzuweisen. Einer entsprechenden Bestimmung bedarf es wegen des Leistungsbestimmungsrechts des Arbeitgebers nach § 106 S. 1 GewO grundsätzlich nur, wenn der Arbeitsort im Arbeitsvertrag (oder in einer Betriebsvereinbarung oder einem Tarifvertrag) festgelegt ist. Fehlt es daran, dient die Versetzungsklausel lediglich der Klarstellung, dass eine Konkretisierung des Arbeitsorts nicht erfolgen soll. 8

I. Wirksamkeit

Als vom Arbeitgeber vorformulierte Vertragsbedingungen unterliegen örtliche Versetzungsklauseln in einem Arbeitsvertrag der **AGB-Kontrolle nach §§ 305ff. BGB.** Dabei ist allerdings zu berücksichtigen, dass § 106 S. 1 GewO das Recht zur Bestimmung des Orts der Arbeitsleistung ohnehin dem Arbeitgeber zuweist. Das grundsätzlich bestehende Direktionsrecht wird durch einen entsprechenden Vorbehalt also nicht erweitert. Es liegt demgemäß keine Abweichung von den gesetzlichen Regelungen vor.[11] Örtliche Versetzungsklauseln stellen daher nach ständiger Recht- 9

10 Vgl. *Loritz*, NZA 1997, 1188, 1190.

11 Erfk/*Preis*, § 106 GewO Rn 10 spricht deshalb von einer „unechten“ Erweiterung des Direktionsrechts.

sprechung[12] keine unangemessene Benachteiligung des Arbeitnehmers i.S.d. § 307 Abs. 1 S. 1 BGB dar.

10 Eine solche kann daher nur im Einzelfall **unzulässig** sein, wenn sie gegen das **Transparenzgebot des § 307 Abs. 1 S. 2 BGB** verstößt. Das BAG stellt in diesem Zusammenhang aber **keine hohen Anforderungen** an die Wirksamkeit. Insbesondere muss sich nicht bereits aus der Klausel ergeben, innerhalb welcher Regionen oder Radien und mit welcher Ankündigungsfrist der Arbeitgeber von dem Versetzungsvorbehalt Gebrauch machen kann.[13] Das BAG[14] hält vor diesem Hintergrund eine Klausel für wirksam, mit der sich der Arbeitgeber vorbehält, den Arbeitnehmer jederzeit an einen anderen Arbeitsort bei dem Unternehmen innerhalb Deutschlands zu versetzen. Auch die Gründe für die Ausübung des Versetzungsvorbehalts müssen nach Ansicht des BAG[15] in der Klausel nicht ausdrücklich aufgeführt werden. Die Interessen des Arbeitnehmers, hinreichend vor willkürlichen oder unangemessenen örtlichen Versetzungen des Arbeitgebers geschützt zu werden, werden im Rahmen einer gleichfalls durchzuführenden Ausübungskontrolle gewahrt.

Klauselmuster

Der Arbeitgeber behält sich vor, den Arbeitnehmer zeitweise, z.B. zu Vertretungswecken, oder dauerhaft auch in anderen Betrieben des Unternehmens oder an einem anderen Ort innerhalb der Bundesrepublik Deutschland einzusetzen.

II. Billiges Ermessen

11 Ob eine vom Arbeitgeber angeordnete örtliche Versetzung wirksam ist, entscheidet sich daher regelmäßig nicht auf der Ebene der Inhaltskontrolle, d.h. bei der Prüfung, ob überhaupt ein wirksamer Versetzungsvorbehalt vorliegt, sondern auf der Ebene der **Ausübungskontrolle.**[16] Nach § 106 S. 1 GewO muss die Bestimmung des Orts der Arbeitsleistung billigem Ermessen entsprechen. Von dieser Anforderung kann auch ein vertraglich vereinbarter Versetzungsvorbehalt den Arbeitgeber nicht befreien.

---

12 BAG, Urt. v. 13.4.2010 – 9 AZR 36/09 – BB 2010, 2432; BAG, Urt. v. 26.1.2012 – 2 AZR 102/11 – BB 2012, 1728; BAG, Urt. v. 25.8.2010 – 10 AZR 275/09 – NZA 2010, 1355; BAG, Urt. v. 19.1.2011 – 10 AZR 738/09 – DB 2011, 1056; LAG Rheinland-Pfalz, Urt. v. 13.10.2010 – 7 Sa 286/10 – juris; LAG Baden-Württemberg, Urt. v. 15.4.2009 – 16 Sa 102/08 – juris; LAG Nürnberg, Urt. v. 13.1.2009 – 6 Sa 712/07 – AA 2009, 124; LAG Niedersachsen, Beschl. v. 21.8.2009 – 10 TaBV 121/08 – AA 2009, 216.

13 BAG, Urt. v. 13.4.2010 – 9 AZR 36/09 – BB 2010, 2432; a.A. LAG Hamm, Urt. v. 11.12.2008 – 11 Sa 817/08 – LAGE § 307 BGB 2002 Nr. 17.

14 BAG, Urt. v. 13.3.2007 – 9 AZR 433/06 – AuA 2008, 120f.; dazu auch *Hunold*, BB 2011, 693.

15 BAG, Urt. v. 13.3.2007 – 9 AZR 433/06 – AuA 2008, 120f.

16 Vgl. *Reinecke*, NZA-RR 2013, 393, 397.

Die Wahrung billigen Ermessens setzt voraus, dass die wesentlichen Umstände des Falles abgewogen und die beiderseitigen Interessen angemessen berücksichtigt werden.[17] Der Arbeitgeber kann sich daher bei der Anordnung eines Wechsels des Arbeitsortes nicht einseitig von betrieblichen Interessen leiten lassen. Er muss vielmehr auch die individuellen Interessen des Arbeitnehmers bei der Entscheidung berücksichtigen. 12

Checkliste !

Ob eine örtliche Versetzung im Einzelfall wirksam ist, bestimmt sich daher im Rahmen einer Gesamtbetrachtung, für die insbesondere folgende Gesichtspunkte zu berücksichtigen sind: 13
- Entfernung des neuen Arbeitsortes vom Wohnort des Arbeitnehmers
- soziale Lebensverhältnisse des Arbeitnehmers
- finanzielle Belastung des Arbeitnehmers durch den Arbeitsortwechsel und etwaige Ausgleichsleistungen des Arbeitgebers
- Umstände der Arbeitsleistung wie Tätigkeitsbild, Anwesenheitszeiten am Arbeitsplatz, Vergütungshöhe etc.
- Ankündigungsfristen
- betriebliches Interesse an einem Wechsel des Arbeitsortes.

Soweit in der Praxis gelegentlich die Ansicht vertreten wird, der Arbeitgeber dürfe dem Arbeitnehmer nur einen maximal um 50 bis 60 km vom bisherigen Arbeitsplatz entfernten Arbeitsort einseitig im Wege des Direktionsrechts zuweisen, taugt dies allenfalls als **„Faustregel"**, weil bei längeren Entfernungen häufig die Anfahrt zur Arbeit nicht mehr im Wege des täglichen Pendelns bewältigt werden kann und ein erforderlicher privater Umzug im Rahmen der Interessenabwägung zu Gunsten des Arbeitnehmers zu berücksichtigen ist. Abhängig von den Umständen des Einzelfalls kann eine örtliche Versetzung aber auch bei kürzeren Entfernungen ausscheiden oder bei weiteren Entfernungen zulässig sein. So billigen die Gerichte etwa regelmäßig die Versetzung an einen anderen Arbeitsort unabhängig von der Entfernung, wenn der Betrieb am bisherigen Arbeitsort des Arbeitnehmers geschlossen wird und eine Weiterbeschäftigung daher nur an einem anderen Standort in Betracht kommt.[18] 14

III. Zuweisung eines Arbeitsortes im Ausland

Das Leistungsbestimmungsrecht des Arbeitgebers hinsichtlich des Ortes der Arbeitsleistung nach § 106 S. 1 GewO ist nicht beschränkt auf das Gebiet der Bundesrepublik Deutschland. Vielmehr kann der Arbeitgeber dem Arbeitnehmer grundsätzlich 15

17 BAG, Urt. v. 24.4.1996 – 5 AZR 1031/94 – NZA 1996, 1088.
18 Nachweise bei ErfK/*Preis*, § 106 GewO Rn 18.

eine **Tätigkeit im Ausland** zuweisen. Dies gilt nicht nur für vorübergehende Arbeiten i.S.v. Dienstreisen, soweit diese zum vereinbarten Tätigkeitsinhalt zählen.[19] Das Leistungsbestimmungsrecht umfasst auch die Befugnis, dem Arbeitnehmer einen dauerhaften Arbeitsplatz – beim Unternehmen oder im Fall einer wirksamen Konzernversetzungsklausel vorübergehend auch bei einem anderen Konzernunternehmen[20] – im Ausland zu übertragen.

16 Enthält der Arbeitsvertrag eine Festlegung des Arbeitsortes, verbunden mit einer örtlichen Versetzungsklausel, ist es eine Frage der Auslegung, ob dem Arbeitgeber mit dieser Bestimmung das örtliche Direktionsrecht „nur" bezogen auf das Gebiet der Bundesrepublik Deutschland oder auch darüber hinaus vorbehalten werden sollte.

! **Praxistipp**

Um Unklarheiten und damit das Risiko einer engen Auslegung auszuschließen, ist es aus Arbeitgebersicht empfehlenswert, in die Klausel ausdrücklich aufzunehmen, dass und in welchem Umfang eine örtliche Versetzung über das Gebiet der Bundesrepublik Deutschland hinaus in Betracht kommen soll.

17 In der Praxis wird zumindest eine **dauerhafte Versetzung in das Ausland** allerdings häufig auf Ebene der Ausübungskontrolle scheitern. Für die vorzunehmende **Interessenabwägung** im Rahmen der Prüfung, ob die Leistungsbestimmung billigem Ermessen entspricht, ist zu berücksichtigen, dass die Versetzung in das Ausland, wenn sie mit einem notwendigen Wechsel des Wohnortes verbunden ist, einen besonders gravierenden Eingriff in die private Lebensführung des Arbeitnehmers darstellt.[21] Auch kann der Mitarbeiter durch die Zuweisung einer Tätigkeit im Ausland finanzielle Nachteile, etwa in steuer- oder sozialversicherungsrechtlicher Hinsicht erleiden, die – wenn sie vom Arbeitgeber nicht ausgeglichen werden – ebenfalls der Zulässigkeit der Versetzung im Einzelfall entgegenstehen können.

18 Ob eine Versetzung in das Ausland tatsächlich aufgrund der dem Arbeitnehmer vermeintlich entstehenden Nachteile tatsächlich unbillig und damit unwirksam ist, ist aber stets eine Frage des Einzelfalls. So wird bei einem Mitarbeiter, der in Krefeld wohnt und in einem Betrieb des Arbeitgebers in Düsseldorf arbeitet, eine dauerhafte Versetzung in eine grenznahe Niederlassung des Unternehmens nach Venlo (Niederlande) kaum eine erhebliche wirtschaftliche und/oder tatsächliche Belastung, z.B. durch eine Verlängerung der Wegstrecke zum Arbeitsort, darstellen, soweit jedenfalls eine steuerliche und sozialversicherungsrechtliche „neutrale" Versetzung gewährleistet werden kann.

---

19 Dazu oben Kapitel 2 A I. Rn 6.
20 Dazu unten Kapitel 2 C Rn 22ff.
21 LAG Hamm, Urt. v. 28.1.1974 – 2 Sa 782/73 – DB 1974, 877.

Klauselmuster
Der Arbeitgeber behält sich vor, den Arbeitnehmer zeitweise, z.B. zu Vertretungswecken, oder dauerhaft auch in anderen Betrieben des Unternehmens oder an einem anderen Ort, gegebenenfalls auch außerhalb der Bundesrepublik Deutschland, einzusetzen.

IV. Auswirkungen auf den Kündigungsschutz

Die Sozialauswahl i.S.v. § 1 Abs. 3 KSchG ist bei einer betriebsbedingten Kündigung 19 **betriebsbezogen** vorzunehmen. Dies gilt nach der Rechtsprechung auch dann, wenn sich der Arbeitgeber eine örtliche Versetzung des Mitarbeiters in einen anderen Betrieb des Unternehmens vertraglich vorbehalten hat.[22] Die Vereinbarung eines örtlichen Versetzungsrechts erweitert daher grundsätzlich nicht den Kreis der in eine Sozialauswahl bei betriebsbedingten Kündigungen einzubeziehenden Arbeitnehmer.

Etwas anderes kann ausnahmsweise gelten, wenn ein Betrieb im kündigungs- 20 schutzrechtlichen Sinne[23] aus mehreren Standorten besteht. Voraussetzung für die Durchführung einer Sozialauswahl ist, dass der Arbeitgeber dem Arbeitnehmer, dessen Arbeitsplatz entfällt, den Arbeitsplatz des vergleichbaren Mitarbeiters einseitig im Wege des Direktionsrechts zuweisen kann.[24] Hieran fehlt es, wenn der Arbeitsvertrag den Arbeitsort auf einen bestimmten Standort eines insoweit „mehrgliedrigen" Betriebs beschränkt. Wird bei einem aus mehreren Niederlassungen bestehenden Betrieb ein Standort geschlossen und beschränken die Arbeitsverträge der dort beschäftigten Arbeitnehmer deren Arbeitsort auf diesen, ist keine Sozialauswahl mit den an anderen Standorten des Betriebs beschäftigten Arbeitnehmern durchzuführen. Enthalten die Arbeitsverträge dagegen örtliche Versetzungsklauseln, wird das Direktionsrecht des Arbeitgebers auf einen Einsatz der Arbeitnehmer auch am anderen Standort des Betriebs „erweitert"; es findet damit eine betriebliche, aber insoweit standortübergreifende Sozialauswahl statt. Gleiches gilt, wenn der Arbeitgeber einen Tarifvertrag nach § 3 BetrVG geschlossen hat, in dem z.B. die an sich betriebsratsfähigen Filialen eines Handelsunternehmens in gewissen geographischen Regionen zu einem sog. Regionalbetrieb zusammengeschlossen werden, für den ein Regionalbetriebsrat gewählt wird. Eine Sozialauswahl ist dabei nicht auf die vergleichbaren Arbeitnehmer der Filiale beschränkt, in der Stellen wegfallen, sondern erstreckt sich auf sämtliche vergleichbaren Mitarbeiter der dem

22 BAG, Urt. v. 15.12.2005 – 6 AZR 199/05 – NZA 2006, 590; BAG, Urt. v. 2.6.2005 – 2 AZR 158/04 – AP KSchG 1969 § 1 Soziale Auswahl Nr. 73.
23 Vgl. dazu *v. Hoyningen-Huene/Linck*, KSchG, § 23 Rn 5 ff.
24 Siehe nur BAG, Urt. v. 17.9.1998 – 2 AZR 725/97 – NZA 1998, 1332.

Regionalbetrieb angehörenden Standorte, vorausgesetzt der jeweilige Arbeitsvertrag lässt eine entsprechende örtliche Versetzung zu.

21 Die Vereinbarung eines örtlichen Versetzungsvorbehalts führt in kündigungsschutzrechtlicher Hinsicht auch im Übrigen zu **keiner Erweiterung der Pflichten** des Arbeitgebers, den Arbeitnehmer bei Wegfall seines Arbeitsplatzes auf einer freien oder absehbar frei werdenden Stelle im Unternehmen weiter zu beschäftigen, für den der Mitarbeiter nach seinen Kenntnissen und Fähigkeiten – unter Berücksichtigung einer zumutbaren Umschulung oder Fortbildung – geeignet ist (§ 1 Abs. 2 KSchG). Die entsprechende Verpflichtung des Arbeitgebers zur Vermeidung einer betriebsbedingten Kündigung besteht unabhängig davon, ob dieser sich ein örtliches Versetzungsrecht vorbehalten hat und wie weit dieses ggf. reicht. Soweit der Arbeitgeber dem Arbeitnehmer den freien Arbeitsplatz am neuen Arbeitsort nicht im Rahmen des Direktionsrechts zuweisen kann, muss er im Zweifel eine Änderungskündigung nach § 2 KSchG aussprechen. Eine betriebsbedingte Beendigungskündigung wäre bei Vorhandensein einer alternativen Beschäftigungsmöglichkeit im Unternehmen sozial nicht gerechtfertigt und folglich unwirksam. Dies gilt unabhängig von einem arbeitsvertraglich vereinbarten örtlichen Versetzungsrecht des Arbeitgebers.

C. Konzernversetzungsklauseln

22 Mit einer Konzernversetzungsklausel will sich der Arbeitgeber das Recht vorbehalten, den Arbeitnehmer bei einem anderen konzernangehörigen Unternehmen einsetzen zu können. Häufig ist mit der Tätigkeit in einer anderen (Konzern-)Gesellschaft eine Änderung des Arbeitsortes verbunden; zwingend ist dies aber nicht.

I. Erweiterung des Direktionsrechts

23 § 106 S. 1 GewO gestattet nicht die Zuweisung einer Tätigkeit bei einem anderen Arbeitgeber. Dies hat das BAG[25] für den Fall einer **dauerhaften Übertragung** eines Arbeitsplatzes bei einem anderen Unternehmen ausdrücklich entschieden. Aber auch die nur **vorübergehende Zuweisung** im Sinne einer zeitweisen Übertragung des Direktionsrechts an ein anderes, konzernverbundenes Unternehmen (konzerninterne Arbeitnehmerüberlassung) dürfte nicht vom arbeitgeberseitigen Direktionsrecht gedeckt sein. Sie ist daher nur zulässig, wenn sich der Arbeitgeber einen entsprechenden Einsatz des Arbeitnehmers im Arbeitsvertrag vorbehalten hat.[26]

25 BAG, Urt. v. 18.4.2012 – 10 AZR 134/11 – NZA 2012, 927.
26 Ebenso ErfK/*Preis*, § 611 BGB Rn 198.

Ob und in welchem Umfang eine entsprechende **Erweiterung des Direktionsrechts** in einem Formulararbeitsvertrag wirksam vereinbart werden kann, ist umstritten. Das BAG hat diese Frage bislang offen gelassen.[27] 24

Unzulässig dürfte die Vereinbarung eines grundsätzlich bestehenden Rechts des Arbeitgebers sein, den Vertragspartner des Arbeitnehmers austauschen zu können, sprich, dem Arbeitnehmer per einseitiger Anordnung einen anderen Vertragsarbeitgeber zuzuweisen.[28] 25

Fettnapf !

Der Arbeitnehmer ist damit einverstanden, eine vergleichbare Tätigkeit zu denselben Vertragsbedingungen auch im Dienste einer anderen, zum Konzern gehörenden Gesellschaft auszuüben. Für die Dauer der Tätigkeit bei der anderen Gesellschaft tritt der Arbeitnehmer in ein unmittelbares Dienstverhältnis zu dieser Gesellschaft.[29]

Eine solche Regelung begegnet bereits Bedenken im Hinblick auf das **Klauselverbot des § 309 Nr. 10 Buchst. a) BGB**, nach dem eine Bestimmung unwirksam ist, bei der sich der Verwender den Eintritt eines anderen, namentlich nicht bezeichneten Vertragspartners anstelle des Verwenders vorbehält. Dem könnte allerdings noch mit einer namentlichen Nennung der möglichen neuen Arbeitgeber Rechnung getragen werden. In größeren Konzernen ist dies aber insbesondere problematisch, wenn es durch Änderungen der Organisationsstruktur zu Umwandlungen, Umfirmierungen, der „Schließung" einer Gesellschaft oder Akquisitionen o.ä. kommt. In diesem Fällen muss stets auch eine Konzernversetzungsklausel im Arbeitsvertrag (einvernehmlich) angepasst oder ergänzt werden, da diese in der Ursprungsfassung die gewünschte Flexibilität nicht mehr abzubilden vermag (gerade bei Akquisitionen) oder schlichtweg nicht mehr für die in Betracht kommenden Gesellschaften, z.B. nach Umwandlungen etc., passt. 26

Klauselmuster

Der Arbeitnehmer ist damit einverstanden, eine vergleichbare Tätigkeit zu denselben Vertragsbedingungen auch im Dienste einer anderen, zum Konzern gehörenden Gesellschaft, namentlich der Unternehmen A-GmbH, B-AG und/oder C-GmbH & Co. KG, auszuüben. Für die Dauer der Tätigkeit bei der anderen Gesellschaft, namentlich der Unternehmen A-GmbH, B-AG und/oder C-GmbH & Co. KG, tritt der Arbeitnehmer in ein unmittelbares Dienstverhältnis zu dieser Gesellschaft.

27 BAG, Urt. v. 13.4.2010 – 9 AZR 36/09 – BB 2010, 2432.
28 Ebenso ErfK/*Preis*, § 611 BGB Rn 198; *Maschmann*, RdA 1996, 24, 35 ff.
29 *Preis/Preis*, Der Arbeitsvertrag, II D 30 Rn 225 ff.

27 Vor allem verstößt ein Recht zum Austausch des Vertragspartners aber wohl gegen Art. 12 Abs. 1 GG, der dem Arbeitnehmer die Berufsfreiheit und damit die Freiheit der Arbeitsplatzwahl[30] garantiert.

28 Zulässig dürfte dagegen ein Vorbehalt sein, den Arbeitnehmer vorübergehend einem anderen Arbeitgeber zur Arbeitsleistung zu überlassen.[31] Soweit es sich bei dem anderen Unternehmen um eine konzernangehörige Gesellschaft des Vertragsarbeitgebers handelt, liegt ein Fall der sog. Konzernleihe vor. Diese ist nach § 1 Abs. 3 Nr. 2 AÜG insoweit privilegiert, als der Verleiher keine Arbeitnehmerüberlassungserlaubnis benötigt, wenn der Arbeitnehmer nicht zum Zwecke der Überlassung eingestellt und beschäftigt wird.[32] Eine Klausel, die dem Arbeitgeber ein solches Entsendungsrecht eröffnet, erweitert damit das Direktionsrecht lediglich dahingehend, dass auch ein Einsatz im Wege der Arbeitnehmerüberlassung – aber beschränkt auf den Konzern – zum vertraglich geschuldeten Leistungsumfang des Arbeitnehmers zählt, nicht aber ein (dauerhafter) Wechsel des Vertragsarbeitgebers durch eine einseitige Erklärung bewirkt werden kann.

Klauselmuster
Der Arbeitgeber behält sich vor, den Arbeitnehmer vorübergehend einem mit dem Arbeitgeber verbundenen Unternehmen i.S.d. §§ 15 ff. AktG zur Arbeitsleistung zu überlassen (Konzernleihe).

II. Auswirkungen auf den Kündigungsschutz

29 Die Vereinbarung einer Konzernversetzungsklausel kann für den Arbeitnehmer vorteilhaft sein, wenn sein Arbeitsverhältnis von einer betriebsbedingten Kündigung bedroht ist. Das BAG[33] hat entschieden, dass der Mitarbeiter zu deren Vermeidung Anspruch auf Beschäftigung auf einem freien Arbeitsplatz bei einem anderen Konzernunternehmen haben kann, wenn eine Konzernversetzungsklausel vereinbart ist und der Arbeitgeber Einfluss auf die Besetzungsentscheidung des anderen Konzernunternehmens nehmen kann. Diese erweitert damit die grundsätzlich unternehmensbezogene Pflicht zur Bereitstellung freier Arbeitsplätze zur Vermeidung

30 Dazu ErfK/*Schmidt*, Art. 12 GG Rn 7, 11.

31 Ebenso ErfK/*Preis*, § 611 BGB Rn 198; a.A. LAG Hamm, Urt. v. 28.2.2014 – Sa 1394/13 – juris, für den Sonderfall der Vereinbarung eines Versetzungsrechts in einen sog. „Qualifizierungsbetrieb", von dem aus der Arbeitnehmer im Wege der Arbeitnehmerüberlassung anderen Konzernunternehmen zur Arbeitsleistung überlassen werden sollte.

32 Dazu im Einzelnen *Urban-Crell/Germakowski/Bissels/Hurst*, AÜG, § 1 Rn 225a; ErfK/*Wank*, § 1 AÜG Rn 57 ff.

33 BAG, Urt. v. 23.3.2006 – 2 AZR 162/05 – NZA 2007, 32; BAG, 2.6.2005 – 2 AZR 158/04 – NZA 2005, 929.

einer betriebsbezogenen Kündigung auf alle Konzerngesellschaften, auf die der Arbeitgeber bestimmenden Einfluss hat. Dies sind alle Unternehmen, deren Geschäftsleitungsorgan aufgrund Mehrheitsbeteiligung oder Beherrschungsvertrags den Weisungen des Arbeitgebers unterliegt.

Kapitel 3
Flexibilisierung der Arbeitszeit

A. Gesetzliche und kollektivrechtliche Rahmenbedingungen

I. Insbesondere: ArbZG und AGB-Kontrolle

Insbesondere das Arbeitszeitgesetz (ArbZG) enthält eine Vielzahl zwingender Vorgaben hinsichtlich des Umfangs und der Lage der Arbeitszeit, die im Rahmen von Arbeitszeitgestaltungen zu beachten sind. Hierzu zählt z.B. § 3 ArbZG, der Regelungen zur zulässigen Höchstdauer statuiert. Danach darf die werktägliche Arbeitszeit der Arbeitnehmer **8 Stunden** nicht überschreiten. Das Gesetz geht folglich von einer **48 Stunden-Woche** aus. Jedoch kann die Arbeitszeit auf bis zu **10 Stunden** verlängert werden, wenn innerhalb eines näher definierten Ausgleichszeitraums ein 8-Stunden-Schnitt erreicht wird.[1] Dies ermöglicht maximale Arbeitszeiten von wöchentlich **60 Stunden**. Das ArbZG beinhaltet darüber hinaus nähere Regelungen u.a. zur Nacht-, Schicht-, Sonn- und Feiertagsarbeit sowie zu zwingenden Ruhepausen. 1

Daneben wird der **öffentlich-rechtliche Arbeitszeitschutz** durch zahlreiche andere spezialgesetzliche Schutzgesetze sichergestellt, z.B. für Jugendliche (vgl. §§ 8ff. JArbSchG), für schwangere Arbeitnehmerinnen (vgl. § 8 MuSchG) oder für schwerbehinderte Menschen (vgl. § 124 SGB IX). 2

Arbeitsverträge werden in den seltensten Fällen zwischen den Parteien im Einzelnen individuell ausgehandelt.[2] Im Regelfall gibt der Arbeitgeber den Vertragstext vorformuliert vor. Diese Vertragsklauseln im Sinne von „Allgemeinen Geschäftsbedingungen" (AGB) unterliegen gemäß §§ 305ff. BGB der **Inhalts- und Angemessenheitskontrolle**. Hierdurch soll eine unangemessene Benachteiligung des Arbeitnehmers verhindert werden. 3

II. Tarifvertrag und Betriebsvereinbarung

Regelungen zur Arbeitszeit finden sich typischerweise in Kollektivvereinbarungen. (Mantel-)Tarifverträge enthalten vielfach Bestimmungen zur (Flexibilisierung der) Arbeitszeit, z.B. in Bezug auf deren Dauer, Mehrarbeit/Überstunden, Gleitzeit, Kurz- 4

1 Der Ausgleichszeitraum beträgt sechs Kalendermonate oder 24 Wochen, innerhalb dessen im Durchschnitt acht Stunden werktäglich nicht überschritten werden dürfen, § 3 S. 2 ArbZG.

2 Ein bloßes „Verhandeln" reicht dazu nicht. Der Arbeitgeber muss die Regelungen vielmehr zur ernsthaften Disposition stellen. Ein Nachgeben in Hinblick auf einzelne Klauseln ist erforderlich, vgl. dazu ErfK/*Preis*, §§ 305–310 BGB Rn 24.

arbeit sowie sonstige flexible Arbeitszeitmodelle. Unter Berücksichtigung von §§ 87 Abs. 1, 77 Abs. 3 BetrVG sind außerdem die Betriebsparteien, d.h. Arbeitgeber und Betriebsrat dazu ermächtigt, insbesondere durch Betriebsvereinbarung Regelungen zur (Flexibilisierung der) Arbeitszeit festzulegen.

5 Von diesen im Grundsatz zwingenden kollektivrechtlichen Vorgaben können die Arbeitsvertragsparteien nur **zugunsten** des Arbeitnehmers abweichen, d.h. wenn sie individuell günstiger für den Arbeitnehmer sind (Günstigkeitsprinzip).[3]

III. Mitbestimmungsrechte des Betriebsrats

6 **Kollektive**, d.h. über den Einzelfall hinausgehende und damit für eine **Vielzahl von Fällen** vorgesehene Bestimmungen zur Flexibilisierung der Arbeitszeit lösen Mitbestimmungsrechte des Betriebsrats aus, insbesondere nach § 87 BetrVG. Arbeitszeitregelungen betreffen insbesondere Fragen des Beginns und Endes der täglichen Arbeitszeit einschließlich der Pausen sowie der Verteilung der Arbeitszeit auf die einzelnen Wochentage (§ 87 Abs. 1 Nr. 2 BetrVG), der vorübergehenden Verkürzung und Verlängerung der betriebsüblichen Arbeitszeit (§ 87 Abs. 1 Nr. 3 BetrVG), aber auch Fragen der Ordnung des Betriebs (§ 87 Abs. 1 Nr. 1 BetrVG) sowie der betrieblichen Lohngestaltung (§ 87 Abs. 1 Nr. 10 BetrVG).

7 Vereinbarungen der Vertragsparteien zur Arbeitszeitflexibilisierung dürfen insofern nicht ohne Beachtung der **zwingenden Mitbestimmung** eines existierenden Betriebsrats getroffen werden.

B. Einsatz allgemeiner Flexibilisierungsinstrumente

8 Von den in Kap. 1 dargestellten allgemeinen Flexibilisierungsinstrumenten sind im Bereich der Arbeitszeit nur das Direktionsrecht und die Befristung von praktischer Relevanz.[4]

---

3 Zum Inhalt des Günstigkeitsprinzips siehe ErfK/*Franzen*, § 4 TVG Rn 31 ff.; ErfK/*Kania*, § 77 BetrVG Rn 68.

4 Zu den allgemeinen Flexibilisierungsinstrumenten siehe unter Kap. 1 Rn 1 ff., 63 ff.

I. Direktionsrecht

Soweit der Arbeitsvertrag keine abschließenden oder entgegenstehenden Regelungen enthält, kommt eine nähere Ausgestaltung der Arbeitszeit auf Basis des arbeitgeberseitigen Direktionsrechts in Betracht.[5] 9

1. Lage der Arbeitszeit

Sind im Arbeitsvertrag keine oder nur rahmenmäßige Regelungen zur Lage der Arbeitszeit vereinbart, kann der Arbeitgeber diese kraft seines Direktionsrechts näher bestimmen.[6] Dieses kann die Festlegung von **Beginn** und **Ende** der täglichen Arbeitszeit, deren **Verteilung** auf die einzelnen Wochentage und die Festlegung der Pausen erfassen. Der Arbeitgeber kann dadurch auch Schichtarbeit einführen oder einen Wechsel von Tag- zur Nachtarbeit sowie Sonn- und Feiertagsarbeit anordnen.[7] 10

Praxistipp !

Die Lage der Arbeitszeit sollte im Arbeitsvertrag im Regelfall nicht festgeschrieben werden. Die konkrete Ausgestaltung unterfällt dann dem Weisungsrecht des Arbeitgebers. Dies gewährleistet die aus Sicht des Unternehmens erforderliche Flexibilität beim zeitlichen Einsatz der Arbeitnehmer.

Die Bestimmung der Lage der Arbeitszeit muss **billigem Ermessen** im Sinne des § 315 BGB entsprechen. Der Arbeitgeber hat hierbei zwar grundsätzlich einen weiten Gestaltungsspielraum. Er darf jedoch im jeweiligen Einzelfall nicht nur seine unternehmerischen Interessen wahren, sondern muss auch die **berechtigten Interessen des Arbeitnehmers** angemessen berücksichtigen. Hierzu gehören u.a. die persönlichen Verhältnisse und familiären Pflichten des Arbeitnehmers. Unbillig kann deshalb eine ungewöhnliche Lage der Arbeitszeit oder eine starke Stückelung der Arbeitszeit sein, insbesondere wenn diese durch lange unbezahlte Pausen unterbrochen wird, auch wenn sog. „geteilte Dienste" grundsätzlich statthaft sind.[8] 11

---

5 Zur Reichweite und Ausübung des Direktionsrechts allgemein siehe Kap. 1 Rn 1ff.

6 BAG, Urt. v. 17.7.2007 – 9 AZR 819/06 – NZA 2008, 118; BAG, Urt. v. 18.4.2012 – 5 AZR 195/11 – NZA 2012, 796.

7 BAG, Urt. v. 15.9.2009 – 9 AZR 757/08 – DB 2009, 2551: zur Sonn- und Feiertagsarbeit; Rolfs/Giesen/Kreikebohm/Udsching/*Joussen*, § 611 BGB Rn 308: zur Nachtarbeit m.w.N.

8 HWK/*Lembke*, § 106 GewO Rn 119; ErfK/*Preis*, § 106 GewO Rn 19 m.w.N.

2. Dauer der Arbeitszeit

12 Die Dauer der Arbeitszeit steht nach herrschender Meinung grundsätzlich nicht zur freien Disposition des Arbeitgebers im Rahmen seines Direktionsrechts, da hierdurch ansonsten erheblich in das vertragliche Austauschverhältnis eingegriffen werden könnte.[9] Der Arbeitgeber kann insofern mit seinem Weisungsrecht nicht festlegen, in welchem Umfang der Arbeitnehmer seine Arbeitsleistung erbringen soll. Soll hier eine Flexibilisierung erreicht werden, bedarf es vielmehr vertraglicher Regelungen.

3. Musterklauseln

13 Die nachfolgenden Klauselbeispiele stellen sicher, dass der Arbeitgeber auf Basis seines Direktionsrechts die Lage der Arbeitszeit flexibel festlegen kann.

Klauselmuster

- Die regelmäßige wöchentliche Arbeitszeit beträgt [Zahl] Stunden. Beginn, Ende und Dauer der täglichen Arbeitszeit sowie die Lage der Pausen richten sich nach den arbeitgeberseitigen Vorgaben und den betrieblichen Erfordernissen.

  oder
- Die regelmäßige Arbeitszeit beträgt [Zahl] Stunden pro Woche ausschließlich der Pausen. Die Arbeitszeit kann aus betrieblichen Gründen auf mehrere Wochen ungleichmäßig verteilt werden; innerhalb von [Zahl] Wochen muss jedoch ein Ausgleich erreicht werden.

II. Befristung

14 Eine Befristung wird in der Praxis – insbesondere im Bereich des öffentlichen Dienstes, seltener in der Privatwirtschaft – im bestehenden Arbeitsverhältnis typischerweise für **befristete Erhöhungen der Arbeitszeit** genutzt.[10]

Beispiel

Infolge der längeren Erkrankung eines Kollegen oder im Rahmen der Durchführung eines umfangreichen Projektes soll die regelmäßige wöchentliche Arbeitszeit eines Arbeitnehmers für 4 Monate um 30% erhöht werden, damit der Arbeitsanfall besser bewältigt werden kann.

15 Die Rechtsprechung unterwirft formularmäßige Befristungsabreden über die Erhöhung der Arbeitszeit einer Überprüfung anhand der §§ 305ff. BGB und damit der Inhalts- und Angemessenheitskontrolle.[11] Das TzBfG ist nicht anwendbar. Für eine befristete **Verringerung** der Arbeitszeit muss dies entsprechend gelten.

---

9 ErfK/*Preis*, § 106 GewO Rn 20 m.w.N.

10 Siehe hierzu auch unter Kap. 1 Rn 63ff., 75f.

11 Vgl. hierzu BAG, Urt. v. 27.7.2005 – 7 AZR 486/04 – NZA 2006, 40; BAG, Urt. v. 18.1.2006 – 7 AZR 191/05 – AP Nr. 8 zu § 305 BGB; BAG, Urt. v. 8.8.2007 – 7 AZR 855/06 – NZA 2008, 229; BAG, Urt. v.

Allerdings sind die Vorschriften des TzBfG mittelbar im Rahmen der Interessen- 16
abwägung zu beachten. Denn jedenfalls bei befristeten Arbeitszeiterhöhungen in **erheblichem Umfang** verlangt die Rechtsprechung das Vorliegen besonderer berechtigter Belange des Arbeitgebers, die auch bei einem gesonderten Vertrag über die Arbeitszeitaufstockung dessen Befristung nach § 14 Abs. 1 TzBfG rechtfertigen würden.[12] Ab wann eine befristete Arbeitszeiterhöhung von erheblichem Umfang vorliegt, hat das BAG bisher ausdrücklich offen gelassen. Jedenfalls soll die **Erheblichkeitsgrenze** überschritten sein, wenn ein Teilzeitarbeitsverhältnis von $^{1}/_{2}$ der regelmäßigen durchschnittlichen Arbeitszeit eines Vollzeitbeschäftigten für drei Monate um $^{4}/_{8}$ aufgestockt wird.[13] Denkbar ist, dass sich das BAG hier künftig an seiner Rechtsprechung zum Widerrufsvorbehalt orientiert und die Erheblichkeitsgrenze ab der befristeten Erhöhung der regelmäßigen Arbeitszeit von 25% und mehr bejaht.[14]

Praxistipp

Angesichts des strengen Kontrollmaßstabs der Rechtsprechung jedenfalls bei befristeten Erhöhungen der Arbeitszeit in erheblichem Umfang sowie der derzeitigen Unsicherheit im Hinblick auf die Erheblichkeitsgrenze muss stets sorgfältig geprüft werden, ob eine solche vorgenommen werden soll. Falls dies geschieht sollte dies auf Sachverhalte beschränkt werden, bei denen ein Sachgrund im Sinne des § 14 Abs. 1 TzBfG vorliegt. Ansonsten besteht die Gefahr, dass die Arbeitszeiterhöhung unbefristet fortbesteht.

Zumindest bei einer ausschließlich **kalendarischen** Befristung der Arbeitszeiterhö- 17
hung muss der Arbeitgeber in der Vereinbarung den Grund für die Befristung nicht angeben.[15]

Klauselmuster

– Die regelmäßige wöchentliche Arbeitszeit wird für den Zeitraum [Datum] bis [Datum] auf [Anzahl] Stunden erhöht. Das Arbeitsentgelt erhöht sich dabei auf monatlich [Betrag] € brutto.
oder

2.9.2009 – 7 AZR 233/08 – NZA 2009, 1253; BAG, Urt. v. 15.12.2011 – 7 AZR 394/10 – NZA 2012, 674. Zum Ganzen auch Tschöpe/*Wisskirchen*/*Bissels*, Teil 1 D V Rn 122 ff.

12 BAG, Urt. v. 15.12.2011 – 7 AZR 394/10 – NZA 2012, 674; allerdings BAG, Urt. v. 2.9.2009 – 7 AZR 233/08 – NZA 2009, 1253: trotz Vorliegen eines Sachgrundes kann eine befristete Arbeitszeiterhöhung unwirksam sein, wenn der Arbeitnehmer den Wunsch nach Verlängerung seiner vertraglichen Arbeitszeit angezeigt hat und ein freier Arbeitsplatz vorhanden war, den er nach Maßgabe des § 9 TzBfG hätte unbefristet einnehmen können.

13 BAG, Urt. v. 15.12.2011 – 7 AZR 394/10 – NZA 2012, 674.

14 Ebenso *Geißler*, öAT 2012, 173, 175. Das LAG Kiel hat in seinem Urt. v. 10.4.2013 – 3 Sa 316/12 bei einer befristeten Arbeitszeiterhöhung von 5 Monaten von wöchentlich 30 auf 37,5 Stunden (= 25%) einen Sachgrund im Sinne des § 14 Abs. 1 TzBfG verlangt.

15 BAG, Urt. v. 2.9.2009 – 7 AZR 233/08 – NZA 2009, 1253; a.A. ErfK/*Preis*, §§ 305–310 BGB Rn 75.

- Der Arbeitnehmer wird ab dem [Datum] befristet bis zum [Datum] auf Basis der Arbeitszeit eines Vollzeitbeschäftigten (d.h. 40 Stunden/Woche) beschäftigt. Dementsprechend erhöht sich die monatliche Vergütung in dieser Zeit auf [Betrag] € brutto.

C. Überstunden/Mehrarbeit

I. Definition und Einsatzmöglichkeiten

18 Für die Begriffe „Überstunden", „Mehrarbeit" und „Überarbeit" gibt es keine einheitliche gesetzliche Definition. Nach wohl herrschender Meinung versteht man unter „Überstunden" jede Arbeitsstunde, die die tariflich, betrieblich oder arbeitsvertraglich geschuldete Arbeitszeit im Rahmen der gesetzlichen Vorgaben des § 3 ArbZG überschreitet. „Mehrarbeit" ist die § 3 ArbZG überschreitende Arbeitszeit. Der Terminus „Überarbeit" wird regelmäßig als Oberbegriff für Überstunden und Mehrarbeit verendet.[16] In der betrieblichen Praxis werden die Begriffe „Überstunden" und „Mehrarbeit" allerdings vielfach synonym gebraucht. Da es nach jeglichem Verständnis stets um Überschreitungen der individuell vereinbarten Arbeitszeit des Arbeitnehmers geht, ist eine entsprechende Abgrenzung nicht notwendig, letztlich kommt es auf das Begriffsverständnis der Vertragsparteien an.[17]

19 Überstunden gehören neben den Bandbreitenregelungen und der Kurzarbeit zu den sog. chronometrisch flexiblen Arbeitszeitsystemen. Diese variabilisieren die **Dauer** der Arbeitszeit und ermöglichen dem Arbeitgeber einen bedarfsgerechten Einsatz des Arbeitnehmers.[18]

II. Anordnungsbefugnis

20 Es besteht weder eine generelle gesetzliche Verpflichtung des Arbeitnehmers zur Ableistung von Mehrarbeit, noch kann der Arbeitgeber diese kraft seines Direktionsrechts einseitig anordnen. Ohne **ausdrückliche vertragliche Regelung** ist der Arbeitnehmer lediglich ausnahmsweise in **Not- und Katastrophenfällen** zur Leistung von Überstunden verpflichtet.[19]

21 Um dem Arbeitgeber die generelle Anordnung von Mehrarbeit zu ermöglichen bedarf es folglich einer vertraglichen Vereinbarung zwischen den Parteien. Unter

16 Zur Definition der Begrifflichkeiten siehe etwa Grobys/Panzer/*Wahlig*, Ziffer 150 Überstunden/Mehrarbeit Rn 2ff.; ErfK/*Preis*, § 611 BGB Rn 486 u. 663.

17 Nachfolgend werden die Begriffe synonym gebraucht, d.h. stets als „Überstunden/Mehrarbeit".

18 *Hahn*, Flexible Arbeitszeit, S. 5 und S. 129.

19 ErfK/*Preis*, § 611 BGB Rn 663; *ders.* § 106 GewO Rn 4.

Beachtung der aktuellen Rechtsprechung des BAG können dabei z.B. nachfolgende Klauselmuster in der Praxis in einem Arbeitsvertrag verwendet werden:

Klauselmuster

- Der Arbeitnehmer verpflichtet sich, bei betrieblichen Erfordernissen auf Anordnung des Arbeitgebers Überstunden/Mehrarbeit im gesetzlich zulässigen Umfang zu leisten.

  oder
- Der Arbeitnehmer ist auf Anordnung des Arbeitgebers verpflichtet, Überstunden im gesetzlich zulässigen Rahmen (vgl. § 3 ArbZG) zu leisten. Bei der Anordnung der Überstunden werden die berechtigten Belange des Arbeitnehmers jeweils angemessen berücksichtigt.

  oder
- Der Arbeitnehmer ist verpflichtet, auf Anordnung des Arbeitgebers bei betrieblicher Veranlassung innerhalb der Grenzen des ArbZG monatlich bis zu [Zahl] Überstunden zu leisten.

Bei der individuellen Anordnung von Überstunden muss der Arbeitgeber jeweils die Grundsätze **billigen Ermessens** im Sinne des § 315 BGB beachten. 22

III. Vergütung/Ausgleich

Es gibt keinen allgemeinen Rechtsgrundsatz, dass Überstunden stets zu vergüten (bzw. in bezahlter Freizeit auszugleichen) sind.[20] Dies gilt erst recht für die Zahlung eines eventuellen Zuschlags für Mehrarbeit.[21] 23

In der betrieblichen Praxis werden Überstunden sehr unterschiedlich behandelt. Teilweise wird Mehrarbeit mitunter sogar unter Zahlung eines **Zuschlags** (z.B. in Höhe von 25%), vergütet bzw. in Freizeit ausgeglichen. Ebenso gängig sind **Pauschalierungsregelungen**, nach denen eine gewisse Anzahl von oder gar sämtliche geleisteten Überstunden (typischerweise auf Monatsbasis) mit der vertraglichen (Grund-)Vergütung abgegolten sind. 24

Rechtlicher Ausgangspunkt sämtlicher Überlegungen bei der Vereinbarung von Überstunden und deren Vergütung im Arbeitsvertrag ist **§ 612 Abs. 1 BGB**, der entsprechend anwendbar ist, wenn es entweder an einer Regelung gänzlich fehlt, oder die vertraglich vereinbarte Bestimmung dazu infolge Verstoßes gegen §§ 305ff. BGB unwirksam ist.[22] 25

Nach ständiger Rechtsprechung des BAG ist die maßgebliche **Vergütungserwartung** bei Mehrarbeit anhand eines **objektiven Maßstabs** unter Berücksichtigung der 26

20 BAG, Urt. v. 22.2.2012 – 5 AZR 765/10 – NZA, 2012, 861; BAG, Urt. v. 17.8.2011 – 5 AZR 406/10 – NZA 2011, 1335.

21 Vgl. ErfK/*Preis*, § 611 BGB Rn 489.

22 § 612 Abs. 1 BGB lautet: „Eine Vergütung gilt als stillschweigend vereinbart, wenn die Dienstleistung den Umständen nach nur gegen eine Vergütung zu erwarten ist."

Verkehrssitte, der Art, des Umfangs und der Dauer der Dienstleistung sowie der Stellung der Beteiligten zueinander festzustellen.[23] Diese kann sich insbesondere daraus ergeben, dass im betreffenden Wirtschaftsbereich Tarifverträge gelten, die für vergleichbare Arbeiten eine Vergütung von Überstunden vorsehen. Die – objektive – Vergütungserwartung wird deshalb, wie das BAG feststellt, in weiten Teilen des Arbeitslebens gegeben sein. Sie fehlt hingegen insbesondere dann, wenn **Dienste höherer Art** geschuldet sind oder insgesamt eine **deutlich herausgehobene Vergütung** gezahlt wird. Davon geht das BAG aus, wenn das Arbeitsentgelt die Beitragsbemessungsgrenze in der gesetzlichen Rentenversicherung (BBG) überschreitet.[24] In 2014 lag diese bei 71.400,– € (West) bzw. 60.000,– € (Ost).

! **Praxistipp**

Eine Vergütung von Mehrarbeit ist deshalb insbesondere bei Arbeitnehmern nicht erforderlich, die
- ein über der jeweiligen BBG liegendes Jahresgehalt beziehen,
  und/oder
- herausgehobene Funktionen innehaben, wie z.B. leitende Angestellte, Niederlassungs-/Personalleiter, Rechtsanwälte in Großkanzleien, Chefärzte etc.

IV. Arbeitsvertragliche Gestaltungsmöglichkeiten

1. Pauschalierungsabreden

27 Soweit die Behandlung von Überstunden nicht ohnehin in der jeweiligen Branche für den Arbeitgeber tarifvertraglich oder kraft Verweisungsklausel auf einen Tarifvertrag abschließend geregelt ist, ist in der arbeitsvertraglichen Praxis eine Pauschalierungsregelung weit verbreitet. Dadurch kann zumindest ein gewisser Umfang von Überstunden mit dem Gehalt oder ggf. einer zusätzlichen separaten Zahlung abgegolten werden.

28 Die aktuelle höchstrichterliche Rechtsprechung unterzieht inzwischen Pauschalierungsabreden einer **strengen Prüfung**, insofern sind viele Klauseln, die bisher in vielen Arbeitsverträgen üblich waren und vielerorts noch in Verwendung sind mittlerweile unwirksam – und es kommt zur Anwendung des § 612 Abs. 1 BGB.[25] Viele Klauseln sind bereits **intransparent** im Sinne des § 307 Abs. 1 S. 2 BGB, denn das BAG verlangt, dass der Arbeitnehmer aus der Vertragsklausel selbst klar und ver-

---

23 BAG, Urt. v. 22.2.2012 – 5 AZR 765/10 – NZA, 2012, 861; BAG, Urt. v. 17.8.2011 – 5 AZR 406/10 – NZA 2011, 1335.

24 BAG, Urt. v. 22.2.2012 – 5 AZR 765/10 – NZA, 2012, 861; BAG, Urt. v. 17.8.2011 – 5 AZR 406/10 – NZA 2011, 1335.

25 Zur Klauselformulierung siehe insbesondere *Bauer/Arnold/Willemsen*, DB 2012, 1986; *Kock*, DB 2012, 1328; *Hunold*, DB 2014, 361.

ständlich ersehen können muss, in welchem zeitlichen Umfang Überstunden von dieser erfasst sein sollen.[26]

Fettnapf

Unwirksam sind deshalb folgende in Arbeitsverträgen bisher übliche Klauseln:
- Der Arbeitnehmer erhält für die Über- und Mehrarbeit keine weitergehende Vergütung.[27]
  oder
- Erforderliche Überstunden sind mit dem Monatsgehalt abgegolten.[28]
  oder
- Durch die zu zahlende Bruttovergütung ist eine etwaig notwendig werdende Über- oder Mehrarbeit abgegolten.[29]

Wirksame Pauschalierungsregelungen müssen aber nicht nur **eindeutig formuliert** 29 sein. Hinzu kommt, dass eine pauschale Abgeltung nur in zumutbarem Umfang statthaft ist; gewisse **Höchstgrenzen** müssen eingehalten werden. Das BAG hat bisher nicht entschieden, in welchem Umfang eine Abgeltung von Überstunden maximal möglich ist. In der Literatur wird jedenfalls für statthaft erachtet, Überstunden im Umfang von **bis ca. 10%** bzw. anderen Vertretern in der Literatur zufolge **bis zu 25%** der Überschreitung der vereinbarten Arbeitszeit pauschal abzugelten.[30] Das BAG hat jedenfalls bei einer vereinbarten regelmäßigen Arbeitszeit von wöchentlich 40 Stunden eine pauschale Abgeltung von 20 Überstunden pro Monat für zulässig erachtet; dies entspricht **ca. 11,6%**.[31] Insofern bleibt abzuwarten, wo das BAG künftig die Höchstgrenze festlegen wird.

Unter Berücksichtigung dieser Vorgaben können im Arbeitsvertrag folgende 30 Klauseln wirksam vereinbart werden:

Klauselmuster
- Mit dem Gehalt sind monatlich bis zu [Anzahl] Überstunden abgegolten. [Anmerkung: bei einer 40-Stunden Woche wäre jedenfalls die Abgeltung von 20 Überstunden pro Monat zulässig]
  oder
- Die ersten 15 Überstunden pro Monat sind mit dem Bruttomonatsgehalt abgegolten und werden nicht gesondert vergütet. Darüber hinausgehende Überstunden werden vergütet.
  oder
- Zur Abgeltung etwaiger Überstunden erhält der Arbeitnehmer neben seinem Gehalt monatlich eine zusätzliche Pauschalzahlung in Höhe von [Zahl] € brutto, mit der bis zu [Zahl] Überstun-

---

26 BAG, Urt. v. 22.2.2012 – 5 AZR 765/10 – NZA, 2012, 861.

27 BAG, Urt. v. 22.2.2012 – 5 AZR 765/10 – NZA, 2012, 861.

28 BAG, Urt. v. 1.9.2010 – 5 AZR 517/09 – NZA 2011, 575.

29 BAG, Urt. v. 17.8.2011 – 5 AZR 406/10 – NZA 2011, 1335.

30 **Bis ca. 10%:** ErfK/*Preis*, §§ 305–310 BGB Rn 92; HWK/*Gotthardt*, Anh. §§ 305–310 BGB Rn 41. **Bis zu 25%:** Bauer/Lingemann/Diller/Haußmann/*Lingemann*, Kap. 2 Rn 118 m.w.N.

31 BAG, Urt. v. 16.5.2012 – 5 AZR 331/11 – NZA 2012, 908. Der dortige Arbeitgeber zahlte ab der 21. Überstunde im Monat Überstundenvergütung, dann mit einem Zuschlag in Höhe von 25%.

den im Monat abgegolten sind. Darüber hinausgehende Überstunden werden in Freizeit ausgeglichen. Der Arbeitgeber hat das Recht, diese Überstunden alternativ durch Vergütungszahlung auszugleichen.

31 Mit **leitenden Angestellten**, die gemäß § 18 Abs. 1 Nr. 1 ArbZG nicht in den Anwendungsbereich des ArbZG fallen, sollen weitergehende Regelungen statthaft sein; insofern kann mit ihnen vereinbart werden, dass sie „ihre gesamte Arbeitskraft dem Unternehmen zur Verfügung stellen".[32]

2. Vergütungszuschlag

32 Soweit der Arbeitnehmer für die erbrachten Überstunden einen **Zuschlag** zum Arbeitsentgelt erhalten soll, sind folgende Formulierungen möglich:[33]

Klauselmuster

- Von dem Arbeitnehmer geleistete Überstunden werden mit $^{1}/_{172}$ der regelmäßigen monatlichen Vergütung zuzüglich eines Zuschlages in Höhe von [Zahl] % vergütet. [Anmerkung: z.B. 25%] oder
- Der Arbeitgeber zahlt für jede geleistete Überstunde einen Zuschlag in Höhe von 25% zusätzlich zum Arbeitsentgelt gemäß [Ziffer ...] des Vertrages.

D. Abrufarbeit/KAPOVAZ/Bandbreitenregelungen

I. Definition und Einsatzmöglichkeiten

33 Abrufarbeit liegt gemäß § 12 TzBfG vor, wenn der Arbeitnehmer seine Arbeitsleistung entsprechend dem Arbeitsanfall und damit auf **Anordnung** des **Arbeitgebers** zu erbringen hat. Gebräuchliche Begriffe für die Abrufarbeit sind auch die sog. **KAPOVAZ** („kapazitätsorientierte variable Arbeitszeit") oder die sog. BAVAZ („bedarfsabhängige variable Arbeitszeit").[34]

34 Bei der klassischen Abrufarbeitsvereinbarung wird innerhalb eines festgelegten Ausgleichszeitraums mit festgeschriebenem Arbeitsumfang die **Lage** der Arbeitszeit

32 *Bauer/Arnold/Willemsen*, DB 2012, 1986, 1988; *Kock*, DB 2012, 1328, 1331; HWK/*Gotthardt*, Anh. §§ 305–310 BGB Rn 41. Bei Unwirksamkeit der Regelung käme wiederum § 612 Abs. 1 BGB zur Anwendung. Da jedoch keine objektive Vergütungserwartung besteht, müssen sie keinen Ausgleich für geleistete Überstunden/Mehrarbeit erhalten.

33 Je nach Branche sind Zuschläge durchaus üblich. Typischerweise finden sich diese in tarifvertraglichen Regelungen zu Überstunden/Mehrarbeit. Oftmals wird dann ein Vergütungszuschlag von 25% gewährt.

34 Annuß/Thüsing/*Jacobs*, § 12 TzBfG Rn 1.

variabel geregelt; sie unterfällt dem Direktionsrecht des Arbeitgebers und kann von Fall zu Fall nach Bedarf des Arbeitgebers bestimmt werden. Innerhalb des Ausgleichszeitraums können die Lage der Arbeitszeit an den einzelnen Wochentagen und die Dauer des täglichen Einsatzes demzufolge erheblich variieren.[35] Weitere Flexibilisierungen werden durch die Vereinbarung einer **wöchentlichen Mindest- oder Höchstarbeitszeit** in Kombination mit Abrufarbeit oder durch sog. **Bandbreitenregelungen** erzielt.[36]

Die unterschiedlichen Ausgestaltungen der Abrufarbeit bieten sich insbesondere für Unternehmen mit (ggf. saisonal) schwankendem Personalbedarf an, die dem Arbeitnehmer nicht die individuelle Hoheit über den Arbeitszeitumfang überlassen wollen. Durch variable Abrufarbeit ist eine erhebliche Flexibilisierung der Arbeitszeit aus Arbeitgebersicht zu erreichen. 35

Die Abrufarbeit ist abzugrenzen u.a. von **Gleitzeitvereinbarungen**, bei denen die Lage und Dauer der täglichen Arbeitszeit, eventuell mit Ausnahme von Kernarbeitszeiten vom Arbeitnehmer **eigenverantwortlich** bestimmt werden kann. Weiterhin etwa von Überstunden/Mehrarbeit, die der Befriedigung eines unvorhergesehenen zusätzlichen Arbeitskräftebedarfs dienen.[37] 36

II. Ausgestaltung und Grenzen der Abrufarbeit

Abrufarbeit kann nicht einseitig auf Basis des arbeitgeberseitigen Direktionsrechts angeordnet werden. Es bedarf vielmehr einer ausdrücklichen **(arbeits-)vertraglichen Vereinbarung** der Parteien.[38] 37

Die Interessen des Arbeitnehmers schützt insbesondere § 12 TzBfG, der gewisse **gesetzliche Mindestbedingungen** für Abrufarbeit vorschreibt. Hinzu kommt eine Kontrolle der vertraglichen Regelungen anhand der §§ 305ff. BGB. 38

1. Wöchentliche Arbeitszeit

§ 12 Abs. 1 S. 2 TzBfG sieht vor, dass die Parteien eine wöchentliche (Mindest-)Dauer der Arbeitszeit vorsehen müssen. Diese Regelung soll nach ganz herrschender Meinung jedoch nicht die (weitergehende) Flexibilisierung der Arbeitszeit einschränken, indem in jeder Woche diese vereinbarte Anzahl an Stunden gearbeitet werden müsste. Stattdessen ist es zulässig und in der Praxis üblich, einen **längeren Ausgleichszeitraum** zu bestimmen, innerhalb dessen die vertraglich festgelegte Wo- 39

35 Annuß/Thüsing/*Jacobs*, § 12 TzBfG Rn 8; ErfK/*Preis*, § 12 TzBfG Rn 5ff.
36 ErfK/Preis, § 12 TzBfG Rn 5.
37 Zur Abgrenzung von anderen Flexibilisierungsinstrumenten Annuß/Thüsing/*Jacobs*, § 12 Rn 10.
38 Annuß/Thüsing/*Jacobs*, § 12 TzBfG Rn 17 m.w.N.

chenarbeitszeit im Durchschnitt eingehalten werden muss.[39] **Monats-, Quartals- oder Jahresbezugszeiträume** sind dabei **statthaft.**[40] Entscheidend ist dabei, dass der Arbeitgeber auf Basis der **vereinbarten Wochenarbeitszeit** die Vergütung zahlt, damit dem Arbeitnehmer eine verlässliche **Kalkulationsgrundlage** verbleibt und keine Einkommensschwankungen entstehen. Vereinbart werden muss hierbei eine feste Stundenanzahl.

Beispiel
Die Arbeitsvertragsparteien können vereinbaren, dass die jährliche Arbeitszeit 1560 Stunden bei einer wöchentlichen Durchschnittsarbeitszeit von 30 Stunden beträgt. Der Arbeitnehmer wird dann auf Basis einer 30-Stunden-Woche vergütet.

---

40 Haben die Vertragsparteien keine wöchentliche (durchschnittliche) Arbeitszeitdauer vereinbart, gilt eine Arbeitszeit von **zehn Stunden pro Woche** als vereinbart (gesetzliche Fiktion), § 12 Abs. 1 S. 3 TzBfG. Da diese Vorschrift nur **subsidiär** bei fehlender Vereinbarung der Parteien greift, ist es statthaft, eine wöchentliche Arbeitszeit unterhalb von zehn Stunden zu vereinbaren.

2. Tägliche Arbeitszeit

41 Die Vertragsparteien müssen zusätzlich die Dauer der täglichen Arbeitszeit festlegen, die im Falle eines jeden Abrufs greift. Auch hier bedarf es einer **konkreten Stundenzahl.** § 12 Abs. 1 S. 4 TzBfG schränkt die Vertragsfreiheit der Parteien, eine für den jeweiligen Abruf geltende Stundenzahl individuell zu bestimmen nicht ein. So kann eine tägliche Arbeitszeit von weniger oder mehr als drei Stunden vereinbart werden; auch eine Stückelung der täglichen Arbeitszeit in mehrere an einem Tag zu erbringende Einsätze ist statthaft.[41]

42 Nur wenn die Parteien **keine Regelung** zur täglichen Arbeitszeit treffen, greift die Fiktion des § 12 Abs. 1 S. 4 TzBfG ein, demzufolge der Arbeitnehmer für **mindestens drei aufeinanderfolgende Stunden** pro Abruftag in Anspruch zu nehmen ist. Dies soll nach der Intention des Gesetzgebers die wirtschaftlichen Belastungen des Arbeitnehmers minimieren. Wenn der Arbeitgeber den Arbeitnehmer zu einem **kürzeren Einsatz** abruft, hat dieser das **Wahlrecht**, ob er die kürzere Arbeitsleistung erbringen will, und dies eventuell nur unter Bezahlung von mindestens drei Stunden, oder ob er die Arbeitsleistung gänzlich **verweigert.** Der Arbeitgeber kann in

---

39 Siehe ErfK/*Preis*, § 12 TzBfG Rn 17; Annuß/Thüsing/*Jacobs*, § 12 TzBfG Rn 21 ff. m.w.N. Das BAG hat diese Frage bisher noch nicht entschieden.
40 ErfK/*Preis*, § 12 TzBfG Rn 17; Annuß/Thüsing/*Jacobs*, § 12 TzBfG Rn 21 ff., jeweils m.w.N. Siehe hierzu auch *Kramer/Kiene*, ArbRAktuell 2010, 233, 235.
41 ErfK/*Preis*, § 12 TzBfG Rn 21 f.; Annuß/Thüsing/*Jacobs*, § 12 TzBfG Rn 25 f.

Reaktion darauf die Leistung unter Berücksichtigung der Drei-Stunden-Grenze, d.h. bei entsprechender Vergütung annehmen, oder auf die Leistung an diesem Tag verzichten.[42]

3. Mindestankündigungsfrist

Zudem ist bei Abrufarbeit die **zwingend** einzuhaltende Mindestankündigungsfrist 43
zu beachten. Der Arbeitgeber muss den Arbeitnehmer **mindestens vier Tage** vor dem jeweiligen Arbeitseinsatz entsprechend informieren und die Lage und Dauer der Arbeit mitteilen, § 12 Abs. 2 TzBfG.[43]

Beispiel

Plant der Arbeitgeber einen Arbeitseinsatz des Arbeitnehmers für den nächsten Montag muss er diesen spätestens am Mittwoch der vorausgehenden Woche entsprechend informieren. Soll der Arbeitnehmer am Freitag tätig werden, muss er bereits spätestens am Freitag der Vorwoche unterrichtet werden.

Eine bestimmte Form ist nicht einzuhalten; der Abruf kann z.B. schriftlich, per 44
E-Mail oder (fern-)mündlich erfolgen.

Die Vereinbarung einer **kürzeren Frist** ist **unzulässig**, entsprechende vertrag- 45
liche Regelungen sind nichtig. Hält der Arbeitgeber die Mindestankündigungsfrist nicht ein, steht dem Arbeitnehmer ein **Leistungsverweigerungsrecht** zu, wenn er dem Abruf nicht nachkommen will.

4. Billiges Ermessen gem. § 315 BGB

Zusätzlich muss der Arbeitgeber die Grundsätze billigen Ermessens beim jeweiligen 46
Abruf beachten, vgl. § 106 GewO, § 315 BGB. Er muss im Einzelfall die **beiderseitigen Interessen** angemessen berücksichtigen und in Ausgleich bringen.[44]

Beispiel

Hierzu zählen auf Arbeitnehmerseite u.a. familiäre oder andere berufliche Verpflichtungen, etwa aus weiteren Teilzeitbeschäftigungsverhältnissen, die Erreichbarkeit des Arbeitsortes z.B. mit öffentlichen Verkehrsmitteln etc.

---

42 ErfK/*Preis*, § 12 TzBfG Rn 24.

43 Die Fristberechnung erfolgt gemäß §§ 186 ff. BGB. Der Tag des Zugangs der Mitteilung zählt hierbei nicht mit, die vier Tage beginnen ab dem folgenden Tag, siehe hierzu mit Berechnungsbeispielen ErfK/*Preis*, § 12 TzBfG Rn 26.

44 Annuß/Thüsing/*Jacobs*, § 12 TzBfG Rn 41.

III. Arbeitsvertragliche Gestaltungsmöglichkeiten

1. Einfache Abrufarbeit

47 Die „einfache" Abrufarbeit beinhaltet nur eine Flexibilisierung der **Lage** der Arbeitszeit.

48 Eine Vereinbarung kann wie folgt lauten:

Klauselmuster
Der Arbeitnehmer erbringt seine Arbeitsleistung entsprechend den betrieblichen Bedürfnissen. Der Arbeitgeber entscheidet über den jeweiligen Abruf der Arbeitsleistung nach billigem Ermessen unter Berücksichtigung der Interessen des Arbeitnehmers. Die wöchentliche Arbeitszeit beträgt 20 Stunden, wobei jeweils mindestens vier Stunden pro Arbeitstag zusammenhängend zu erbringen sind. Der Arbeitgeber informiert den Arbeitnehmer spätestens vier Tage im Voraus über die Arbeitszeitverteilung für die darauffolgende Arbeitswoche. Soweit der Arbeitgeber für die Folgewoche nicht fristgerecht eine abweichende Arbeitszeitverteilung mitteilt, gilt die Arbeitszeitverteilung der aktuellen Woche auch für die Folgewoche.

49 Soweit ein **längerer**, über eine Woche hinausgehender **Ausgleichszeitraum** (z.B. auf Monats-/Quartals-/Halbjahres- oder Jahresbasis) vereinbart werden soll, kann der entsprechende Passus der arbeitsvertraglichen Regelung wie folgt lauten:

Klauselmuster
[...] Die Arbeitszeit im Quartal beträgt 260 Stunden bei einer wöchentlichen Durchschnittsarbeitszeit von 20 Stunden. Die Arbeitszeit wird über ein Arbeitszeitkonto erfasst und innerhalb eines Quartalszeitraums ausgeglichen. Das monatliche Arbeitsentgelt bestimmt sich nach der wöchentlichen Durchschnittsarbeitszeit von 20 Stunden.[45]

50 Der Umfang der Arbeitszeit kann darüber hinaus durch ergänzende und erweiternde Regelungen variabel gestaltet werden.

2. Feste Arbeitszeit mit Erhöhungs- oder Verringerungsoption

51 Nach der Entscheidung des BAG vom 7.12.2005 ist es statthaft, im Rahmen von Abrufarbeit nicht nur die Lage der Arbeitszeit, sondern – in gewissen Grenzen – auch deren **Dauer** zu flexibilisieren.[46] Dabei darf der Umfang der regelmäßigen durchschnittlichen Arbeitszeit mittels Abrufarbeit um **maximal 25% überschritten** werden, ohne dass die höchstrichterliche Rechtsprechung in einer derartigen formular-

45 Bei längeren Ausgleichszeiträumen, typischerweise bis zu einem Jahr ist entsprechend zu formulieren.
46 BAG, Urt. v. 7.12.2005 – 5 AZR 535/04 – NZA 2006, 423.

arbeitsvertraglichen Regelung eine unangemessene Benachteiligung im Sinne des § 307 BGB sehen würde.[47]

Auf dieser Basis kann eine arbeitsvertragliche Klausel mit **Erhöhungsoption** wie folgt gefasst werden: 52

Klauselmuster

- Die regelmäßige wöchentliche Arbeitszeit beträgt 30 Stunden. Der Arbeitnehmer ist verpflichtet, auf Anforderung des Arbeitgebers wöchentlich bis zu 37,5 Stunden zu arbeiten. Der Arbeitgeber wird den Arbeitnehmer spätestens vier Tage im Voraus über die Dauer und Lage der Arbeitszeit für die Folgewoche informieren. Die über die 30 Wochenstunden hinausgehende Arbeitszeit wird entsprechend vergütet.

  oder
- Die regelmäßige Wochenarbeitszeit beträgt 20 Stunden. Auf Anforderung des Arbeitgebers ist der Arbeitnehmer verpflichtet, bis zu 5 zusätzliche Stunden pro Woche zu arbeiten. Der Arbeitgeber setzt den Arbeitnehmer spätestens vier Tage im Voraus über die Arbeitszeithöhe und -verteilung für die kommende Arbeitswoche in Kenntnis. Auch bei mehrmaligem Abruf einer erhöhten Arbeitszeit entsteht kein Rechtsanspruch des Arbeitsnehmers auf Arbeitszeiterhöhung für die Zukunft.

Zudem besteht die Möglichkeit, eine regelmäßige wöchentliche Arbeitszeit mit **Verringerungsoption** im Wege von Abrufarbeit zu vereinbaren. Das Volumen für die Verringerung beträgt in dieser Variante jedoch (nur) **maximal 20%** der vereinbarten Arbeitszeit.[48] 53

Die arbeitsvertragliche Regelung mit **Verringerungsoption** könnte lauten: 54

Klauselmuster

- Die regelmäßige wöchentliche Arbeitszeit beträgt 30 Stunden. Der Arbeitnehmer ist verpflichtet, auf Anforderung des Arbeitgebers wöchentlich bis zu 6 Stunden weniger zu arbeiten. Die Vergütung reduziert sich im Falle der Verringerung entsprechend.

  oder
- Die regelmäßige wöchentliche Arbeitszeit beträgt maximal 20 Stunden ausschließlich der Pausen. Der Arbeitgeber ist berechtigt, die abzurufende Arbeitszeit auf bis zu 16 Wochenstunden zu verringern. Die Vergütung reduziert sich im Falle der Verringerung entsprechend anteilig.

---

47 Ausgehend von der Entscheidung des BAG vom 7.12.2005 wären über diese 25%-Grenze hinausgehende Erhöhungsvereinbarungen unwirksam. Eine geltungserhaltende Reduktion der Klausel ist nicht möglich. Das BAG gelangt über die ergänzende Vertragsauslegung dazu, welcher Arbeitszeitumfang im Ergebnis vereinbart wurde.

48 BAG, Urt. v. 7.12.2005 – 5 AZR 535/04 – NZA 2006, 423: Das BAG geht vom Standardfall einer vereinbarten wöchentlichen Mindestarbeitszeit aus, die durch Abrufarbeit um bis zu 25% überschritten werden darf. So gelangt es ausgehend von der Mindestarbeitszeit bei einer Verringerungsoption rechnerisch zu einem maximalen Volumen von (nur) 20%.

3. Bandbreitenregelungen

55 Die ganz herrschende Meinung in der Literatur bejaht die Zulässigkeit der **Kombination** einer Mindestarbeitszeit mit einer **Erhöhungs-** sowie einer **Verringerungsoption.**[49] Hierbei spricht man von sog. Bandbreitenregelungen. In diesem Fall darf jedoch nicht eine Flexibilisierung von insgesamt 45% vorgesehen werden (d.h. eine Erhöhungsoption um 25% sowie kumulativ eine Verringerungsoption um 20%). Die **Bandbreite** darf **insgesamt 25%** der Mindestarbeitszeit nicht überschreiten.[50]

56 Folgende Formulierung ist statthaft:

Klauselmuster

Die regelmäßige wöchentliche Arbeitszeit beträgt 30 Stunden. Der Arbeitnehmer ist verpflichtet, je nach Arbeitsanfall auf Anforderung des Arbeitgebers zwischen 28 bis 35 Stunden in der Woche zu arbeiten. Der Arbeitgeber informiert den Arbeitnehmer spätestens vier Tage im Voraus über die Arbeitszeithöhe und -verteilung für die kommende Arbeitswoche. Bei einer entsprechenden Erhöhung bzw. Verringerung gegenüber der 30-Stunden-Woche erhöht bzw. verringert sich die regelmäßige monatliche Vergütung entsprechend.

4. Flexible Mindestarbeitszeit und variable Abrufarbeit

57 Nach überwiegender Ansicht in der Literatur ist die größtmögliche Flexibilisierung durch eine statthafte **Kombination** aus einer flexiblen Mindestarbeitszeit in einem längeren Ausgleichszeitraum mit variabler Abrufarbeit zu erreichen.[51]

58 Die Grenzen des Zulässigen sind diesbezüglich jedoch vom BAG noch nicht geklärt worden. In der Literatur wird zum Schutz berechtigter Arbeitnehmerinteressen die Auffassung vertreten, dass jedenfalls ein zusätzliches **Flexibilisierungspotential von 25%** bei einem Jahresausgleichszeitraum **unzumutbar** sein dürfte und deshalb eine (proportionale) Reduzierung des Umfangs der Abrufarbeit notwendig sei.[52] **Vorsichtige** Arbeitgeber werden bis zu einer höchstrichterlichen Klärung entweder von der Verwendung einer derartigen Klausel-Kombination gänzlich abse-

---

49 *Bauer*, Arbeitsvertragliche Flexibilisierung der Arbeitszeitdauer in: Brennpunkte des Arbeitsrechts, 2006, S. 107, 114 f.; ErfK/*Preis*, § 12 TzBfG Rn 5.

50 Vgl. *Kramer/Kiene*, ArbRAktuell 2010, 233, 234; *Bauer*, DB 2006, 950, 951.

51 Preis/*Preis/Lindemann*, Arbeitsvertrag, II A 90 Rn 164 ff., 171 m.w.N.; *Kramer/Kiene*, ArbRAktuell 2010, 233, 235.

52 Siehe hierzu etwa Preis/*Preis/Lindemann*, Arbeitsvertrag, II A 90 Rn 171 f.: vorgeschlagen wird entweder eine Beschränkung auf einen Ausgleichszeitraum eines Quartals bei einem 25%-igen Abruf-Spielraum, oder ein Jahresausgleichszeitraum mit lediglich 10% Abrufberechtigung. Noch weitergehend *Kramer/Kiene*, ArbRAktuell 2010, 233, 235, die für jeden zusätzlichen Monat des Ausgleichszeitraums einen Abschlag vom Abruf-Potential von 5% plädieren und deshalb bei einem Ausgleichszeitraum von einem Monat zu einer maximalen Flexibilisierung von 25% und ab einem sechsmonatigen Ausgleichszeitraum zu keinerlei Abrufpotential mehr gelangen.

hen, oder zumindest einen (proportionalen) Abschlag auf das arbeitgeberseitige Flexibilisierungspotential vornehmen müssen.

Eine (voraussichtlich wirksame) Vertragsklausel (mit lediglich 10%igem Flexibilisierungspotential) könnte wie folgt lauten:[53] 59

Klauselmuster

1. Die Arbeitszeit beträgt bei einer wöchentlichen Durchschnittsarbeitszeit von mindestens 30 Stunden bezogen auf einen Zeitraum von sechs Monaten insgesamt mindestens 774 Stunden.
2. Die geleistete Arbeitszeit des Arbeitnehmers wird über ein Arbeitszeitkonto erfasst und auf Basis eines sechsmonatigen Ausgleichszeitraums ausgeglichen.
3. Die monatliche Vergütung wird auf Basis einer regelmäßigen wöchentlichen Arbeitszeit von 30 Stunden gezahlt.
4. Der Arbeitnehmer ist verpflichtet, im Ausgleichszeitraum auf Abruf des Arbeitgebers bis zu 77 Stunden zusätzlich zu arbeiten. Der Arbeitgeber wird die Lage und den Umfang der Arbeitszeit mindestens vier Tage im Voraus für die kommende Arbeitswoche mitteilen.
5. Zusätzlich abgerufene Stunden werden entsprechend zusätzlich vergütet.

E. Gleitzeit

I. Definition und Einsatzmöglichkeiten

Gleitzeitsysteme sind praktisch das Gegenmodell zur Abrufarbeit. Bei einer vertraglich fest vereinbarten Dauer der Arbeitszeit – in der Regel auf Wochen-, Monats- oder Jahresbasis – erhält der **Arbeitnehmer** im Rahmen von Gleitzeit die **Befugnis**, die **Lage** und vielfach auch die **Dauer** seiner täglichen Arbeitszeit (in gewissen Grenzen) individuell und eigenverantwortlich festzulegen. Da das Bestimmungsrecht beim Arbeitnehmer und nicht beim Arbeitgeber liegt, sind die Restriktionen des § 12 TzBfG bei der klassischen Gleitzeit nicht zu beachten. Bei gewissen Mischformen, d.h. bei Gleitzeit in Kombination mit zusätzlichen Anordnungsrechten des Arbeitgebers kann jedoch auch § 12 TzBfG zur Anwendung gelangen.[54] Gleitzeit kann auf Basis des arbeitgeberseitigen **Direktionsrechts** einseitig eingeführt werden.[55] 60

Die betriebliche Praxis kennt zahlreiche Gestaltungsvarianten einfacher und qualifizierter Gleitzeitmodelle z.B. mit und ohne Kernarbeitszeit sowie Arbeitszeitkonten- 61

---

53 In Anlehnung an Preis/*Preis/Lindemann*, Arbeitsvertrag, II A 90 Rn 171f., aber höchstrichterlich nicht geklärt. Der hiesige Klauselvorschlag beinhaltet einen sechsmonatigen Ausgleichszeitraum mit einer Erhöhungsoption durch Abrufarbeit im Umfang von 10% (4,3 Wochen × 30 Wochenstunden × 6 Monate = insg. 774 Stunden).

54 ErfK/*Preis*, § 12 TzBfG Rn 9.

55 Siehe Schaub/*Vogelsang*, ArbR-Hb., § 160 Rn 7; ErfK/*Preis*, § 611 BGB Rn 656.

regelungen.[56] Für den Arbeitnehmer liegen die wesentlichen Vorteile der Gleitzeit darin, dass er die tägliche Arbeitszeit in bestimmten Grenzen an seine persönliche Lebensführung und privaten Belange anpassen kann. Dadurch wird eine erhöhte **Zufriedenheit** der **Arbeitnehmer** erzielt. Aus Arbeitgebersicht ist das **Flexibilisierungspotential** zumindest bei qualifizierter oder variabler Gleitzeit **hoch**; diese kann gegenüber einer festen Arbeitszeit ggf. kostenintensive Überstunden/Mehrarbeit weitgehend überflüssig machen. Ein Gleitzeitsystem musst jedoch stets sorgsam an die betrieblichen Bedürfnisse angepasst werden, da Gleitzeitsysteme auch viel Vertrauen, Verantwortung und Eigenständigkeit der Arbeitnehmer erfordern.

II. Arbeitsvertragliche Gestaltungsmöglichkeiten

62 In der Praxis sind vielfältige Gleitzeitmodelle mit unterschiedlichem Flexibilisierungspotential verbreitet.

1. Einfache Gleitzeit

63 Im Rahmen einfacher Gleitzeit erhält der Arbeitnehmer (nur) die Möglichkeit, innerhalb eines festgelegten Zeitkorridors die **Lage** seiner **täglichen Arbeitszeit**, d.h. Beginn und Ende seiner Arbeitsleistung zu bestimmen. Die vertraglichen Vereinbarungen beinhalten daneben eine fest vorgegebene tägliche Arbeitszeit. Teilweise ist das Gleitzeitfenster durch vorgegebene Kernarbeitszeiten zusätzlich eingeschränkt, um die Anwesenheit des Arbeitnehmers zu gewissen Zeiten, z.B. zum Zwecke der Erreichbarkeit für Kunden oder im Interesse einer funktionierenden innerbetrieblichen Kommunikation sicherzustellen. Auf den täglichen Umfang der Arbeitszeit kann der Arbeitnehmer bei der einfachen Gleitzeit keinen Einfluss nehmen.

Klauselmuster

- Die regelmäßige tägliche Arbeitszeit beträgt 8 Stunden (d.h. 40 Wochenstunden). Die Arbeitsleistung ist von Montag bis Freitag jeweils zwischen 6:30 Uhr und 19:00 Uhr zu erbringen. Innerhalb dieses Zeitrahmens kann der Arbeitnehmer die Lage seiner Arbeitszeit unter Berücksichtigung der betrieblichen Notwendigkeiten individuell bestimmen.

  oder
- Der Arbeitnehmer ist verpflichtet, eine regelmäßige tägliche Arbeitsleistung im Umfang von 7,7 Stunden zu erbringen (38,5-Stunden-Woche). Der tägliche Arbeitszeitrahmen, in dem die Arbeitsleistung erbracht werden muss reicht von 7:00 Uhr bis 18:30 Uhr. In dieser Zeit gilt eine Kernarbeitszeit von 9:00 Uhr bis 12:30 Uhr und von 14:00 Uhr bis 15:30 Uhr, in der der Arbeitnehmer im Betrieb anwesend sein muss. Eine Abwesenheit während der Kernarbeitszeit bedarf der vorherigen Zustimmung des Arbeitgebers.

---

56 Vgl. *Hahn*, Flexible Arbeitszeit, S. 167 ff.

2. Qualifizierte Gleitzeit

Bei der qualifizierten Gleitzeit darf der Arbeitnehmer neben der **Lage** seiner täglichen Arbeitszeit auch deren **Dauer** innerhalb eines vereinbarten **Ausgleichszeitraums** bestimmen.[57] Der Ausgleichszeitraum variiert in der Praxis typischerweise zwischen einem Monat bis hin zu einem Jahr. 64

Der Arbeitnehmer kann durch das Ansammeln von Plusstunden, die über die regelmäßige tägliche Arbeitszeit hinausgehen, ein Arbeitszeitguthaben aufbauen. Die Plusstunden kann er wiederum im Rahmen der vertraglichen Vereinbarungen zu einem anderen Zeitpunkt abbauen. Bei einem negativen Saldo ist die entsprechende Arbeitszeit zu einem späteren Zeitpunkt nachzuholen. Die qualifizierte Gleitzeit enthält regelmäßig feste Kernarbeitszeiten. 65

Klauselmuster

1. Die regelmäßige wöchentliche Arbeitszeit beträgt 40 Stunden. Der Arbeitnehmer kann seine Arbeitsleistung während der betrieblichen Öffnungszeiten zwischen 7:00 Uhr und 22:00 Uhr erbringen.
2. Es gilt eine Kernarbeitszeit zwischen 10:00 Uhr und 14:30 Uhr (Montag bis Donnerstag) bzw. zwischen 10:00 und 13:00 Uhr (Freitags), in der der Arbeitnehmer mit Ausnahme der Pausenzeiten im Betrieb anwesend sein muss.
3. Vorbehaltlich abweichender Weisungen des Arbeitgebers und der Kernarbeitszeit kann der Arbeitnehmer Beginn, Ende und Dauer seiner täglichen Arbeitsleistung unter Berücksichtigung der betrieblichen Belange eigenverantwortlich bestimmen.
4. Die arbeitstäglich erbrachte Arbeitszeit wird auf einem Gleitzeitkonto erfasst. Das Konto muss jeweils innerhalb eines Zeitraums von drei Monaten ausgeglichen sein.

---

3. Variable Gleitzeit

Die variable Gleitzeit ist eine besondere Form der qualifizierten Gleitzeit. Sie ist dadurch geprägt, dass zwar ein **Arbeitszeitkorridor** (Gleitzeitspanne) besteht, es aber **keinerlei Kernarbeitszeiten** gibt und der Arbeitnehmer deshalb im Rahmen des Arbeitszeitkorridors frei darin ist, die **Lage** und **Dauer** seiner täglichen Arbeitszeit eigenverantwortlich zu bestimmen.[58] Zeitsalden müssen innerhalb eines vereinbarten Ausgleichszeitraums ausgeglichen sein. 66

Durch den Verzicht auf eine Kernarbeitszeit ist allein der individuelle Arbeitsanfall Maßstab für die täglichen Arbeitszeiten des Arbeitnehmers. 67

---

57 *Hahn*, Flexible Arbeitszeit, S. 168.

58 Preis/*Preis/Lindemann*, Arbeitsvertrag, II A 90 Rn 113f.; *Hahn*, Flexible Arbeitszeit, S. 169.

Klauselmuster
1. Die regelmäßige monatliche Arbeitszeit beträgt 172 Stunden.
2. Der Arbeitnehmer ist berechtigt, seine Arbeitsleistung in einem Gleitzeitkorridor zwischen 6:30 und 21:00 Uhr zu erbringen. Die tägliche Arbeitszeit ist an die betrieblichen Bedürfnisse anzupassen.
3. Die Vorgaben des ArbZG, insbesondere zur werktäglichen Höchstarbeitszeit, den maßgeblichen Ausgleichszeiträumen und den zwingenden Ruhezeiten sind dem Arbeitnehmer bekannt.
4. Die tägliche Arbeitszeit wird über ein Arbeitszeitkonto erfasst. Dieses Konto muss jeweils innerhalb eines 6-Monats-Zeitraums (d.h. zum 30.6. und 31.12. eines Kalenderjahres) ausgeglichen sein.

68 Die völlige Arbeitszeithoheit des Arbeitnehmers insbesondere im Rahmen variabler Gleitzeit kann sich auch zum **Nachteil** des Arbeitgebers auswirken. So wird verschiedentlich zurecht darauf hingewiesen, dass zumindest die Gefahr besteht, dass Arbeitnehmer selbst bei geringem Arbeitsanfall die Arbeitszeit am Arbeitsplatz „absitzen", um dadurch erhebliche **Zeitguthaben** aufzubauen, die sie zu einem späteren, für sie vorteilhaften Zeitpunkt abbauen. Insbesondere wenn dies durch mehrere Arbeitnehmer gleichzeitig erfolgt oder in Zeiten eines erheblichen Arbeitsanfalls im Betrieb geschieht, kann es zu Personalengpässen und damit verbundenen Betriebsablaufstörungen kommen.[59]

69 Um dies zu verhindern bzw. erheblich einzuschränken, kann der Arbeitgeber beispielsweise eine **angemessene Anordnungsbefugnis** zum Abbau von Plusstunden vereinbaren:[60]

Klauselmuster
1. Der Arbeitgeber kann den Abbau von Plusstunden auf dem Gleitzeitkonto im Umfang von bis zu 20 Stunden pro Monat einseitig anordnen. Hierbei ist jeweils eine Ankündigungsfrist von mindestens zwei Arbeitstagen einzuhalten.
2. Der Arbeitnehmer kann monatlich bis zu drei Arbeitstage (auf Basis der täglichen Regelarbeitszeit von 8 Stunden) Freizeit durch Abbau von Plusstunden auf dem Gleitzeitkonto nehmen, soweit dem keine betrieblichen Belange entgegenstehen.

4. Vertrauensgleitzeit

70 Die Vertrauensgleitzeit räumt dem Arbeitnehmer innerhalb der Gleitzeitsysteme die **umfangreichste Zeitsouveränität** ein. Der regelmäßig wöchentliche oder monatliche Arbeitszeitumfang ist vertraglich festgelegt. Der Arbeitgeber verzichtet jedoch gänzlich auf sein Direktionsrecht im Hinblick auf die Lage, die Verteilung und die

59 Preis/*Preis/Lindemann*, Arbeitsvertrag, II A 90 Rn 114 m.w.N.; *Hahn*, Flexible Arbeitszeit, S. 177.
60 Siehe hierzu Preis/*Preis/Lindemann*, Arbeitsvertrag, II A 90 Rn 114 f.

Dokumentation der Arbeitszeit.[61] Ein Gleitzeitkonto wird geführt, die formale Aufzeichnung der täglichen Arbeitszeit entfällt jedoch.

Praxistipp
Vertrauensgleitzeit bietet sich bei Führungskräften an, insbesondere dann, wenn eine Anwesenheit im Betrieb zu festen Zeiten nicht erforderlich ist.

Die Vorgaben des § 16 ArbZG zur Aufzeichnungspflicht sind auch bei der Vertrauensgleitzeit einzuhalten.[62] 71

Folgende Arbeitsvertragsklausel kann Verwendung finden: 72

Klauselmuster
Die regelmäßige monatliche Arbeitszeit beträgt 172 Stunden. Der Arbeitnehmer legt die individuelle Lage und Dauer seiner Arbeitszeit unter Berücksichtigung der betrieblichen Interessen eigenverantwortlich fest. Die Plus- und Minuszeitsalden werden auf einem Gleitzeitkonto verwaltet. Der Arbeitnehmer dokumentiert seine Arbeitszeit eigenverantwortlich.

III. Zur näheren Ausgestaltung von Gleitzeitkontenregelungen

Wesentlicher Bestandteil aller qualifizierten Gleitzeitsysteme ist das Gleitzeitkonto, 73
auf dem die individuellen **Zeitsalden** der Arbeitnehmer verwaltet werden.

Die (vertraglichen) Regelungen zum Gleitzeitkonto sollten zum einen die **technischen Details** der **Kontoführung** regeln, insbesondere ob das Gleitzeitkonto z.B. mittels Chipkarten elektronisch geführt wird – was heutzutage der üblichen betrieblichen Praxis entspricht – und in welchem Turnus der Arbeitnehmer zum Zwecke der Information eine **Aufstellung** über seine **Plus**- bzw. **Minusstunden** erhält. 74

Wichtig ist auch, die Details der **Steuerung** des Gleitzeitkontos festzulegen. In der Praxis finden sich dazu vielfach sog. **Ampelsysteme**, die die Arbeitszeitsouveränität des Arbeitnehmers in Abhängigkeit zu den bestehenden Zeitsalden setzen. 75

Beispiel
Die Steuerung des Gleitzeitkontos erfolgt gemäß dem Ampelprinzip:
1. Grüne Zone (–30 bis +30 Stunden): Der Arbeitnehmer verfügt über die vollumfängliche Arbeitszeitsouveränität. Er disponiert eigenverantwortlich über seine Arbeitszeit im Rahmen des Gleitzeitkorridors und kann alleine über den Auf- und Abbau von Zeitsalden entscheiden.
2. Gelbe Zone (zwischen –30 bis –50 sowie +30 bis +50 Stunden): Der Arbeitnehmer ist in Abstimmung mit seinem Vorgesetzten zu einer zeitnahen Rücksteuerung des Zeitsaldos in den grünen Bereich verpflichtet.

61 Preis/*Preis/Lindemann*, Arbeitsvertrag, II A 90 Rn 116; *Hahn*, Flexible Arbeitszeit, S. 169f.
62 Siehe hierzu näher Kap. 3 Rn 94f.

3. Rote Zone (> −50 sowie > +50 Stunden): Diese Zone darf nur ausnahmsweise und vorübergehend genutzt werden. Die Personalabteilung ist zu informieren. Diese ergreift gemeinsam mit dem Vorgesetzten und dem Arbeitnehmer geeignete Maßnahmen, um das Gleitzeitkonto zeitnah in den gelben bzw. grünen Bereich zurückzuführen.

76 Auch wenn sich Ampelsysteme durchaus bewährt haben ist zu bedenken, dass sie einen erheblichen **Umsetzungs- und Kontrollaufwand** verursachen. Dies gilt besonders in Zeiten hohen Arbeitsanfalls und Auftragsdrucks.[63] Alternativ dazu können **feste Höchstgrenzen** bei den Zeitsalden vorgesehen werden, die nicht überschritten werden dürfen. Der hierfür erforderliche Überwachungsaufwand ist geringer, als bei Ampelsystemen.

77 Geregelt werden sollte auch, was mit negativen oder positiven **Salden** am **Ende** des **Ausgleichszeitraums** geschieht. Sofern dem Arbeitnehmer eine umfassende Arbeitszeitsouveränität eingeräumt wird, kann nach zutreffender Auffassung wirksam vereinbart werden, dass positive Zeitsalden am Ende des Ausgleichszeitraums (anteilig) **verfallen.**[64] Alternativ dazu kann eine (anteilige) Übertragung in den nächsten Ausgleichszeitraum oder eine (anteilige) Übertragung ggf. auf ein Langzeitkonto erfolgen.

78 Empfehlenswert ist darüber hinaus eine Regelung dazu, unter welchen Voraussetzungen **Überstunden** angeordnet werden können und ggf. welche Zeitzuschläge gewährt werden.

F. Amorphe Arbeitszeitsysteme

I. Definition und Einsatzmöglichkeiten

79 Sogenannte amorphe (= gestaltlos, unregelmäßig) Arbeitszeitsysteme sind dadurch geprägt, dass lediglich das **Gesamtvolumen** des Arbeitszeitumfangs innerhalb eines vorgegebenen Zeitraums vertraglich festgelegt wird.[65] Die regelmäßige wöchentliche oder monatliche Arbeitszeit wird hingegen nicht bestimmt. Die **Arbeitszeitverteilung** kann vor diesem Hintergrund sehr **ungleichmäßig** sein.

---

63 Zutreffend *Hahn*, Flexible Arbeitszeit, S. 177.

64 Siehe hierzu LAG Kiel, Urt. v. 12.1.2012 – 5 Sa 269/11: Der Verfall ist selbst dann statthaft, wenn der Arbeitnehmer unverschuldet (z.B. infolge lang dauernder Arbeitsunfähigkeit) zunächst aufgebaute erhebliche Plusstunden bis zum Ende des Ausgleichszeitraums nicht mehr abbauen kann. Diese Frage ist höchstrichterlich noch nicht geklärt. Das BAG hat als Revisionsinstanz zu dieser Frage nicht mehr Stellung genommen, vgl. BAG, Urt. v. 26.6.2013 – 5 AZR 428/12 – NZA 2013, 1262.

65 Näher dazu *Hahn*, Flexible Arbeitszeit, S. 177 ff.

Diese Arbeitszeitsysteme eignen sich in Anbetracht ihrer Flexibilität entweder dazu, dem Arbeitnehmer weitgehende Freiräume zu gewähren oder aber dem Arbeitgeber die Anpassung der Arbeitsleistung an betriebliche **Sonderkonstellationen** zu ermöglichen, z.B. bei stark differierendem Saisongeschäft. 80

II. Arbeitsvertragliche Gestaltungsmöglichkeiten

1. Jahresarbeitszeitregelungen

Eine in der Praxis gebräuchliche Gestaltung ist dabei der Jahresarbeitszeitvertrag. 81 Die Vertragsparteien legen dabei primär die **Gesamtmenge** der innerhalb eines (oder mehrerer) Jahre(s) zu erbringenden Arbeitsleistung fest. Ergänzend können aber auch für spezifische Zeiträume konkretisierende Regelungen getroffen werden.

Jahresarbeitszeitregelungen sind eine Sonderform von Gleitzeitmodellen. Eine 82 **verstetigte, monatliche Vergütung** – unabhängig vom wöchentlich bzw. monatlich tatsächlich erbrachten Arbeitszeitvolumen – ist erforderlich und gewährleistet den für den Arbeitnehmer erforderlichen Schutz.[66]

Eine derartige Vertragsklausel könnte wie folgt lauten:

Klauselmuster

1. Die Jahresarbeitszeit beträgt 2000 Stunden. Der Arbeitnehmer erbringt seine Arbeitsleistung unter Beachtung der Vorgaben des ArbZG während der betrieblichen Öffnungszeiten zwischen 7:00 bis 19:00 Uhr. In der Hauptsaison (1.5. bis 31.8.) beträgt die werktägliche Arbeitszeit 8 Stunden (d.h. von Montag bis Samstag). Ansonsten kann der Arbeitnehmer die Lage und den Umfang seiner täglichen Arbeitszeit unter Beachtung der betrieblichen Erfordernisse eigenverantwortlich bestimmen.
2. Der Arbeitnehmer erhält eine feste monatliche Bruttovergütung in Höhe von [Betrag] €.

Wird eine Jahresarbeitszeit in Teilzeitarbeitsverhältnissen vereinbart, ist die Ableistung von **Vollzeitblöcken** und dadurch bedingt entsprechend längeren Freistellungsperioden üblich. 83

2. Langzeit-/Lebensarbeitszeitkonten

Langzeit- bzw. Lebensarbeitszeitkonten (auch Anspar- oder Wertguthabenkonten 84 genannt) ermöglichen einen flexiblen, langzeitigen Umgang mit erbrachter Arbeitsleistung. So kann der Arbeitnehmer über eine lange Phase seines Erwerbslebens positive Zeitguthaben ansammeln und diese später z.B. für **Langzeitfreistellungen** verwenden. Zu denken ist etwa an bezahlte Langzeiturlaube/Sabbaticals, Weiterbil-

---

66 Vgl. Preis/*Preis*/*Lindemann*, Arbeitsvertrag, II A 90 Rn 119f.; *Hahn*, Flexible Arbeitszeit, S. 179f.

dungen oder verblockte Altersteilzeit bzw. den vorzeitigen/gleitenden Eintritt in den Ruhestand, was in Anbetracht ansteigender Regelaltersgrenzen zunehmend attraktiv wird.

85 Derartige Ansparkonten, die einer längerfristigen Freistellung dienen sind abzugrenzen von „normalen" Arbeitszeitkonten, die der flexiblen Gestaltung der werktäglichen oder wöchentlichen Arbeitszeit oder dem Ausgleich betrieblicher Produktions- oder Arbeitszeitzyklen dienen, vgl. § 7b Nr. 2 SGB IV – d.h. von Gleitzeit- oder Kurzzeitkonten bis hin zu Jahresarbeitszeitkonten.

86 Das Flexigesetz II hat zum 1.1.2009 klare Vorgaben für Wertguthabenvereinbarungen bzw. Wertguthabenkonten gebracht. Die gesetzlichen Regelungen finden sich in **§§ 7b–7f SGB IV**.

87 Wertguthabenkonten werden **in Geld** und nicht in Zeit geführt. Für den Aufbau von Wertguthaben können alle Arbeitszeiten, denen Arbeitsentgelt nach § 14 SGB IV zugrunde liegt sowie sämtliche aus einer versicherungspflichtigen Beschäftigung **angesparten Arbeitsentgelte** im Sinne des § 14 SGB IV verwendet werden.

Beispiel
Der Arbeitnehmer kann z.B. Teile des laufenden Entgelts, die Vergütung von Überstunden/Mehrarbeit nebst Zuschlägen, Schichtzuschläge, nicht verbrauchte Urlaubstage, Urlaubsgeld, Einmalzahlungen etc. in das Wertguthabenkonto einbringen.

---

88 **Gesamtsozialversicherungsbeiträge** und **Steuern** fallen erst an, wenn das Wertguthaben aus dem Lebensarbeitszeitkonto ausgezahlt wird. Zugunsten des Arbeitnehmers ist der Arbeitgeber verpflichtet, Wertguthaben einem **Insolvenzschutz** zuzuführen, § 7e SGB IV. Die statthaften Sicherungsmodelle zählt das Gesetz selbst auf: Treuhandvereinbarungen, Versicherungsmodelle oder ein schuldrechtliches Verpfändungs- oder Bürgschaftsmodell mit ausreichender Sicherung.

89 Im Falle der **Beendigung** des **Arbeitsverhältnisses** kommt eine **Übertragung** des Wertguthabens in Betracht, § 7f SGB IV. Wenn der neue Arbeitgeber mit dem Arbeitnehmer ebenfalls eine Wertguthabenvereinbarung schließt und der Übertragung zustimmt, kann der Arbeitnehmer von seinem alten Arbeitgeber die Übertragung verlangen. Alternativ ist eine Übertragung auf die Deutsche Rentenversicherung Bund möglich, wenn das Wertguthaben einschließlich der Gesamtsozialversicherungsbeiträge einen Betrag in Höhe des Sechsfachen der monatlichen Bezugsgröße übersteigt.[67] Alternativ dazu besteht die Möglichkeit, das Wertguthaben bei Beendigung des Arbeitsverhältnisses **aufzulösen** und versteuert und verbeitragt **auszuzahlen**.

67 In 2014: West: 16.590,– € und Ost: 14.070,– €.

Eine vertragliche Regelung über ein Lebensarbeitszeitkonto könnte wie folgt lauten: 90

Klauselmuster

1. Zugunsten des Arbeitnehmers wird ein Lebensarbeitszeitkonto eingerichtet. Ziel des Lebensarbeitszeitkontos ist die langfristig bezahlte Freistellung des Arbeitnehmers.
2. Das Wertguthaben aus dem Lebensarbeitszeitkonto kann gemäß § 7c SGB IV verwendet werden für gesetzlich geregelte vollständige oder teilweise Freistellung von der Arbeitsleistung, insbesondere für Zeiten
   - einer Pflegezeit im Sinne des § 3 PflegeZG,
   - einer Elternzeit im Sinne des § 15 BEEG,
   - in denen der Arbeitnehmer eine Verringerung seiner vertraglich vereinbarten Arbeitszeit nach § 8 TzBfG verlangen kann.
3. Das Wertguthaben kann ferner verwendet werden für vertraglich vereinbarte vollständige oder teilweise Freistellungen oder vertraglich vereinbarte Verringerungen der Arbeitszeit,
   - die unmittelbar vor dem Zeitpunkt liegen, zu dem der Arbeitnehmer eine Rente wegen Alters nach dem SGB VI bezieht oder beziehen könnte,
   - in denen der Arbeitnehmer an beruflichen Qualifizierungsmaßnahmen teilnimmt,
   - einen Langzeiturlaub/Sabbatical.
4. Jeweils zum Monatsende wird ermittelt, in welchem Umfang der Arbeitnehmer im Vergleich zu den vertraglich vereinbarten 40 Wochenstunden Plusstunden aufgebaut hat (z.B. durch Überstunden-/Mehrarbeit). Zeitzuschläge (z.B. für Sonn- und Feiertagsarbeit, Nacharbeit, Schichtarbeit) werden dem Lebensarbeitszeitkonto zugeführt. Der Arbeitnehmer hat das Recht, dem Lebensarbeitszeitkonto weitere Vergütungsbestandteile zuzuführen, z.B. über den gesetzlichen Urlaub hinausgehenden nicht verbrauchten vertraglichen Urlaub, das Urlaubsgeld sowie Einmal- und Bonuszahlungen.
5. Das Konto wird in Geld geführt. Guthabenzeiten werden in Geld umgerechnet und dem Konto zugeführt. Die Sozialversicherungspflicht sowie die Steuerpflichtigkeit des Wertguthabens richten sich nach den gesetzlichen Bestimmungen.
6. Der Arbeitnehmer wird jeweils zum 31.12. eines jeden Jahres schriftlich über die Höhe seines Guthabens auf dem Lebensarbeitszeitkontos unterrichtet.
7. Der Arbeitgeber sichert das Wertguthaben gegen den Insolvenzfall entsprechend der gesetzlichen Bestimmungen und erbringt dem Arbeitnehmer hierüber regelmäßig einen Nachweis.
8. Im Falle der Beendigung des Arbeitsverhältnisses kann der Arbeitnehmer das Lebensarbeitszeitkonto gemäß § 7f SGB IV übertragen. Alternativ dazu kann eine Auszahlung des angesparten Wertguthabens erfolgen.

G. Selbstbestimmte Arbeitszeitsysteme

I. Definition und Einsatzmöglichkeiten

Charakteristisch für selbstbestimmte (bzw. selbststeuernde) Arbeitszeitsysteme ist, 91 dass einzelnen Arbeitnehmern oder Gruppen von Mitarbeitern die (weitgehend) **eigenverantwortliche Gestaltung** der **Lage/Verteilung** der Arbeitszeit überlassen wird. Der Arbeitgeber verzichtet (größtenteils) auf Weisungen in diesem Zusammenhang, der Arbeitnehmer passt seine individuelle Arbeitszeit selbstbestimmt an die betrieblichen Bedürfnisse an.[68] Typische Erscheinungsformen sind insbesondere die Vertrauensarbeitszeit sowie Ausgestaltungen der Telearbeit.

92 Typisch für selbstbestimmte Arbeitszeitsysteme ist, dass die entsprechenden Freiheiten nicht flächendeckend der gesamten Belegschaft, sondern nur einem kleinen Kreis an Mitarbeitern gewährt werden, deren Aufgaben und Funktion kompatibel mit dem gewonnenen Freiraum sind. **Führungskräfte** und **Außendienstmitarbeiter** zählen häufig zu diesen Belegschaftsteilen.

93 Das **Flexibilisierungspotential** selbstbestimmter Arbeitszeitsysteme ist **sehr hoch**.

II. Vorgaben des ArbZG

94 Der Arbeitgeber muss gemäß § 16 Abs. 2 S. 1 ArbZG jede über acht Stunden an Werktagen hinausgehende Arbeitszeit sowie jegliche Arbeitszeit an Sonn- und Feiertagen **aufzeichnen.**[69] Diese Pflicht besteht auch im Rahmen von selbstbestimmten Arbeitszeitsystemen, wie z.B. bei der Vertrauensarbeitszeit, bei denen der Arbeitgeber bewusst auf eine eigene Zeiterfassung verzichtet. Allerdings kann der Arbeitgeber seine Aufzeichnungspflichten **delegieren.**[70]

95 Die in selbstbestimmten Arbeitszeitsystemen arbeitenden Mitarbeiter müssen deshalb selbst der Aufzeichnungspflicht des § 16 Abs. 2 S. 1 ArbZG nachkommen. Der Arbeitgeber kann sich dann auf eine entsprechende Schulung und eine (stichprobenartige) **Überwachung** beschränken.

III. Arbeitsvertragliche Gestaltungsmöglichkeiten

1. Vertrauensarbeitszeit

96 Die Vertrauensarbeitszeit ist eine Variante der qualifizierten Gleitzeit.[71] Bei der Vertrauensarbeitszeit steht das **Arbeitsergebnis** im Mittelpunkt. Vertraglich ist eine **Regelarbeitszeit** vereinbart, z.B. eine 40-Stunden-Woche. Der Arbeitnehmer bestimmt **eigenverantwortlich** die Lage und Dauer der täglichen Arbeitszeit, erfasst diese und sorgt selbständig für einen Ausgleich, um die vereinbarten Sollstunden zu erreichen.

97 Eine arbeitsvertragliche Regelung zur Vertrauensarbeitszeit könnte lauten:

---

68 Siehe hierzu auch *Hahn*, Flexible Arbeitszeit, S. 215.

69 Rolfs/Giesen/Kreikebohm/Udsching/*Kock*, § 16 ArbZG Rn 3 m.w.N.

70 ErfK/*Wank*, § 16 ArbZG Rn 5.

71 *Hahn*, Flexible Arbeitszeit, S. 216 m.w.N.; Schaub/*Vogelsang*, ArbR-Hb., § 160 Rn 33.

Klauselmuster

1. Die wöchentliche Arbeitszeit beträgt 40 Stunden.
2. Der Arbeitnehmer erbringt seine Arbeitsleistung im Rahmen von Vertrauensarbeitszeit. Er ist deshalb an keine festen Arbeitszeiten gebunden. Er bestimmt die Lage und Dauer seiner täglichen Arbeitszeit im Rahmen der Vorgaben des ArbZG eigenverantwortlich und dokumentiert diese in schriftlicher oder elektronischer Form.
3. Der Arbeitgeber ist berechtigt, dem Arbeitnehmer in begründeten Fällen hiervon abweichende Weisungen hinsichtlich der Arbeitszeit zu erteilen.

Vertrauensarbeitszeit beinhaltet häufig zusätzlich die Möglichkeit, über die verein- 98
barte Regelarbeitszeit hinausgehende Zeiten auf Langzeit-/Lebensarbeitszeitkonten anzusparen.[72]

2. Telearbeit

Bei der Telearbeit handelt es sich um eine vergleichsweise neue Form der Arbeitsor- 99
ganisation.[73] Man fasst darunter sämtliche Arbeitsformen, bei denen der Arbeitnehmer jedenfalls einen Teil seiner Arbeitsleistung **außerhalb des Betriebes** erbringt, typischerweise in seinem häuslichen Umfeld und unter Nutzung moderner Kommunikationsmittel. Teilweise spricht die Praxis auch von Home-Office-Regelungen, Telecommuting oder elektronischer Heimarbeit.

Telearbeit kann mit erheblichen **Vorteilen** für beide Vertragsparteien einher- 100
gehen. Beide Parteien erzielen eine **höhere zeitliche Flexibilität**, der Arbeitnehmer für die bessere Vereinbarkeit von Beruf und Privatleben/Familie, der Arbeitgeber durch flexiblere Einsatzzeiten des Arbeitnehmers. Telearbeit sorgt regelmäßig für eine erhöhte Zufriedenheit und zusätzliche Motivation des Arbeitnehmers, häufig einhergehend mit gesteigerter Arbeitsqualität und Produktivität. Die Fahrtzeiten zum betrieblichen Arbeitsplatz entfallen bzw. werden reduziert; der Arbeitgeber reduziert seine Kosten (z.B. durch die Einsparung von angemieteten Büroflächen).[74]

Allerdings müssen bei der Einführung von Telearbeit die Vorteile gegen die ty- 101
pischen **Nachteile** abgewogen werden. Bei dieser droht die Gefahr, dass der Arbeitnehmer Beruf und Freizeit nicht mehr trennen kann und sich selbst bis hin zum „Burn-out" ausbeutet. Jedenfalls bei reiner Teleheimarbeit kann es zu schlechterer Kommunikation bis hin zur Isolation sowie mangelndem Teamwork kommen. Vertrauliche Informationen sind bei der Telearbeit einem höheren Zugriffsrisiko durch Dritte ausgesetzt. Schließlich kann der Arbeitgeber den Arbeitnehmer schlechter an-

72 Zu Langzeitkonten siehe unter Kap. 3 Rn 84 ff.
73 Zur Telearbeit eingehend Schaub/*Vogelsang*, ArbR-Hb., § 164; Preis/*Preis*, Arbeitsvertrag, II T 20.
74 Preis/*Preis*, Arbeitsvertrag, II T 20 Rn 3 f.

weisen und überwachen, als bei der Arbeitserbringung im Betrieb, eine hohe Eigenständigkeit des Telearbeitnehmers ist somit erforderlich. Es bedarf deshalb genauer Analyse und sorgfältiger Entscheidung, welchen Mitarbeitern auf welchen Arbeitsplätzen Telearbeit ermöglicht wird.[75]

a) Erscheinungsformen der Telearbeit

102 Es gibt im Wesentlichen sechs Arten der Telearbeit:[76]

- **Teleheimarbeit** (permanenter Arbeitsplatz zu Hause),
- **Alternierende Telearbeit** (wechselnder Arbeitsplatz zu Hause sowie im Büro),
- **Mobile Telearbeit** (wechselnde Arbeitsplätze an wechselnden Orten),
- **On-site-Telearbeit** (Telearbeit bei einem Fremdunternehmen vor Ort),
- **Satelliten-/Nachbarschaftsbüro** (für ausgelagerte Betriebsabteilungen, Arbeitsplätze für mehrere Telearbeitnehmer in der Nähe des Wohnorts der Telearbeitnehmer),
- **Teleservicecenter** (wohnortnahes Dienstleistungsangebot für dezentrale Unternehmen).

b) Wichtige rechtliche Aspekte bei der Telearbeit

103 Soweit die Arbeitsleistung auch zu Hause bei dem Arbeitnehmer erbracht werden soll, bedarf es einer ausdrücklichen **vertraglichen Vereinbarung** über die Telearbeit. Das arbeitgeberseitige Direktionsrecht reicht wegen des grundrechtlichen Schutzes der Wohnung (Art. 13 GG) nicht aus, um häusliche Telearbeit einseitig anzuordnen.[77] Der Grundrechtsschutz wird weiterhin relevant, soweit es um das **Zutrittsrecht** des Arbeitgebers zur Wohnung des Arbeitnehmers als Arbeitsort geht.[78] Es empfiehlt sich hierzu jedenfalls eine angemessene vertragliche Abrede.

104 Wird die Arbeitsleistung (auch) zu Hause erbracht, muss die häusliche Arbeitsstätte, ebenso wie der betriebliche Arbeitsplatz bestimmten Anforderungen des **Arbeits- und Gesundheitsschutzes** nach Maßgabe der ArbeitsstättenVO und der BildschirmarbeitsVO genügen. Der Arbeitgeber ist für die Einhaltung bzw. Überwachung verantwortlich.

105 Befindet sich der häusliche Arbeitsplatz in **angemietetem Wohnraum** bedarf es einer Zustimmung des Vermieters, dass er mit der Nutzung der Räumlichkeiten

75 Preis/*Preis*, Arbeitsvertrag, II T 20 Rn 3ff.
76 Schaub/*Vogelsang*, ArbR-Hb., § 164 Rn 3; Preis/*Preis*, Arbeitsvertrag, II T 20 Rn 8ff.
77 Preis/*Preis*, Arbeitsvertrag, II T 20 Rn 30 m.w.N.
78 Schaub/*Vogelsang*, ArbR-Hb., § 164 Rn 28.

als Telearbeitsplatz einverstanden ist. Denn ein Wohnraummietverhältnis deckt diese Nutzung ansonsten nicht ohne weiteres ab.[79]

Es empfiehlt sich, im Rahmen der Telearbeit Regelungen zur **Kostentragung** zu 106
treffen, d.h. wer die (anteiligen) Kosten für den häuslichen Arbeitsplatz und die Arbeitsmittel, die im Interesse des Arbeitgebers verwendet werden, übernimmt. Diese richtet sich grundsätzlich nach der dispositiven Vorschrift des § 670 BGB.[80] Soweit die Parteien keine abweichende vertragliche Vereinbarung treffen, kann der Arbeitnehmer hierfür **Aufwendungsersatz** verlangen, wenn die Telearbeit im Interesse des Arbeitgebers erfolgt. D.h. für die Arbeitsstätte regelmäßig die anteilige ortsübliche Vergleichsmiete abzüglich des (vermieterseitigen) Gewinnanteils sowie pauschaler Erhaltungsaufwendungen.[81]

Praxistipp !

In der Praxis empfiehlt sich die Vereinbarung von Pauschalbeträgen u.a. für die anteiligen Kosten für die Raummiete, Telekommunikation, Strom, Heizung etc., wenn die Telearbeit im Interesse des Arbeitgebers liegt. Arbeitsmittel, wie z.B. Computer/Laptop, Fax, Drucker, Mobiltelefon, Büromittel etc., stellt üblicherweise der Arbeitgeber.

Die Vereinbarung zur Telearbeit sollte im Arbeitgeberinteresse einen **Widerrufs-** 107
vorbehalt bzw. **Regelungen zur Beendigung** enthalten, damit der Arbeitgeber ohne erforderliche Änderungskündigung aus sachlichen Gründen und im Rahmen billigen Ermessens die Telearbeit (einseitig) wieder beenden kann, z.B. wenn aus betrieblichen Gründen wieder eine (vermehrte) Anwesenheit des Arbeitnehmers in den Betriebsräumlichkeiten erforderlich ist.

c) Musterklauseln

Bei der wohl praxisrelevantesten Variante der **alternierenden Telearbeit** könnten 108
die entsprechenden vertraglichen Regelungen wie folgt lauten:[82]

Klauselmuster

1. Die regelmäßige wöchentliche Arbeitszeit beträgt 40 Stunden.
2. Der Arbeitnehmer ist berechtigt, seine Arbeitsleistung an zwei Tagen in der Woche in seiner Wohnung (Home Office) zu erbringen. Die übrigen Tage der Arbeitswoche ist er verpflichtet seine Arbeitsleistung im Betrieb zu erbringen, soweit die Parteien nicht im Einzelfall eine abweichende Vereinbarung treffen.
3. Während der Tätigkeit im Betrieb gelten die betriebsüblichen Arbeitszeiten. Während seiner Tätigkeit im Home Office kann der Arbeitnehmer die Lage und die Dauer seiner täglichen Ar-

---

79 Preis/*Preis*, Arbeitsvertrag, II T 20 Rn 44 m.w.N.

80 MüHdB-ArbR/*Heenen*, § 316 Rn 16 m.w.N.

81 BAG, Urt. v. 14.10.2003 – 9 AZR 657/02 – NZA 2004, 604.

82 Siehe hierzu auch Preis/*Preis*, Arbeitsvertrag, II T 20 Rn 30, 38, 41, 45, 48, 60, 62 und 68.

beitszeit unter Berücksichtigung der betrieblichen Belange eigenverantwortlich festlegen. Er stellt jedoch sicher, dass er während der Kernarbeitszeit von 9:30 Uhr bis 15:30 Uhr zumindest fernmündlich oder per E-Mail erreichbar ist.
4. Seine Arbeitszeit im Home Office erfasst der Arbeitnehmer unter Beachtung der Vorgaben des ArbZG in schriftlicher oder elektronischer Form.
5. Der Arbeitnehmer stellt sicher, dass der Home Office Arbeitsplatz eine angemessene Aufgabenerledigung ermöglicht. Soweit die Räumlichkeiten nicht im Eigentum des Arbeitnehmers stehen weist dieser schriftlich das Einverständnis des Vermieters mit der Nutzung der Räumlichkeiten als Home Office nach. Der Arbeitnehmer informiert den Arbeitgeber über jegliche erheblichen Veränderungen im Hinblick auf den Wohnraum (z.B. Umzug).
6. Der Arbeitgeber stellt dem Arbeitnehmer die notwendigen Arbeitsmittel für den Home Office Arbeitsplatz zur Verfügung (z.B. Laptop, Fax, Drucker, Mobiltelefon, Büromittel). Diese dürfen nur für berufliche Zwecke verwendet werden.
7. Private Büromöbel dürfen verwendet werden, soweit sie den arbeitsschutzrechtlichen Vorgaben entsprechen. Die Nutzung erfolgt auf Kosten und Risiko des Arbeitnehmers.
8. Der Arbeitnehmer erhält für die anteiligen Mietkosten sowie die Energiekosten des Home Office Arbeitsplatzes einen monatlichen Pauschalbetrag in Höhe von [Betrag] €. Der Arbeitgeber erstattet die Kosten eines separaten Telefonanschlusses/Internetzugangs.
9. Der Arbeitnehmer stellt sicher, dass Daten, vertrauliche Informationen und Unterlagen im Home Office vor dem unberechtigten Zugriff Dritter geschützt sind.
10. Der Arbeitgeber hat das Recht, unter Einhaltung einer angemessenen Ankündigungsfrist Zutritt zum Home Office aus sachlichem Grund zu verlangen, z.B. um sich von der Einhaltung der arbeitsschutzrechtlichen Vorschriften zu überzeugen.
11. Beide Parteien können die Home Office Vereinbarung aus sachlichem Grund mit einer Ankündigungsfrist von [z.B. einem Monat] jederzeit widerrufen. Aus wichtigem Grund ist ein Widerruf mit sofortiger Wirkung statthaft. Der Bestand des Arbeitsverhältnisses bleibt hiervon jeweils unberührt.

109 Im Falle von Teleheimarbeit können obige Musterklauseln weitgehend verwendet werden. Bei den übrigen Telearbeitsvarianten bedarf es regelmäßig keiner näheren vertraglichen Regelungen zum häuslichen Arbeitsplatz.

H. Kurzarbeit

I. Definition und Einsatzmöglichkeiten

110 Unter Kurzarbeit versteht man die **vorübergehende Verkürzung** der betriebsüblichen normalen Arbeitszeit. Der betroffene Arbeitnehmer wird in reduziertem zeitlichen Umfang tätig und erhält für die entsprechend entfallende Vergütung das **Kurzarbeitergeld** (staatliche Sozialleistung). Die Reduzierung kann bis zu 100% der Arbeitszeit betragen (sog. „Kurzarbeit Null").

111 Sinn und Zweck der **konjunkturellen Kurzarbeit** ist es, eine **vorübergehende** wirtschaftliche Entlastung des Betriebs durch Absenken der Personalkosten bei gleichzeitigem Erhalt der Arbeitsplätze zu erzielen. Sie steht damit in deutlichen Gegensatz zur betriebsbedingten Kündigung, die einen dauerhaften Arbeitswegfall

erfordert. Der klassischen Kurzarbeit kommt demzufolge eine **Überbrückungsfunktion** zum Ausgleich konjunktureller Schwankungen zu.[83]

Das Gesetz kennt daneben zwei weitere **Sonderformen** der konjunkturellen Kurzarbeit. Arbeitnehmer der Baubranche und anderer Wirtschaftszweige, die (in besonderem Maße) von saisonbedingtem Arbeitsausfall in der Schlechtwetterzeit (1.12.–31.3.) betroffen sind erhalten **Saisonkurzarbeitergeld**. **Transferkurzarbeitergeld** als weitere Sonderform dient der sozialen Abfederung betrieblicher Restrukturierungsmaßnahmen. Dadurch soll u.a. der Transfer in eine neue Beschäftigung gefördert werden. 112

II. Rechtliche Grundlagen

Der Arbeitgeber kann Kurzarbeit nicht einseitig aufgrund seines Direktionsrechtes anordnen.[84] Es bedarf dazu vielmehr einer **vertraglichen Grundlage**. Neben Tarifverträgen und Betriebsvereinbarungen sind insbesondere arbeitsvertragliche Vereinbarungen üblich. 113

Änderungskündigungen sind in der Praxis kein probates Mittel zur Einführung von konjunktureller Kurzarbeit. Neben die strengen Voraussetzungen, unter denen eine Änderungskündigung – ausgehend davon, dass das KSchG anwendbar ist – überhaupt statthaft ist, tritt der notwendige Ablauf der individuellen Kündigungsfrist, nach dem die vorgesehene Anpassung des Arbeitsvertrages überhaupt erst wirksam wird. Dieser Aspekt lässt eine Änderungskündigung in diesem Zusammenhang unpraktikabel werden.[85] 114

Bei einer beabsichtigten Massenentlassung räumt § 19 KSchG dem Arbeitgeber eine besondere Befugnis zur Anordnung von Kurzarbeit ein. 115

III. Kurzarbeitergeld

Die gesetzlichen Regelungen zum konjunkturellen Kurzarbeitergeld finden sich in den §§ 95 ff. SGB III. Ein Anspruch darauf setzt voraus, dass ein erheblicher Arbeitsausfall mit Entgeltausfall vorliegt, die betrieblichen und persönlichen Voraussetzungen erfüllt sind und der Arbeitsausfall der Agentur für Arbeit angezeigt wurde. Gemäß § 105 SGB III beträgt das Kurzarbeitergeld 60% der Nettoentgeltdifferenz im 116

83 Vgl. *Simon/Rein*, AuA 2013, 455.
84 BAG, Urt. v. 10.10.2006 – 1 AZR 811/05 – NZA 2007, 637; ErfK/*Preis*, § 611 BGB Rn 657.
85 Grobys/Panzer/*Panzer-Heemeier*, Nr. 107 Kurzarbeit Rn 6.

Anspruchszeitraum bzw. 67% bei Arbeitnehmern mit Kindern. Die Bezugsdauer beläuft sich auf 6 bis zu 24 Monate.[86]

117 Das Saisonkurzarbeitergeld ist in §§ 101f. SGB III und das Transferkurzarbeitergeld in §§ 110f. SGB III geregelt.

IV. Arbeitsvertragliche Gestaltungsmöglichkeiten

118 Die Berechtigung zur Anordnung von Kurzarbeit kann entweder bereits als Standardklausel im Arbeitsvertrag enthalten sein, oder in der konkreten Situation als Nachtrag zum Arbeitsvertrag vereinbart werden.[87]

! **Praxistipp**
Da Abreden über Kurzarbeit erfahrungsgemäß in der konkreten Krisensituation nur unter erheblichem organisatorischen Aufwand erzielt werden können und die Arbeitnehmer dann zu einer entsprechenden Vereinbarung in Ansehung der Vergütungseinbußen typischerweise weniger bereit sind ist zu empfehlen, eine Kurzarbeitsklausel bereits als Standardklausel in den Arbeitsvertrag aufzunehmen.

119 Die arbeitsvertragliche Klausel muss als regelmäßig vorformulierte Regelung (AGB) der Inhaltskontrolle gemäß den §§ 307ff. BGB standhalten. Dabei verstößt die einschränkungslose Befugnis zur arbeitgeberseitigen Anordnung von Kurzarbeit gegen § 307 BGB und wäre unwirksam.[88]

120 Nicht wirksam ist demzufolge die nachfolgende Klausel, die sich immer noch in vielen (insbesondere älteren) Arbeitsverträgen findet:

! **Fettnapf**
Der Arbeitgeber ist berechtigt, bei Bedarf Kurzarbeit anzuordnen.

121 Nach herrschender Meinung muss eine wirksame Kurzarbeitsklausel die Einführung von dem Vorliegen der Gewährung von **Kurzarbeitergeld** abhängig machen und eine angemessene **Ankündigungsfrist** vorsehen.[89]

122 Denkbar sind demzufolge die nachfolgenden Musterklauseln:[90]

---

86 Für 2014 wurde die maximale Bezugsdauer seitens des Bundesministeriums für Arbeit und Soziales durch Verordnung auf 12 Monate festgelegt.

87 Grobys/Panzer/*Panzer-Heemeier*, Nr. 107 Kurzarbeit Rn 5.

88 *Simon/Rein*, AuA 2013, 455, 458.

89 Vgl. *Simon/Rein*, AuA 2013, 455, 458, die für eine Ankündigungsfrist von mindestens 2 Wochen plädieren; *Bauer/Günther*, BB 2009, 662, 664f.: 3 Wochen.

90 Siehe *Simon/Rein*, AuA 2013, 455, 458; Preis/*Preis/Lindemann*, Arbeitsvertrag, II A 90 Vor Rn 79; *Bauer/Günther*, BB 2009, 662, 665; a.A. jedoch LAG Berlin-Brandenburg, Urt. v. 7.10.2010 – 2 Sa 1230/10 – NZA-RR 2011, 65, demzufolge noch weitergehende Begrenzungen in der Klausel enthalten

Klauselmuster

- Der Arbeitgeber darf Kurzarbeit anordnen, wenn die Voraussetzungen für die Gewährung von Kurzarbeitergeld gegeben sind. Es ist eine Ankündigungsfrist von zwei Wochen zu wahren.
  oder
- Sofern ein erheblicher Arbeitsausfall vorliegt, der auf wirtschaftlichen Gründen oder einem unabwendbaren Ereignis beruht und dieser Arbeitsausfall der Agentur für Arbeit angezeigt ist, ist der Arbeitgeber berechtigt, Kurzarbeit anzuordnen. Während der Kurzarbeit verringert sich die vertragliche Vergütung im entsprechenden Verhältnis zur ausgefallenen Arbeitszeit. Der Arbeitnehmer erhält Kurzarbeitergeld nach Maßgabe der §§ 95ff. SGB III. Bei der Anordnung von Kurzarbeit ist eine Ankündigungsfrist von drei Wochen zu wahren.

Die konkrete Anordnung von Kurzarbeit muss **billigem Ermessen** entsprechen und 123
bedarf deshalb im Einzelfall der Abwägung der Arbeitgeber- mit den individuellen Arbeitnehmerinteressen.[91]

Zum Zwecke der Milderung der nachteiligen finanziellen Folgen für den Arbeit- 124
nehmer gewähren Arbeitgeber in der Praxis häufig einen **Zuschuss** zum Kurzarbeitergeld. Dadurch sollen in der Regel zwischen 70 bis 100% des Nettoarbeitsentgelts während der Kurzarbeit gesichert werden.[92]

Klauselmuster

[...]

Der Arbeitnehmer erhält einen Arbeitgeber-Zuschuss zum Kurzarbeitergeld. Der Zuschuss wird dergestalt bemessen, als dass er zusammen mit dem infolge des Arbeitsausfalls verminderten Nettoarbeitsentgelt zuzüglich des Kurzarbeitergeldes 80% des Nettoarbeitsentgelts beträgt, das der Arbeitnehmer ohne Kurzarbeit im jeweiligen Abrechnungszeitraum erzielt hätte.

I. Schichtarbeit

I. Definition und Einsatzmöglichkeiten

Nach Auffassung des BAG ist für Schichtarbeit prägend, dass eine bestimmte Ar- 125
beitsaufgabe für einen erheblich längeren Zeitraum als die wirkliche Arbeitszeit eines Mitarbeiters hinaus anfällt und daher von mehreren Arbeitnehmern oder Arbeitnehmergruppen in einer geregelten zeitlichen Reihenfolge, teilweise auch außerhalb der allgemein üblichen Arbeitszeit, erbracht wird.[93] Bei der Schichtarbeit arbeiten nicht sämtliche Beschäftigten eines Betriebes zur gleichen Zeit, sondern ein

sein müssten, u.a. im Hinblick auf den Umfang, das Ausmaß der Kurzarbeit sowie den betroffenen betrieblichen Personenkreis.

91 Vgl. dazu Gagel/*Bieback*, § 95 SGB III Rn 137.

92 Vgl. Gagel/*Bieback*, § 95 SGB III Rn 144.

93 BAG, Urt. v. 18.7.1990 – 4 AZR 295/89.

Teil arbeitet während der arbeitsfreien Phasen des anderen Teils; beide bzw. mehrere Arbeitnehmergruppen lösen sich regelmäßig nach einem feststehenden und überschaubaren Plan ab.[94]

126 In der betrieblichen Praxis finden sich zahlreiche Erscheinungsformen von Schichtarbeit.[95] Hierzu zählen insbesondere die klassischen **Zwei- und Drei-Schicht-Modelle** (d.h. mit Früh- und Spätschicht bzw. Früh-, Spät- und Nachtschicht), aber auch Mehrschicht- (z.B. Vier- bzw. Fünfschichtbetrieb), Wochenendschichtmodelle oder flexible Schichtgestaltungen. Des Weiteren kann Schichtarbeit mit Gleitzeit kombiniert werden, indem das Ein-/Ausgleiten zu Beginn bzw. dem Ende der Schicht z.B. mit einem Zeitfenster von 15 Minuten gestattet wird.[96] Nach der Art der Durchführung unterscheidet man weiterhin permanente **Schicht- sowie Wechselschichtsysteme**. Bei ersteren ist der jeweilige Arbeitnehmer einer festen Schicht zugeteilt, während bei der letztgenannten Ausgestaltung ein Wechsel in eine andere Schicht im Wochen- oder Monatsturnus üblich ist.

127 Schichtarbeit empfiehlt sich insbesondere für Betriebe, die eine **lange Kapazitätsnutzung** (z.B. Maschinenlaufzeiten etc.) benötigen. Durch Schichtarbeit können Betriebszeiten von werktäglich 16 Stunden (bei Zwei-Schicht) bis hin zu vollkontinuierlich 24 Stunden an 7 Tagen (bei Vier- bzw. Fünfschicht) ermöglicht werden. Das Flexibilisierungspotential der Schichtarbeit selbst ist hingegen eher gering. Das (Mehr-)Schichtsystem als solches ist starr, Flexibilisierungen können jedoch durch die Kombination mit anderen Flexibilisierungsinstrumenten erreicht werden, z.B. Gleitzeit oder Freischichten.[97]

II. Ausgestaltung und Grenzen der Schichtarbeit

128 Die Beantwortung der Frage, ob ohne tarifliche Ermächtigung bzw. ohne entsprechende Befugnis in einer Betriebsvereinbarung oder im Arbeitsvertrag der Arbeitgeber einseitig kraft Direktionsrecht Schichtarbeit anordnen kann, ist umstritten. Nach zutreffender, wohl **herrschender Meinung** ist die **Einführung** von Schichtarbeit bzw. die Zuweisung von Schichtarbeit **kraft Direktionsrechts** nach § 106 GewO **statthaft**, soweit die Lage der Arbeitszeit arbeitsvertraglich nicht abweichend festgelegt ist.[98] Nicht möglich ist dagegen nach zutreffender Auffassung regelmäßig die Weisung kraft Direktionsrechts ohne entsprechende (z.B. vertragliche) Ermäch-

---

94 BAG, Urt. v. 18.7.1990 – 4 AZR 295/89 m.w.N.

95 Vgl. *Hahn*, Flexible Arbeitszeit, S. 189.

96 Vgl. *Hahn*, Flexible Arbeitszeit, S. 190.

97 Bei sog. Freischichtsystemen wird zum Ausgleich zusätzlich angefallener Arbeitsstunden Freizeit in Form von „Freischichten" gewährt, siehe hierzu *Hahn*, Flexible Arbeitszeit, S. 193 ff.

98 Siehe *Hahn*, Flexible Arbeitszeit, S. 188 m.w.N.

tigungsregelung, in Nachtschicht tätig zu werden.[99] Somit ist zu empfehlen, eine arbeitsvertragliche Klausel zur Anordnung von Schichtarbeit in den Regelungen zur Arbeitszeit aufzunehmen.

Im Zusammenhang mit **Nachtschichtarbeit** ist **§ 6 ArbZG** zu beachten, der Beschränkungen zugunsten sowie Rechte der Nacht(-schicht)-arbeitnehmer enthält. **Nachtzeit** im Sinne des ArbZG ist die Zeit von 23 bis 6 Uhr, in Bäckereien und Konditoreien von 22 bis 5 Uhr, § 2 Abs. 3 ArbZG. **Nachtarbeit** ist jede Arbeit, die mehr als zwei Stunden Nachtzeit umfasst, § 2 Abs. 4 ArbZG. Eine gesetzliche Definition des **Nachtarbeitnehmers** findet sich in § 2 Abs. 5 ArbZG. Demzufolge ist Nachtarbeitnehmer derjenige, der aufgrund seiner Arbeitszeitgestaltung normalerweise Nachtarbeit in Wechselschicht, oder an mindestens 48 Tagen im Kalenderjahr Nachtarbeit leistet. Diese Einschränkungen stellen sicher, dass nicht jeder Arbeitnehmer, der vereinzelt Nachtarbeit erbringt, der Schutzvorschrift des § 6 ArbZG unterfällt. 129

§ 6 ArbZG beinhaltet für Nachtarbeitnehmer weitere Beschränkungen hinsichtlich des Umfangs der täglichen Arbeitszeit im Vergleich zu § 3 ArbZG, einen Anspruch auf regelmäßige arbeitsmedizinische Untersuchungen, einen Versetzungsanspruch auf einen Tagesarbeitsplatz unter gewissen Voraussetzungen sowie einen besonderen **Ausgleichsanspruch** für die Arbeitszeit während der Nachtzeit: Soweit keine tarifvertraglichen Ausgleichsregelungen bestehen, hat der Arbeitgeber dem Nachtarbeitnehmer für die während der Nachtzeit geleisteten Arbeitsstunden eine angemessene Zahl bezahlter **freier Tage** oder einen angemessenen **Zuschlag** auf das ihm hierfür zustehende Bruttoarbeitsentgelt zu gewähren, § 6 Abs. 5 ArbZG. Der Arbeitgeber hat ein Wahlrecht zwischen den beiden Möglichkeiten.[100] 130

Der Ausgleich in Freizeit bzw. der Zuschlag für die Nachtarbeitsstunden muss angemessen sein. Einen Anhaltspunkt hierfür geben die bestehenden tarifvertraglichen Regelungen in den unterschiedlichen Branchen, die für Nachtarbeit Zuschläge in einer Bandbreite von 10% bis 100% vorsehen, wobei der **Durchschnitt** bei ca. **25%** liegt.[101] 131

Da Schichtarbeit auch außerhalb der Nachtzeit mit einer gesteigerten physischen und psychischen Beanspruchung einhergeht, insbesondere bei Wechselschicht, sind **Zulagen bzw. Zuschläge** hier generell üblich, aber nicht verpflichtend gesetzlich vorgesehen.[102] 132

---

99 Vgl. *Hahn*, Flexible Arbeitszeit, S. 188: Ausnahmen können bestehen, wenn sich die Berechtigung zur Anordnung von Nachtschicht aus der Natur der übernommenen Aufgabe ergibt.

100 *Baeck/Deutsch*, § 6 ArbZG Rn 83 f.

101 *Baeck/Deutsch*, § 6 ArbZG Rn 85 m.w.N.: Im Rettungsdienst kann ein Nachtzuschlag i.H.v. 10% angemessen sein, wenn in die Arbeitszeit vielfach auch Arbeitsbereitschaft fällt. Damit vergleichbar finden sich im Bewachungsgewebe tarifliche Zuschläge im Umfang von 10% bis 12%. Im Bereich Chemie gelten tarifliche Zuschläge i.H.v. 15%. Den höchsten Zuschlag sehen die Tarifregelungen in der Wohnungswirtschaft mit 100% vor.

102 Vgl. hierzu etwa § 8 Abs. 5 u. 6 TVöD: bei ständiger Schicht- bzw. Wechselschichtarbeit: Schicht- bzw. Wechselschichtzulage i.H.v. 40,– € bzw. 105,– € im Monat, bei nicht ständiger Schicht- bzw.

III. Arbeitsvertragliche Gestaltungsmöglichkeiten

133 Im Gegensatz zu detaillierten kollektivrechtlichen Bestimmungen in Tarifverträgen oder Betriebsvereinbarungen zum Thema Schichtarbeit sind die Schichtarbeitsklauseln in Arbeitsverträgen im Regelfall knapp bemessen. Die Ausgestaltung der Schichtarbeit erfolgt dann kraft Direktionsrechts.

134 Typische Regelungen zur Schichtarbeit im Arbeitsvertrag lauten:

Klauselmuster
- Der Arbeitnehmer ist im Rahmen dienstlicher/betrieblicher Erfordernisse zur Ableistung von Nacht-, Schicht- und Wechselschichtarbeit verpflichtet.
  oder
- Die regelmäßige betriebliche Arbeitszeit beträgt 38,5 Stunden. Sie verteilt sich in der Regel auf den Zeitraum Montag bis Freitag von [Uhrzeit] bis [Uhrzeit] Uhr. Der Arbeitnehmer erklärt sich darüber hinaus dazu bereit, seine Arbeitsleistung stattdessen auch in Wechsel- oder Nachtschicht zu erbringen. Es gilt dafür eine Ankündigungsfrist von vier Wochen.

---

135 Sofern **Schicht-/Wechselschichtzulagen** sowie **Nachtarbeitszuschläge** explizit vertraglich vereinbart werden sollen, wären folgende Regelungen möglich:

Klauselmuster
- Die Schichtzulage in Höhe von 0,60 € pro Stunde wird für alle in Schichtarbeit erbrachten Arbeitsstunden gezahlt. Bei Wechselschicht beträgt die Zulage 1,00 € pro in Wechselschicht gearbeiteter Stunde.
  oder
- In der Nachtschicht wird ein gesonderter Nachtschichtzuschlag in Höhe von 25% für jede Arbeitsstunde Nachtarbeit gezahlt.

J. Besondere Teilzeitgestaltungen

I. Definition und Einsatzmöglichkeiten

136 Die Flexibilisierung durch Teilzeitarbeit liegt bereits darin, dass ein Vollzeitarbeitsplatz in mehrere Teilzeitarbeitsverhältnisse aufgeteilt werden kann bzw. betriebliche Arbeitsaufgaben auf mehrere Teilzeitarbeitnehmer und somit „mehrere Köpfe" verteilt werden können, die ihre Arbeitsleistung dann entweder gleichzeitig, oder zu unterschiedlichen Zeiten erbringen.

Wechselschichtarbeit: Schicht- bzw. Wechselschichtzulage i.H.v. 0,24 € bzw. 0,63 € pro Stunde, sowie Nachtarbeitszuschlag i.H.v. 20%, vgl. § 8 Abs. 1 S. 2b) TVöD.

Betrachtet werden im Folgenden darüber hinausgehende **besondere Teilzeitgestaltungen**. Diese beinhalten zusätzliche Flexibilisierungskomponenten. 137

II. Arbeitsvertragliche Gestaltungsmöglichkeiten

1. Job-Sharing

Beim sog. Job-Sharing (**Arbeitsplatzteilung**) handelt es sich um ein gesetzlich geregeltes Arbeitszeitmodell, vgl. § 13 TzBfG. Job-Sharing liegt vor, wenn der Arbeitgeber mit **zwei oder mehr Arbeitnehmern** vereinbart, dass sich diese die Arbeitszeit an einem Arbeitsplatz teilen.[103] 138

Prägend für dieses Modell ist, dass die Arbeitnehmer im Sharing-System untereinander ihre Arbeitszeit im Verhältnis zum Arbeitgeber **eigenverantwortlich** festlegen können.[104] Sie verfügen insofern über eine **begrenzte Zeitsouveränität**. Der Vorteil für den Arbeitgeber liegt dabei in **geringerem Organisationsaufwand**.[105] Den ihrerseits erstellten Arbeitsplan müssen die Job-Sharer dem Arbeitgeber rechtzeitig zur Kenntnis bringen. Denkbar ist z.B. eine Aufteilung der Arbeitszeit dergestalt, dass die Arbeitnehmer im Sharing-Modell ihre Arbeitsleistung nacheinander am selben Arbeitsplatz erbringen, oder sich im Wochen- oder Monatsturnus abwechseln.[106] Nur wenn zwischen ihnen keine Einigung zustande kommt, greift diesbezüglich das Direktionsrecht des Arbeitgebers.[107] 139

a) Rechtliche Rahmenbedingungen

Der Arbeitgeber kann Job-Sharing nicht im Wege seines Direktionsrechts anordnen; es bedarf hierfür einer **vertraglichen Vereinbarung** jeweils zwischen dem Arbeitgeber und dem einzelnen Arbeitnehmer.[108] Zwischen den Job-Sharern hingegen bestehen keine vertraglichen Beziehungen. Dies grenzt das Job-Sharing vom sog. Job-Pairing ab, bei dem sich eine „Eigengruppe" aus Mitarbeitern in Form einer Gesellschaft bürgerlichen Rechts im Sinne der §§ 705ff. BGB zusammenschließt und dem 140

---

103 ErfK/*Preis*, § 13 TzBfG Rn 1.
104 ErfK/*Preis*, § 13 TzBfG Rn 3.
105 *Hahn*, Flexible Arbeitszeit, S. 203; a.A. insoweit Liebers/*Hahn*, Formularbuch Fachanwalt ArbR, F II.1. Rn 98: Trotz der grundsätzlichen Vorteile findet das Job-Sharing in der betrieblichen Praxis nur selten Anwendung. Der Arbeitgeber gebe seine Planungshoheit nur ungern aus der Hand; das Job-Sharing könne zudem einen erhöhten Kommunikations- und Zeitaufwand erfordern.
106 ErfK/*Preis*, § 13 TzBfG Rn 3.
107 Schaub/*Linck*, ArbR-Hb., § 43 Rn 22 m.w.N.
108 ErfK/*Preis*, § 13 TzBfG Rn 6 m.w.N.

Arbeitgeber gegenüber verpflichtet ist, eine gemeinsame Arbeitsleistung zu erbringen.[109]

141 Bei **Verhinderung** des einen Arbeitnehmers (z.B. wegen Urlaubs oder Arbeitsunfähigkeit) schuldet der andere Mitarbeiter im Rahmen des Job-Sharings nur aufgrund gesonderter Vereinbarung **im Einzelfall** dessen **Vertretung**, oder bei Vorliegen **dringender betrieblicher Gründe**, wenn der Arbeitsvertrag insofern die Vertretung generell vorsieht und diese im Einzelfall zumutbar ist, § 13 Abs. 1 S. 2 und 3 TzBfG.

142 § 13 Abs. 2 TzBfG enthält eine Regelung zum **Kündigungsschutz** der Arbeitnehmer beim Job-Sharing. Demzufolge kann das Arbeitsverhältnis des einen Arbeitnehmers (grundsätzlich) nicht deshalb (beendigungs-)gekündigt werden, weil der andere Mitarbeiter aus dem Arbeitsverhältnis ausscheidet. Zulässig ist indes eine Änderungskündigung bzw. eine Kündigung nach allgemeinen Grundsätzen.[110]

b) Musterklauseln

143 Eine arbeitsvertragliche Regelung zum Job-Sharing könnte in den maßgeblichen Teilen wie folgt lauten:[111]

Klauselmuster

1. Der Arbeitnehmer wird im Job-Sharing-Modell (Arbeitsplatzteilung) tätig.
2. Die regelmäßige Arbeitszeit beträgt [Anzahl] Stunden wöchentlich.
3. Der Arbeitnehmer besetzt im Rahmen der betriebsüblichen Arbeitszeiten den zugewiesenen Arbeitsplatz in näherer Abstimmung mit seinem Job-Sharing-Partner. Eine gleichzeitige Arbeitstätigkeit beider Job-Sharing-Partner ist nicht statthaft.
4. Im Falle der Verhinderung eines Job-Sharing-Partners (z.B. bei Urlaub oder Krankheit) sorgt der Arbeitgeber für eine Vertretung. Mit Einverständnis des Arbeitnehmers kann dieser die Vertretung seines Job-Sharing-Partners übernehmen. Soweit dringende betriebliche Gründe vorliegen, kann der Arbeitgeber vom Arbeitnehmer die Vertretung seines Job-Sharing-Partners verlangen, soweit ihm dies zumutbar ist. Die Zeiten, die der Arbeitnehmer im Vertretungsfall für seinen Job-Sharing-Partner tätig ist, werden als zuschlagspflichtige Mehrarbeit gesondert vergütet.
5. Die Job-Sharing-Partner stimmen sich über die Aufteilung der Arbeitszeit ab und informieren den Arbeitgeber spätestens am 20. eines Monats über den getroffenen Arbeitszeitplan für den Folgemonat. Der Arbeitgeber kann der Aufteilung aus dringenden betrieblichen Gründen binnen drei Arbeitstagen widersprechen. Soweit sich die Job-Sharing-Partner nicht jeweils fristgerecht auf eine Aufteilung der Arbeitszeit verständigen können, regelt der Arbeitgeber die Auf-

---

109 Vgl. hierzu *Hahn*, Flexible Arbeitszeit, S. 198.

110 APS/*Greiner*, § 13 TzBfG Rn 6 f.: Zu denken ist z.B. an Fälle, in denen der Arbeitgeber das Modell „Arbeitsplatzteilung“ daraufhin aufgibt oder anderweitige Beschäftigungsmöglichkeiten für die verbliebenen Job-Sharer im bestehenden System fehlen.

111 Siehe hierzu auch Liebers/*Hahn*, Formularbuch Fachanwalt ArbR, F II.1. Rn 99; Hümmerich/Lücke/Mauer/*Wisswede*, Kap. 1, 11. Muster.

teilung für den Folgemonat kraft Direktionsrechts. Die Arbeitszeit muss stets dergestalt aufgeteilt werden, dass die Job-Sharing-Partner in einem Zeitraum von sechs Monaten ihre regelmäßige wöchentliche Arbeitszeit erreichen.
6. Die Urlaubsplanung des Arbeitnehmers erfolgt unter Berücksichtigung der betrieblichen Bedürfnisse in Abstimmung mit den Wünschen und berechtigten Interessen des Job-Sharing-Partners. Eine gleichzeitige Urlaubsnahme ist unzulässig.

2. Altersteilzeit

Altersteilzeit bezweckt den vereinfachten, vorzeitigen und **gleitenden Übergang** 144 älterer Arbeitnehmer in den **Ruhestand**. Altersteilzeit wird als sog. **Kontinuitäts- oder Blockmodell** durchgeführt, d.h. im ersteren Fall mittels **laufender Teilzeitarbeit** und im zweiten Fall mit einer **Arbeits- sowie einer Freistellungsphase**. Die Altersteilzeit ist im ATG detailliert geregelt.

Besonders attraktiv war die Altersteilzeit wegen der **doppelten staatlichen** 145 **Förderung**. Zum einen erhielten Arbeitgeber, die auf dem freigewordenen Arbeitsplatz einen Arbeitslosen oder einen Auszubildenden nach Abschluss der Ausbildung einstellten, Förderleistungen der Bundesagentur für Arbeit (vgl. § 4 ATG). Zum anderen konnten die **Aufstockungsleistungen** (§ 3 Abs. 1 ATG) **steuer- und damit beitragsfrei** in der Sozialversicherung gezahlt werden.

Die erstgenannte Förderung läuft Ende 2015 aus und wird nur noch gewährt, 146 wenn mit der Altersteilzeit spätestens am 31.12.2009 begonnen wurde. Das **Steuer- bzw. Sozialversicherungsprivileg bleibt** indes **erhalten**, auch für diejenigen, die ab dem 1.1.2010 mit der Altersteilzeit beginnen. Erforderlich ist dafür jedoch, dass mit Ausnahme der Wiederbesetzung des Arbeitsplatzes sämtliche **Voraussetzungen der Altersteilzeit** nach dem ATG vorliegen, d.h. (1) ein Alter des Arbeitnehmers von mindestens 55 Jahren, (2) die Reduzierung der Arbeitszeit auf die Hälfte der bisherigen wöchentlichen Arbeitszeit, (3) die Zulässigkeit der Verteilung der hälftigen Arbeitszeit für die Gesamtdauer der Altersteilzeitarbeit, (4) mindestens 1080 Kalendertage Vorbeschäftigungszeit innerhalb der letzten fünf Jahre vor Beginn der Altersteilzeit, (5) die Zahlung des Aufstockungsbetrages zum Regelarbeitsentgelt sowie (6) des zusätzlichen Rentenversicherungsbeitrages in der gesetzlichen Mindesthöhe, vgl. § 1 Abs. 3 S. 2 ATG.[112]

Altersteilzeit bedarf einer gesonderten **Vereinbarung** mit dem Arbeitnehmer. 147

Praxistipp !

Soll Altersteilzeit im Blockmodell vereinbart werden, sind die Vorgaben des § 2 Abs. 2 ATG zu beachten.

112 ErfK/*Rolfs*, § 1 ATG Rn 2.

148 Für die in der Praxis favorisierte Variante der **Altersteilzeit im Blockmodell** könnten folgenden Vertragsklauseln Verwendung finden:[113]

Klauselmuster

1. Das zwischen den Parteien bestehende Arbeitsverhältnis wird nach Maßgabe der folgenden Regelungen ab dem [Datum] als Altersteilzeitarbeitsverhältnis fortgeführt. Im Übrigen gilt der Arbeitsvertrag vom [Datum].
2. Die Arbeitszeit des Arbeitnehmers verringert sich mit Wirkung zum [Datum] um die Hälfte auf [z.B. 20] Wochenstunden (Altersteilzeit).
3. Die Arbeitszeit wird in der ersten Hälfte (d.h. vom ... bis ...) des Altersteilzeitverhältnisses abgeleistet, d.h. der Arbeitnehmer erbringt seine volle Arbeitsleistung von [z.B. 40] Stunden (Arbeitsphase). Im Anschluss daran (d.h. vom ... bis ...) wird der Arbeitnehmer in der zweiten Hälfte des Altersteilzeitverhältnisses unter Fortzahlung der vereinbarten Vergütung von der Pflicht zur Erbringung der Arbeitsleistung freigestellt (Freistellungsphase).
4. Der Arbeitgeber wird das vom Arbeitnehmer in der Arbeitsphase erarbeitete Wertguthaben sowie den darauf entfallenden Arbeitgeberanteil am Gesamtsozialversicherungsbeitrag in geeigneter Weise gegen Insolvenz absichern.
5. Der Arbeitnehmer erhält während des Altersteilzeitverhältnisses eine monatliche Bruttovergütung in Höhe von [Betrag] €. Das Arbeitsentgelt wird unabhängig von der Verteilung der Arbeitszeit auch während der Freistellungsphase gezahlt.
6. Der Arbeitgeber zahlt zusätzlich zur Vergütung nach Ziffer 5. einen Aufstockungsbetrag in Höhe von 20% des Regelarbeitsentgelts im Sinne des § 6 ATG.
7. Der Arbeitgeber zahlt zusätzlich für den Arbeitnehmer die Beiträge zur gesetzlichen Rentenversicherung gemäß § 3 Abs. 1 Nr. 1b ATG.
8. Der Arbeitnehmer wird am [Datum] die gesetzliche Regelaltersrente beziehen. Die Parteien sind sich daher einig, dass das zwischen ihnen bestehende Altersteilzeitarbeitsverhältnis mit Wirkung zum [Datum] endet, ohne dass es einer Kündigung bedarf. Ungeachtet dessen kann das Altersteilzeitverhältnis von beiden Parteien weiterhin ordentlich gekündigt werden.

K. Arbeitsbereitschaft/Bereitschaftsdienst/Rufbereitschaft

I. Definition und Einsatzmöglichkeiten

149 Zwischen der **Vollarbeit** (§§ 2, 3 ArbZG) als höchster Form der körperlichen bzw. geistigen Inanspruchnahme sowie der **Ruhezeit** (§ 5 ArbZG), die gleichzusetzen ist mit keinerlei Inanspruchnahme, existieren in der betrieblichen Praxis weitere abgestufte Zwischenformen. Literatur und Rechtsprechung unterscheiden hierbei die **Arbeitsbereitschaft**, den **Bereitschaftsdienst** sowie die **Rufbereitschaft**. Die jeweiligen Übergänge sind indes fließend.

150 Das Flexibilisierungspotential und der Sinn und Zweck vorgenannter Arbeitszeitformen liegt insbesondere darin, dass der Arbeitgeber dadurch die Zeit zwischen

113 Vgl. hierzu Liebers/*Bitsch*, Formularbuch, S. 312ff., S. 317ff.; Schaub/Schrader/Straube/Vogelsang/*Schrader*/*Klagges*, Formular- und Verfahrenshandbuch, S. 116ff.

zwei Vollarbeitsphasen überbrücken und besonderen betrieblichen Bedürfnissen gerecht werden kann. Die Zwischenformen haben weiterhin den Vorteil, dass sie entweder arbeitszeit- und/oder vergütungsrechtlich nicht als „Arbeitszeit" gelten.

Ob Arbeitsbereitschaft, Bereitschaftsdienst und Rufbereitschaft einseitig per Di- 151
rektionsrecht ohne entsprechende Vereinbarung angeordnet werden kann ist zweifelhaft. Zumindest wenn damit eine Verlängerung des üblichen Arbeitszeitrahmens oder Vergütungseinbußen gegenüber der Vollarbeit einhergehen, muss dies verneint werden. In der betrieblichen Praxis sind entweder tarifliche oder arbeitsvertragliche Regelungen zur Arbeitsbereitschaft, dem Bereitschaftsdienst oder zur Rufbereitschaft üblich, falls diese in Ansehung der betrieblichen Bedürfnisse anfallen können.

1. Arbeitsbereitschaft

Das BAG definiert die Arbeitsbereitschaft als „Zeit wacher Achtsamkeit im Zustand 152
der Entspannung".[114] In der Literatur wird teilweise von einem „Bereithalten zur Arbeitstätigkeit, um ggf. von sich aus tätig zu werden" gesprochen.[115] Die Arbeitsbereitschaft unterscheidet sich von der Vollarbeit dadurch, dass eine geringere Stufe der Leistungsbereitschaft und Beanspruchung vorliegt.[116] Sie ist die intensivste der drei Formen des „Bereithaltens" zur Arbeitsleistung.

Die Arbeitsbereitschaft muss nicht zusammenhängend auftreten. Außer Be- 153
tracht bleiben jedoch „Splitterzeiten" mit einer Dauer von wenigen Minuten, die keine relevante Entspannung ermöglichen und deshalb als Vollarbeit gelten. Es kommt dabei auf die konkrete Art der Tätigkeit an, bis zu welcher Zeitdauer eine Wartezeit als unbeachtliche „Splitterzeit" zu bewerten ist.[117]

Beispiel
Bei Rettungssanitätern liegt Arbeitsbereitschaft und nicht Arbeitszeit vor, wenn zwischen den einzelnen Einsätzen Wartezeiten von mindestens 10-minütiger Dauer bestehen.[118]

Von praktischer Bedeutung ist u.a. die Möglichkeit, nach § 7 Abs. 1 Nr. 1a) ArbZG, 154
abweichend von § 3 ArbZG die Arbeitszeit über 10 Stunden werktäglich zu verlängern, wenn in die Arbeitszeit regelmäßig und in erheblichem Umfang Arbeitsbereit-

---

114 BAG, Urt. v. 11.7.2006 – 9 AZR 519/05 – NZA 2007, 155; BAG, Urt. v. 9.3.2005 – 5 AZR 385/02 – NZA 2005, 1016.
115 Siehe ErfK/*Wank*, § 2 ArbZG Rn 21 m.w.N.
116 *Anzinger/Koberski*, § 2 ArbZG Rn 42.
117 Vgl. BAG, Urt. v. 9.3.2005 – 5 AZR 385/02 – NZA 2005, 1016.
118 Vgl. BAG, Urt. v. 9.3.2005 – 5 AZR 385/02 – NZA 2005, 1016.

schaft (oder Bereitschaftsdienst) fällt. Allerdings bedarf es dazu einer **tarifvertraglichen** Regelung, eine arbeitsvertragliche Abrede allein reicht dafür nicht aus.

2. Bereitschaftsdienst

155 Der Bereitschaftsdienst ist im Hinblick auf die Intensität und Einschränkung der Handlungsfreiheit des Arbeitnehmers die zweithöchste Stufe der Zwischenformen des Bereithaltens zur Vollarbeit. Inhaltlich handelt es sich beim Bereitschaftsdienst im Wesentlichen um eine **Aufenthaltsbeschränkung**. Der Arbeitnehmer muss sich an einer vom Arbeitgeber vorgegebenen Stelle innerhalb (oder ausnahmsweise außerhalb) des Betriebes aufhalten, um bei Bedarf unverzüglich seine Arbeitsleistung aufnehmen zu können.[119]

156 Während der Bereitschaftszeit steht dem Arbeitnehmer im Übrigen frei, zu tun, was er möchte. Er kann beispielsweise auch schlafen.

Beispiel
Ein klassisches Beispiel ist der Bereitschaftsdienst von Ärzten oder (Intensiv-)Pflegepersonal in Krankenhäusern, die in ihnen dafür zur Verfügung gestellten Zimmern in der Gestaltung ihrer Zeit frei sind, die insbesondere schlafen dürfen und die nur z.B. im medizinischen Notfall ihre Arbeitsleistung aufnehmen müssen.

3. Rufbereitschaft

157 Die von der Eingriffsintensität her betrachtet geringste Stufe des Bereithaltens zur Arbeitsleistung ist die Rufbereitschaft. Dabei ist der Arbeitnehmer verpflichtet, sich in seiner Wohnung oder an einem anderen, dem Arbeitgeber mitgeteilten Ort aufzuhalten, damit er auf Anforderung des Arbeitgebers zeitnah die Arbeit aufnehmen kann.[120] Der Arbeitnehmer muss in dieser Zeit seine jederzeitige Erreichbarkeit sicherstellen.

158 Die örtliche Einschränkung ist somit (deutlich) geringer als beim Bereitschaftsdienst. Allerdings muss der Arbeitnehmer auch bei der Rufbereitschaft in angemessenem Zeitraum seine Arbeitsleistung aufnehmen können. Anfahrtszeiten von mehr als einer Stunde muss der Arbeitgeber dabei regelmäßig nicht dulden.[121] Bei zu engen Zeitvorgaben scheidet die Ausgestaltung als Rufbereitschaft aus; die zeitliche

---

119 *Anzinger/Koberski*, § 2 ArbZG Rn 47 f.
120 Vgl. BAG, Urt. v. 11.7.2006 – 9 AZR 519/05 – NZA 2007, 155; *Anzinger/Koberski*, § 2 ArbZG Rn 52.
121 Vgl. dazu ArbG Marburg, Urt. v. 4.11.2003 – 2 Ca 212/03 – DB 2004, 1563.

(Mindest-)Grenze für eine Arbeitsaufnahme nach Abruf dürfte bei ca. 30 Minuten liegen, ansonsten liegt Bereitschaftsdienst oder Arbeitsbereitschaft vor.[122]

Beispiel
Rufbereitschaft leistet der IT-Spezialist, der mittels Dienstmobiltelefon innerhalb vorgegebener Zeiten kontaktiert werden kann, um im Notfall z.B. innerhalb von 45 Minuten nach Anruf Instandsetzungsarbeiten an Serversystemen vornehmen zu können.

Arbeitszeitrechtlich sind Zeiten der Rufbereitschaft keine Arbeitszeit, sondern **Ruhezeit**.[123] 159

II. Arbeitsvertragliche Gestaltungsmöglichkeiten

1. Arbeitsbereitschaft

Die vertragliche Regelung zur Arbeitszeit sollte das entsprechende Anordnungsrecht des Arbeitgebers im Hinblick auf Arbeitsbereitschaft klar herausstellen. 160

Arbeitsbereitschaft ist mangels anderweitiger Absprachen grundsätzlich wie Vollarbeit zu vergüten. Allerdings kann einzelvertraglich ein Abschlag oder eine geringere Pauschalabgeltung der Arbeitsbereitschaft vereinbart werden.[124] 161

Nachfolgende Arbeitsvertragsklausel ist statthaft:

Klauselmuster
1. Der Arbeitnehmer ist verpflichtet, auf Anordnung des Arbeitgebers im gesetzlich zulässigen Umfang Arbeitsbereitschaft zu leisten.
2. Für Zeiten der Arbeitsbereitschaft reduziert sich die Vergütung auf 90% der vertraglichen Vergütung bei Vollarbeit.

---

2. Bereitschaftsdienst

In der Praxis üblich sind kurze Arbeitsvertragsklauseln, die den Arbeitnehmer dazu verpflichten, bei entsprechendem betrieblichen Bedarf auch Bereitschaftsdienst zu leisten. 162

Vergütungsrechtlich muss auch der Bereitschaftsdienst angemessen vergütet werden. Für die Zeiten der tatsächlichen Inanspruchnahme schuldet der Arbeitge- 163

---

122 *Baeck/Deutsch*, § 2 ArbZG Rn 50; das BAG hielt eine Zeitvorgabe für eine Arbeitsaufnahme innerhalb von 20 Minuten nach Abruf für zu kurz für Rufbereitschaft, siehe BAG, Urt. v. 31.1.2002 – 6 AZR 214/00.

123 BAG, Urt. v. 11.7.2006 – 9 AZR 519/05 – NZA 2007, 155.

124 Siehe *Anzinger/Koberski*, § 2 ArbZG Rn 43 m.w.N.

ber die volle Vergütung. Für die Zeiten der bloßen Bereitschaft kann diese (deutlich) geringer sein oder (geringer) pauschal abgegolten werden.[125] Eine Pauschalierung muss den Grad der tatsächlichen Heranziehung angemessen berücksichtigen.

164 Das BAG hat eine Pauschalvergütung von Bereitschaftsdienst in Höhe von 68% der Vergütung für die reguläre Arbeitszeit als angemessen erachtet, wobei der Arbeitnehmer während des Bereitschaftsdienstes weniger als 50% Vollarbeit erbrachte.[126] Auch darunter liegende Pauschalierungen dürften noch statthaft sein, wenn jeweils eine angemessene Relation von Vollarbeit zur reinen Bereitschaftszeit gegeben ist. Ein weiteres Beispiel für eine alternative, pauschale Staffelung kann § 8.1 TVöD-K entnommen werden.[127]

Eine Arbeitsvertragsklausel könnte lauten:

Klauselmuster

1. Der Arbeitnehmer ist verpflichtet, auf Anordnung des Arbeitgebers im gesetzlich zulässigen Umfang über die Regelarbeitszeit hinaus Bereitschaftsdienst zu leisten.
2. Der Bereitschaftsdienst wird insgesamt pauschal mit 65% des für reguläre Vollarbeit vereinbarten Arbeitsentgelts vergütet, sofern der Arbeitnehmer während des Bereitschaftsdienstes zu nicht mehr als 50% zur Vollarbeit herangezogen wird. Soweit die Inanspruchnahme über 50% liegt, wird der Bereitschaftsdienst wie Vollarbeit vergütet. Alternativ zur Vergütung kann ein entsprechender Freizeitausgleich erfolgen.

---

3. Rufbereitschaft

165 Neben der Anordnungsbefugnis sollte eine arbeitsvertragliche Klausel ebenfalls die Frage der Vergütung regeln. Denn auch die Rufbereitschaft ist angemessen zu vergüten. Dies gilt nicht nur für Vollarbeit bei Inanspruchnahme zur Arbeitsleistung, sondern auch für die Rufbereitschaft als solche. Abermals sind Pauschalabgeltungen statthaft.[128]

166 Eine Vertragsklausel könnte wie folgt ausformuliert werden:

---

125 *Anzinger/Koberski*, § 2 ArbZG Rn 50 f. m.w.N.

126 BAG, Urt. v. 28.1.2004 – 5 AZR 530/02 – NZA 2004, 656.

127 D.h. Dienstleistungsbereich Krankenhäuser: Berechnung nach dem Maß der während des Bereitschaftsdienstes anfallenden Arbeitsleistungen: Arbeitsleistung bis 25%: Bewertung als 60% Arbeitszeit; Arbeitsleistung > 25% bis 40%: Bewertung als 75% Arbeitszeit; Arbeitsleistung > 40% bis 49%: Bewertung als 90% Arbeitszeit; bei besonderen Personengruppen allerdings generell Bewertung (nur) als 28,5% Arbeitszeit.

128 Siehe *Anzinger/Koberski*, § 2 ArbZG Rn 58 f.; § 8 Abs. 3 TVöD sieht beispielsweise u.a. eine Bewertung bzw. Vergütung der Rufbereitschaft mit 12,5% des tariflichen Stundenentgelts vor.

Klauselmuster

1. Der Arbeitnehmer ist verpflichtet, sich monatlich an 5 Tagen im Rahmen von Rufbereitschaft auf Abruf für betriebliche Einsätze innerhalb seiner Freizeit bereitzuhalten. Er hat dabei sicherzustellen, dass er seine Arbeitsleistung am Betriebssitz innerhalb von 45 Minuten nach dem Abruf aufnehmen kann.
2. Die Zeiten der Rufbereitschaft werden pauschal mit 15% der vertraglichen Vergütung für Vollarbeit bewertet. Im Fall des Abrufs zur Arbeitsleistung wird für die Zeit der Vollarbeit die vertragliche Vergütung gezahlt. Der Arbeitgeber hat das Recht, stattdessen Freizeitausgleich zu gewähren.

L. Zusammenfassung/Checkliste

Für die betriebliche Praxis steht eine Vielzahl an flexiblen Arbeitszeitsystemen zur Verfügung. Die unterschiedlichen Systeme haben individuelle Vor- und Nachteile, beinhalten ein unterschiedliches Flexibilisierungspotential und eigenen sich mal mehr, mal weniger für die konkrete betriebliche Situation bzw. die Bedürfnisse des Arbeitgebers und/oder des Arbeitnehmers. Deshalb ist vor der Entscheidung zugunsten eines konkreten Flexibilisierungsinstrumentes im Hinblick auf die Arbeitszeit zunächst eine intensive Analyse der Bedürfnisse erforderlich. 167

Sofern sich der Arbeitgeber für ein konkretes Arbeitszeitsystem entschieden hat, muss in einem weiteren Schritt geprüft werden, ob es diesbezüglich tarifvertragliche Vorgaben gibt, die einzuhalten bzw. zu beachten sind. Des Weiteren ist vor Einführung eines neuen Arbeitszeitsystems das Mitbestimmungsrecht des Betriebsrats nach § 87 BetrVG zu wahren, sofern nicht lediglich Einzelfälle einer neuen Regelung zugeführt werden sollen. 168

Bei der Auswahl des für den konkreten Fall passenden Arbeitszeitsystems soll die folgende Checkliste eine Hilfestellung bieten: 169

Checkliste

- Soll bei arbeitgeberseitigem Bedarf lediglich die Lage der Arbeitszeit (Beginn und Ende, Verteilung auf die Wochentage etc.) verändert werden können? Dann kann dies unter Einsatz des allgemeinen **Direktionsrechts** bei entsprechender Klausel im Arbeitsvertrag erfolgen.
- Soll die Arbeitszeit eines Arbeitnehmers für einen zeitlich begrenzten Zeitraum erhöht oder verringert werden? Dann kommt eine **Befristung** in Betracht.
- Soll ein kurzfristig auftretender Mehrbedarf an Arbeitsleistung aufgefangen werden können und will der Arbeitgeber die Anordnungshoheit behalten? Dann kann sich eine **Überstunden-/Mehrarbeitsklausel** im Arbeitsvertrag anbieten.
- Soll auf einen kurzfristigen, erheblichen Minderbedarf an Arbeitsleistung angemessen reagiert werden können, insbesondere im „Krisenfall"? Dann ist an eine **Kurzarbeitsklausel** im Arbeitsvertrag zu denken.
- Ist der Arbeitgeber darauf angewiesen, dass er eine lange Kapazitätsnutzung (z.B. Maschinenlaufzeiten etc.) sicherstellt? Dann bietet sich beispielsweise ein **Schichtsystem** an.
- Hat der Arbeitgeber einen schwankenden Bedarf an Arbeitskraft und will er die Lage und Dauer der Arbeitszeit seiner Arbeitnehmer möglichst flexibel gestalten, deren Ausgestaltung aller-

dings in eigener Hoheit behalten und den Arbeitszeitumfang nicht den Mitarbeitern überlassen? Dann kommen die unterschiedlichen Ausgestaltungen der **Abrufarbeit** in Betracht.
- Will der Arbeitgeber ein flexibles Arbeitszeitsystem und dabei den Arbeitnehmern die eigenverantwortliche Ausgestaltung der Lage und der Dauer der täglichen Arbeitszeit überantworten. Dann bieten sich unterschiedliche Ausgestaltungen der **Gleitzeit** oder sogar die **Vertrauensarbeitszeit** an, die ein Höchstmaß an arbeitnehmerseitig bestimmter Flexibilität gewährleistet.
- Besteht ein Bedürfnis dafür, dass der Arbeitnehmer seine Arbeitsleistung für einen gewissen zeitlichen Umfang oder vollumfänglich außerhalb des Betriebes, insbesondere an seinem häuslichen Arbeitsplatz erbringt? Hierfür eignen sich Ausgestaltungen der **Telearbeit**.
- Ist der Bedarf an Arbeitsleistung starken Schwankungen unterworfen? Dann kann sich eine **Jahresarbeitszeitregelung** anbieten.
- Beabsichtigen die Vertragsparteien, dem Arbeitnehmer langfristige bezahlte Freistellungszeiträume zu ermöglichen? Hierfür eignet sich ein **Langzeit-/Lebensarbeitszeitkontensystem**.
- Soll dem Arbeitnehmer ein gleitender Übergang in den Ruhestand ermöglich werden? Hierfür passend ist eine **Altersteilzeitvereinbarung**.
- Soll die Arbeitszeit eines Vollzeitarbeitsplatzes auf zwei oder mehr Arbeitnehmer verteilt werden und will der Arbeitgeber dadurch einen geringeren Organisationsaufwand erreichen, dass diese Arbeitnehmer die Arbeitszeit in eigener Zeitsouveränität festlegen? Dann kommt eine **Job-Sharing-Vereinbarung** in Betracht.
- Gibt es Phasen, in denen der Arbeitgeber keine (ständige) Vollarbeit benötigt, sondern eine (unterschiedlich ausgeprägte) Leistungsbereitschaft des Arbeitnehmers ausreichend ist? Hierfür kommen Vereinbarungen **über Arbeitsbereitschaft, Bereitschaftsdienst oder Rufbereitschaft** in Frage.

Kapitel 4
Flexibilisierung der Tätigkeit

A. Einleitung

I. Reichweite des Direktionsrechts

Nach § 106 S. 1 GewO kann der Arbeitgeber den Inhalt der Arbeitsleistung nach billigem Ermessen näher bestimmen, soweit dieser nicht durch den Arbeitsvertrag, Bestimmungen einer Betriebsvereinbarung bzw. eines anwendbaren Tarifvertrags oder gesetzliche Vorschriften festgelegt ist. Weisungen zum Inhalt der Arbeitsleistung können die **Art der Tätigkeit („Was")** und/oder **deren konkrete Ausübung („Wie")** betreffen.[1] Der Arbeitgeber kann sowohl den Tätigkeitsbereich und die Reihenfolge der Ausübung der übertragenen Tätigkeiten als auch die Begleitumstände festlegen, unter denen der Arbeitnehmer die Arbeit zu verrichten hat.[2] Dem Unternehmen steht bei der Ausübung des Direktionsrechts regelmäßig ein weiter Gestaltungsspielraum zu. So kann z.B. einseitig das Tragen von Dienstkleidung angeordnet[3] oder die Verrichtung von Nebenarbeiten festgelegt werden, soweit diese mit der vertraglich geschuldeten Tätigkeit im Zusammenhang stehen (z.B. Pflege der Arbeitsmittel).[4] Das dem Arbeitgeber zustehende Direktionsrecht trägt damit dem Umstand Rechnung, dass durch den Arbeitsvertrag zumeist nur eine **rahmenmäßig umschriebene Leistungspflicht des Arbeitnehmers** festgelegt werden kann bzw. wird. 1

Der Arbeitgeber kann das Direktionsrecht nach § 106 S. 1 GewO aber nur insoweit ausüben und Einfluss auf den Inhalt der Arbeitsleistung nehmen, als die Leistungspflicht des Arbeitnehmers nicht bereits verbindlich zwischen den Parteien festgelegt worden ist. Eine derartige Fixierung kann sich insbesondere aus dem Arbeitsvertrag ergeben; auch Tarifverträge, Betriebsvereinbarungen oder im Einzelfall gesetzliche Vorschriften können das Leistungsbestimmungsrecht des Arbeitgebers beschränken. Soweit bindende Vereinbarungen über den Inhalt der vom Arbeitnehmer geschuldeten Tätigkeit bestehen, kann der Arbeitgeber diesem keine außerhalb dieser Tätigkeit liegenden Arbeitsaufgaben zuweisen. 2

1 HWK/*Lembke*, § 106 GewO Rn 15.
2 *Küttner*/*Griese*, Personalbuch, Weisungsrecht Rn 3.
3 LAG Baden-Württemberg, Urt. v. 11.5.2004 – 14 Sa 126/03 – AuA 2006, 642.
4 LAG Rheinland-Pfalz, Urt. v. 21.10.2013 – 5 Sa 252/13 – juris.

Beispiel
Im Arbeitsvertrag ist vereinbart, dass der Arbeitnehmer als Sachbearbeiter Controlling im Innendienst eingestellt wird. Der Arbeitgeber ist in diesem Fall nicht berechtigt, den Mitarbeiter ohne dessen Zustimmung als Vertriebsmitarbeiter im Außendienst einzusetzen.[5]

3 Das Recht des Arbeitgebers zur Änderung des Tätigkeitsinhalts des Arbeitnehmers findet seine Grenze regelmäßig in den jeweiligen Festlegungen des Arbeitsvertrages. Je konkreter dort die Tätigkeit bezeichnet ist, die dem Arbeitnehmer übertragen wird (z.B. Sachbearbeiter Buchhaltung Debitoren), desto geringer ist der Spielraum für den Arbeitgeber zur einseitigen Zuweisung von Aufgaben. Je weiter die Tätigkeitsbeschreibung gefasst ist (z.B. kaufmännischer Angestellter), desto mehr Flexibilität hat der Arbeitgeber hinsichtlich des Einsatzes des Arbeitnehmers.

Beispiel
Im Arbeitsvertrag ist vereinbart, dass der Arbeitnehmer als Redakteur beschäftigt wird. Der Arbeitgeber ist in diesem Fall berechtigt, dem Mitarbeiter ein anderes Ressort zu übertragen (hier: Wechsel von der Politik- zur Lokalredaktion).[6] Der Arbeitgeber wäre aber nicht befugt, dem Arbeitnehmer eine Tätigkeit in der Anzeigenverwaltung zuzuweisen.

II. Stellenbeschreibungen

4 Vorsicht ist insbesondere geboten, wenn im Arbeitsvertrag über die abstrakte Tätigkeitsbeschreibung (z.B. kaufmännischer Sachbearbeiter, Bankangestellter, IT-Mitarbeiter) hinaus auf eine **Stellenbeschreibung mit konkreten Aufgabeninhalten** Bezug genommen werden soll. In diesem Fall werden die dort niedergelegten einzelnen Aufgaben und Befugnisse Bestandteil der Vereinbarung zwischen den Arbeitsvertragsparteien. Der Arbeitgeber ist in diesem Fall grundsätzlich nicht berechtigt, dem Arbeitnehmer einseitig Aufgaben oder Befugnisse, die ihm nach der Stellenbeschreibung zustehen, zu entziehen und/oder ihm darüber hinausgehende Aufgaben und Befugnisse zu übertragen.[7]

Praxistipp
Eine Stellenbeschreibung sollte deshalb aus Arbeitgebersicht nur dann zum Arbeitsvertragsinhalt gemacht werden, wenn der Arbeitsvertrag zugleich einen Vorbehalt enthält, den in der Stellenbeschreibung festgelegten Aufgabeninhalt ändern zu können.

5 BAG, Urt. v. 17.7.2007 – 9 AZR 819/06 – NZA 2008, 118.
6 BAG, Urt. v. 11.4.2006 – 9 AZR 557/05 – DB 2007, 289.
7 LAG Rheinland-Pfalz, Urt. v. 21.10.2013 – 5 Sa 252/13 – juris.

B. Versetzungsklauseln

Will sich der Arbeitgeber die Möglichkeit vorbehalten, dem Arbeitnehmer einseitig Arbeitsaufgaben zuweisen zu können, die über die bereits getroffene Festlegung zur (anfänglich übertragenen) Tätigkeit hinausgehen, muss dies im Arbeitsvertrag vereinbart werden. Entsprechende Regelungen werden als **(inhaltliche) Versetzungsklauseln** bezeichnet. 5

Checkliste !

Damit gilt für die Reichweite des Leistungsbestimmungsrechts des Arbeitgebers hinsichtlich des Inhalts der Tätigkeit des Arbeitnehmers zusammengefasst Folgendes:

- **Der Arbeitsvertrag enthält keine Beschreibung der übertragenen Tätigkeit (selten):** Der Arbeitgeber kann dem Arbeitnehmer grundsätzlich sämtliche Arbeitsaufgaben im Rahmen billigen Ermessens nach § 106 S. 1 GewO zuweisen.
- **Der Arbeitsvertrag enthält eine Beschreibung der übertragenen Tätigkeit:** Der Arbeitgeber kann dem Arbeitnehmer solche Arbeitsaufgaben im Rahmen billigen Ermessens gem. § 106 S. 1 GewO zuweisen, die von der vereinbarten Funktion bzw. deren Tätigkeitsbild umfasst sind. Eine einseitige Übertragung darüber hinausgehender Aufgaben scheidet aus; eine Änderung der Tätigkeit bedarf grundsätzlich der Zustimmung des Arbeitnehmers.[8]
- **Der Arbeitsvertrag enthält eine Beschreibung der übertragenen Tätigkeit verbunden mit einer Versetzungsklausel (empfohlen!):** Der Arbeitgeber kann dem Arbeitnehmer solche Arbeitsaufgaben nach § 106 S. 1 GewO zuweisen, die von der vereinbarten Tätigkeit umfasst sind. Zudem ist er berechtigt, dem Arbeitnehmer im Rahmen billigen Ermessens und unter den in der Versetzungsklausel geregelten Voraussetzungen eine andere Tätigkeit zuweisen.

I. Wirksamkeit

Als vorformulierte Regelungen in einem vom Arbeitgeber gestellten Vertrag unterliegen Versetzungsklauseln der **AGB-Kontrolle nach §§ 305 ff. BGB**. Prüfungsmaßstab ist insoweit § 307 BGB. § 308 Nr. 4 BGB findet hingegen keine Anwendung, weil die Vorschrift nur bei einseitigen Bestimmungsrechten bzgl. der Leistung des Verwenders, also des Arbeitgebers, anwendbar ist.[9] Hier ist aber die (Arbeits-)Leistung betroffen. 6

Nach der Rechtsprechung des BAG[10] wird der Arbeitnehmer durch eine Versetzungsklausel unangemessen i.S.v. § 307 Abs. 1 BGB benachteiligt, wenn nicht ge- 7

8 Soweit die Voraussetzungen nach dem KSchG (insbesondere: personen-, verhaltens- oder betriebsbedingter Kündigungsgrund) vorliegen, kann im Einzelfall eine Änderung der Tätigkeit auch durch eine Änderungskündigung erreicht werden, für die allerdings die vereinbarten Kündigungsfristen einzuhalten sind.

9 Vgl. BAG, Urt. v. 11.4.2006 – 9 AZR 557/05 – DB 2007, 289; BAG, Urt. v. 5.8.2010 – 10 AZR 275/09 – NZA 2010, 1355; *Schnitker/Grau*, BB 2002, 2124.

10 BAG, Urt. v. 9.5.2006 – 9 AZR 424/05 – NZA 2007, 145; BAG, Urt. v. 25.8.2010 – 10 AZR 275/09 – NZA 2010, 1355; *Bissels*, jurisPR-ArbR 30/2008 Anm. 3; *Hunold*, AuA 2007, 32; LAG Rheinland-Pfalz,

währleistet ist, dass dem Arbeitnehmer nur eine im Vergleich zu den bisherigen Aufgaben **gleichwertige Tätigkeit** übertragen werden kann. Ohne eine entsprechende Beschränkung des Leistungsbestimmungsrechts wäre der Arbeitgeber berechtigt, einseitig das Gleichgewicht von vertraglich vereinbarter Leistung und Gegenleistung zu beeinflussen. Dies würde einen **schwerwiegenden Eingriff in den Inhaltsschutz des Arbeitsverhältnisses** darstellen, der AGB-rechtlich nicht gerechtfertigt ist. Eine Regelung, die dem Arbeitgeber ermöglicht, den Arbeitnehmer auch mit **geringwertigen Tätigkeiten** zu beschäftigten, ist AGB-rechtlich unzulässig und damit unwirksam. Der Arbeitgeber kann durch die Ausübung seines Weisungsrechtes folglich keine wirksame Anpassung der arbeitsvertraglichen Leistungspflicht des Arbeitnehmers bewirken.

8 Ob eine in einem Formulararbeitsvertrag vereinbarte Versetzungsklausel die nach Ansicht des BAG erforderliche Beschränkung auf die Zuweisung gleichwertiger Tätigkeiten enthält, ist im **Wege der Auslegung** zu ermitteln. Anerkannt ist, dass nicht notwendig das Wort „gleichwertig" in der Klausel verwendet werden muss. Vielmehr kann sich auch aus anderen sinnverwandten Begriffen und dem Gesamtzusammenhang eine entsprechende Beschränkung des arbeitgeberseitigen Leistungsbestimmungsrechts ergeben.[11]

Beispiel

So lässt sich etwa nach Ansicht des LAG Hamburg[12] die Zuweisung gleichwertiger Tätigkeiten aus der Formulierung **„entsprechend seinen Leistungen und Fähigkeiten"** entnehmen.

Das BAG sah eine vorformulierte Klausel, nach der der Arbeitgeber dem Arbeitnehmer bei gleicher Vergütung **„falls erforderlich"** und nach **„Abstimmung der beiderseitigen Interessen"** eine andere als die vertraglich vereinbarte Tätigkeit einseitig zuweisen kann, jedenfalls dann als unangemessene Benachteiligung i.S.v. § 307 BGB an, wenn nicht gewährleistet ist, dass die Zuweisung eine mindestens gleichwertige Tätigkeit zum Gegenstand hat.[13]

Nach dem LAG Rheinland-Pfalz ist eine Versetzungsklausel, die vorsieht, dass **„soweit betrieblich erforderlich, (...) vom Arbeiter auch andere zumutbare Arbeiten zu verrichten (sind)"**, wirksam, da die Zuweisung einer geringwertigeren Tätigkeit aufgrund des Wortlauts der Klausel („zumutbar") von vornherein nicht in Betracht kommt.[14]

Bei der Aufnahme einer Versetzungsklausel in den Arbeitsvertrag, mit der sich der Arbeitgeber vorbehält, dem Arbeitnehmer **„im Bedarfsfall auch eine andere seiner Vorbildung und seinen Fähigkeiten entsprechende Aufgabe zu übertragen"**, wobei der Arbeitgeber sich „bemüht dem Arbeitnehmer am gleichen Standort oder an einem anderen Standort eine Stellung anzubieten, die der vorherigen

---

Urt. v. 11.10.2012 – 10 Sa 250/12 – juris; LAG Rheinland-Pfalz, Urt. v. 4.3.2009 – 8 Sa 410/08 – juris; LAG Köln, Urt. v. 9.1.2007 – 9 Sa 1099/06 – NZA-RR 2007, 343; LAG Sachsen, Urt. v. 25.10.2011 – 7 Sa 248/10, NZA 2006, 632; ArbG Hamburg, Urt. v. 27.8.2009 – 5 Ca 67/09 – ArbuR 2010, 42.

11 LAG Hamburg, Urt. v. 23.10.2013 – 6 Sa 29/13 – juris.

12 LAG Hamburg, Urt. v. 23.10.2013 – 6 Sa 29/13 – juris.

13 BAG, Urt. v. 9.5.2006 – 9 AZR 424/05 – NZA 2007; 145; *Bissels*, jurisPR-AbR 30/2008.

14 LAG Rheinland-Pfalz, Urt. v. 1.9.2008 – 5 Sa 261/08 – juris.

gleichwertig ist“, geht das LAG Hamm hingegen von der Unwirksamkeit des Versetzungsvorbehaltes aus, da der Arbeitgeber sich durch eine derartige Formulierung („bemühen“) auch die Zuweisung einer geringwertigeren Tätigkeit vorbehält.[15]

Praxistipp
Um Auslegungsrisiken zu vermeiden, sollte aus Arbeitgebersicht bei der Formulierung von Versetzungsklauseln jeweils ausdrücklich auf eine Zuweisung gleichwertiger Tätigkeiten geachtet werden. Ansonsten besteht immer die Gefahr, dass der Arbeitnehmer die Unangemessenheit der Klausel mit dem Hinweis rügt, dass der Arbeitgeber diesem auch andere geringwertigere Arbeiten übertragen kann. Dieses Risiko kann durch die entsprechende Formulierung der Regelung ausgeschlossen werden.

Nicht erforderlich ist es nach Ansicht des BAG[16], dass im Arbeitsvertrag ausdrücklich die Gründe genannt werden, aufgrund derer der Arbeitgeber das vorbehaltene Versetzungsrecht ausüben können soll. 9

Klauselmuster
Der Arbeitgeber behält sich vor, dem Arbeitnehmer unter Berücksichtigung des billigen Ermessens eine andere seinen Kenntnissen und Fähigkeiten entsprechende gleichwertige Tätigkeit zuzuweisen.

II. Gleichwertigkeit der zugewiesenen Tätigkeit

Ob eine zugewiesene Tätigkeit im Verhältnis zur bisherigen Position des Arbeitnehmers gleichwertig ist, bestimmt sich nach der Rechtsprechung des BAG[17] grundsätzlich aus der auf den Betrieb abstellenden **Verkehrsauffassung** und dem sich daraus ergebenden **Sozialbild**. So kann z.B. von Bedeutung sein, ob die Erfüllung der zugewiesenen Aufgaben selbständige Leistungen erfordert oder welches Prestige der Stelle zukommt. Ebenso kann sich der Entzug von **Leitungs- und Aufsichtstätigkeiten** über andere Mitarbeiter auswirken.[18] 10

Das Sozialbild einer Tätigkeit wird durch eine Vielzahl von Einzelkriterien geprägt, die erst in ihrer Gesamtheit dieses und die damit verbundene Wertigkeit einer bestimmten Stelle im Unternehmen kennzeichnen. Die Gleichwertigkeit einer Tätig- 11

15 LAG Hamm, Urt. v. 6.11.2007 – 14 SaGa 39/07 – juris.

16 BAG, Urt. v. 11.4.2006 – 9 AZR 557/05 – DB 2007, 289; dazu *Hunold*, NZA 2007, 19; *Grobys/von Steinau-Steinrück*, NJW-Spezial 2006, 514; bestätigt durch BAG 13.6.2007 – 5 AZR 564/06 – NZA 2007, 974; ebenso LAG Nürnberg, Urt. v. 13.1.2009 – 6 Sa 712/07 – ArbuR 2009, 226; *Preis/Wagner*, Der Arbeitsvertrag, II D 30 Rn 109, 205.

17 BAG, Urt. v. 17.8.2011 – 10 AZR 322/10 – NZA-RR 2012, 106.

18 BAG, Urt. v. 24.4.1996 – 4 AZR 976/94 – NZA 1997, 104.

keit bestimmt sich dabei nicht nur nach dem unmittelbaren Arbeitsinhalt selbst, sondern auch nach deren **betrieblichen Rahmenbedingungen**. Dazu gehört etwa die Einordnung der Stelle in die **Betriebshierarchie** sowie die Frage, in welchem Umfang die Tätigkeit mit **Vorgesetztenfunktionen** verbunden ist.[19] Von besonderer Bedeutung für die Bestimmung der Wertigkeit sind die für die Ausübung der Tätigkeit **erforderlichen Qualifikationsmerkmale**.[20]

12 Wesentliche Bedeutung kommt bei der **vorzunehmenden wertenden Gesamtbetrachtung** der im Betrieb üblicherweise für die betreffende Tätigkeit gezahlten Vergütung zu. Existiert ein **betriebliches oder tarifliches allgemeines Entgeltsystem**, orientiert sich die Frage der Wertigkeit von Stellen grundsätzlich an diesem.[21] Sind die alte und die neue Tätigkeit unter Berücksichtigung des dem Arbeitnehmer zu zahlenden Entgelts gleich eingestuft, ist dies ein maßgebliches Indiz für deren Gleichwertigkeit. Umgekehrt indiziert eine unterschiedliche Eingruppierung die unterschiedliche Wertigkeit von Tätigkeiten.

! **Praxistipp**
Unerheblich ist dagegen, welche Vergütung der Arbeitgeber tatsächlich zu zahlen bereit ist. Das Gleichwertigkeitserfordernis kann nicht dadurch umgangen werden, dass der Arbeitgeber gegenüber dem Arbeitnehmer auf eine Rückstufung verzichtet und trotz Übertragung einer geringerwertigen Tätigkeit die bisherige Vergütung fortzahlt.

III. Zuweisung einer höherwertigen Tätigkeit

13 Für die Praxis von geringerer Bedeutung ist die Frage, ob der Arbeitsvertrag zugunsten des Arbeitgebers vorsehen kann, dem Arbeitnehmer – dauerhaft oder vorübergehend – eine höherwertige Tätigkeit zu übertragen. Regelmäßig wird der Mitarbeiter mit einer **Beförderung** einverstanden sein. Sollte dies nicht der Fall sein, wird der Arbeitgeber gut überlegen müssen, ob der Arbeitnehmer tatsächlich der „Richtige" für die vorgesehene Stelle ist. Streitpunkte in solchen Fällen betreffen daher in der Praxis fast ausschließlich die Frage, ob die Übertragung der höherwertigen Tätigkeit nur vorübergehend vorgenommen werden durfte und welche Vergütung der Arbeitnehmer ggf. für den Zeitraum der Ausübung der höherwertigen Tätigkeiten beanspruchen kann.

19 LAG Rheinland-Pfalz, Urt. v. 14.1.2013 – 5 Sa 435/12 – juris; LAG Köln, Urt. v. 22.12.2004 – 7 Sa 839/04 – ArbuR 2005, 423.

20 Grundlegend BAG, Urt. v. 30.8.1995 – 1 AZR 47/95 – NZA 1996, 440.

21 BAG, Urt. v. 17.8.2011 – 10 AZR 322/10 – NZA-RR 2012, 106; BAG, Urt. v. 19.5.2010 – 5 AZR 162/09 – NZA 2010, 1119.

Eine Klausel im Arbeitsvertrag, die es dem Arbeitgeber erlauben würde, dem Arbeitnehmer **dauerhaft eine höherwertige Tätigkeit** zuzuweisen, würde in gleicher Weise in das Vertragsgefüge eingreifen wie eine Klausel, die die Zuweisung einer geringerwertigen Tätigkeit gestattet. Sie wäre daher **nach § 307 Abs. 1 BGB unwirksam**. Zwar dürfte die Zuweisung einer höherwertigen Tätigkeit regelmäßig mit einem höheren Ansehen und einer höheren Vergütung einhergehen. Doch selbst wenn die höherwertige Tätigkeit entsprechend höher vergütet wird, kann die Zuweisung unwirksam sein, da die Funktion regelmäßig mit längeren Arbeitszeiten, einer größeren Verantwortung, regelmäßigen Dienstreisen u.ä. verbunden sein dürfte. Zwar mögen die letztgenannten Faktoren im Allgemeinen mit einer „höherwertigen" Tätigkeit in Verbindung gebracht werden. Jedoch stellt auch diese vermeintlich günstige Änderung der Arbeitsbedingungen – insbesondere in Anbetracht einer zunehmend wichtigeren Work-Life-Balance – einen einseitigen Eingriff in das Arbeitsverhältnis dar. Anders mag dies sein, wenn dem Arbeitgeber nach der vertraglichen Regelung nur die **vorübergehende Zuweisung einer höherwertigen Tätigkeit**, etwa im **Vertretungsfall**, gestattet werden soll. Eine solche Regelung führt nicht zu einer dauerhaften Verschiebung des Gleichgewichts von Leistung und Gegenleistung und ist daher nach der hier vertretenen Ansicht grundsätzlich zulässig. 14

Klauselmuster

Der Arbeitgeber behält sich vor, dem Arbeitnehmer vorübergehend, insbesondere zu Vertretungszwecken, eine seinen Kenntnissen und Fähigkeiten entsprechende höherwertige Tätigkeit zuzuweisen.

Welche Vergütung der Arbeitnehmer für die Ausübung der höherwertigen Tätigkeit beanspruchen kann, richtet sich nach dem Arbeitsvertrag bzw. einer auf das Arbeitsverhältnis anwendbaren Vergütungsordnung, d.h. insbesondere einem Tarifvertrag. Die Zulässigkeit der Zuweisung der höherwertigen Tätigkeit im Einzelfall setzt voraus, dass die Aufgabenübertragung **billigem Ermessen** entspricht. Nach der Rechtsprechung des BAG[22] ist bei einer nur vorübergehenden Aufgabenübertragung eine **doppelte Billigkeitsprüfung** vorzunehmen. Diese bezieht sich zum einen auf die **Übertragung der Tätigkeit „an sich"** und zum anderen auf die **„Nicht-Dauerhaftigkeit" der Übertragung**. Für die erste Stufe der Prüfung ist dabei auch zu berücksichtigen, ob und ggf. in welcher Höhe der Arbeitnehmer eine **Vergütungsanpassung** für die Übernahme der höherwertigen Aufgaben erhält. 15

22 BAG, Urt. v. 17.4.2002 – 4 AZR 174/01 – NZA 2003, 159; BAG, Urt. v. 18.4.2012 – 10 AZR 134/11 – NZA 2012, 927.

IV. Rechtsfolgen bei Unwirksamkeit

16 Ist eine Versetzungsklausel unwirksam, richtet sich die Reichweite des Direktionsrechts des Arbeitgebers nach § 106 S. 1 GewO. Eine **geltungserhaltende Reduktion**, d.h. die Aufrechterhaltung der Klausel unter Rückführung auf das noch zulässige Maß, kommt nicht in Betracht.[23]

17 Enthält der Arbeitsvertrag eine Festlegung der dem Arbeitnehmer übertragenen Tätigkeit, hat dies zur Folge, dass das Direktionsrecht des Arbeitgebers auf die Zuweisung von Aufgaben beschränkt ist, die Bestandteil der vereinbarten Tätigkeit sind. Die Übertragung darüber hinausgehender Aufgaben und insbesondere die Versetzung des Arbeitnehmers auf einen anderen, nicht der Vereinbarung im Arbeitsvertrag entsprechenden gleichwertigen Arbeitsplatz ist unzulässig. Eine derartige Vertragsänderung lässt sich in diesem Fall nur **im Einvernehmen** mit dem Arbeitnehmer oder unter engen Voraussetzungen durch eine den Vorgaben des KSchG entsprechende **Änderungskündigung** erreichen.

V. Auswirkungen auf den Kündigungsschutz

18 Die Einbeziehung von Arbeitnehmern in eine Sozialauswahl bei betriebsbedingten Kündigungen nach § 1 Abs. 3 KSchG setzt u.a. voraus, dass der Arbeitgeber berechtigt ist, dem betreffenden Mitarbeiter einseitig im Wege des Direktionsrechts den Arbeitsplatz des als vergleichbar angesehenen Arbeitnehmers zuzuweisen.[24] Ob dies der Fall ist, bestimmt sich nach der Reichweite des Direktionsrechts. Diese hängt wiederum davon ab, wie eng die übertragene Tätigkeit im Arbeitsvertrag beschrieben ist und welche erweiterten Versetzungsrechte sich der Arbeitgeber vorbehalten hat.

! **Praxistipp**
Die Aufnahme einer Versetzungsklausel kann aufgrund der damit verbundenen erweiterten Gestaltungsmöglichkeiten hinsichtlich der inhaltlichen Einsatzmöglichkeit des Mitarbeiters zu einer erheblichen Erweiterung des Kreises der im Falle einer vorzunehmenden Sozialauswahl zu berücksichtigenden vergleichbaren Arbeitnehmer führen. Es sollte deshalb aus Arbeitgebersicht bei der Vertragsgestaltung gut überlegt werden, ob Versetzungsklauseln standardmäßig in die Arbeitsverträge aufgenommen werden, also ob während der Durchführung des Arbeitsverhältnisses das Flexibilisierungsinteresse überwiegt, oder ob hiervon im Interesse einer Beschränkung des Kreises der vergleichbaren Mitarbeiter für die Sozialauswahl abgesehen wird.

---

23 BAG, Urt. v. 25.8.2010 – 10 AZR 275/09 – NZA 2010, 1355.

24 Siehe nur BAG, Urt. v. 17.9.1998 – 2 AZR 725/97 – NZA 1998, 1332.

Nicht abschließend geklärt ist, ob sich der Arbeitgeber gegenüber einem betriebsbedingt gekündigten Arbeitnehmer auf die Unwirksamkeit einer wegen eines Verstoßes gegen § 307 Abs. 1 BGB **unzulässigen Versetzungsklausel** berufen kann.[25] Nach zutreffender Ansicht kann dieser dem von der Kündigung betroffenen Mitarbeiter ausnahmsweise die Unwirksamkeit der Klausel entgegenhalten mit der Folge, dass der Kreis der in die Sozialauswahl einzubeziehenden vergleichbaren Arbeitnehmer nicht erweitert wird.[26] Zwar stellt dies eine Abweichung von dem im AGB-Recht geltenden Grundsatz dar, dass der Verwender das **Risiko der Verwendung einer unzulässigen Klausel** trägt. Diese ist aber darin begründet, dass sich die Anwendung der (unwirksamen) Versetzungsklausel sonst für die dann im Rahmen der Sozialauswahl zu berücksichtigenden Arbeitnehmer wie ein unzulässiger Vertrag zu Lasten Dritter auswirken würde.[27] 19

25 Das BAG hat diese Frage bisher nur für den Fall entschieden, dass der Arbeitgeber in der Vergangenheit schon einmal von der Versetzungsklausel Gebrauch gemacht und die Wirksamkeit gerade für sich reklamiert hat. In dieser Konstellation darf er sich nach Treu und Glauben in einem späteren arbeitsgerichtlichen Verfahren nicht mehr auf die Unwirksamkeit des Versetzungsvorbehaltes berufen, vgl. BAG v. 3.4.2008 – 2 AZR 879/06 – NZA 2008, 1060.

26 LAG Hessen, Urt. v. 31.10.2008 – 10 Sa 2096/06 – BB 2009, 1242; *Gehlhaar*, NJW 2010, 2550 ff.; *Salamon*, RdA 2011, 269.; a.A. *Repey*, BB 2009, 1245 ff.

27 BAG, Urt. v. 17.2.2000 – 2 AZR 142/99 – NJW 2000, 2604; *Gehlhaar*, NJW 2010, 2550.

Kapitel 5
Flexibilisierung der Vergütung

A. Einleitung

Die Zahlung der Vergütung für die Arbeitsleistung des Arbeitnehmers ist die **Hauptleistungspflicht des Arbeitgebers** aus dem Arbeitsverhältnis (§ 611 Abs. 1 Halbsatz 2 BGB). 1

Der reine Austausch von Arbeit gegen Geld ohne jede Rückbeziehung auf den Erfolg der Arbeitsleistung entspricht dabei zwar dem gesetzlichen Leitbild des Arbeits- bzw. Dienstvertrages, wird aber weder den Interessen des Arbeitgebers noch des Arbeitnehmers gerecht. Denn der Arbeitgeber kann die Vergütung einerseits nur dann aufbringen, wenn die Ertragssituation seines Unternehmens dies zulässt; bei **konjunkturellen Schwankungen** muss er häufig Personalkosten reduzieren, was oft nur durch Reduzierung der Vergütung oder durch Entlassung von Beschäftigten möglich ist. Der Arbeitnehmer kann andererseits nur dann mit zusätzlichen Leistungen in wirtschaftlich erfolgreichen Jahren rechnen, wenn sich das Unternehmen dadurch nicht dauerhaft binden muss. Dass es dem Arbeitgeber dabei vertraglich nicht völlig freigestellt werden kann, die vereinbarte Vergütung einseitig zu ändern, ist unbestritten. In diesem **Spannungsfeld** sind flexible Entgeltregelungen in der betrieblichen Praxis immer wieder Thema und beschäftigen Rechtsprechung und Literatur hinsichtlich der in Betracht kommenden Möglichkeiten und Grenzen. 2

Grundsätzlich wird dabei zwischen inhaltlicher und zeitlicher Entgeltflexibilisierung unterschieden.[1] **Inhaltliche Flexibilität** bedeutet, dass die Vergütung mit variablen Größen verknüpft ist (z.B. Akkord oder Prämien[2], Provision[3], Gewinnbeteiligungen/Tantiemen[4], Zielboni). **Zeitliche Flexibilität** bedeutet, dass ein Entgeltbestandteil nicht dauerhaft gewährt werden muss, sondern zeitlich begrenzt werden kann (z.B. durch die Vereinbarung eines Widerrufsvorbehalts oder einer Befristung). 3

1 MüArbR/*Krause*, § 56 Rn 2; Schaub/*Vogelsang*, ArbR-Hb., § 62 Rn 6.
2 Vgl. hierzu ausführlich Schaub/*Vogelsang*, ArbR-Hb., §§ 64, 65, 67 Rn 10–31.
3 Vgl. hierzu ausführlich Schaub/*Vogelsang*, ArbR-Hb., § 75.
4 Vgl. hierzu ausführlich Schaub/*Vogelsang*, ArbR-Hb., § 76.

B. Rechtliche Rahmenbedingungen

4 Grundsätzlich gilt bei Vergütungsvereinbarungen und damit auch für Flexibilisierungsregelungen in diesem Bereich die **Vertragsfreiheit**, die allerdings in vielfältiger Weise eingeschränkt ist, z.B. durch Gesetz, Tarifvertrag und auch durch das Mitbestimmungsrecht des Betriebsrats. Inwieweit Flexibilisierungsregelungen für die Vergütung vereinbart werden können, hängt deshalb zunächst von den gesetzlichen und kollektivrechtlichen Rahmenbedingungen ab, die den Arbeitgeber zwingen, tarifliche oder gesetzliche Mindestlöhne zu zahlen, eine Vergütung oberhalb des Lohnwuchers anzubieten und bei der Gestaltung der Vergütung den Gleichbehandlungsgrundsatz und das Mitbestimmungsrecht des Betriebsrats zu beachten.

I. Mindestlöhne

5 Soweit Arbeitgeber und Arbeitnehmer **tarifgebunden** sind (also Mitglied im jeweiligen Arbeitgeberverband bzw. in der zuständigen Gewerkschaft), kann von den tariflichen Entgelten im Arbeitsvertrag nur zugunsten des Arbeitnehmers abgewichen werden (§ 4 Abs. 3 TVG). Lässt sich nicht eindeutig beantworten, ob die betreffende Bestimmung günstiger ist als der Tarifvertrag, bleibt es bei der tariflichen Regelung.[5] **Flexibilisierungsmöglichkeiten** ergeben sich also nur dann, wenn der Entgelttarifvertrag diese vorsieht oder der Arbeitgeber übertarifliche[6] oder außertarifliche[7] Vergütungsbestandteile gewährt bzw. der Arbeitnehmer nicht unter den Anwendungsbereich des maßgeblichen Entgelttarifvertrages fällt (sog. außertarifliche Angestellte oder AT-Angestellte).

6 Aber auch für **nicht tarifgebundene Arbeitgeber** gibt es Vorgaben zur Entgelthöhe, die bei der Frage der Flexibilisierung der Vergütung berücksichtigt werden müssen. So können Tarifverträge für **allgemeinverbindlich** erklärt werden und damit auch auf nicht tarifgebundene Arbeitgeber Anwendung finden (§ 5 TVG). Über das Arbeitnehmerentsendegesetz (AEntG) können zudem durch Rechtsverordnung allgemein verbindliche Mindestlöhnen für einzelne Branchen zwingend festgelegt werden, die dann auch für grenzüberschreitend entsandte, regelmäßig in Deutschland beschäftigte Arbeitnehmer Geltung beanspruchen. Solche Mindestlöhne gelten z.B. im Baugewerbe, in der Gebäudereinigung und in der Pflegebranche. Im Bereich

5 ErfK/*Franzen*, § 4 TVG Rn 40 mit Darstellung der Gegenauffassung.

6 Leistungen, die zwar an tariflich vorgesehene Leistungen anknüpfen, aber über sie hinausgehen, BAG, Urt. v. 7.2.2007 – 5 AZR 41/06 – Rn 26.

7 Leistungen, die tariflich gar nicht vorgesehen sind, BAG, Urt. v. 7.2.2007 – 5 AZR 41/06 – Rn 26.

der Zeitarbeit gibt es ebenfalls tarifliche Mindestlöhne (§ 3a AÜG). Eine **Übersicht der Mindestlöhne** findet sich unter www.zoll.de.[8]

Ab 1.1.2015 wird zudem deutschlandweit ein **gesetzlicher Mindestlohn** von 7
EUR 8,50 pro Stunde für alle Arbeitnehmer und alle Branchen gelten, der jährlich (erstmals mit Wirkung zum 1.1.2017) anhand der Vorschläge der Mindestlohnkommission überprüft und ggf. durch die Bundesregierung per Rechtsverordnung angepasst wird.[9]

II. Sittenwidrige Vergütungen

Die Vertragsfreiheit findet bei der Festlegung der Vergütungshöhe zudem ihre Grenze 8
in der Sittenwidrigkeit. Nach § 138 Abs. 2 BGB ist eine Vereinbarung nichtig, wenn zwischen Arbeitsleistung und Lohn ein **auffälliges Missverhältnis** besteht und der Arbeitgeber die Zwangslage, die Unerfahrenheit, den Mangel an Urteilsvermögen oder die erhebliche Willensschwäche des Arbeitnehmers ausgebeutet hat.

Ein auffälliges Missverhältnis von Leistung und Gegenleistung liegt üblicher- 9
weise vor, wenn die Arbeitsvergütung **nicht einmal ²/₃** des in der betreffenden Branche und Wirtschaftsregion üblicherweise gezahlten **Tariflohns** erreicht.[10]

Denn die Tarifentgelte drücken den objektiven Wert der Arbeitsleistung aus, 10
wenn sie in dem betreffenden Wirtschaftsgebiet üblicherweise gezahlt werden, d.h., wenn mehr als 50% der Arbeitgeber eines Wirtschaftsgebiets tarifgebunden sind oder wenn die organisierten Arbeitgeber mehr als 50% der Arbeitnehmer eines Wirtschaftsgebiets beschäftigen.[11] Entspricht der Tariflohn nicht der verkehrsüblichen Vergütung, sondern liegt er darunter, ist von dem **allgemeinen Lohnniveau im Wirtschaftsgebiet** auszugehen.[12]

Erreicht die vom Arbeitgeber gezahlte Arbeitsvergütung also nicht einmal ²/₃ des 11
üblichen Tariflohns bzw. des allgemeinen Lohnniveaus im Wirtschaftsgebiet, liegt regelmäßig Lohnwucher vor.[13]

---

8 Vgl. ausführlich zu diesem Thema Schaub/*Vogelsang*, ArbR-Hb., § 162.

9 Tarifautonomiestärkungsgesetz, BT-Drucksache 18/1558 vom 28.5.2014; geänderte Fassung des Gesetzes des Ausschusses für Arbeit und Soziales: BT-Drucksache 18/2010 neu; vom Bundestag am 3.7.2014 beschlossen.

10 BAG, Urt. v. 22.4.2009 – 5 AZR 436/08 – Rn 14; BAG, Urt. v. 16.5.2012 – 5 AZR 268/11 – Rn 32; BAG, Urt. v. 18.4.2012 – 5 AZR 630/10.

11 BAG, Urt. v. 22.4.2009 – 5 AZR 436/08 – Rn 24; BAG, Urt. v. 16.5.2012 – 5 AZR 268/11 – Rn 32.

12 BAG, Urt. v. 18.4.2012 – 5 AZR 630/10 – Rn 12; BAG, Urt. v. 24.3.2004 – 5 AZR 303/03 – zu I. 1.a) der Gründe m.w.N.

13 BAG, Urt. v. 18.4.2012 – 5 AZR 630/10 – Rn 11; BAG, Urt. v. 22.4.2009 – 5 AZR 436/08 – Rn 17 m.w.N.; vgl. ausführlich Schaub/*Linck*, ArbR-Hb., § 34 Rn 6 ff.

12 Will der Arbeitnehmer allerdings die Sittenwidrigkeit der Vergütungsvereinbarung geltend machen und so die Zahlung des üblichen Entgelts gemäß § 612 BGB verlangen, muss er – wenn es keinen branchenüblichen Tariflohn gibt – zumindest **Anhaltspunkte** dafür vortragen, dass das allgemeine Lohnniveau für die von ihm ausgeübte Tätigkeit im Wirtschaftsgebiet mindestens $^1/_3$ höher ist als sein Gehalt. Eine Behauptung „ins Blaue" hinein unter Berufung darauf, dass ein Sachverständigengutachten eingeholt werden solle, reicht nicht.[14]

III. Gleichbehandlungsgrundsatz

13 Wenn Mindestlöhne eingehalten werden und die Vergütung nicht sittenwidrig niedrig ist, ist der Arbeitgeber zwar grundsätzlich in seiner Entscheidung frei, ob und unter welchen Voraussetzungen er seinen Arbeitnehmern eine zusätzliche Leistung gewährt. Er ist dabei aber an den arbeitsrechtlichen Gleichbehandlungsgrundsatz gebunden.[15]

14 Das Prinzip **„Gleicher Lohn für gleiche Arbeit"** gibt es in der deutschen Rechtsordnung allerdings **nicht.**[16] Gelingt es deshalb einem Arbeitnehmer, aufgrund seines Verhandlungsgeschicks oder aus sonstigen persönlichen Gründen eine höhere Vergütung zu erreichen, können andere Arbeitnehmer hieraus noch keinen Anspruch auf Gleichbehandlung herleiten.[17]

15 **Keine Anwendung** findet der Gleichbehandlungsgrundsatz außerdem zwischen Gewerkschaftsmitgliedern und nicht organisierten Arbeitnehmern (sog. Außenseitern), wenn der Arbeitgeber bei den Gewerkschaftsmitgliedern lediglich den geltenden Tarifvertrag anwenden will. Denn der Gleichbehandlungsgrundsatz setzt einen bestimmten Gestaltungsspielraum für den Arbeitgeber voraus. Dieser fehlt, solange dieser lediglich einen Tarifvertrag beachtet.[18]

16 Der allgemeine Gleichbehandlungsgrundsatz **gilt** aber **immer dann**, wenn der Arbeitgeber sich bei der Gewährung von Vergütungsbestandteilen **abstrakten Regeln** unterwirft. Er legt dann die Entgelthöhe bzw. die Sonderzahlung nicht nach individuellen Gesichtspunkten fest, sondern bestimmt sie nach einem allgemeinen Prinzip und wendet somit ein bestimmtes System an.[19]

---

14 LAG Schleswig-Holstein v. 31.8.2010 – 5 Sa 121/10 – Rn 49.

15 St. Rspr., vgl. z.B. BAG, Urt. v. 5.8.2009 – 10 AZR 666/08 – Rn 10.

16 BAG, Urt. v. 21.6.2000 – 5 AZR 806/98 – Rn 18.

17 BAG, Urt. v. 22.12.2009 – 3 AZR 136/08 Rn 47; BAG, Urt. v. 14.6.2006 – 5 AZR 584/05 – Rn 16; BAG, Urt. v. 15.7.2008 – 3 AZR 61/07 – Rn 33.

18 BAG, Urt. v. 15.11.2012 – 6 AZR 359/11; BAG, Urt. v. 23.10.2012 – 4 AZR 48/11; LAG München, Urt. v. 26.11.2013 – 9 Sa 554/13; Schaub/*Linck*, ArbR-Hb., § 112 Rn 17 f.

19 BAG, Urt. v. 21.6.2000 – 5 AZR 806/98 – Rn 20; Schaub/*Vogelsang*, ArbR-Hb., § 112 Rn 9, 11.

Beispiel
Ein allgemeines Vergütungssystem, das Ansprüche aus Gleichbehandlung bedingen kann, kann sein:
- Bei **Neueinstellungen** die Zahlung der beim früheren Arbeitgeber gewährten Vergütung zzgl. eines 20%-igen Zuschlags.[20]
- Die Einführung von **Gehaltsbändern** für bestimmte Hierarchiestufen und Tätigkeiten.
- Eine einheitliche **Gehaltserhöhung** in Höhe eines bestimmten Prozentsatzes pro Jahr für alle Arbeitnehmer bzw. definierter Mitarbeitergruppen.

Wendet der Arbeitgeber solche abstrakten Regeln an und gewährt er auf dieser 17 Grundlage eine freiwillige Leistung nach einem erkennbar generalisierenden Prinzip, darf er einzelne Mitarbeiter nicht sachfremd gegenüber anderen **Arbeitnehmern in vergleichbarer Lage** schlechter stellen. Vergleichbar sind Mitarbeiter, die vergleichbare Tätigkeiten ausüben.[21] Will ein Arbeitgeber z.B. nur Führungskräfte bestimmter Hierarchieebenen begünstigen, muss sich diese Gruppe von den ausgenommenen Arbeitnehmern im Hinblick auf ihre Tätigkeit klar abgrenzen lassen.[22]

Sind Mitarbeiter vergleichbar, darf der Arbeitgeber einzelne Arbeitnehmer von 18 der Leistung nur dann ausnehmen, wenn dies **sachlichen Kriterien** entspricht. Beschäftigte werden dann nicht sachfremd benachteiligt, wenn sich aus dem **Zweck der Leistung** Gründe ergeben, die es unter Berücksichtigung aller Umstände rechtfertigen, diesen Arbeitnehmern die den anderen Mitarbeitern gewährte Leistung vorzuenthalten.[23] Es ist also immer zunächst der Zweck der Leistung zu ermitteln und zu beurteilen, ob der ausgeschlossene Personenkreis berechtigterweise außerhalb der allgemeinen Zweckrichtung steht.[24] Die Gründe für eine Differenzierung offenzulegen und die sachlichen Unterscheidungskriterien zwischen zwei unterschiedlich behandelten Gruppen von Arbeitnehmern darzutun, ist Sache des Arbeitgebers.[25]

Der Gleichbehandlungsgrundsatz verbietet also die **sachfremde Schlechter-** 19 **stellung** einzelner Mitarbeiter gegenüber anderen Arbeitnehmern in vergleichbarer Lage ebenso wie eine **sachfremde Differenzierung** zwischen Gruppen von Arbeitnehmern.[26] Jede Differenzierung muss deshalb durch einen sachlichen Grund gerechtfertigt sein, der sich aus dem Zweck der gewährten Leistung ableitet.

---

20 Vgl. Sachverhalt zu BAG, Urt. v. 21.6.2000 – 5 AZR 806/98.

21 BAG, Urt. v. 21.10.2009 – 10 AZR 664/08 – Rn 31.

22 BAG, Urt. v. 21.10.2009 – 10 AZR 664/08 – Rn 34.

23 St. Rspr., vgl. z.B. BAG, Urt. v. 5.8.2009 – 10 AZR 666/08 – Rn 10; BAG, Urt. v. 1.4.2009 – 10 AZR 353/08; BAG, Urt. v. 30.8.2008 – 10 AZR 497/07.

24 BAG, Urt. v. 12.10.2011 – 10 AZR 510/10 – Rn 13; BAG, Urt. v. 3.12.2008 – 5 AZR 74/08 – Rn 15.

25 BAG, Urt. v. 12.10.2011 – 10 AZR 510/10 – Rn 14 m.w.N.

26 BAG, Urt. v. 12.10.2011 – 10 AZR 510/10 – Rn 13.

Beispiel

Der Arbeitgeber will die geringere laufende Vergütung bei einer Arbeitnehmergruppe kompensieren, die zuvor einer Verschlechterung ihrer Vergütung zugestimmt hat, indem er dieser Gruppe eine Einmalzahlung gewährt. Die Differenzierung zwischen Arbeitnehmern mit geringerer Vergütung und denen mit höherem Entgelt ist durch den Zweck der Einmalzahlung gerechtfertigt und verstößt auch nicht gegen das Maßregelungsverbot des § 612a BGB.[27] Mitarbeiter mit höherer Vergütung haben keinen Anspruch auf die Einmalzahlung aus Gleichbehandlung.

20 Der **Verstoß** gegen den arbeitsrechtlichen Gleichbehandlungsgrundsatz führt grundsätzlich dazu, dass Arbeitnehmer die Leistung verlangen können, von denen sie ohne sachlichen Grund ausgeschlossen worden sind („**Anpassung nach oben**"), während die begünstigten Beschäftigten ihre gleichheitswidrig erlangten Ansprüche nicht verlieren. Dies gilt jedenfalls für die Vergangenheit; für die Zukunft kann der Benachteiligte dagegen nicht unbedingt Gleichstellung verlangen, wenn der Arbeitgeber nunmehr sein Vergütungssystem unter Beachtung des Gleichbehandlungsgrundsatzes ändert.[28]

21 **Zusammenfassend** ist der allgemeine Gleichbehandlungsgrundsatz also unter folgenden Voraussetzungen im Bereich der Vergütung anwendbar:

Checkliste

- Die Leistung wird nicht an individuelle Umstände einzelner Mitarbeiter geknüpft, sondern der Arbeitgeber vergibt sie nach einem abstrakt-generellen Prinzip (**kollektive Regelung** durch den Arbeitgeber).
- Nur, wenn Arbeitnehmer **in vergleichbarer Lage** unterschiedlich behandelt werden, kann der Gleichbehandlungsgrundsatz Anwendung finden.
- Die Ungleichbehandlung muss durch einen **sachlichen Grund** gerechtfertigt sein, wobei zur Feststellung des Sachgrundes der mit der Leistung verfolgte Zweck maßgeblich ist.

IV. Mitbestimmungsrecht des Betriebsrats

22 Die Vertragsfreiheit des Arbeitgebers wird in Betrieben mit Betriebsrat weiter dadurch eingeschränkt, dass die betriebliche Lohngestaltung nach **§ 87 Abs. 1 Nr. 10 BetrVG** mitbestimmungspflichtig ist. Dies gilt aber **nicht** für die **konkrete Höhe des Arbeitsentgelts**, deren Regelung ausschließlich den Tarifvertragsparteien vorbehalten ist (sog. Tarifvorbehalt, § 77 Abs. 3 BetrVG).[29] Deshalb verstößt eine Betriebsvereinbarung über eine übertarifliche Zulage gegen den Tarifvorbehalt des § 77 Abs. 3 BetrVG und ist nichtig, wenn sie sich in der Aufstockung der Tariflöhne er-

27 BAG, Urt. v. 5.8.2009 – 10 AZR 666/08 – Rn 14.

28 Vgl. ausführlich ErfK/*Preis*, § 611 Rn 605 ff.

29 BAG, Urt. v. 28.2.2006 – 1 ABR 4/05 – Rn 15.

schöpft.[30] Werden dagegen Entgeltbestandteile in einer Betriebsvereinbarung geregelt, die an besondere Voraussetzungen gebunden sind (z.B. Zulagen wegen besonderer Erschwernisse), ist der Tarifvorbehalt nicht berührt.[31]

1. Mitbestimmungsfreie Entscheidungen des Arbeitgebers

23 Der Betriebsrat kann die Gewährung bestimmter Entgeltleistungen an die Beschäftigten allerdings nicht über § 87 Abs. 1 Nr. 10 BetrVG verlangen, zu deren Zahlung der Arbeitgeber gesetzlich oder (tarif-)vertraglich nicht verpflichtet ist.[32]

24 Der **Arbeitgeber entscheidet** deshalb **frei** und ohne Beteiligung des Betriebsrats über folgende Gegenstände[33]:

Checkliste !

- **Ob und welche Entgeltleistungen** er neben den (tarif-)vertraglich vorgesehenen Leistungen erbringt;
- Welche finanziellen Mittel er hierfür zur Verfügung stellt (sog. **Dotierungsrahmen**);
- Welchen **Zweck** er mit der Leistung verfolgt;
- Wie er den begünstigten **Personenkreis** abstrakt bestimmen möchte.

25 Beispielsweise kann sich der Arbeitgeber also entscheiden, dass er Mitarbeitern bis zu einer bestimmten Hierarchiestufe (= abstrakter Personenkreis) eine Treueprämie zur stärkeren Bindung an das Unternehmen (= Leistungszweck) zahlen möchte (= mitbestimmungsfreier Entschluss zur Leistungsgewährung), wobei er das Gesamtbudget für die Gratifikation aller begünstigten Arbeitnehmer mit einem Monatsgehalt pro Mitarbeiter berechnet (= Dotierungsrahmen).

2. Mitbestimmte Verteilungsgrundsätze

26 Im Rahmen dieser arbeitgeberseitigen Vorgaben ist der Betriebsrat sodann bei der **Verteilung der Leistungen** – also bei der Entscheidung darüber, nach welchen Kriterien die Berechnung der einzelnen Leistungen und ihrer Höhe im Verhältnis zueinander festgelegt werden soll – zu beteiligen.[34] Bei dem Beispiel der Treueprämie bedeutet dies, dass der Betriebsrat mitbestimmen kann, ob alle Arbeitnehmer ein

30 BAG, Urt. v. 9.7.2013 – 1 AZR 275/12 – Rn 15; BAG, Urt. v. 30.5.2006 – 1 AZR 111/05 – Rn 29.
31 BAG, Urt. v. 9.7.2013 – 1 AZR 275/12 – Rn 15; BAG, Urt. v. 9.12.1997 – 1 AZR 319/97 – zu III 3a bb (1) der Gründe.
32 BAG, Urt. v. 18.11.2003 – 1 AZR 604/02 – Rn 38; *Fitting*, § 87 BetrVG Rn 445 m.w.N.
33 St. Rspr., z.B. BAG, Urt. v. 18.11.2003 – 1 AZR 604/02, juris – Rn 38.
34 St. Rspr. des BAG, Urt. v. 18.11.2003, 1 AZR 604/02, juris – Rn 38; BAG, Urt. v. 23.1.2008 – 1 ABR 82/06 – Rn 24.

Monatsgehalt als Treueprämie erhalten sollen oder ob z.B. Mitarbeiter bis zu einer bestimmten Hierarchiestufe mehr, andere weniger bekommen sollen; das maximal zu verteilende Budget, errechnet aus einem Monatsgehalt pro Mitarbeiter, darf aber nicht überschritten werden. Im Rahmen der Mitbestimmung darf weder das vom Arbeitgeber bereitgestellte Gesamtvolumen der Leistung erhöht werden, noch kann der Betriebsrat erzwingen, dass Mitarbeiter weiterer Hierarchiestufen als vom Arbeitgeber vorgesehen in die Leistung einbezogen werden. Im Rahmen der Mitbestimmung kann auch die Zweckbestimmung „Treueprämie" nicht dahingehend abgeändert werden, dass die Zahlung stattdessen als Urlaubsgeld erfolgt.

3. Kürzung freiwilliger Leistungen und Mitbestimmung

27 Will der Arbeitgeber eine **freiwillige Leistung kürzen** – im Beispielsfall also für das Weihnachtsgeld nicht mehr gleichmäßig ein Monatsgehalt als Budget zur Verfügung stellen, sondern für drei verschiedenen Arbeitnehmergruppen gestaffelt 0,5, 0,75 und ein Monatsgehalt –, ändert diese Kürzung des Dotierungsrahmens gleichzeitig den bisher mit dem Betriebsrat vereinbarten Verteilungsschlüssel. Deshalb löst die **ungleichmäßige Absenkung** oder die **partielle Streichung** von freiwilligen Leistungen die Mitbestimmung des Betriebsrats aus. Kündigt der Arbeitgeber deshalb die Betriebsvereinbarung, wirkt sie so lange nach, bis sich die Betriebsparteien auf einen neuen Verteilungsschlüssel geeinigt und eine neue Betriebsvereinbarung über das geänderte Weihnachtsgeld abgeschlossen haben (§ 77 Abs. 6 BetrVG).[35]

28 Wird die Leistung dagegen **gleichmäßig abgesenkt**, verbleibt kein Raum für eine Neuverteilung, da der Verteilungsschlüssel nicht geändert wird. In diesem Fall endet die gekündigte Betriebsvereinbarung mit Ablauf der Kündigungsfrist und wirkt nicht nach.[36]

29 An das möglicherweise bestehende Mitbestimmungsrecht des Betriebsrats bei der Kürzung von Leistungen muss der Arbeitgeber auch immer dann denken, wenn er bisher gewährte Entgeltbestandteile **widerrufen** oder **anrechnen** möchte. Denn jeder Widerruf und jede Anrechnung von Leistungen kann eine mitbestimmungspflichtige Kürzung darstellen.[37]

---

35 *Fitting*, § 87 BetrVG – Rn 438 ff.

36 *Fitting*, § 87 BetrVG – Rn 438 ff.; vgl. grundlegend BAG, Urt. v. 3.12.1991 – GS 2/90 – mit Beispielen.

37 Vgl. hierzu Ausführungen zu Widerrufsvorbehalt und Anrechnungsvorbehalt bei den einzelnen Vergütungsbestandteilen.

4. Einstellung freiwilliger Leistungen und Mitbestimmung

So, wie der Arbeitgeber allein darüber entscheidet, ob er freiwillige Leistungen überhaupt erbringt, kann er mitbestimmungsfrei deren vollständige **Einstellung** bestimmen. Der Umstand, dass der Betriebsrat über die Aufstellung von Entlohnungsgrundsätzen und den auf diesen beruhenden Leistungsplan mitzubestimmen hat, ändert daran nichts. Der Arbeitgeber kann mit den Mitteln des Betriebsverfassungsrechts nicht gezwungen werden, eine freiwillige Leistung länger zu erbringen, als er aufgrund der in der Betriebsvereinbarung selbst eingegangenen Bindung verpflichtet ist.[38] Eine Nachwirkung der gekündigten Betriebsvereinbarung scheidet aus, d.h. die Pflicht zur Leistungsgewährung endet mit Ablauf der ordentlichen Kündigungsfrist.[39] Dies gilt jedenfalls für **Arbeitgeber** uneingeschränkt, die **tarifgebunden** sind. Denn bei ihnen regelt der Tarifvertrag das geltende Vergütungssystem; für ein Mitbestimmungsrecht des Betriebsrats ist wegen des Tarifvorrangs (§ 87 Abs. 1 Eingangssatz BetrVG) kein Raum. 30

Bei **tarifungebundenen Arbeitgebern** ist grundsätzlich jede Änderung des Entlohnungssystems (z.B. die Auszahlung des Gehalts in 12 Teilbeträgen statt bisher in 13 Teilbeträgen) mitbestimmungspflichtig.[40] Denn die Vergütungsstruktur wird ohne Tarifbindung regelmäßig geändert, wenn nur einer von mehreren Vergütungsbestandteilen, aus denen sich die Gesamtvergütung zusammensetzt, gestrichen, erhöht oder verändert wird.[41] Die Situation entspricht der Situation bei der ungleichmäßigen Absenkung von freiwilligen Leistung, bei denen die Kürzung wegen der Änderung des Verteilungsschlüssels ebenfalls mitbestimmungspflichtig ist. Vor diesem Hintergrund war längere Zeit in der **Diskussion**, ob nicht tarifgebundene Arbeitgeber freiwillige Vergütungsleistungen nie mehr ohne Nachwirkung einstellen können. Diese Diskussion ist mittlerweile geklärt:[42] 31

- Ist in einer Betriebsvereinbarung **nur ein Vergütungsbestandteil** (z.B. das Weihnachtsgeld) geregelt und erklärt der Arbeitgeber bei der Kündigung, dass er nach dem Ablauf der Kündigungsfrist für den bisherigen Leistungszweck

---

38 BAG, Urt. v. 18.11.2003 – 1 AZR 604/02 – Rn 39; BAG, Urt. v. 23.1.2008 – 1 ABR 82/06 – Rn 25.

39 BAG, Urt. v. 18.11.2003 – 1 AZR 604/02 – Rn 39; BAG, Urt. v. 23.1.2008 – 1 ABR 82/06 – Rn 25.

40 BAG, Urt. v. 26.8.2008 – 1 AZR 354/07 – Rn 21; BAG, Urt. v. 28.2.2006 – 1 ABR 4/05 – Rn 18; BAG, Urt. v. 15.4.2008 – 1 AZR 65/07 – Rn 25 ff.: Streichung der Jahreszuwendung und des Urlaubsgelds bei Neueinstellungen; BAG, Urt. v. 14.1.2014 – 1 ABR 57/12 – Rn 13 ff.: Verzicht auf Gewinnbeteiligung gegen jährliche Einmalzahlung von EUR 3.000,– mitbestimmungspflichtig.

41 BAG, Urt. v. 14.1.2014 – 1 ABR 57/12 – Rn 17 ff.; BAG, Urt. v. 26.8.2008 – 1 AZR 65/07 – Rn 25; BAG, Urt. v. 28.2.2006 – 1 ABR 4/05 – Rn 18.

42 BAG, Urt. v. 5.10.2011 – 1 ABR 20/09 – Rn 25 f.; bestätigt in BAG, Urt. v. 9.7.2013 – 1 AZR 275/12 – Rn 20; vgl. aber *Fitting*, § 87 BetrVG Rn 453a mit differenzierter Betrachtung dazu, inwieweit die Rechtsprechung die Grundsätze der teilmitbestimmten Betriebsvereinbarung geändert hat.

keine Mittel mehr zur Verfügung stellen möchte, wirkt die gekündigte Betriebsvereinbarung nicht nach § 77 Abs. 6 BetrVG nach.[43]

- Sind dagegen in einer Betriebsvereinbarung **verschiedene Vergütungsbestandteile** geregelt,[44] oder Gegenstände der zwingenden Mitbestimmung (z.B. Schichtarbeit, § 87 Abs. 1 Nr. 2 BetrVG) mit teilmitbestimmten Gegenständen (z.B. Schichtzulagen) untrennbar verbunden,[45] ist davon auszugehen, dass eine Leistung nicht ohne Auswirkung auf die anderen Gegenstände der Betriebsvereinbarung eingestellt werden kann. Denn jede Betriebsvereinbarung stellt ein Verhandlungsergebnis dar, in dem die Betriebsparteien Forderungen im Hinblick auf andere in Aussicht gestellte (finanzielle) Regelungen zurücknehmen. In einem solchen Fall gilt die Betriebsvereinbarung insgesamt nach § 77 Abs. 6 BetrVG weiter, bis eine Neuregelung gefunden wurde, weil der Arbeitgeber andernfalls das Verhandlungsergebnis einseitig unzulässig verändern könnte.[46]

32 Zusammengefasst sind damit folgende Punkte bei der Erstellung und Verhandlung von Betriebsvereinbarungen zu freiwilligen Vergütungsbestandteilen zu beachten:

! **Checkliste**
- Jeder freiwillige Vergütungsbestandteil muss in einer gesonderten Betriebsvereinbarung geregelt werden.
- Bei der Kündigung der Betriebsvereinbarung zur vollständigen Einstellung der Leistung muss gleichzeitig erklärt werden, dass für den Zweck der gekündigten Leistung keine (weiteren) Mittel mehr zur Verfügung gestellt werden sollen.
- Eine Nachwirkung der Betriebsvereinbarung nach § 77 Abs. 6 BetrVG ist bei Erfüllung dieser Voraussetzungen ausgeschlossen,[47] es sei denn, die freiwillige Leistung ist untrennbar mit Gegenständen der zwingenden Mitbestimmung verbunden.[48]

---

5. Folgen der Missachtung der Mitbestimmung

33 Beachtet der Arbeitgeber das Mitbestimmungsrecht hinsichtlich der Entlohnungsgrundsätze nicht, hat der Betriebsrat einen allgemeinen Unterlassungsanspruch nach § 23 Abs. 3 BetrVG.[49] Bis zu einer Einigung oder dem Spruch der Einigungsstelle bleibt der Arbeitgeber individualrechtlich an die bisherige Vergütungsord-

43 BAG, Urt. v. 5.10.2011 – 1 ABR 20/09 – Rn 25 f.; BAG, Urt. v. 9.7.2013 – 1 AZR 275/12 – Rn 20.
44 BAG, Urt. v. 5.10.2011 – 1 ABR 20/09.
45 BAG, Urt. v. 9.7.2013 – 1 AZR 275/12.
46 BAG, Urt. v. 9.7.2013 – 1 AZR 275/12 – Rn 24.
47 BAG, Urt. v. 5.10.2011 – 1 ABR 20/09 – Rn 25 f.
48 BAG, Urt. v. 9.7.2013 – 1 AZR 275/12: Bei Kündigung einer BV-Contibetrieb müssen außertarifliche Schichtzulagen weiterbezahlt werden, solange nach dieser BV Schichtarbeit zu leisten ist.
49 BAG, Urt. v. 13.3.2001 – 1 ABR 7/00.

nung gebunden (**Theorie der Wirksamkeitsvoraussetzung**).[50] Arbeitnehmer können somit mitbestimmungswidrige Kürzungen von Vergütungsleistungen ignorieren und wie bisher vom Arbeitgeber so lange Leistungen in der bisherigen Höhe beanspruchen, bis mit dem Betriebsrat eine andere Regelung gefunden worden ist. Bis zu diesem Zeitpunkt können sie sich auf die Fortgeltung der bisherigen Entlohnungsgrundsätze berufen.[51]

C. Kategorisierung von Vergütungsbestandteilen

Soweit die oben geschilderten gesetzlichen und kollektivrechtlichen Rahmenbedin- 34
gungen eingehalten werden, hängt der Einsatz von Flexibilisierungsinstrumenten von zahlreichen, für den juristischen Laien kaum noch nachvollziehbaren Umständen ab. Die Rechtsprechung bemüht sich seit Jahren darum, für die Rechtsanwender Klarheit zu schaffen, indem Vergütungsbestandteile kategorisiert und innerhalb der Kategorien generalisierende Aussagen zu Flexibilisierungsinstrumenten getroffen werden.[52]

I. Fixe Vergütungsbestandteile

Die erste „Gruppe“ stellen dabei die in regelmäßigen Zeitabschnitten (pro Monat/ 35
pro Stunde) gleichmäßig gezahlten fixen Vergütungsbestandteile dar (wie z.B. die Festvergütung). Sie sind kaum Gegenstand von vertraglicher Flexibilisierung und deshalb selten von Streitigkeiten im Zusammenhang mit Flexibilisierungsinstrumenten, so dass die Rechtsprechung diese Kategorie weder erwähnt noch definiert.

Trotzdem ist die Festvergütung der **„Prototyp“** am einen Ende der Skala, der als 36
Maßstab für die Beurteilung auch ohne ausdrücklichen Bezug darauf von der Rechtsprechung herangezogen wird. Die Festvergütung unterstellt, dass der Arbeitnehmer grundsätzlich in jedem Zeitabschnitt eine **gleichwertige Leistung** erbringt und alle Mitarbeiter mit gleicher Festvergütung zudem vergleichbare Arbeitsleistungen erbringen.[53] Dies mag zwar eine **Fiktion** sein. Trotzdem ist dieses Verständnis wichtig dafür, dass die vereinbarte Festvergütung nicht beliebig flexibilisiert werden kann: Der Arbeitgeber erklärt sich mit der Vereinbarung einer Festvergütung in Form des üblichen Zeitlohns nämlich bereit, über Leistungsschwankungen des einzelnen Mitarbeiters ebenso hinwegzusehen wie über die größere bzw. geringere

50 St. Rspr. seit BAG GS 3.12.1991, vgl. ausführlich *Fitting*, § 87 BetrVG Rn 599 ff.
51 BAG, Urt. v. 15.4.2008 – 1 AZR 65/07.
52 Vgl. schon *Hidalgo/Rid*, BB 2005, 2686.
53 Vgl. im Einzelnen Schaub/*Vogelsang*, ArbR-Hb., § 63 Rn 1.

Leistungsfähigkeit und Leistungsbereitschaft verschiedener Arbeitnehmer oder den Erfolg der erbrachten Arbeitsleistung. Der Mitarbeiter schuldet nämlich keinen bestimmten Erfolg oder Leistungsbeitrag.[54] Dementsprechend kann die Festvergütung im Fall der Schlechtleistung auch nicht reduziert werden.[55] Die Festvergütung ist somit der Vergütungsbestandteil, der unmittelbar in das Austauschverhältnis „Arbeit gegen Lohn" einbezogen ist (**Synallagma**) und mit der kein weiterer Zweck verfolgt wird als die Entlohnung der Arbeitsleistung.

37 Der Arbeitnehmer darf vor diesem Hintergrund in einem Arbeitsverhältnis grundsätzlich auf die **Beständigkeit** der zugesagten Festvergütung **vertrauen**, wenn diese nicht an besondere Voraussetzungen geknüpft ist. Er erbringt im Hinblick auf diese seine Arbeitsleistung und stellt sein Leben darauf ein. Deshalb würde die Freiheit des Arbeitgebers, monatlich neu über die regelmäßige Vergütung zu entscheiden, dem Zweck des Arbeitsvertrages widersprechen und den Arbeitnehmer unangemessen benachteiligen.[56]

II. „Echte" Sonderzahlungen

38 Das Gegenstück der Festvergütung, der „Prototyp" am anderen Ende der Skala zur Beurteilung der Flexibilisierungsinstrumente, ist die „echte" Sonderzahlung. Mit ihr wird nicht die Vergütung erbrachter Arbeitsleistung bezweckt, sondern sie verfolgt jeden denkbaren **anderen Zweck**. Ihre Zahlung kann deshalb grundsätzlich an den Eintritt weiterer Bedingungen geknüpft werden, wenn diese mit dem verfolgten Zweck in Einklang stehen. Derartige Sonderzahlungen werden regelmäßig **nur einmal im Jahr** als Einmalzahlung oder noch seltener (z.B. bei einem Dienstjubiläum) gezahlt.

39 Üblich sind dabei vor allem Sonderzuwendungen, die die erwiesene oder zukünftige Betriebstreue honorieren (**Treue- oder Halteprämien**)[57] oder mit der der Arbeitgeber sich an den zum Weihnachtsfest typischerweise erhöhten Aufwendungen seiner Arbeitnehmer beteiligt (**Weihnachtsgratifikation**).[58] Hierunter sind außerdem **Jubiläumsgelder** zu fassen, die der Arbeitnehmer nach einer bestimmten Betriebszugehörigkeit erhält. Die Gewährung solcher Sonderzuwendungen hängt üblicherweise nicht von einer bestimmten Arbeitsleistung, sondern regelmäßig vom Bestand des Arbeitsverhältnisses zu einem definierten Stichtag ab.

---

54 ErfK/*Preis*, § 611 BGB, Rn 683.
55 BAG, Urt. v. 18.7.2007 – 5 AZN 610/07 – Rn 3.
56 BAG, Urt. v. 25.4.2007 – 5 AZR 627/06.
57 BAG, Urt. v. 18.1.2012 – 10 AZR 667/10 – Rn 13; BAG, Urt. v. 28.3. 2007 – 10 AZR 261/06 – Rn 18.
58 BAG, Urt. v. 18.1.2012 – 10 AZR 667/10 – Rn 13; BAG, Urt. v. 5.7.2011 – 1 AZR 94/10 – Rn 35.

Ob eine „echte" Sonderzahlung vorliegt, muss durch **Auslegung** der vertraglichen Bestimmungen ermittelt werden.[59] Hierbei hat das BAG folgende Grundsätze aufgestellt.[60] 40

Checkliste !
- Die Sonderzahlung darf **keinen wesentlichen Anteil** an der **Gesamtvergütung** ausmachen.
- Dass mit der Zahlung ein **anderer Zweck** als die Vergütung der Arbeitsleistung verfolgt wird, muss sich deutlich aus der zugrundeliegenden Vereinbarung ergeben.
- Die Sonderzahlung darf **nicht** an die **Erreichung** von quantitativen oder qualitativen **Zielen** geknüpft sein.

III. Arbeitsleistungsbezogene Sonderzahlungen

Neben „echten" Sonderzahlungen gibt es sogenannte „arbeitsleistungsbezogene Sondervergütungen", die zumindest auch die Vergütung erbrachter Arbeitsleistung bezwecken. Diese stehen deshalb – wie die Festvergütung – im **Synallagma** zur erbrachten Arbeitsleistung und werden vom Arbeitnehmer durch deren Erbringung verdient.[61] 41

Im Unterschied zur Festvergütung wird die arbeitsleistungsbezogene Sonderzahlung jedoch nicht monatlich ausbezahlt, sondern – wie die „echte" Sonderzahlung – üblicherweise nur einmal im Jahr (**Einmalzahlung**). Anders als bei der „echten" Sondervergütung geht das BAG aber davon aus, dass der Anspruch auf eine solche Zuwendung bereits anteilig während des Bezugszeitraums entsprechend der zurückgelegten Dauer entsteht („**pro rata**") und nur zu einem anderen Zeitpunkt insgesamt fällig wird.[62] 42

Solche arbeitsleistungsbezogenen Sonderzuwendungen honorieren somit die im Bezugszeitraum erbrachte Arbeitsleistungen zusätzlich. Dies kommt z.B. bei einem **13. Monatsgehalt** dadurch zum Ausdruck, dass dieses dem Arbeitnehmer ohne Vorliegen weiterer Voraussetzungen ausbezahlt wird. Arbeitsleistungsbezogene Sonderzahlungen können aber auch **erfolgsabhängig** ausgestaltet sein und eine besondere Arbeitsleistung, einen besonderen Leistungsbeitrag oder auch einen besonderen Unternehmenserfolg voraussetzen: Bei einem Zielbonus[63] kann dessen 43

59 St. Rspr., z.B. BAG, Urt. v. 18.1.2012 – 10 AZR 667/10 – Rn 15; BAG, Urt. v. 13.11.2013 – 10 AZR 848/12 – Rn 18 ff.; BAG, Urt. v. 19.3.2014 – 10 AZR 622/13 – Rn 27 ff.
60 BAG, Urt. v. 18.1.2012 – 10 AZR 667/10 – Rn 15.
61 BAG, Urt. v. 18.1.2012 – 10 AZR 667/10 – Rn 10.
62 BAG, Urt. v. 18.1.2012 – 10 AZR 667/10 – Rn 10; BAG, Urt. v. 28.3.2007 – 10 AZR 261/06 – Rn 17.
63 Für die Einordnung als arbeitsleistungsbezogene Sondervergütung vgl. BAG, Urt. v. 18.1.2012 – 10 AZR 667/10 – Rn 10; BAG, Urt. v. 5.7.2011 – 1 AZR 94/10 – Rn 35; BAG, Urt. v. 12.4.2011 – 1 AZR 412/09 – Rn 25.

Höhe z.B. vom Erreichen persönlicher Ziele abhängig sein. Bei einer Gewinnbeteiligung oder bei Tantiemen[64] hängt die Höhe der Zahlung vom Unternehmenserfolg ab. Häufig wird das Erreichen persönlicher Ziele mit Unternehmenszielen kombiniert. Unabhängig davon stellt **jede erfolgsabhängige Vergütung** eine unmittelbare Gegenleistung für die erbrachte Arbeitsleistung dar. Denn auch Sonderzuwendungen, die nur an den Unternehmenserfolg anknüpfen, werden regelmäßig als zusätzliche Vergütung für eine im Geschäftsjahr erbrachte Arbeitsleistung des Arbeitnehmers gezahlt; die synallagmatische Verbindung zwischen Arbeitsleistung und Sonderzuwendung wird durch die Abhängigkeit von einem Unternehmensergebnis nicht in Frage gestellt.[65]

44 Ob eine arbeitsleistungsbezogene Sonderzahlung vorliegt, muss durch **Auslegung** der vertraglichen Bestimmungen ermittelt werden. Hierbei hat das BAG folgende Grundsätze aufgestellt:

Checkliste
- Macht die Sonderzuwendung einen **wesentlichen Anteil** der **Gesamtvergütung** (mindestens 25%)[66] aus, handelt es sich regelmäßig um Arbeitsentgelt, das als Gegenleistung für erbrachte Arbeitsleistung geschuldet wird.[67]
- Sonderzuwendungen, die mit der Erreichung von **quantitativen oder qualitativen Zielen** verknüpft sind, haben eindeutig Vergütungscharakter und sind somit arbeitsleistungsbezogene Sonderzahlungen.[68]
- Sind für die Sonderzahlung **keine weiteren Anspruchsvoraussetzungen** vereinbart (wie beim 13. Monatsgehalt), ist diese üblicherweise ebenfalls Gegenleistung für die erbrachte Arbeitsleistung.[69]
- Die lediglich **anteilige Zahlung** bei unterjährigem Ein- oder Austritt oder bei unbezahlten Arbeitsbefreiungen spricht ebenfalls dafür, dass die Sonderzahlung an die erbrachte Arbeitsleistung anknüpft und nicht nur die Betriebstreue honorieren will.[70] Allein die anteilige Gewährung im Eintrittsjahr führt aber noch nicht dazu, dass die Gratifikation ihre Eigenschaft als „echte" Sonderzahlung unbedingt verliert.[71]

64 Für die Einordnung als arbeitsleistungsbezogene Sondervergütung vgl. BAG, Urt. v. 18.1.2012 – 10 AZR 667/10 – Rn 10; BAG, Urt. v. 12.4.2011 – 1 AZR 412/09 – Rn 25.

65 BAG, Urt. v. 18.1.2012 – 10 AZR 667/10 – Rn 10; BAG, Urt. v. 5.7.2011 – 1 AZR 94/10 – Rn 35; BAG, Urt. v. 12.4.2011 – 1 AZR 412/09 – Rn 25.

66 BAG, Urt. v. 24.10.2007 – 10 AZR 825/06 – Rn 28.

67 BAG, Urt. v. 18.1.2012 – 10 AZR 667/10 – Rn 15; BAG, Urt. v. 24.10.2007 – 10 AZR 825/06 – Rn 28.

68 BAG, Urt. v. 18.1.2012 – 10 AZR 667/10 – Rn 15; BAG, Urt. v. 14.11.2012 – 10 AZR 793/11 – Rn 16.

69 BAG, Urt. v. 18.1.2012 – 10 AZR 667/10 – Rn 15.

70 BAG, Urt. v. 13.11.2013 – 10 AZR 848/12 – Rn 20.

71 BAG, Urt. v. 18.1.2012 – 10 AZR 667/10 – Rn 15.

IV. Sonderzahlungen mit „Mischcharakter"/Zielbonussysteme

Neben den genannten Kategorien „fixe Vergütungsbestandteile", „echte Sonderzahlungen" und „arbeitsleistungsbezogene Sonderzahlungen" findet sich auch der ältere Begriff „Sonderzahlungen mit Mischcharakter", der gerne in Zusammenhang mit Zielboni verwendet wird. Unter Sonderzahlungen mit „Mischcharakter" versteht man solche Zahlungen, die jedenfalls auch Vergütung für bereits erbrachte Arbeitsleistung darstellen (weil sie sich z.B. hinsichtlich der Höhe nach dem Unternehmenserfolg richten), daneben aber üblicherweise auch die Betriebstreue oder weitere Zwecke verfolgen.[72] Diese Gruppe ist **schwierig** und wegen der Vielzahl der denkbaren Kombinationen von Zwecken und der hierzu ergehenden Einzelfallentscheidungen kaum in den Griff zu bekommen. 45

Das BAG beschränkt sich deshalb in seinen jüngeren Entscheidungen darauf, **nur noch zwei Kategorien** von Vergütungsbestandteilen zu definieren, nämlich „echte" Sonderzahlungen und „arbeitsleistungsbezogene" Sonderzahlungen.[73] Die sich aus der Vertragsgestaltung ergebenden „Mischungen" aus diesen beiden Typen werden anhand der Umstände des konkreten Falles gelöst. Als **Leitlinie** kann man dabei festhalten, dass immer dann, wenn zumindest auch die Arbeitsleistung mit der Sonderzahlung honoriert wird, die Grundsätze für die arbeitsleistungsbezogene Sonderzahlung zur Lösung herangezogen werden und vor diesem Hintergrund vor allem **Stichtagsklauseln** für unzulässig erklärt werden[74]. Insofern existiert die Kategorie der Sonderzahlung mit „Mischcharakter" eigentlich nicht mehr; sie wird an dieser Stelle deshalb nur der Vollständigkeit halber erwähnt, aber im Grundsatz nicht weiter behandelt. 46

Zielbonuszahlungen, bei denen sich die Frage des „Mischcharakters" und der Vereinbarkeit von verschiedenen Flexibilisierungsinstrumenten besonders häufig stellt, werden dafür ausführlich exemplarisch für diese Kategorie dargestellt.[75] 47

V. Zusammenfassung/Checkliste

Der Versuch, Vergütungsbestandteile einzuordnen, hilft dabei, zu einer größeren Rechtssicherheit bei der vertraglichen Gestaltung von Flexibilisierungsinstrumenten zu kommen. Eine **allgemein gültige Kategorisierung** ist allerdings wegen der 48

72 BAG, Urt. v. 18.1.2012 – 10 AZR 612/10 – Rn 16.
73 BAG, Urt. v. 18.1.2012 – 10 AZR 667/10 – Rn 10 und 12.
74 BAG, Urt. v. 13.11.2013 – 10 AZR 848/12 – Rn 23.
75 Vgl. Kapitel 5 G Rn 185 ff.

Vielzahl möglicher Fallgestaltungen, der unterschiedlichen Ziele der Zahlungen und der verschiedenen Auszahlungszeitpunkte nicht möglich.[76]

49 Festzuhalten bleibt aber, dass die Rechtsprechung den Rechtsanwendern in den neueren Entscheidungen einige Anhaltspunkte zur Beurteilung gegeben hat, die im Einzelfall weiterhelfen können:

Checkliste
- Durch Flexibilisierungsinstrumente darf dem Arbeitnehmer bereits **erarbeiteter Lohn** nicht entzogen werden.[77]
- „Erarbeiteter Lohn" liegt immer dann vor, wenn die Sonderzahlung einen **wesentlichen Anteil der Gesamtvergütung** ausmacht.[78]
- „Erarbeiteter Lohn" ist auch jede Sonderzahlung, die mit der Erreichung von **quantitativen oder qualitativen Zielen** verknüpft ist.[79]
- „Erarbeiteter Lohn" ist auch eine Sonderzahlung, die **keine weiteren Anspruchsvoraussetzungen** hat (wie das 13. Monatsgehalt).[80]
- Sonderzahlungen, die „erarbeiteten Lohn" darstellen, werden regelmäßig **„pro rata temporis"** verdient, weil sie kontinuierlich an die Arbeitsleistung anknüpfen. Nur wenn die Sonderzahlung für besondere, zu bestimmten Zeiten zu erbringende Leistungen versprochen wird, kann es allein auf diese Zeiträume ankommen.[81]

D. Fixe Vergütungsbestandteile (laufende Arbeitsentgelte)

I. Begriff

50 Als fixe Vergütungsbestandteile wird hier der sog. Zeitlohn bezeichnet, der **rein zeitbezogen** (z.B. pro Monat oder pro Stunde) für die erbrachte Arbeitsleistung gezahlt wird. Prominentestes Beispiel sind die Fest- oder Grundvergütung sowie laufende Arbeitsentgelte wie monatliche Zulagen, deren Erhalt an **keine weiteren Voraussetzungen** geknüpft wird als an die Erbringung der Arbeitsleistung.

Klauselmuster
Der Arbeitnehmer erhält eine monatliche Bruttovergütung in Höhe von EUR [Betrag] und eine monatliche Leistungszulage in Höhe von EUR [Betrag], die jeweils am Monatsende unter Abzug der gesetzlichen Abgaben ausbezahlt wird.

---

76 BAG, Urt. v. 30.7.2008 – 10 AZR 606/07 – Rn 38.
77 BAG, Urt. v. 18.1.2012 – 10 AZR 612/10 – Rn 23; BAG, Urt. v. 13.11.2013 – 10 AZR 848/12 – Rn 28 ff.
78 BAG, Urt. v. 18.1.2012 – 10 AZR 667/10 – Rn 15.
79 BAG, Urt. v. 18.1.2012 – 10 AZR 667/10 – Rn 15.
80 BAG, Urt. v. 18.1.2012 – 10 AZR 667/10 – Rn 15.
81 BAG, Urt. v. 14.11.2012 – 10 AZR793/11 – Rn 14.

II. Rechtliche Rahmenbedingungen

Zu den generellen rechtlichen Rahmenbedingungen wie z.B. der Pflicht zur Einhaltung von gesetzlichen oder tariflichen Mindestlöhnen wurde bereits oben ausgeführt.[82] Im Folgenden wird deshalb nur noch auf die für die Flexibilisierung von fixen Vergütungsbestandteilen wesentlichen rechtlichen Grundlagen eingegangen. 51

1. Synallagmatische Verknüpfung

Fixe Vergütungsbestandteile unterstellen, dass der Arbeitnehmer grundsätzlich in jedem Zeitabschnitt eine gleichwertige Leistung erbringt.[83] Die **Gegenleistung** des Arbeitnehmers ist allein die Erbringung der **Arbeitsleistung** in der vertraglich geschuldeten Arbeitszeit. Einen bestimmten Erfolg oder Leistungsbeitrag schuldet er nicht.[84] Dementsprechend kann die Festvergütung bei einer **Schlechtleistung** auch nicht reduziert werden.[85] Hat der Arbeitgeber allerdings gegen den Arbeitnehmer einen Schadenersatzanspruch wegen dessen Schlechtleistung, kann er diesen gegen den Vergütungsanspruch nach Maßgabe der §§ 387 ff. BGB aufrechnen.[86] Eine solche Möglichkeit dürfte aber üblicherweise eher nicht bestehen. 52

Der Arbeitnehmer kann somit bei fixen Vergütungsbestandteilen in Form eines Zeitlohns damit rechnen, immer das gleiche Entgelt zu erhalten, selbst wenn seine Leistung schwankt. Umgekehrt hat die Vereinbarung den Nachteil, dass sie **überdurchschnittliche Leistungen** nicht honoriert. Etwas anderes gilt nur dann, wenn der Arbeitnehmer über den Arbeitsvertrag hinaus zu höherwertigen Tätigkeiten herangezogen wird, deren Erbringung soweit außerhalb seiner „Normaltätigkeit" liegt, dass sie nicht mehr mit der Vergütung abgegolten sein kann.[87] Nur in diesem (Ausnahme-)Fall kann der Arbeitnehmer nach Maßgabe des § 612 BGB die für die höherwertige Tätigkeit angemessene Vergütung verlangen; normalerweise erhält er auch für überdurchschnittliche Leistungen nur das vereinbarte Festgehalt. 53

2. Wegfall des Vergütungsanspruchs

Der Vergütungsanspruch entfällt bei fixen Vergütungsbestandteilen wegen der synallagmatischen Verknüpfung von Arbeitsleistung und Entgelt immer dann ganz 54

---

82 Vgl. Kapitel 5 B Rn 5 ff.
83 Vgl. Schaub/*Vogelsang*, ArbR-Hb., § 63 Rn 1.
84 ErfK/*Preis*, § 611 BGB Rn 683.
85 BAG, Urt. v. 18.7.2007 – 5 AZN 610/07, Rn 3.
86 BAG, Urt. v. 18.7.2007 – 5 AZN 610/07.
87 BGH, Urt. v. 11.11.1977 – 1 ZR 56/75, AP Nr. 30 zu § 612 BGB zu einer Schreibkraft, die einen wesentlichen schöpferischen Beitrag zum Buchmanuskript erstellt; ErfK/*Preis*, § 612 BGB Rn 16 ff.

oder teilweise, wenn der Arbeitnehmer keine Arbeitsleistung erbringt („**Ohne Arbeit kein Lohn**", § 326 Abs. 1 S. 1 BGB). Es bedarf hierfür keiner vertraglichen Kürzungsvereinbarung, sondern der Wegfall des Vergütungsanspruchs ergibt sich unmittelbar aus dem Gegenseitigkeitsverhältnis zwischen (nicht erbrachter) Arbeitsleistung und fixen Vergütungsbestandteilen (z.B. bei Elternzeit, Pflegezeit, Krankheit über den Entgeltfortzahlungszeitraum hinaus, unbezahlten Urlaub oder auch nach Beendigung des Arbeitsverhältnisses).

55 In vielen Fällen des Arbeitsausfalls (Krankheit, Urlaub, Mutterschutz, etc.)[88] ordnen jedoch **gesetzliche Regelungen** die **Fortzahlung** der Vergütung trotz fehlender Arbeitsleistung an. Der Wegfall der Vergütung wegen nicht erbrachter Arbeitsleistung kommt deshalb in erster Linie dann in Betracht, wenn der Arbeitnehmer vertragswidrig seine Arbeitspflicht verletzt, indem er z.B. eigenmächtig Urlaub nimmt, unentschuldigt nicht zur Arbeit erscheint oder seinen Arbeitstag vorzeitig in unzulässiger Weise beendet.

3. Gesonderte Ausweisung bei Flexibilisierung erforderlich

56 Trotz der synallagmatischen Verknüpfung können auch fixe Vergütungsbestandteile flexibilisiert werden, z.B. durch Widerrufs- oder Anrechnungsvorbehalte. Allerdings muss berücksichtigt werden, dass der Arbeitnehmer gerade bei fixen Vergütungsbestandteilen in besonderem Maße auf deren **Beständigkeit vertrauen** darf. Er erbringt im Hinblick auf sie seine Arbeitsleistung und stellt sein Leben darauf ein.[89]

57 Wenn der Arbeitgeber deshalb fixe Vergütungsbestandteile in dem zulässigen Rahmen flexibel gestalten möchte, sollten diese **gesondert ausgewiesen** werden (z.B. durch Aufteilung in ein Festgehalt und eine regelmäßig zu zahlende flexibilisierbare monatliche Zulage). Durch diese Gestaltung ist für den Arbeitnehmer klar erkennbar, mit welchen Gehaltsbestandteilen er stets rechnen kann und welche ihm ggf. einseitig durch den Arbeitgeber entzogen werden können. Nachdem Flexibilisierungsinstrumente einer Inhaltskontrolle anhand der AGB-Vorschriften zu unterziehen sind, dürfte schon das **Transparenzgebot** (§ 307 Abs. 1 S. 2 BGB) eine entsprechende Aufteilung erforderlich machen.

III. Flexibilisierungsinstrumente

58 Im Folgenden soll untersucht werden, welche Flexibilisierungsinstrumente sich für fixe Vergütungsbestandteile eignen.

---

88 Z. B. § 3 Abs. 1 EFZG, § 11 BUrlG, § 11 MuSchG.

89 BAG, Urt. v. 25.4.2007 – 5 AZR 627/06.

1. Einseitige Leistungsbestimmung nach billigem Ermessen

Das Gesetz sieht in § 315 Abs. 1 BGB vor, dass eine Leistung nicht notwendig schon im Vertrag festgelegt sein muss, sondern dass deren Bestimmung (einseitig) einer Partei überlassen bleiben darf. Auch bei Vergütungsbestandteilen im Arbeitsverhältnis ist eine solche einseitige Leistungsbestimmung durch den Arbeitgeber grundsätzlich zulässig.[90] Dieser muss die Leistungsbestimmung allerdings im billigen Ermessen treffen, d.h. die wesentlichen Umstände des Falles abwägen und die beiderseitigen Interessen angemessen berücksichtigen.[91] 59

Inwieweit die Bestimmung der Höhe von fixen Vergütungsbestandteilen allerdings in das billige Ermessen des Arbeitgebers gestellt werden kann, ist rechtlich **ungeklärt**. Jedenfalls müssen dem Arbeitnehmer stets gesetzliche bzw. tarifliche Mindestlöhne verbleiben; zudem müssen sowohl der allgemeine Gleichbehandlungsgrundsatz als auch etwaige Mitbestimmungsrechte des Betriebsrats nach § 87 Abs. 1 Nr. 10 BetrVG beachtet werden. Vor dem Hintergrund dieser komplexen Anforderungen ist es üblicherweise **nicht im Interesse des Arbeitgebers**, monatlich über die Höhe von fixen Vergütungsbestandteilen zu entscheiden, da dies einen erheblichen Aufwand verursacht. Ob die Entscheidung über die Vergütungshöhe nämlich der Billigkeit entspricht, unterliegt der vollen gerichtlichen Kontrolle (§ 315 Abs. 3 S. 2 BGB), wobei die Darlegungs- und Beweislast dafür den Arbeitgeber trifft.[92] Insofern wäre es (unabhängig von der rechtlichen Zulässigkeit) für ein Unternehmen völlig unpraktikabel, monatliche Ermessensleistungen vorzusehen. 60

Solange deshalb der Anwendungsbereich für Ermessensleistungen in diesem Zusammenhang durch die Rechtsprechung noch nicht klar bestimmt ist, sollten Arbeitgeber diese Möglichkeit zumindest bei fixen Vergütungsbestandteilen nicht in Betracht ziehen. 61

2. Verweisungsklausel auf Tarifverträge

Eine Flexibilisierung von fixen Vergütungsbestandteilen kann bei tarifgebundenen Arbeitgebern allerdings durch Verweis auf den einschlägigen Entgelttarifvertrag erfolgen. 62

---

90 BAG, Urt. v. 19.3.2014 – 10 AZR 622/13 – Rn 35; BAG, Urt. v. 29.8.2012 – 10 AZR 385/11 – Rn 21; BAG, Urt. v. 12.10.2011 – 10 AZR 649/10 – Rn 26.

91 BAG, Urt. v. 19.3.2014 – 10 AZR 622/13 – Rn 41; BAG, Urt. v. 12.10.2011 – 10 AZR 746/10 – Rn 26; BAG, Urt. v. 25.8.2010 – 10 AZR 275/09 – Rn 31; BAG, Urt. v. 13.4.2010 – 9 AZR 36/09 – Rn 40.

92 BAG, Urt. v. 14.7.2010 – 10 AZR 182/09 – Rn 90.

a) Rechtliche Grundlagen

63 Solche Bezugnahmeklauseln sind im Arbeitsrecht weit verbreitet, entsprechen einer üblichen Regelungstechnik und dienen den Interessen beider Parteien eines auf die Zukunft ausgerichteten Arbeitsverhältnisses.[93] Sie führen für sich genommen deshalb **nicht zur Intransparenz** der Regelung i.S.v. § 307 BGB.[94] Die dynamische Verweisung auf einen Tarifvertrag stellt auch **keinen Änderungsvorbehalt** gem. § 308 Nr. 4 BGB dar, weil der Arbeitgeber den für ihn anwendbaren Tarifvertrag nicht einseitig ändern oder umgestalten kann.[95]

64 Ändert sich jedoch die Tarifbindung des Unternehmens (z.B. durch Austritt aus dem Arbeitgeberverband oder Verkauf eines Betriebs mit damit verbundenem Arbeitgeberwechsel), stellt sich die Frage, ob die in Bezug genommene tarifliche Entlohnung weitergelten soll oder nicht, also ob Verweisungsklauseln im Arbeitsvertrag konstitutiv oder deklaratorisch wirken sollen. Bei deren Verwendung ist daher große Sorgfalt erforderlich.[96]

Praxistipp
Tarifgebundene Arbeitgeber sollten stets dafür Sorge tragen, dass sie lediglich deklaratorische Verweise auf tarifliche Regelungen in ihre Arbeitsverträge aufnehmen. Denn Arbeitsverträge können über Jahrzehnte laufen, während sich Betriebs- und Unternehmensstrukturen ändern. „Ewigkeitsbindungen" unabhängig von der Mitgliedschaft des Unternehmens im entsprechenden Arbeitgeberverband sind dabei üblicherweise nicht gewünscht.

b) Formulierungsbeispiel

65 Ein deklaratorischer Verweis auf tarifliche Entgeltregelungen könnte wie folgt formuliert werden, wobei zusätzlich eine sog. große dynamische Tarifwechselklausel vereinbart werden muss:[97]

Klauselmuster
Der Arbeitnehmer erhält ein Tarifentgelt entsprechend der für den Arbeitgeber geltenden Tarifverträge in der jeweils gültigen Fassung. Nach dem derzeit für den Arbeitgeber geltenden Entgelttarifvertrag der XY-Industrie ist der Arbeitnehmer in die Entgeltgruppe [Ziffer] eingruppiert und erhält dementsprechend eine tarifliche Vergütung von EUR [Betrag] brutto pro Monat.

---

93 BAG, Urt. v. 19.3.2014 – 10 AZR 622/13 – Rn 37.
94 BAG, Urt. v. 19.3.2014 – 10 AZR 622/13 – Rn 37; BAG, Urt. v. 21.11.2012 – 4 AZR 85/11 – Rn 35; BAG, Urt. v. 23.3.2011 – 10 AZR 831/09 – Rn 26.
95 BAG, Urt. v. 19.3.2014 – 10 AZR 622/13 – Rn 37; BAG, Urt. v. 21.11.2012 – 4 AZR 85/11 – Rn 43.
96 Vgl. ausführlich hierzu Kapitel 8.
97 Formulierungsbeispiel in Kapitel 8 – Rn 61 und 68.

3. Freiwilligkeitsvorbehalt

Freiwilligkeitsvorbehalte scheiden als Flexibilisierungsinstrumente bei fixen Vergütungsbestandteilen aus. Eine solche Klausel würde den Arbeitnehmer **unangemessen benachteiligen** und wäre deshalb gemäß § 307 Abs. 1 S. 1 BGB unwirksam.[98] Dies hat das BAG ausdrücklich für eine monatliche Leistungszulage entschieden, die ohne weitere Voraussetzungen regelmäßig mit der Festvergütung gezahlt worden ist.[99] Die Begründung gilt aber für alle fixen Vergütungsbestandteile. 66

Ein unwirksamer Freiwilligkeitsvorbehalt kann auch nicht in ein anderes (wirksames) Flexibilisierungsinstrument (z.B. einen Widerrufsvorbehalt) umgedeutet werden.[100] Der Arbeitgeber wird deshalb bei Verwendung eines unzulässigen Freiwilligkeitsvorbehalts so behandelt, als hätte er dem Arbeitnehmer die Leistung unbedingt zugesagt.[101] 67

4. Widerrufsvorbehalt

Fixe Vergütungsbestandteile kann der Arbeitgeber widerruflich ausgestalten, so dass die Zahlung für die Zukunft (nicht rückwirkend auch für die Vergangenheit!) eingestellt werden kann. Die grundsätzliche Zulässigkeit von Widerrufsvorbehalten gerade im Bereich der fixen Vergütungsbestandteile wird nicht bezweifelt.[102] 68

a) Rechtliche Grundlagen

Widerrufsvorbehalte müssen in Formulararbeitsverträgen allerdings der **Inhaltskontrolle** nach §§ 305ff. BGB standhalten. Sie dürfen den Arbeitnehmer nicht unangemessen benachteiligen (§ 307 Abs. 1 S. 1 BGB) und müssen klar und verständlich sein (§ 307 Abs. 1 S. 2 BGB). Die Änderung der zugesagten Leistung muss dem Arbeitnehmer zudem unter Berücksichtigung der Interessen des Arbeitgebers zumutbar sein, sonst ist sie unwirksam (§ 308 Nr. 4 BGB). 69

Nach der Rechtsprechung des BAG sind diese Voraussetzungen eingehalten, wenn maximal **25% der Gesamtvergütung** – unabhängig davon, wie sich diese zusammensetzt – unter einen Widerrufsvorbehalt gestellt wird.[103] Gerechtfertigt wird diese Grenze damit, dass Eingriffe in den Kernbereich des Arbeitsverhältnisses nicht 70

---

98 Vgl. ausführlich Kapitel 1 B – Rn 21ff.
99 BAG, Urt. v. 25.4.2007 – 5 AZR 627/06 – Rn 18ff., 25ff.
100 BAG, Urt. v. 25.4.2007 – 5 AZR 627/06 – Rn 18ff., 25ff.
101 BAG, Urt. v. 25.4.2007 – 5 AZR 627/06.
102 St. Rspr., vgl. z.B. BAG, Urt. v. 21.1.2005 – 5 AZR 364/04.
103 St. Rspr. des BAG, z.B. BAG, Urt. v. 21.3.2012 – 5 AZR 651/10 – Rn 19; vgl. ausführlich Kapitel 1 C – Rn 45ff.

zulässig sind und der Arbeitgeber sein Wirtschaftsrisiko nicht vollständig auf den Arbeitnehmer verlagern darf.[104]

71 Damit ein Widerrufsvorbehalt wirksam ist, muss er zudem die **Widerrufsgründe** so konkret wie möglich angeben.[105] Er darf außerdem dem Arbeitnehmer bereits durch die Arbeitsleistung verdiente Vergütung nicht nachträglich wieder entziehen, so dass er immer nur für die Zukunft wirken darf.

72 Neben der Wirksamkeit der Vertragsklausel (1. Stufe: Rechtskontrolle) prüft die Rechtsprechung in einem zweiten Schritt, ob die konkrete Ausübung des Widerrufsrechts im Einzelfall **billigem Ermessen entsprochen** hat (2. Stufe: Ausübungskontrolle).[106] In diesem Zusammenhang werden die Interessen des Arbeitnehmers und des Arbeitgebers gegeneinander abgewogen und insbesondere auch geprüft, ob die vom Arbeitgeber angegebenen Gründe für den Widerruf tatsächlich vorliegen.

Praxistipp
Der Arbeitgeber sollte bei dem Widerruf von Vergütungsbestandteilen stets eine Frist von mindestens einem Monat wahren (wenn die wirtschaftlichen Verhältnisses es zulassen, auch länger), damit der Arbeitnehmer sich auf die geänderte Situation einstellen kann.[107]

73 Der Widerruf von Vergütungsbestandteilen kann nach **§ 87 Abs. 1 Nr. 10 BetrVG** die Zustimmung des Betriebsrats erfordern. Denn jeder Widerruf (und auch jede Anrechnung, die dem Widerruf in mitbestimmungsrechtlicher Sicht gleichsteht) stellt grundsätzlich eine Kürzung freiwilliger Leistungen dar.[108]

74 Das Mitbestimmungsrecht greift deshalb ein, wenn der Arbeitgeber nach einem generalisierenden Prinzip vorgeht (z.B. bei allen Arbeitnehmern einen bestimmten fixen Vergütungsbestandteil widerruft), sich durch den Widerruf die bisher bestehende **Verteilungsrelation ändert** und für eine Neuregelung innerhalb des vom Arbeitgeber mitbestimmungsfrei vorgegebenen Dotierungsrahmens ein Gestaltungsspielraum besteht.[109]

---

104 BAG, Urt. v. 12.1.2005 – 5 AZR 364/04 – Rn 23; zur Ausweitung des widerruflichen Teils der Gesamtvergütung bis zu 30% des Gesamtverdienstes bzw. bei Spitzenverdienern vgl. Kapitel 1 C – Rn 47 ff.

105 St. Rspr. seit BAG, Urt. v. 12.1.2005 – 5 AZR 364/04 – Rn 28; zuletzt BAG 21.3.2012 – 5 AZR 651/10 – Rn 16. Vgl. ausführlich Kapitel 1 C – Rn 54 ff.

106 St. Rspr., vgl. z.B. BAG, Urt. v. 21.3.2012 – 5 AZR 651/20 – Rn 21 ff.

107 Eine entsprechende Ankündigungsfrist ist zwar keine Wirksamkeitsvoraussetzung eines Widerrufsvorbehalts auf der 1. Stufe (Rechtskontrolle). Eine solche wird aber im Rahmen der 2. Stufe (Billigkeitskontrolle) berücksichtigt.

108 Vgl. ausführlich Kapitel 5 B Rn 22 ff.

109 BAG, Urt. v. 22.5.2012 – 1 AZR 94/11 – Rn 18; BAG, Urt. v. 27.8.2008 – 5 AZR 820/07 – Rn 28; vgl. auch Beispiel unter Kapitel 5 D – Rn 86.

Der Widerruf ist allerdings **mitbestimmungsfrei**, wenn er den widerrufenen Vergütungsbestandteil völlig aufzehrt[110] oder wenn der Arbeitgeber die bisherigen Verteilungsgrundsätze beachtet und diese durch den Widerruf nicht verändert werden.[111] 75

Beim Widerruf von Lohnbestandteilen muss also vor dessen Ausübung durch den Arbeitgeber sowohl die individualrechtliche als auch die kollektivrechtliche Zulässigkeit geprüft werden. Verstößt der Arbeitgeber gegen das Mitbestimmungsrecht des Betriebsrats, hat dies die Unwirksamkeit der Widerrufsentscheidung zur Folge.[112] Die Arbeitnehmer können dann vom Arbeitgeber weiterhin die Zahlung des widerrufenen Vergütungsbestandteils verlangen und die Widerrufsentscheidung ignorieren. Denn die ordnungsgemäße Beteiligung des Betriebsrats ist nach der ständigen Rechtsprechung des BAG Wirksamkeitsvoraussetzung einer jeden Maßnahme, die für den Arbeitnehmer nachteilig ist (sog. **Theorie der Wirksamkeitsvoraussetzung**).[113] 76

b) Formulierungsbeispiel

Ein Widerrufsvorbehalt kann unter Berücksichtigung der oben genannten Grundsätze wie folgt formuliert werden: 77

Klauselmuster

1. Der Arbeitnehmer erhält eine monatliche Bruttovergütung in Höhe von EUR [Betrag] und eine monatliche Leistungszulage in Höhe von EUR [Betrag], die jeweils am Monatsende unter Abzug der gesetzlichen Abgaben bargeldlos ausbezahlt wird.
2. Der Arbeitgeber behält sich vor, die monatliche Leistungszulage ganz oder teilweise für die Zukunft zu widerrufen. Der Widerruf muss schriftlich erklärt oder in betriebsüblicher Weise bekannt gemacht werden und unter Einhaltung einer Frist von [Zahl] Monaten zum Monatsende erfolgen. Er kann erklärt werden, wenn die Geschäftsziele des Arbeitgebers hinsichtlich Umsatz oder Gewinn um mindestens [Zahl]% verfehlt werden oder eine wirtschaftliche Notlage eintritt.
3. Durch den Widerruf der Leistungszulage darf die Gesamtvergütung des Arbeitnehmers um nicht mehr als 25% verringert werden; verringert sich die Gesamtvergütung um mehr als 25%, wird die Leistungszulage insoweit aufrechterhalten.[114]

---

110 BAG, Urt. v. 22.5.2012 – 1 AZR 94/11; BAG, Urt. v. 27.8.2008 – 5 AZR 820/07 – Rn 28; BAG, Urt. v. 8.6.2004 – 1 AZR 308/03 – zu B I. 2a) der Gründe; vgl. auch Beispiel unter Kapitel 5 D – Rn 85.

111 BAG, Urt. v. 22.5.2012 – 1 AZR 94/11 – Rn 18; BAG, Urt. v. 3.12.1991 – GS 2/90 zu C III 5 der Gründe; Küttner/*Kreitner*, Personalbuch, Anrechnung übertariflicher Entgelte – Rn 4 ff., *Fitting*, § 87 BetrVG – Rn 470 ff.

112 BAG, Urt. v. 22.5.2012 – 1 AZR 94/11 – Rn 29; BAG, Urt. v. 8.6.2004 – 1 AZR 308/03 – zu B I 2a der Gründe.

113 St. Rspr. seit BAG, Urt. v. 3.12.1991 – GS 2/90.

114 Diese Klausel soll nur im „Notfall“ helfen; deren Wirksamkeit ist allerdings offen. Rechtssicher wäre es, im Vorfeld die Auswirkungen des Widerrufs auf die Gesamtvergütung zu prüfen und bereits bei der Widerrufserklärung mitzuteilen, in welcher Höhe der Vergütungsbestandteil widerrufen wird.

5. Anrechnungsvorbehalt

78 Anrechnungsvorbehalte kommen in Betracht, wenn die Vergütung des Arbeitnehmers **ohne Mitwirkung des Arbeitgebers steigen** kann; dies ist in erster Linie bei Tariflohnerhöhungen in Betrieben des tarifgebundenen Arbeitgebers der Fall. Gewährt der Arbeitgeber in einem solchen Fall eine übertarifliche Zulage, stellt sich die Frage, ob diese durch spätere Tariflohnerhöhungen „aufgezehrt" werden soll oder nicht.

a) Rechtliche Grundlagen

79 Anders als beim Widerrufsvorbehalt wird die **Gesamtvergütung** für die vom Arbeitnehmer erbrachte Arbeitsleistung durch einen Anrechnungsvorbehalt **nicht verringert**, sondern bleibt gleich. Der Mitarbeiter erhält lediglich keine Vergütungserhöhung. Aus diesem Grund geht die Rechtsprechung auch davon aus, dass die mit einer Anrechnung verbundene Veränderung der Zulagenhöhe dem Arbeitnehmer **regelmäßig zumutbar** ist; Anrechnungsvorbehalte halten deshalb grundsätzlich einer Inhaltskontrolle nach den §§ 307 ff. BGB stand.[115]

80 Ob Tarifentgelterhöhungen individualrechtlich auf eine übertarifliche Vergütung angerechnet werden können, hängt zunächst von der vertraglichen Vereinbarung der Parteien ab. Existiert eine ausdrückliche Regelung, gilt diese. Andernfalls ist aus den Umständen zu ermitteln, ob eine Befugnis zur Anrechnung besteht.[116]

81 Das **BAG** ist in diesem Zusammenhang trotz Kritik in der Literatur **großzügig**: Die Anrechnung soll stets dann möglich sein, wenn nicht klar vertraglich geregelt ist, dass die übertarifliche Zulage auch bei Tarifentgelterhöhungen weiterhin Bestand haben soll (also einen „selbstständigen Gehaltsbestandteil" darstellt).[117] Allein die Bezeichnung als „übertarifliche Zulage" reicht dafür nicht aus, sondern die Zulage muss z.B. für einen bestimmten Zweck bezahlt werden (z.B. Erschwerniszulagen)[118] oder es muss ausdrücklich geregelt sein, dass die übertarifliche Zulage „anrechnungsfest" sein soll.[119]

82 Das gilt selbst dann, wenn die Zulage über einen **längeren Zeitraum** vorbehaltlos gezahlt und **nicht mit einer Tariflohnerhöhung verrechnet** worden ist. Allein

---

115 BAG, Urt. v. 16.5.2012 – 10 AZR 252/11 – Rn 30; BAG, Urt. v. 19.4.2012 – 6 AZR 691/10 – Rn 35; BAG, Urt. v. 18.5.2011 – 10 AZR 206/10 – Rn 39; BAG, Urt. v. 30.5.2006 – 1 AZR 111/05 – Rn 17.

116 BAG, Urt. v. 16.5.2012 – 10 AZR 252/11 – Rn 29 ff.; BAG 19.4.2012 – 6 AZR 691/10 – Rn 35.

117 BAG, Urt. v. 16.5.2012 – 10 AZR 252/11 – Rn 30; BAG, Urt. v. 19.4.2012 – 6 AZR 691/10 – Rn 35; BAG, Urt. v. 18.5.2011 – 10 AZR 206/10 – Rn 39; BAG, Urt. v. 30.5.2006 – 1 AZR 111/05 – Rn 17.

118 BAG, Urt. v. 14.8.2010 – 1 AZR 744/00: Es bedarf es einer ausdrücklichen Regelung, wenn Tarifentgelterhöhungen auch auf solche Zulagen anrechenbar sein sollen, da die Zweckbestimmung andernfalls als konkludentes Anrechnungsverbot verstanden wird.

119 BAG, Urt. v. 19.4.2012 – 6 AZR 691/10 – Rn 36: die Klausel lasse keinen „Anrechnungsausschluss" erkennen.

in der tatsächlichen Zahlung liegt nämlich nach Auffassung des BAG keine vertragliche Abrede, die Zulage als selbständigen Entgeltbestandteil neben dem jeweiligen (erhöhten) Tariflohn gewähren zu wollen. Denn die Zulage wird gezahlt, weil den Arbeitsvertragsparteien der Tariflohn nicht ausreichend erscheint. Für den Arbeitgeber ist regelmäßig nicht absehbar, ob er bei künftigen Tariflohnerhöhungen weiter in der Lage sein wird, eine bisher gewährte Zulage in unveränderter Höhe fortzuzahlen. Dies ist auch für den Arbeitnehmer erkennbar und Grundlage einer sog. „freiwilligen übertariflichen Zulage".[120]

Diese weite Auslegung zugunsten des Arbeitgebers ist auf berechtigte Kritik in 83
der Literatur gestoßen, da Zweifel daran bestehen, ob eine „automatische" Anrechnung von übertariflichen Vergütungsbestandteilen dem **Transparenzgebot** des § 307 Abs. 1 S. 2 BGB genügt.[121]

Praxistipp

Der „vorsichtige" Arbeitgeber sollte bei übertariflichen Zulagen stets klar regeln, ob sie anrechenbar sein sollen oder nicht.

Die Anrechnung von übertariflichen Zulagen auf eine Tariflohnerhöhung kann als 84
eine **Kürzung freiwilliger Leistungen** – wie der Widerruf – die Zustimmung des Betriebsrats nach § 87 Abs. 1 Nr. 10 BetrVG erfordern.[122]

Sie ist allerdings **mitbestimmungsfrei**, wenn das Zulagenvolumen völlig auf- 85
gezehrt oder die Tariferhöhung vollständig und gleichmäßig auf die übertariflichen Zulagen angerechnet wird.[123] Die Anrechnung ist außerdem dann mitbestimmungsfrei, wenn der Arbeitgeber die bisherigen Verteilungsgrundsätze beachtet und sich diese durch die Anrechnung nicht verändern.[124]

Beispiel

Ein Arbeitnehmer erhält eine monatliche übertarifliche Zulage in Höhe von EUR 70,90 brutto. Zum 1.10. erhöht sich die tarifliche Vergütung aufgrund eines Stufenaufstiegs um EUR 16,81 brutto monatlich. Der Arbeitgeber rechnet den Betrag in vollem Umfang auf die Zulage an. Da keine Gestaltungsmöglichkeit verbleibt, besteht kein Mitbestimmungsrecht gem. § 87 Abs. 1 Nr. 10 BetrVG; der Arbeitgeber kann die Anrechnung einseitig ohne Beteiligung des Betriebsrats vornehmen.[125]

---

120 BAG, Urt. v. 27.8.2008 – 5 AZR 820/07 – Rn 12.

121 ErfK/*Preis*, §§ 305 bis 310 – Rn 65.

122 Vgl. ausführlich Kapitel 5 B – Rn 22ff.

123 BAG, Urt. v. 22.5.2012 – 1 AZR 94/11; BAG, Urt. v. 27.8.2008 – 5 AZR 820/07 – Rn 28; BAG, Urt. v. 8.6.2004 – 1 AZR 308/03 – zu B I. 2 a) der Gründe.

124 BAG, Urt. v. 22.5.2012 – 1 AZR 94/11 – Rn 18; BAG, Urt. v. 3.12.1991 – GS 2/90 zu C III 5 der Gründe; vgl. zu den Einzelheiten Küttner/*Kreitner*, Personalbuch, Anrechnung übertariflicher Entgelte – Rn 4ff., *Fitting*, § 87 BetrVG – Rn 470ff.

125 BAG, Urt. v. 22.5.2012 – 1 AZR 94/11 – Rn 19.

86 Ein **Mitbestimmungsrecht besteht** hingegen, wenn der Arbeitgeber nach einem generalisierenden Prinzip vorgeht, sich durch die Anrechnung die bisher bestehende Verteilungsrelation ändert und für eine Neuregelung innerhalb des vom Arbeitgeber mitbestimmungsfrei vorgegebenen Dotierungsrahmens ein Gestaltungsspielraum verbleibt.[126]

Beispiel
Der Arbeitgeber will die Tarifsteigerung ab 1.1. des Folgejahres nur auf ein Drittel des zuvor gezahlten Zulagenbetrages anrechnen. Bei dieser teilweisen Anrechnung verbleibt ein Verteilungsspielraum, weil sich die zuvor bestehenden Verteilungsgrundsätze verändern; dies ist immer dann der Fall, wenn die Zulagen nicht in einem einheitlichen gleichen Verhältnis zum jeweiligen Tariflohn stehen bzw. die tariflichen Entgelte nicht für alle Arbeitnehmer um den gleichen Prozentsatz erhöht werden, bei denen die Zulage angerechnet werden soll. Deshalb besteht ein Mitbestimmungsrecht des Betriebsrats.[127]

---

87 Verstößt der Arbeitgeber bei der Anrechnung von Zulagen gegen § 87 Abs. 1 Nr. 10 BetrVG, können die Arbeitnehmer vom Arbeitgeber weiterhin die Zahlung der ungekürzten Zulage verlangen und die Anrechnungsentscheidung ignorieren. Denn die ordnungsgemäße Beteiligung des Betriebsrats ist nach der ständigen Rechtsprechung des BAG **Wirksamkeitsvoraussetzung** einer jeden Maßnahme, die für den Arbeitnehmer nachteilig ist.[128]

b) Formulierungsbeispiel

88 Ein Anrechnungsvorbehalt kann unter Berücksichtigung der oben genannten Grundsätze wie folgt formuliert werden:

Klauselmuster
1. [Regelung zum tariflichen Entgelt][129]
2. Zusätzlich zahlt der Arbeitgeber dem Arbeitnehmer eine übertarifliche Zulage in Höhe von EUR [Betrag] brutto pro Monat.
3. Die übertarifliche Zulage kann ganz oder teilweise auf Erhöhungen des Tariflohns (unabhängig davon, ob es sich um eine monatliche/jährliche Steigerung oder um eine Erhöhung aufgrund sonstiger Umstände wie z.B. Umgruppierung, Neueingruppierung oder Verkürzung der tarifli-

---

126 BAG, Urt. v. 22.5.2012 – 1 AZR 94/11 – Rn 18; BAG, Urt. v. 27.8.2008 – 5 AZR 820/07 – Rn 28.
127 BAG, Urt. v. 22.5.2012 – 1 AZR 94/11 – Rn 20; vgl. grundlegend BAG, Urt. v. 3.12.1991 – GS 2/90 zu C III 5b) der Gründe.
128 St. Rspr. seit BAG, Urt. v. 3.12.1991 – GS 2/90.
129 Vgl. Klauselmuster in Kapitel 5 D – Rn 65.

chen Arbeitszeit mit vollem Lohnausgleich[130] handelt) angerechnet werden.[131] Das Recht zur Anrechnung bleibt auch dann bestehen, wenn der Arbeitgeber von seinem Anrechnungsrecht längere Zeit keinen Gebrauch macht und Erhöhungen des Tariflohns ohne Anrechnung an den Arbeitnehmer weitergibt.

6. Befristung

a) Rechtliche Grundlagen

Eine Befristung ist bei fixen Vergütungsbestandteilen ebenso denkbar, wie eine auf- 89 lösende Bedingung.[132] In beiden Fällen wird die vertragliche Regelung nicht nach den Regeln des Teilzeit- und Befristungsgesetzes (TzBfG) überprüft, sondern in Formulararbeitsverträgen der **Inhaltskontrolle** nach §§ 307 ff. unterzogen.[133] Es kommt also in erster Linie darauf an, ob die Befristung/auflösende Bedingung eine unangemessene Benachteiligung des Arbeitnehmers im Sinn vom § 307 Abs. 1 S. 1 BGB darstellt oder nicht.

Unangemessen ist die Befristung/auflösende Bedingung, wenn der Arbeitgeber 90 versucht, durch eine einseitige Vertragsgestaltung missbräuchlich eigene Interessen auf Kosten des Arbeitnehmers durchzusetzen. Wirksam sind solche Befristungsregelungen bei fixen Vergütungsbestandteilen hingegen, wenn der Arbeitgeber **mit der Befristung**/auflösenden Bedingung **ein anerkennenswertes Ziel** verfolgt.

Das BAG hat z.B. die **auflösend bedingte Zahlung** einer übertariflichen Funk- 91 tionszulage bis zum Inkrafttreten einer neuen tariflichen Eingruppierungsregelung für Schreibkräfte als **wirksam** angesehen.[134]

Beispiel

Anerkennenswerte Ziele für Befristungen/auflösende Bedingungen können sein:

- Befristung einer Zulage, weil ein neues Vergütungssystem eingeführt werden soll, das auch das Zulagensystem neu ordnet;
- Befristete Übertragung einer höherwertigen Tätigkeit, die eine höhere Vergütung nach sich zieht;
- Befristete Gewährung einer Leistungszulage wegen erhöhtem Arbeitsaufkommen, z.B. wegen Vertretung eines langzeiterkrankten Mitarbeiters oder wegen eines besonderen Projekts.

130 Ohne ausdrückliche Erwähnung dieser Anrechnungsmöglichkeit kann die übertarifliche Zulage bei einer tariflichen Arbeitszeitverkürzung mit vollem Lohnausgleich nicht angerechnet werden. BAG, Urt. v. 15.3.2000 – 5 AZR 557/98 – juris Rn 22ff.

131 Wird der Anrechnungsvorbehalt auf „künftige/kommende Lohnerhöhungen" beschränkt, führt diese zeitliche Schranke dazu, dass die Anrechnung bis zur erst möglichen Umsetzung der Lohnerhöhung ausgeübt werden muss; zu einem späteren Zeitpunkt ist sie unzulässig, vgl. BAG, Urt. v. 17.9.2003 – 4 AZR 533/02 – juris Rn 43ff.

132 Vgl. ausführlich Kapitel 1 D – Rn 63ff.

133 BAG, Urt. v. 16.5.2012 – 10 AZR 252/11 – Rn 21; BAG, Urt. v. 15.12.2011 – 7 AZR 394/10; BAG, Urt. v. 2.9.2009 – 7 AZR 233/08 – Rn 21ff.

134 BAG, Urt. v. 16.5.2012 – 10 AZR 252/11 – Rn 24.

92 Umgekehrt kann auch die Absenkung der Vergütung bei einer wirtschaftlichen Notlage des Unternehmens befristet vereinbart werden.

b) Formulierungsbeispiel

93 Die Befristung einer monatlichen Zulage kann unter Berücksichtigung der oben genannten Grundsätze wie folgt formuliert werden:

Klauselmuster

1. Der Arbeitnehmer übernimmt in der Zeit ab [Datum] bis [Datum] zusätzlich zu seinen sonstigen Aufgaben die Aufgaben der sich in Elternzeit befindlichen Frau [Name].
2. Als Ausgleich für die erhöhte Arbeitsbelastung erhält der Arbeitnehmer befristet in der Zeit vom [Datum] bis [Datum] eine monatliche Zulage in Höhe von EUR [Betrag] brutto, die zusammen mit der Festvergütung jeweils zum Monatsende ausbezahlt wird.

---

7. Kürzungsregelung

94 Kürzungsregelungen (also Klauseln, nach denen sich die Vergütung reduziert, wenn der Mitarbeiter vorzeitig ausscheidet oder die Arbeitsleistung aus anderen Gründen nicht erbringt) sind bei fixen Vergütungsbestandteilen **überflüssig**. Diese entfallen wegen der synallagmatischen Verknüpfung von Arbeitsleistung und Arbeitsentgelt ohnehin, wenn der Arbeitnehmer keine Arbeitsleistung erbringt („**Ohne Arbeit kein Lohn**“, § 326 Abs. 1 S. 1 BGB). Endet z.B. das Arbeitsverhältnis, erhält der Arbeitnehmer seine Festvergütung nur bis zum Zeitpunkt des Ausscheidens. Wird er krank, müssen fixe Vergütungsbestandteile zwar gemäß dem EFZG zunächst weiterbezahlt werden; nach dem Endes des Entgeltfortzahlungszeitraums entfallen sie aber auch ohne Kürzungsregelung.

95 Eine Kürzung wegen krankheitsbedingter Fehlzeiten kommt nicht in Betracht, da § 4a EFZG diese nur für „Sondervergütungen“ zulässt. Dazu gehören fixe Vergütungsbestandteile nicht.

8. Stichtagsregelung

96 Stichtagsregelungen[135] sind bei fixen Vergütungsbestandteilen grundsätzlich ebenfalls **überflüssig**. Denn der Arbeitnehmer verdient fixe Vergütungsbestandteile immer „**pro rata temporis**“ in der Zeit, in der er seine Arbeitsleistung erbringt. Scheidet er aus, hat er die ihm zustehende Vergütung bereits in vollem Umfang erhalten, eine Stichtagsregelung würde ins Leere gehen.

---

135 Vgl. zum Begriff Kapitel 5 E – Rn 135.

Soweit fixe Vergütungsbestandteile so ausbezahlt werden, dass eine Stichtagsregelung denkbar wäre (z.B. Auszahlung einer Zusatzvergütung alle drei Monate) wäre eine Stichtagsregelung **unzulässig**. Denn diese steht im Widerspruch zum Grundgedanken des § 611 Abs. 1 BGB, indem sie dem Arbeitnehmer bereits erarbeiteten Lohn entzieht. Außerdem verkürzt eine Stichtagsklausel in nicht zu rechtfertigender Weise die nach Art. 12 Abs. 1 GG geschützte Berufsfreiheit des Arbeitnehmers, da sie die Ausübung seines Kündigungsrechts unzulässig erschwert. Ein berechtigtes Interesse des Arbeitgebers, dem Arbeitnehmer Lohn für geleistete Arbeit gegebenenfalls vorenthalten zu können, ist nicht ersichtlich.[136] 97

9. Rückzahlungsklausel

Rückzahlungsklauseln[137] sind bei fixen Vergütungsbestandteile aus den gleichen Gründen wie eventuell denkbare Stichtagsklauseln **unzulässig:** Ein berechtigtes Interesse des Arbeitgebers, dem Arbeitnehmer Lohn für bereits geleistete Arbeit nachträglich wieder zu entziehen, ist nicht ersichtlich.[138] 98

IV. Zusammenfassung/Checkliste

Bei fixen Vergütungsbestandteilen ist das unmittelbare Gegenleistungsverhältnis zwischen (rein zeitbezogener) Arbeitsleistung und Vergütung am deutlichsten zu erkennen. Es gilt der Grundsatz „Ohne Arbeit kein Lohn", so dass Kürzungsregelungen grundsätzlich überflüssig sind: Immer dann, wenn der Arbeitnehmer keine Arbeitsleistung erbringt, erhält er keine fixen Vergütungsbestandteile, es sei denn, dass gesetzliche Regelungen die Entgeltfortzahlung anordnen. Das gilt grundsätzlich auch für Stichtagsklauseln, da fixe Vergütungsbestandteile selten so gestaltet sind, dass sie durch eine solche überhaupt berührt werden würden; wenn sie aber so gestaltet wären, wäre die Stichtagsklausel ebenso unzulässig wie Rückzahlungsklauseln. Denn jedes Flexibilisierungsinstrument, das dem Arbeitnehmer bereits erarbeiteten Lohn wieder entzieht, würde einer Inhaltskontrolle nicht standhalten und könnte deshalb nicht wirksam vereinbart werden. Das gleiche gilt für Freiwilligkeitsvorbehalte. Eine Leistungsbestimmung durch den Arbeitgeber nach billigem Ermessen ist bei fixen Vergütungsbestandteilen rechtlich ungeklärt, nicht praktikabel und deshalb zumindest derzeit nicht empfehlenswert. 99

---

136 BAG, Urt. v. 18.1.2012 – 10 AZR 612/10 – Rn 22, 23; BAG, Urt. v. 13.11.2013 – 10 AZR 848/12 – Rn 28.

137 Vgl. zum Begriff Kapitel 5 E – Rn 139.

138 BAG, Urt. v. 18.1.2012 – 10 AZR 612/10 – Rn 22, 23; BAG, Urt. v. 13.11.2013 – 10 AZR 848/12 – Rn 28.

100 Zusammengefasst sind somit folgende Flexibilisierungsinstrumente bei fixen Vergütungsbestandteilen **zulässig**:

Checkliste
- Verweisungsklauseln auf Tarifverträge
- Widerrufsvorbehalte
- Anrechnungsvorbehalte
- Befristungen/auflösende Bedingungen (wenn ein anerkennenswerter Grund nach einer zeitlichen/inhaltlich-sachlichen Grenze besteht)

E. „Echte" Sonderzahlungen/Gratifikation

I. Begriff

101 Mit dem Begriff „echte" Sonderzahlung/Gratifikation sind alle Zahlungen des Arbeitgebers gemeint, mit denen er nicht die Arbeitsleistung des Arbeitnehmers vergüten will, sondern andere Zwecke verfolgt, z.B. die Gewährung eines **Weihnachtsgeldes** oder eines **Jubiläumsgeldes** anlässlich eines Dienstjubiläums.[139] Ausgenommen sind an dieser Stelle Zahlungen, die zusätzlich oder ausschließlich die Arbeitsleistung des Arbeitnehmers vergüten (z.B. ein 13. Monatsgehalt), da sie als arbeitsleistungsbezogene Sonderzahlungen bei der Flexibilisierung anderen Regeln folgen.[140]

Praxistipp
Da sich die Zulässigkeit von Flexibilisierungsmöglichkeiten in erster Linie am Zweck der Sonderzahlung orientiert, und die Kombination verschiedener Zwecke – insbesondere von „klassischer" Vergütung und Honorierung der Betriebstreue – zu rechtlichen Unsicherheiten führt, sollte sich der Arbeitgeber bei der Zielsetzung möglichst beschränken und nicht nach dem Prinzip „Viel hilft viel" verfahren.

Ob eine „echte" oder eine arbeitsleistungsbezogene Sonderzahlung vorliegt, muss durch Auslegung der vertraglichen Bestimmung ermittelt werden, wofür das BAG Anhaltspunkte zur Beurteilung aufgestellt hat.[141]

Checkliste
- Die Sonderzahlung darf **keinen wesentlichen Anteil** an der **Gesamtvergütung** ausmachen.
- Dass mit der Zahlung ein **anderer Zweck** als die Vergütung der Arbeitsleistung verfolgt wird, muss sich deutlich aus der zugrundeliegenden Vereinbarung ergeben.

---

139 Ausführlich zur Definition und Abgrenzung Kapitel 5 C – Rn 34 ff.

140 Vgl. Kapitel 5 F.

141 BAG, Urt. v. 18.1.2012 – 10 AZR 667/10 – Rn 15; BAG, Urt. v. 14.11.2012 – 10 AZR 793/11 – Rn 16; vgl. auch Checklisten in Kapitel 5 B – Rn 44 und Rn 49.

- Die Sonderzahlung darf **nicht** an die **Erreichung** von quantitativen oder qualitativen **Zielen** geknüpft sein.

II. Rechtliche Rahmenbedingungen

1. Zusagegrund

„Echte“ Sonderzahlungen können grundsätzlich in jeder arbeitsrechtlich denkbaren Weise zugesagt werden, also in Tarifverträgen, Betriebsvereinbarungen, Arbeitsverträgen, Gesamtzusagen des Arbeitgebers an die Belegschaft oder betrieblichen Übungen. 102

Eine **Gesamtzusage** liegt dabei vor, wenn ein Arbeitgeber allgemein bekannt gibt, dass er jedem Arbeitnehmer eine bestimmte Leistung gewährt, der die von ihm abstrakt festgelegten Voraussetzungen erfüllt. Der Mitarbeiter erwirbt sodann einen einzelvertraglichen Anspruch auf diese Leistung, wenn er die vom Arbeitgeber genannten Anspruchsvoraussetzungen erfüllt, ohne dass es einer gesonderten Erklärung seinerseits bedarf (§ 151 S. 1 BGB). Gesamtzusagen werden bereits wirksam, wenn sie gegenüber den Arbeitnehmern in einer Form verlautbart werden, die den einzelnen Mitarbeiter typischerweise in die Lage versetzt, von der Erklärung Kenntnis zu nehmen.[142] Auf diese Weise kommt eine vertragliche Vereinbarung zwischen dem Arbeitgeber und jedem Arbeitnehmer mit dem Inhalt zustande, den der Arbeitgeber vorgegeben hat. Der einmal entstandene vertragliche Anspruch kann deshalb auch **nicht dadurch beseitigt** werden, dass der Arbeitgeber später eine Stichtagsregelung „nachschiebt“.[143] 103

Unter einer **betrieblichen Übung** versteht man die regelmäßige Wiederholung bestimmter Verhaltensweisen des Arbeitgebers, aus denen die Arbeitnehmer schließen können, dass ihnen auf Dauer eine Leistung oder Vergünstigung gewährt werden soll. Auch hier wird das Verhalten des Arbeitgebers als Vertragsangebot ausgelegt, das die Arbeitnehmer stillschweigend annehmen (§ 151 BGB). Dabei ist es nach der ständigen Rechtsprechung des BAG erforderlich, dass die Leistung regelmäßig mindestens drei Mal gezahlt wird. Ist eine betriebliche Übung durch mindestens dreimalige widerspruchslose Entgegennahme einer Leistung erst einmal entstanden, kann sie **nicht** mehr durch eine **„gegenläufige“ betriebliche Übung** (z.B. durch ein dreimaliges Schweigen der Arbeitnehmer auf die Nichtleistung des Arbeitgebers) beseitigt werden.[144] 104

142 BAG, Urt. v. 13.11.2013 – 10 AZR 848/12 – Rn 16; BAG, Urt. v. 13.12.2011 – 3 AZR 852/09 – Rn 17.
143 BAG, Urt. v. 20.1.2003 – 10 AZR 395/02 – juris Rn 47.
144 BAG, Urt. v. 18.3.2009 – 10 AZR 281/08 – Rn 9.

2. Gleichbehandlungsgrundsatz

105 Gerade wenn der Arbeitgeber in seiner Entscheidung frei ist, ob und unter welchen Voraussetzungen er seinen Arbeitnehmern eine „echte" Sonderzahlung gewähren möchte, ist er an den Gleichbehandlungsgrundsatz gebunden. Dieser verbietet die sachfremde Schlechterstellung einzelner Arbeitnehmer gegenüber anderen Mitarbeitern in vergleichbarer Lage[145] ebenso wie eine sachfremde Differenzierung zwischen Gruppen von Arbeitnehmern.[146] Dabei werden Mitarbeiter dann nicht sachfremd benachteiligt, wenn nach dem **Zweck der Leistung** Gründe vorliegen, die es unter Berücksichtigung aller Umstände rechtfertigen, ihnen die anderen Arbeitnehmern gewährten Leistungen vorzuenthalten.[147] Es ist also immer zunächst der Zweck der Leistung zu ermitteln und zu beurteilen, ob der von ihr ausgeschlossene Personenkreis berechtigterweise außerhalb der allgemeinen Zweckrichtung steht.[148]

106 Der **Verstoß** gegen den arbeitsrechtlichen Gleichbehandlungsgrundsatz führt grundsätzlich dazu, dass Mitarbeiter die Leistung verlangen können, von denen sie ohne sachlichen Grund ausgeschlossen worden sind (**„Anpassung nach oben"**).[149]

3. Mitbestimmungsrecht des Betriebsrats

107 Der Betriebsrat hat bei „echten" Sonderzahlungen mitzubestimmen, wenn sie nicht aufgrund eines Tarifvertrages gezahlt werden müssen (vgl. § 87 Abs. 1 Eingangssatz BetrVG, § 77 Abs. 3 BetrVG). In diesem Fall richtet sich die Mitbestimmung nach **§ 87 Abs. 1 Nr. 10 BetrVG.**[150]

108 Wenn zusätzlich die Höhe der Sonderzahlung nach **echten Leistungskriterien** gestaffelt werden soll und es sich somit um eine leistungsbezogene Vergütung im engeren Sinn handelt, geht die Mitbestimmung sogar noch weiter (§ 87 Abs. 1 Nr. 11 BetrVG: Mitbestimmungspflicht hinsichtlich Leistungs- und Geldfaktoren).[151]

III. Flexibilisierungsinstrumente

109 Um „echte" Sonderzahlungen zu flexibilisieren, kommen fast alle vertraglichen Mechanismen in Betracht, die denkbar sind. Allerdings gilt auch hier, dass gut überlegt

---

145 Vergleichbar sind Arbeitnehmer mit vergleichbaren Tätigkeiten, BAG, Urt. v. 21.10.2009 – 10 AZR 664/08 – Rn 31.
146 BAG, Urt. v. 12.10.2011 – 10 AZR 510/10 – Rn 13.
147 BAG, Urt. v. 12.10.2011 – 10 AZR 510/10 – Rn 13.
148 BAG, Urt. v. 12.10.2011 – 10 AZR 510/10 – Rn 13; BAG, Urt. v. 3.12.2008 – 5 AZR 74/08 – Rn 15.
149 Vgl. ausführlich Kapitel 5 B – Rn 13ff.
150 Vgl. ausführlich Kapitel 5 B – Rn 22ff.
151 Vgl. ausführlich Kapitel 5 G – Rn 192ff.

sein muss, welche Instrumente eingesetzt werden sollen. Denn sie können sich gegenseitig widersprechen, mit der Folge, dass sie wegen fehlender Transparenz insgesamt unwirksam werden.

1. Einseitige Leistungsbestimmung nach billigem Ermessen

Die Bestimmung der Höhe von „echten" Sonderzahlungen kann in das Ermessen des Arbeitgebers gestellt werden, d.h. dieser kann im Nachhinein entscheiden, in welcher Höhe Sonderzahlungen geleistet werden sollen. 110

a) Rechtliche Grundlagen

Das BAG hält solche Klauseln grundsätzlich für wirksam; sie verstoßen weder gegen das Transparenzgebot noch liegt darin eine unangemessene Benachteiligung.[152] Die Leistungsbestimmung des Arbeitgebers hinsichtlich der Höhe der vertraglich zugesagten Sonderzahlung entspricht aber nur dann billigem Ermessen, wenn die wesentlichen Umstände des Falls abgewogen und die beiderseitigen Interessen angemessen berücksichtigt worden sind.[153] Außerdem unterliegt die Entscheidung der **vollen gerichtlichen Kontrolle** dahingehend, ob sie tatsächlich der Billigkeit entspricht (§ 315 Abs. 3 S. 2 BGB). Die Darlegungs- und Beweislast hierfür trifft den Arbeitgeber.[154] 111

Praxistipp !
Die Entscheidung über die Höhe der gewährten Sonderzahlung sollte vor diesem Hintergrund entweder sehr einfach nachvollziehbar sein oder dokumentiert werden.

Soweit **Kriterien für die Leistungsbestimmung** vertraglich festgelegt sind, ist der Arbeitgeber an diese gebunden und darf hiervon grundsätzlich nicht abweichen, wenn er die Höhe der Sonderzahlung bestimmt.[155] Das BAG hat allerdings entschieden, dass bei „echten" Sonderzahlungen, die nicht im unmittelbaren Gegenseitigkeitsverhältnis zur Arbeitsleistung stehen, keine Maßstäbe für die vom Arbeitgeber zu treffende Entscheidung im Vertrag aufgenommen werden müssen.[156] 112

---

152 BAG, Urt. v. 16.1.2013 – 10 AZR 26/12 – Rn 19, 24.
153 BAG, Urt. v. 20.3.2013 – 10 AZR 636/11 – Rn 35; BAG, Urt. v. 12.10.2011 – 10 AZR 746/10 – Rn 26.
154 BAG, Urt. v. 14.7.2010 – 10 AZR 182/09 – Rn 90, BAG, Urt. v. 20.3.2013 – 10 AZR 636/11 – Rn 35.
155 BAG, Urt. v. 20.3.2013 – 10 AZR 636/11 – Rn 22; BAG, Urt. v. 17.10.2012 – 10 AZR 620/11 – Rn 22.
156 BAG, Urt. v. 16.1.2013 – 10 AZR 26/12 – Rn 21.

b) Formulierungsbeispiel

113 Soll die Höhe der „echten“ Sonderzahlung im Ermessen des Arbeitgebers stehen, kann dies wie folgt formuliert werden:

Klauselmuster
Der Arbeitnehmer erhält eine Weihnachtsgratifikation in der vom Arbeitgeber jeweils pro Jahr nach billigem Ermessen festgelegten Höhe.

---

2. Verweisung auf Betriebsvereinbarungen/Tarifverträge

a) Rechtliche Grundlagen

114 Die Bezugnahme auf Tarifverträge oder Betriebsvereinbarungen ist auch bei „echten“ Sonderzahlungen eine übliche Regelungstechnik und dient den Interessen beider Parteien.[157] Dies gilt auch für eine dynamische Verweisung.[158] Um jedoch eine „Ewigkeitsbindung“ bei der Bezugnahme auf Tarifverträge zu vermeiden, sollte der Arbeitgeber diese lediglich deklaratorisch ausgestalten und zusätzlich eine sogenannte große dynamische Tarifwechselklausel vereinbaren.[159]

b) Formulierungsbeispiel

115 Ein deklaratorischer Verweis auf Betriebsvereinbarungen oder Tarifverträge könnte wie folgt formuliert werden (wobei zusätzlich bei Bezugnahme auf Tarifverträge eine sog. große dynamische Tarifwechselklausel vereinbart werden sollte):

Klauselmuster
Der Arbeitnehmer erhält eine Sonderzahlung entsprechend der für den Arbeitgeber jeweils geltenden Betriebsvereinbarungen/**[oder:]** Tarifverträge in der jeweils gültigen Fassung.

---

3. Freiwilligkeitsvorbehalt

116 Unter einem Freiwilligkeitsvorbehalt versteht man eine Regelung, durch die das Entstehen eines Rechtsanspruchs verhindert wird.[160] Durch einen Freiwilligkeitsvorbehalt macht der Arbeitgeber also deutlich, dass er zwar aktuell eine Sonderzah-

---

157 BAG, Urt. v. 19.3.2014 – 10 AZR 622/13 – Rn 37.
158 BAG, Urt. v. 19.3.2014 – 10 AZR 622/13 – Rn 37 (Bezugnahme auf Betriebs- oder Dienstvereinbarungen); BAG, Urt. v. 21.11.2012 – 4 AZR 85/11 – Rn 35; BAG, Urt. v. 23.3.2011 – 10 AZR 831/09 – Rn 26 (jeweils zur Bezugnahme auf tarifliche Regelungen).
159 Formulierungsbeispiel in Kapitel 8 – Rn 61 und 68.
160 St. Rspr., z.B. BAG, Urt. v. 14.9.2011 – 10 AZR 526/10 – Rn 20.

lung erbringt, dadurch aber keine Ansprüche für die Zukunft entstehen lassen möchte.[161]

a) Rechtliche Grundlagen

Für die Formulierung von Freiwilligkeitsvorbehalten in Formulararbeitsverträgen 117
hat das BAG mittlerweile so hohe Hürden aufgestellt, dass deren Aufnahme in die Arbeitsverträge **kaum mehr wirksam möglich** ist: Immer dann, wenn der Arbeitnehmer nach dem Formulararbeitsvertrag eine Sonderzahlung „erhält“, der Arbeitgeber eine Sonderzahlung „leistet“ oder „gewährt“, wird nach Auffassung des BAG ein vertraglicher Anspruch begründet. Dessen Kombination mit einem Freiwilligkeitsvorbehalt ist widersprüchlich und deswegen unwirksam.[162]

In einem Formulararbeitsvertrag ist es deshalb nicht mehr möglich, wie folgt zu 118
formulieren:

Fettnapf !

„Der Arbeitgeber zahlt an den Arbeitnehmer ein Weihnachtsgeld in Höhe von 50% des vereinbarten Bruttomonatsgehalts. Es handelt sich hierbei um eine freiwillige Leistung, auf die auch bei wiederholter Zahlung kein Rechtsanspruch entsteht. [163]

Die Aufnahme **pauschaler Freiwilligkeitsvorbehalte** – ohne konkreten Bezug zu 119
einer Sonderzahlung – wird mittlerweile ebenfalls als unwirksam angesehen. Denn solche „Generalklauseln“ unterscheiden in der Regel nicht, ob es sich bei den Leistungen um laufende Entgelte/fixe Vergütungsbestandteile, arbeitsleistungsbezogene oder „echte“ Sonderzahlungen handelt.[164]

Damit verbleibt als **typischer Anwendungsbereich** für Freiwilligkeitsvorbehal- 120
te an sich nur noch die **„ad hoc-Zahlung“** ohne Erwähnung im Arbeitsvertrag, die z.B. als Weihnachtsgratifikation im Wege einer Gesamtzusage zugesagt und gewährt wird. Bei diesen sollte ein Freiwilligkeitsvorbehalt aber unbedingt aufgenommen werden, um die Verpflichtung zur Zahlung auf den aktuellen Anlass zu beschränken und Ansprüche der Mitarbeiter insbesondere aus betrieblicher Übung für die Folgejahre auszuschließen. Der Freiwilligkeitsvorbehalt ist in diesem Fall **unabhängig** von der **Höhe der Sondervergütung** wirksam. Eine Abgrenzung nach Prozentsätzen in Relation zur Jahresgesamtvergütung, die maximal unter einen Freiwilligkeitsvorbehalt gestellt werden kann, ist nach Auffassung des BAG nicht zu rechtfer-

161 Vgl. ausführlich Kapitel 1 B – Rn 18 ff.

162 BAG, Urt. v. 17.4.2013 – 10 AZR 281/12; BAG, Urt. v. 20.2.2013 – 10 AZR 177/12; BAG, Urt. v. 30.7.2008 – 10 AZR 606/07 – Rn 45.

163 Vgl. im Detail zur Vertragsgestaltung Kapitel 1 B – Rn 24 ff.

164 BAG, Urt. v. 14.9.2011 – 10 AZR 526/10.

tigen.[165] Bloß, weil eine Sonderzahlung eine beträchtliche Höhe erreicht, kann der Mitarbeiter nicht davon ausgehen, dass er trotz eines Freiwilligkeitsvorbehalts einen Anspruch auf eine solche Sondervergütung auch im nächsten Jahr hat.

b) Formulierungsbeispiele

121 Eine solche Gesamtzusage mit Freiwilligkeitsvorbehalt kann bei entsprechendem Anlass wie folgt formuliert werden:

Klauselmuster
Wir freuen uns, Ihnen als Honorierung Ihrer aktuellen und künftigen Betriebstreue eine Weihnachtsgratifikation in Höhe von EUR [Betrag] brutto gewähren zu können. Sie erhalten diese mit dem Dezembergehalt. Diese Weihnachtsgratifikation gewähren wir Ihnen freiwillig und nur in diesem Jahr, so dass für Sie daraus kein Anspruch für die Zukunft erwächst.

122 Wer vorsorglich einen „**Pauschalvorbehalt**" in den Formulararbeitsvertrag aufnehmen möchte, auch wenn derzeit zweifelhaft ist, ob dies rechtlich die gewünschten Konsequenzen haben kann, könnte diesen unter Berücksichtigung der derzeitigen Rechtsprechung wie folgt formulieren:

Klauselmuster
Soweit wir Ihnen zu Ihrem laufenden Arbeitsentgelt eine Sonderzahlung gewähren (z.B. ein Weihnachtsgeld), deren Voraussetzungen wir nicht mit Ihnen im Arbeitsvertrag oder in sonstiger Weise individuell vereinbart haben, ist diese Zahlung freiwillig. Sie begründet für Sie keinen Anspruch auf eine solche Zahlung auch in Zukunft. Selbst wenn wir Ihnen eine gleichartige Sonderzahlung mehrmals zahlen würden, entsteht durch die wiederholte Zahlung kein Anspruch für die Zukunft, wenn wir dies nicht mit Ihnen individuell vereinbaren. Im Gegenteil entscheiden wir jedes Mal über den Grund und die Höhe solcher Sonderzahlungen neu. Haben Sie eine Sonderzahlung bereits ganz oder teilweise durch Ihre Arbeitsleistung verdient, bezieht sich dieser Freiwilligkeitsvorbehalt nur auf künftige Ansprüche; bereits verdiente Vergütung für erbrachte Arbeitsleistung kann Ihnen nicht rückwirkend entzogen werden.

4. Widerrufsvorbehalt

a) Rechtliche Grundlagen

123 „Echte" Sonderzahlungen können unter einen Widerrufsvorbehalt gestellt werden. Hier gelten keine Besonderheiten, so dass auf die allgemeinen Ausführungen dazu verwiesen werden kann.[166] Der Widerrufsvorbehalt darf sich also grundsätzlich nur auf maximal 25% der Gesamtvergütung beziehen und muss hinsichtlich der Wider-

165 BAG, Urt. v. 18.3.2009 – 10 AZR 289/08.
166 Vgl. ausführlich Kapitel 1 C.

rufsgründe so konkret wie möglich formuliert sein, um der Inhaltskontrolle nach §§ 305ff. BGB standzuhalten (1. Stufe: Rechtskontrolle). Außerdem muss der Arbeitgeber gegebenenfalls das Mitbestimmungsrecht des Betriebsrats nach § 87 Abs. 1 Nr. 10 BetrVG beachten, insbesondere dann, wenn er die Sonderzahlung nicht vollständig, sondern nur teilweise kürzt.[167]

Die Ausübung des Widerrufs muss im konkreten Fall zusätzlich billigem Ermes- 124
sen entsprechen (2. Stufe: Ausübungskontrolle).[168]

b) Formulierungsbeispiel

Ein Widerrufsvorbehalt kann unter Berücksichtigung der oben genannten Grund- 125
sätze wie folgt formuliert werden:

Klauselmuster

1. Der Arbeitgeber behält sich vor, die Sonderzahlung ganz oder teilweise zu widerrufen. Der Widerruf kann erklärt werden, wenn die Geschäftsziele des Arbeitgebers hinsichtlich des Gewinns um mindestens [Zahl] % verfehlt werden oder eine wirtschaftliche Notlage eintritt.
2. Durch den Widerruf der Sonderzahlung darf die Gesamtvergütung des Arbeitnehmers um nicht mehr als 25% verringert werden. Würde der Widerruf zu einer Verringerung der Gesamtvergütung um mehr als 25% führen, bleibt der Anspruch auf Sonderzahlung insoweit bestehen.[169]
3. Der Widerruf muss schriftlich erklärt oder in betriebsüblicher Weise bekannt gemacht werden.

---

5. Anrechnungsvorbehalt

a) Rechtliche Grundlagen

Eine Anrechnung freiwilliger Sonderzahlungen auf tarifliche Leistungen kommt nur 126
in Betracht, wenn tarifliche Leistungen den gleichen Zweck verfolgen und deshalb eine **funktionelle Gleichwertigkeit** zur freiwilligen Sonderzahlung besteht[170]. Auf „normale“ Tariflohnerhöhungen kann eine „echte“ Sonderzahlung nicht angerechnet werden, da sie nicht den Zweck verfolgt, die Arbeitsleistung des Mitarbeiters zu vergüten.

Eine Anrechnung kommt deshalb üblicherweise nur dann in Betracht, wenn der 127
Tarifvertrag ebenfalls eine „echte“ Sonderzahlung mit gleicher Zweckrichtung vor-

---

167 Vgl. im Detail Kapitel 5 B – Rn 22ff. und Kapitel 5 D – Rn 73ff. und 84ff.

168 St. Rspr., vgl. z.B. BAG, Urt. v. 21.3.2012 – 5 AZR 651/12.

169 Diese Klausel soll nur im „Notfall“ helfen; deren Wirksamkeit ist allerdings offen. Rechtssicher wäre es, im Vorfeld die Auswirkungen des Widerrufs auf die Gesamtvergütung zu prüfen und bereits bei der Widerrufserklärung mitzuteilen, in welcher Höhe der Vergütungsbestandteil widerrufen wird.

170 BAG, Urt. v. 18.4.2012 – 4 AZR 139/10 – Rn 28.

sieht oder die Anrechnungsfähigkeit von freiwilligen Sonderzahlungen ausdrücklich vorsieht. Dabei ist im Wege der Auslegung zu ermitteln, ob der Tarifvertrag die Anrechnung der gewährten Sonderzahlung im konkreten Fall erfasst.[171]

128 Zudem muss der Arbeitgeber zudem ggf. das Mitbestimmungsrecht des Betriebsrats nach § 87 Abs. 1 Nr. 10 BetrVG beachten, insbesondere wenn er nur teilweise anrechnen will.[172]

b) Formulierungsbeispiel

129 Vor diesem Hintergrund kann ein Anrechnungsvorbehalt wie folgt formuliert werden:

Klauselmuster
Die Sonderzahlung kann ganz oder teilweise auf tarifliche Leistungen angerechnet werden, wenn deren Zweck dem Zweck der Sonderzahlung funktional gleichwertig ist. Das Recht zur Anrechnung bleibt auch dann bestehen, wenn der Arbeitgeber von seinem Anrechnungsrecht längere Zeit keinen Gebrauch gemacht hat.

---

6. Befristung

a) Rechtliche Grundlagen

130 Die Befristung von „echten“ Sonderzahlungen ist wie bei fixen Vergütungsbestandteilen denkbar.[173] Das Gleiche gilt für eine auflösende Bedingung. Der Arbeitgeber muss aber mit der Befristung ein anerkennenswertes Ziel verfolgen, so dass der Arbeitnehmer durch die Befristung/auflösende Bedingung nicht unangemessen benachteiligt wird (§ 307 Abs. 1 S. 1 BGB).

131 Abgesehen davon wird bei „echten“ Sonderzahlungen üblicherweise keine Befristung/auflösende Bedingung als Flexibilisierungsinstrument gewählt. Ein Freiwilligkeitsvorbehalt bietet sich eher an, da dieser einen Anspruch für zukünftige Bezugszeiträume auszuschließen vermag.

b) Formulierungsbeispiel

132 Die Befristung einer „echten“ Sonderzahlung kann unter Berücksichtigung der oben genannten Grundsätze wie folgt formuliert werden:

---

171 BAG, Urt. v. 18.4.2012 – 4 AZR 139/10 – Rn 28 ff.
172 Vgl. ausführlich Kapitel 5 B – Rn 22 ff. und Kapitel 5 D – Rn 73 ff. und 85 ff.
173 Vgl. ausführlich Kapitel 1 D.

Klauselmuster

1. Der Arbeitgeber zahlt dem Arbeitnehmer bis zum Börsengang des Unternehmens eine jährliche Treueprämie in Höhe von EUR [Betrag] brutto, die mit der November-Gehaltsabrechnung ausbezahlt wird.
2. Die Zahlung der Treueprämie ist befristet bis zum erfolgreichen Börsengang, längstens bis [Datum].

7. Kürzungsregelung

„Echte" Sonderzahlungen können **grundsätzlich nicht** mit Kürzungsregelungen verknüpft werden. Denn sie sind dadurch gekennzeichnet, dass sie nicht im Synallagma stehen und gerade nicht die erbrachte Arbeitsleistung belohnen. Deren Zweck – z.B. die Honorierung der Betriebstreue – wird auch durch Arbeitnehmer in Elternzeit, bei langandauernder Krankheit oder in Pflegezeit erfüllt (nämlich die Betriebstreue). Ein Kürzungsrecht widerspricht dem Zweck der Leistung.[174] 133

Werden trotzdem Kürzungsklauseln für Fehlzeiten oder im ruhenden Arbeitsverhältnis vereinbart, führt dies nach der derzeitigen Rechtsprechung dazu, dass der **Charakter** als **„echte" Sonderzahlung** verloren geht und die Sonderzahlung dadurch auch die Arbeitsleistung im Bezugszeitraum honoriert. Sie wird damit zur arbeitsleistungsbezogenen Sonderzahlung, da sie auch eine Gegenleistung für die laufend erbrachte Arbeit darstellt.[175] Mit dieser Einordnung würde die AGB-rechtliche Wirksamkeit typischer Flexibilisierungsinstrumente bei „echten" Sonderzahlungen (wie Stichtags- und Rückzahlungsklauseln) entfallen, so dass die Kürzungsregelung gleichzeitig vereinbarte Freiwilligkeitsvorbehalte, Stichtags- und Rückzahlungsklauseln torpediert. Allerdings soll allein die **anteilige** Zahlung im **Eintrittsjahr** nicht dazu führen, dass die „echte" Sonderzahlung zur synallagmatischen Leistung wird.[176] Insofern ist die Rechtsprechung stark einzelfallbezogen und wenig vorhersehbar. 134

Praxistipp

Der Arbeitgeber muss sich überlegen, welche Zwecke er verfolgen will und die Leistung sodann als „echte" Sonderzahlung oder arbeitsleistungsbezogene Sonderzahlung einordnen und ausgestalten. Je nachdem, wofür er sich entscheidet, kann er z.B. Stichtags- und Rückzahlungsklauseln (die typisch für „echte" Sonderzahlungen und nur dort wirksam sind) oder Kürzungsklauseln (bei arbeitsleistungsbezogenen Sonderzahlungen) vorsehen.

---

174 Küttner/*Griese*, Personalbuch, Einmalzahlungen, Rn 12; *Hanau/Vossen*, DB 1992, 218.

175 BAG, Urt. v. 13.11.2013 – 10 AZR 848/12 – Rn 20: Die Sonderzahlung war neben dem Bestand des Arbeitsverhältnisses zu einem bestimmten Stichtag daran geknüpft, dass keine unbezahlten Arbeitsbefreiungen vorlagen. Hieraus schloss das BAG, dass die Sonderzahlung nicht nur die Betriebstreue, sondern zumindest auch die Arbeitsleistung honoriert.

176 BAG, Urt. v. 18.1.2012 – 10 AZR 667/10 – Rn 18.

8. Stichtagsregelung

135 Unter Stichtagsregelungen werden vertragliche Regelungen verstanden, die den Anspruch auf eine Sonderzahlung ausschließen, wenn der Arbeitnehmer zu einem bestimmten Zeitpunkt nicht mehr in einem (ungekündigten) Arbeitsverhältnis steht.

a) Rechtliche Grundlagen

136 Solche Stichtagsregelungen hält das BAG grundsätzlich nur noch dann für zulässig, wenn es sich um „echte“ Sonderzahlungen handelt, die nicht (zumindest auch) die erbrachte Arbeitsleistung zusätzlich vergüten sollen.[177] Nur bei Zahlungen, die ausschließlich die Honorierung vergangener oder künftiger Betriebstreue bezwecken, ist es nach Auffassung des BAG gerechtfertigt, den Fortbestand des Arbeitsverhältnisses bis zum Stichtag oder sogar darüber hinaus innerhalb eines noch zumutbaren Bindungszeitraums vom Arbeitnehmer zu verlangen.[178] Ob eine solche „echte“ Sonderzahlung vorliegt, muss durch **Auslegung** der vertraglichen Bestimmungen ermittelt werden.[179] Ist dies zu bejahen, ist eine Stichtagsklausel regelmäßig wirksam und hält einer Inhaltskontrolle nach § 307 BGB Stand.[180]

137 Die Stichtagsklausel ist selbst dann nicht nach § 307 Abs. 1 S. 1 BGB unangemessen benachteiligend, wenn die Beendigung des Arbeitsverhältnisses nicht auf Gründen beruht, die in der Sphäre des Arbeitnehmers liegen. Das gilt insbesondere für **betriebsbedingte Kündigungen**. Denn die motivierende Wirkung der Sonderzahlung kann sich nur bei den Arbeitnehmern entfalten, die dem Betrieb noch – oder zumindest noch einige Zeit – angehören.[181] Vor diesem Hintergrund kann sich der Arbeitnehmer auch nicht darauf berufen, dass seine Eigenkündigung vom Arbeitgeber aufgrund eines ohnehin anstehenden Personalabbaus „veranlasst“ worden wäre.[182]

b) Formulierungsbeispiel

138 Eine Stichtagsklausel kann unter Berücksichtigung der dargestellten Rechtsgrundlagen wie folgt formuliert werden:

---

177 BAG, Urt. v. 13.11.2013 – 10 AZR 848/12 – Rn 23 ff., 28 ff.; vgl. aber BAG, Urt. v. 13.11.2013 – 10 AZR 848/12 – Rn 32 und BAG, Urt. v. 18.1.2012 – 10 AZR 667/10 – Rn 11, dass Bonuszahlungen, deren Höhe vom Geschäftsergebnis abhängen, an das Bestehen eines Arbeitsverhältnisses im Geschäftsjahr geknüpft werden können.

178 BAG, Urt. v. 18.1.2012 – 10 AZR 667/10 – Rn 30.

179 BAG, Urt. v. 18.1.2012 – 10 AZR 667/10 – Rn 15.

180 BAG, Urt. v. 18.1.2012 – 10 AZR 667/10 – Rn 19 ff.

181 BAG, Urt. v. 18.1.2012 – 10 AZR 667/10 – Rn 25 ff.

182 BAG, Urt. v. 14.11.2012 – 10 AZR 3/12 – Rn 29 ff.

Klauselmuster
1. Der Mitarbeiter erhält mit der November-Vergütung jeweils eine Weihnachtsgratifikation (Treueprämie) in Höhe eines Bruttomonatsgehalts.
2. Der Anspruch auf Auszahlung der Gratifikation besteht nur, wenn das Anstellungsverhältnis im Zeitpunkt der Auszahlung noch besteht und nicht gekündigt ist.

9. Rückzahlungsklausel

Unter Rückzahlungsklauseln versteht man Regelungen, die den Arbeitnehmer verpflichten, eine Gratifikation zurückzuzahlen, wenn er vor einem bestimmten Stichtag beim Arbeitgeber ausscheidet. Rückzahlungsklauseln werden üblicherweise mit Stichtagsklauseln kombiniert, um zu verhindern, dass der Arbeitnehmer unmittelbar nach Erhalt einer Gratifikation ausscheidet. 139

a) Rechtliche Grundlagen

Rückzahlungsvorbehalte sind zulässig, wenn dem Arbeitnehmer dadurch nicht 140 die Gegenleistung für seine bereits erbrachte Arbeitsleistung entzogen wird[183], also eigentlich nur noch bei „echten“ Sonderzahlungen/Gratifikationen. Sie müssen ausdrücklich vereinbart sein und dürfen den Arbeitnehmer zudem nicht in unzulässiger Weise in seiner Berufsfreiheit (Art. 12 Abs. 1 GG) behindern. Sie unterliegen insoweit einer **Inhaltskontrolle** gemäß § 307 BGB.[184]

Die Dauer der **zulässigen Bindung** hängt dabei von der Höhe der Sonderzah- 141 lung ab:

- Bei **geringfügigen Sonderzahlungen**, die nicht mehr als EUR 100,00 betragen, ist eine Rückzahlungsverpflichtung unzulässig.[185]
- Bei einer Gratifikation über EUR 100,00, aber nicht mehr als ein Monatsbezug ist eine Bindung bis zum **Ablauf des 31.3.** des Folgejahres möglich, wenn die Gratifikation im November oder Dezember ausbezahlt wird (die Bindungsfrist darf also nicht länger als drei bis vier Monate sein).[186]
- Bei einer Gratifikation über einem Monatsbezug ist grundsätzlich eine Bindung **bis zum 30.6.** des Folgejahres möglich, wenn die Auszahlung im November/Dezember des Vorjahres erfolgt.

---

183 BAG, Urt. v. 18.1.2012 – 10 AZR 667/10 – Rn 11; BAG, Urt. v. 12.4.2011 – 1 AZR 412/09 – Rn 27 ff.

184 BAG, Urt. v. 25.4.2007 – 10 AZR 634/06 – Rn 25.

185 BAG, Urt. v. 21.5.2003 – 10 AZR 390/02 – juris Rn 25.

186 BAG, Urt. v. 21.5.2003 – 10 AZR 390/02 – juris Rn 25.

- Eine Bindung über den **30.6.** des Folgejahres **hinaus** ist unabhängig von der Höhe der Sonderzahlung jedenfalls dann unzulässig, wenn der Mitarbeiter bis dahin mehrere Kündigungsmöglichkeiten hatte.[187]

142 Grundsätzlich kann die zulässige Bindungsdauer abhängig von der Höhe der Sonderzahlung, dem Auszahlungszeitpunkt und den geltenden Kündigungsmöglichkeiten des Arbeitnehmers variieren.[188] Erhält der Arbeitnehmer z.B. die Weihnachtsgratifikation in Höhe eines Monatsgehalts jeweils zur Hälfte am 30.6. und am 30.11. eines Jahres, kann er nicht verpflichtet werden, die volle Sonderleistung zurückzuzahlen, wenn er bis zum 31.3. des Folgejahres ausscheidet. Für die Beurteilung der Bindungsdauer ist nämlich jeweils auf den **Auszahlungszeitpunkt des Teilbetrags** abzustellen; die Teilleistungen können nicht wie eine einheitliche Leistung behandelt werden.[189]

143 Unklar ist, inwieweit eine Rückzahlungsklausel den Arbeitnehmer unangemessen benachteiligt, wenn sie nicht nach dem Grund der Beendigung des Arbeitsverhältnisses differenziert.[190] Obwohl das BAG eine solche Differenzierung bei Stichtagsklauseln ablehnt und die gleichen Argumente auch für die Rückzahlungsklausel gelten müssten, sollte der vorsichtige Arbeitgeber eine Differenzierung aufnehmen.[191]

b) Formulierungsbeispiel

144 Unter Berücksichtigung der dargestellten Rechtsgrundsätze kann eine Rückzahlungsklausel wie folgt formuliert werden:

Klauselmuster

1. Der Arbeitnehmer erhält eine Weihnachtsgratifikation (Treueprämie) in Höhe eines Monatsgehalts, die am 30.11. eines jeden Jahres zusammen mit dem November-Gehalt ausgezahlt wird.
2. Der Arbeitnehmer ist verpflichtet, die Weihnachtsgratifikation zurückzuzahlen, wenn er bis zum 31.3. des auf die Auszahlung folgenden Kalenderjahres ausscheidet und der Grund für das Ausscheiden in der Sphäre des Arbeitnehmers liegt. Der Arbeitgeber ist berechtigt, mit seiner Rückzahlungsforderung gegen Vergütungsansprüche des Arbeitnehmers unter Beachtung der Pfändungsbestimmungen aufzurechnen.

---

187 BAG, Urt. v. 24.10.2007 – 10 AZR 825/06 – juris Rn 24.

188 Vgl. ausführlich Schaub/*Linck*, ArbR-Hb., § 87 Rn 65ff.

189 BAG, Urt. v. 21.5.2003 – 10 AZR 390/02.

190 Bei Rückzahlungsklauseln in einem Fortbildungsvertrag muss nach dem Grund des vorzeitigen Ausscheidens differenziert werden, sonst benachteiligt sie den Arbeitnehmer unangemessen, vgl. BAG, Urt. v. 18.3.2014 – 9 AZR 545/12.

191 BAG, Urt. v. 14.11.2012 – 10 AZR 3/12 – Rn 29ff.; BAG, Urt. v. 18.1.2012 – 10 AZR 667/10 – Rn 25ff.; vgl. oben Kapitel 5 E – Rn 137.

IV. Zusammenfassung/Checkliste

„Echte" Sonderzahlungen sind grundsätzlich die Vergütungsbestandteile, die wegen des fehlenden Synallagmas zur Arbeitsleistung am Weitesten flexibilisiert werden können. Es sind deshalb grundsätzlich mit fast **allen Flexibilisierungsinstrumente** (außer mit Kürzungsregelungen) denkbar und zulässig. 145

Vorsicht ist aber geboten, wenn zu viele Flexibilisierungsinstrumente miteinander kombiniert werden sollen. Hier muss im Einzelfall der Zweck der Leistung genau definiert und geprüft werden, ob sich das jeweilige Flexibilisierungsinstrument mit diesem Zweck „verträgt". Zu berücksichtigen ist auch, dass die Vertragsgestaltung den Zweck der Leistung beeinflusst und den **Charakter** der „echten" Sonderzahlung hin zu einer arbeitsleistungsbezogenen Sonderzahlung **ändern kann**. Dies ist z.B. der Fall, wenn Kürzungsregelungen bei Fehlzeiten vereinbart werden: Dadurch wird nicht mehr nur die reine Betriebstreue belohnt (die auch ein Arbeitnehmer erbringt, der z.B. während des gesamten Jahres krank oder in Elternzeit war), sondern es wird zusätzlich die erbrachte Arbeitsleistung honoriert. Stichtags- oder Rückzahlungsklauseln bei Sonderzahlungen sind deshalb mit Kürzungsregelungen nicht vereinbar, sondern schließen sich aus. 146

Grundsätzlich ist immer eine **Einzelfallbetrachtung** anzustellen, da die Rechtsprechung nicht konsistent ist. Rechtssichere allgemeine Aussagen können nicht getroffen werden. Trotzdem soll in der nachfolgenden Tabelle eine schematisierte Darstellung der Kombinationsmöglichkeiten versucht werden, die als erste Orientierung herangezogen werden kann. 147

Kombination mit → / Flexibilisierungsinstrumente ↓	BE	Verweisung	FV	WV	AV	Befristung	KR	SR	RR
Billiges Ermessen (BE)		nein	ja	ja	ja	ja	nein	ja	ja
Verweisung auf BV/TV[192]	nein		nein	nein	nein	nein	nein	nein	nein
Freiwilligkeitsvorbehalt (FV)[193]	ja	nein		nein	nein	nein	nein	ja	ja
Widerrufsvorbehalt (WV)	ja	nein	nein		ja	ja	nein	ja	ja
Anrechnungsvorbehalt (AV)[194]	ja	nein	nein	ja		ja	nein	ja	ja
Befristung	ja	nein	nein	ja	ja		nein	ja	ja
Kürzungsregelung (KR)	nein	nein	nein	nein	nein	nein		nein	nein
Stichtagsregelung (SR)	ja	nein	ja	ja	ja	ja	nein		ja
Rückzahlungsregelung (RR)	ja	nein	ja	ja	ja	ja	nein	ja	

F. Arbeitsleistungsbezogene Sonderzahlungen

I. Begriff

148 Arbeitsleistungsbezogene Sonderzuwendungen sind mit den fixen Vergütungsbestandteilen vergleichbar, da sie vom Arbeitnehmer zumindest auch durch die Erbringung der geschuldeten Arbeitsleistung verdient werden.[195] Im Unterschied zur

192 Da die Einzelheiten bei einer Verweisung auf Betriebsvereinbarung (BV) oder Tarifverträge (TV) in den BV/TV geregelt sind, schließt eine Verweisung weitere eigenständige Flexibilisierungsinstrumente grundsätzlich aus.

193 Der Anspruch wird für den laufenden Bezugszeitraum durch Gesamtzusage begründet, jedoch für künftige Bezugszeiträume durch einen Freiwilligkeitsvorbehalt ausgeschlossen.

194 Die Anrechnung erfolgt auf funktional gleichwertige Leistungen aus einem Tarifvertrag im laufenden Bezugszeitraum.

195 BAG, Urt. v. 18.1.2012 – 10 AZR 667/10 – Rn 10.

Festvergütung wird die arbeitsleistungsbezogene Sonderzahlung jedoch nicht monatlich ausbezahlt, sondern – wie die „echte“ Sondervergütung – üblicherweise nur einmal im Jahr als Einmalzahlung.

Ob eine arbeitsleistungsbezogene Sonderzahlung vorliegt, muss durch **Auslegung** der vertraglichen Bestimmungen ermittelt werden, wofür das BAG einige Grundsätze aufgestellt hat:[196] 149

Checkliste !
- Macht die Sonderzuwendung einen **wesentlichen Anteil** der **Gesamtvergütung** (mindestens 25%)[197] aus, handelt es sich regelmäßig um Arbeitsentgelt, das als Gegenleistung für erbrachte Arbeitsleistung geschuldet wird.[198]
- Sonderzuwendungen, die mit der Erreichung von **quantitativen oder qualitativen Zielen** verknüpft sind, haben eindeutig Vergütungscharakter und sind somit arbeitsleistungsbezogene Sonderzahlungen.[199]
- Sind für die Sonderzahlung **keine weiteren Anspruchsvoraussetzungen** vereinbart (wie beim 13. Monatsgehalt), ist diese üblicherweise ebenfalls Gegenleistung für die erbrachte Arbeitsleistung.[200]
- Die lediglich **anteilige Zahlung** bei unterjährigem Ein- oder Austritt oder bei unbezahlten Arbeitsbefreiungen spricht ebenfalls dafür, dass die Sonderzahlung an die erbrachte Arbeitsleistung anknüpft und nicht nur die Betriebstreue honorieren will.[201] Allein die anteilige Gewährung im Eintrittsjahr führt aber noch nicht dazu, dass die Gratifikation ihre Eigenschaft als „echte“ Sonderzahlung unbedingt verliert.[202]

II. Rechtliche Rahmenbedingungen

Arbeitsleistungsbezogene Sondervergütungen stehen im Synallagma zur erbrachten 150
Arbeitsleistung. Anders als bei der „echten“ Sondervergütung geht das BAG bei arbeitsleistungsbezogenen Sonderzahlungen davon aus, dass der Anspruch auf eine solche Zuwendung üblicherweise bereits anteilig während des Bezugszeitraums entsprechend der zurückgelegten Dauer entsteht („**pro rata**“) und nur zu einem anderen Zeitpunkt insgesamt fällig wird.[203]

196 BAG, Urt. v. 18.1.2012 – 10 AZR 667/10 – Rn 15; BAG 14.11.2012 – 10 AZR 793/11 – Rn 16; vgl. auch Checklisten bei Kapitel 5 B – Rn 40 und Rn 49.
197 BAG, Urt. v. 24.10.2007 – 10 AZR 825/06 – Rn 28.
198 BAG, Urt. v. 18.1.2012 – 10 AZR 667/10 – Rn 15; BAG, Urt. v. 24.10.2007 – 10 AZR 825/06 – Rn 28.
199 BAG, Urt. v. 18.1.2012 – 10 AZR 667/10 – Rn 15; BAG, Urt. v. 14.11.2012 – 10 AZR 793/11 – Rn 16.
200 BAG, Urt. v. 18.1.2012 – 10 AZR 667/10 – Rn 15.
201 BAG, Urt. v. 13.11.2013 – 10 AZR 848/12 – Rn 20.
202 BAG, Urt. v. 18.1.2012 – 10 AZR 667/10 – Rn 15.
203 BAG, Urt. v. 18.1.2012 – 10 AZR 667/10 – Rn 10; BAG, Urt. v. 28.3.2007 – 10 AZR 261/06 – Rn 17.

151 Eine arbeitsleistungsbezogene Sonderzuwendung ist z.B. ein **13. Monatsgehalt**, aber auch erfolgsabhängige Vergütungsbestandteile wie **Zielboni**[204], Gewinnbeteiligung oder **Tantiemen.**[205] Denn auch Sonderzuwendungen, die nur an den Unternehmenserfolg anknüpfen, werden regelmäßig als zusätzliche Vergütung für eine im Geschäftsjahr erbrachte Arbeitsleistung des Arbeitnehmers gezahlt; die synallagmatische Verbindung zwischen Arbeitsleistung und Sonderzuwendung wird durch die Abhängigkeit von einem Unternehmensergebnis nicht in Frage gestellt.[206]

152 Arbeitsleistungsbezogene Sonderzahlungen können (wie „echte" Sonderzahlungen) in jeder arbeitsrechtlich denkbaren Weise zugesagt werden.[207] Bei der Zusage muss der Gleichbehandlungsgrundsatz[208] ebenso berücksichtigt werden wie das Mitbestimmungsrecht des Betriebsrats nach § 87 Abs. 1 Nr. 10 BetrVG.[209]

III. Flexibilisierungsinstrumente

153 Auch bei arbeitsleistungsbezogenen Sonderzahlungen sind zahlreiche Flexibilisierungsinstrumente denkbar.

1. Einseitige Leistungsbestimmung nach billigem Ermessen

154 Grundsätzlich kann sich der Arbeitgeber vorbehalten, die Höhe der Sonderzahlung einseitig zu bestimmen, wobei die konkrete Festlegung der Leistung gemäß § 315 Abs. 1 BGB nach billigem Ermessen erfolgen muss.[210]

a) Rechtliche Grundlagen

155 Das BAG hält einseitige Leistungsbestimmungsklauseln bei arbeitsleistungsbezogenen Sonderzahlungen grundsätzlich für wirksam; sie verstoßen weder gegen das Transparenzgebot noch liegt darin eine unangemessene Benachteiligung.[211] Ob die Ermessensentscheidung der Billigkeit entspricht, unterliegt der **vollen gerichtli-**

---

204 Vgl. hierzu ausführlich Kapitel 5 G.
205 BAG, Urt. v. 18.1.2012 – 10 AZR 667/10 – Rn 10; BAG, Urt. v. 12.4.2011 – 1 AZR 412/09 – Rn 25.
206 BAG, Urt. v. 18.1.2012 – 10 AZR 667/10 – Rn 10; BAG, Urt. v. 5.7.2011 – 1 AZR 94/10 – Rn 35; BAG 12.4.2011 – 1 AZR 412/09 – Rn 25.
207 Vgl. zu den Details insbesondere der Gesamtzusage und der betrieblichen Übung Kapitel 5 E – Rn 102ff.
208 Vgl. Kapitel 5 B – Rn 13ff.
209 Vgl. hierzu ausführlich Kapitel 5 B – Rn 22ff. und Kapitel 5 G – Rn 191ff.
210 BAG, Urt. v. 19.3.2014 – 10 AZR 622/13 – Rn 35; BAG, Urt. v. 29.8.2012 – 10 AZR 385/11 –Rn 21; BAG, Urt. v. 12.10.2011 – 10 AZR 649/10 – Rn 26.
211 BAG, Urt. v. 16.1.2013 – 10 AZR 26/12 – Rn 19, 24.

chen Kontrolle (§ 315 Abs. 3 S. 2 BGB). Die Darlegungs- und Beweislast trägt der Arbeitgeber.[212]

Praxistipp
Die Entscheidung über die Höhe der gewährten Sonderzahlung sollte vor diesem Hintergrund entweder sehr einfach nachvollziehbar sein oder dokumentiert werden.

Soweit **Kriterien für die Leistungsbestimmung** vertraglich festgelegt sind, ist der 156
Arbeitgeber an sie gebunden; er kann sich nicht mehr einseitig davon lossagen, indem er andere Parameter für die Leistungsbestimmung verwendet.[213] Offen ist derzeit, ob der Arbeitgeber – wie bei einem Widerrufsvorbehalt – verpflichtet ist, seine Ermessensentscheidung an vertraglich festgelegte Kriterien zu binden.[214] Richtigerweise darf aber auch bei arbeitsleistungsbezogenen Sonderzahlungen eine vertragliche Konkretisierung für die Maßstäbe der Ermessensausübung **nicht verlangt werden.**[215]

b) Formulierungsbeispiel

Soll die Höhe der arbeitsleistungsbezogenen Sonderzahlung im Ermessen des Ar- 157
beitgebers stehen, kann dies wie folgt formuliert werden:

Klauselmuster
Der Arbeitnehmer erhält eine jährliche Sonderzahlung in der vom Arbeitgeber in billigem Ermessen festgelegten Höhe.

---

2. Verweisung auf Betriebsvereinbarungen/Tarifverträge

Im Arbeitsvertrag kann hinsichtlich arbeitsleistungsbezogener Sonderzahlungen 158
auch dynamisch auf die Geltung kollektiver Regelungen verwiesen werden.

a) Rechtliche Grundlagen

Eine solche Bezugnahme macht für den Arbeitnehmer transparent, dass die Sonder- 159
leistung im Arbeitsvertrag nicht abschließend geregelt ist; sie hat damit **mehr als deklaratorische Bedeutung.**[216] Dynamische Bezugnahmeklauseln sind im Arbeits-

---

212 BAG, Urt. v. 19.3.2014 – 10 AZR 622/13 – Rn 41.
213 BAG, Urt. v. 20.3.2013 – 10 AZR 636/11 – Rn 22; BAG, Urt. v. 17.10.2012 – 10 AZR 620/11 – Rn 22.
214 Kurz thematisiert, aber offen gelassen in BAG, Urt. v. 16.1.2013 – 10 AZR 26/12 – Rn 21.
215 Vgl. ausführlich Kapitel 5 G – Rn 204.
216 BAG, Urt. v. 19.3.2014 – 10 AZR 622/13 – Rn 31; BAG, Urt. v. 5.7.2011 – 1 AZR 94/10 – Rn 14.

recht weit verbreitet und entsprechen einer üblichen Regelungstechnik. Sie dienen den Interessen beider Parteien eines auf die Zukunft gerichteten Arbeitsverhältnisses.[217] Die Verweisung auf Betriebsvereinbarungen bzw. Tarifverträge führt für sich genommen nicht zur Intransparenz der Regelung im Sinn von § 307 Abs. 3 S. 2 i.V.m. Abs. 1 S. 2 BGB.[218] Eine solche Verweisung enthält auch keinen Änderungsvorbehalt im Sinn von § 308 Nr. 4 BGB, da der Arbeitgeber weder eine Betriebsvereinbarung noch einen Tarifvertrag einseitig ändern oder umgestalten kann.[219] Um jedoch eine „Ewigkeitsbindung" bei der Bezugnahme auf Tarifverträge zu vermeiden, sollte der Arbeitgeber diese lediglich deklaratorisch ausgestalten und zusätzlich eine sog. große dynamische Tarifwechselklausel vereinbaren.[220]

b) Formulierungsbeispiel

160 Eine Verweisung auf anwendbare Betriebsvereinbarungen oder Tarifverträge bei arbeitsleistungsbezogenen Sonderzahlungen könnte wie folgt formuliert werden (wobei zusätzlich eine sog. große dynamische Tarifwechselklausel[221] vereinbart werden sollte):

Klauselmuster

Zusätzlich zu Ihrer Festvergütung erhalten Sie eine Sonderzahlung, deren Einzelheiten sich aus der maßgeblichen Betriebsvereinbarung **[oder:]** dem maßgeblichen Tarifvertrag in der jeweils gültigen Fassung ergeben.

---

3. Freiwilligkeitsvorbehalt

a) Rechtliche Grundlagen

161 Ein Freiwilligkeitsvorbehalt, der dem Arbeitgeber die freie Entscheidung darüber erhalten soll, ob die arbeitsleistungsbezogene Sonderzahlung gezahlt wird oder nicht, benachteiligt den Arbeitnehmer grundsätzlich unangemessen und ist deshalb **unwirksam** (§ 307 Abs. 1 S. 1, Abs. 2 Nr. 1 und 2 BGB).[222] Dem Arbeitnehmer darf bereits erarbeiteter Lohn nicht nachträglich entzogen werden. Ein unwirksamer Freiwilligkeitsvorbehalt kann **nicht** in ein anderes (wirksames) Flexibilisierungsinstru-

---

217 BAG, Urt. v. 19.3.2014 – 10 AZR 622/13 – Rn 31.

218 BAG, Urt. v. 19.3.2014 – 10 AZR 622/13 – Rn 37 (zur Bezugnahme auf Betriebsvereinbarungen); BAG, Urt. v. 21.11.2012 – 4 AZR 85/11 – Rn 35; BAG, Urt. v. 23.3.2011 – 10 AZR 831/09 – Rn 26 (jeweils zur Bezugnahme auf tarifliche Regelungen).

219 BAG, Urt. v. 19.3.2014 – 10 AZR 622/13 – Rn 37.

220 Formulierungsbeispiel in Kapitel 8 – Rn 61 und 68.

221 Formulierungsbeispiel in Kapitel 8 – Rn 61 und 68.

222 BAG, Urt. v. 19.3.2014 – 10 AZR 622/13 – Rn 48.

ment (z.B. einen Widerrufsvorbehalt) **umgedeutet** werden.[223] Der Arbeitgeber wird deshalb bei Verwendung eines unzulässigen Freiwilligkeitsvorbehalts so behandelt, als hätte er dem Arbeitnehmer die Leistung unbedingt zugesagt.[224]

In **bestimmten Fällen** kann ein Freiwilligkeitsvorbehalt jedoch **zulässig** sein, 162
z.B. dann, wenn der Arbeitgeber in einem außergewöhnlich guten Jahr den Mitarbeitern einmalig am Ende des Jahres 50% ihrer Gesamtvergütung als Sondervergütung zahlt und sie so am wirtschaftlichen Erfolg des Unternehmens beteiligen möchte. In diesem Zusammenhang kann er gleichzeitig durch einen Freiwilligkeitsvorbehalt klarstellen, dass es sich um eine einmalige Zahlung handelt.[225] Der Freiwilligkeitsvorbehalt bezieht sich dann lediglich darauf, einen Anspruch auf eine solche arbeitsleistungsbezogene Sonderzahlung im Folgejahr auszuschließen.

Ist der Freiwilligkeitsvorbehalt wirksam, ist die Höhe der Leistung irrelevant. 163
Eine Abgrenzung nach Prozentsätzen der Jahresgesamtvergütung, die maximal unter einen Freiwilligkeitsvorbehalt gestellt werden können, ist nach Auffassung des BAG nicht zu rechtfertigen.[226] Nur, weil eine Sonderzahlung eine beträchtliche Höhe erreicht, kann der Mitarbeiter nicht davon ausgehen, dass trotz eines Freiwilligkeitsvorbehalts ein Anspruch auf eine solche Sondervergütung auch im nächsten Jahr begründet werden soll.

b) Formulierungsbeispiel

Ein Freiwilligkeitsvorbehalt kann unter Berücksichtigung der oben geschilderten 164
Hintergründe wie folgt formuliert werden:

Klauselmuster

Wir freuen uns, Ihnen wegen unseres außerordentlich guten Geschäftsergebnisses in diesem Jahr als zusätzliche Honorierung für Ihre Arbeitsleistung eine Sonderzahlung in Höhe von EUR [Betrag] brutto gewähren zu können. Diese erhalten Sie mit dem Dezembergehalt. Diese Sonderzahlung gewähren wir Ihnen freiwillig und nur in diesem Jahr, so dass für Sie daraus kein Anspruch für die Zukunft erwächst.

---

4. Widerrufsvorbehalt

Arbeitsleistungsbezogene Sonderzahlungen können grundsätzlich unter einen Wi- 165
derrufsvorbehalt gestellt werden.

---

223 BAG, Urt. v. 25.4.2007 – 5 AZR 627/06 – Rn 18 ff., 25 ff.
224 BAG, Urt. v. 25.4.2007 – 5 AZR 627/06.
225 Vgl. ausführlich Kapitel 5 G – Rn 214 ff.
226 BAG, Urt. v. 18.3.2009 – 10 AZR 289/08.

a) Rechtliche Grundlagen

166 Dabei muss sichergestellt sein, dass dem Arbeitnehmer die arbeitsleistungsbezogene Sondervergütung nicht wieder entzogen wird, wenn er die geschuldete Arbeitsleistung bereits erbracht hat. Deshalb kann der Widerruf **nur für die Zukunft** erklärt werden, nicht für vergangene Zeiträume.

167 Ein Widerrufsvorbehalt muss den üblichen Voraussetzungen (maximal 25% der Gesamtvergütung betroffen, konkrete Formulierung der Widerrufsgründe) genügen, um der **Inhaltskontrolle** nach §§ 305ff. BGB standzuhalten.[227] Zudem kann die Ausübung des Widerrufsrechts das Mitbestimmungsrecht des Betriebsrats nach § 87 Abs. 1 Nr. 10 BetrVG auslösen, insbesondere wenn der Arbeitgeber die Leistung nur teilweise widerruft.[228] Außerdem muss die Ausübung des Widerrufs im konkreten Fall billigem Ermessen entsprechen.[229]

b) Formulierungsbeispiel

168 Ein Widerrufsvorbehalt kann bei arbeitsleistungsbezogenen Sonderzahlungen wie folgt formuliert werden:

Klauselmuster

1. Der Arbeitgeber behält sich vor, die Sonderzahlung ganz oder teilweise für die Zukunft zu widerrufen. Der Widerruf kann erklärt werden, wenn die Geschäftsziele des Arbeitgebers hinsichtlich Umsatz oder Gewinn um mindestens [Zahl] % verfehlt werden oder eine wirtschaftliche Notlage eintritt.
2. Durch den Widerruf darf die Gesamtvergütung des Arbeitnehmers um nicht mehr als 25% verringert werden. Würde der Widerruf zu einer Verringerung der Gesamtvergütung um mehr als 25% führen, bleibt der Anspruch auf Sonderzahlung insoweit bestehen.[230]
3. Der Widerruf muss schriftlich erklärt oder in betriebsüblicher Weise bekanntgemacht werden.

---

5. Anrechnungsvorbehalt

a) Rechtliche Grundlagen

169 Arbeitsleistungsbezogene Sonderzahlungen verfolgen häufig sehr viele verschiedene Zwecke. Nur, wenn tarifliche Leistungen den gleichen Zweck verfolgen und deshalb eine **funktionelle Gleichwertigkeit** besteht, kommt eine Anrechnung der

---

227 Vgl. ausführlich Kapitel 1 C.

228 Vgl. ausführlich Kapitel 5 B – Rn 22ff. und Kapitel 5 D – Rn 73ff. und 84ff.

229 St. Rspr., vgl. z.B. BAG, Urt. v. 21.3.2012 – 5 AZR 651/12 – Rn 21ff.

230 Diese Klausel soll nur im „Notfall" helfen; deren Wirksamkeit ist allerdings offen. Rechtssicher wäre es, im Vorfeld die Auswirkungen des Widerrufs auf die Gesamtvergütung zu prüfen und bereits bei der Widerrufserklärung mitzuteilen, in welcher Höhe der Vergütungsbestandteil widerrufen wird.

Sonderzahlung auf tarifliche Leistungen in Betracht[231]. Dabei ist im Wege der Auslegung der tariflichen Regelung zu ermitteln, ob die Anrechnungsklausel die Sonderzahlung im konkreten Fall erfasst.[232] Ggf. ist ein Mitbestimmungsrecht des Betriebsrats nach § 87 Abs. 1 Nr. 10 BetrVG zu beachten.[233]

b) Formulierungsbeispiel

Vor diesem Hintergrund kann ein Anrechnungsvorbehalt wie folgt formuliert wer- 170
den:

Klauselmuster
Die Sonderzahlung kann ganz oder teilweise auf tarifliche Leistungen angerechnet werden, wenn deren Zweck dem Zweck der Sonderzahlung funktional gleichwertig ist. Das Recht zur Anrechnung bleibt auch dann bestehen, wenn der Arbeitgeber von seinem Anrechnungsrecht längere Zeit keinen Gebrauch gemacht hat.

---

6. Befristung

a) Rechtliche Grundlagen

Eine Befristung von arbeitsleistungsbezogenen Sonderzahlungen ist nur denkbar, 171
wenn lediglich ein vorübergehendes Bedürfnis dafür besteht. Nur in diesen Fällen ist die Teilbefristung zulässig und stellt keine unangemessene Benachteiligung des Arbeitnehmers im Sinn von § 307 Abs. 1 S. 1 BGB dar. Die Wirksamkeit von Teilbefristungen richtet sich insofern nach den allgemeinen Regeln.[234]

b) Formulierungsbeispiel

Vor diesem Hintergrund könnte eine Teilbefristung bei arbeitsleistungsbezogenen 172
Sondervergütungen wie folgt formuliert werden:

Klauselmuster
1. Für die Geschäftsjahre [Jahr] und [Jahr] erhalten Sie zusätzlich jeweils eine Sonderzahlung in Höhe von EUR [Betrag] brutto pro Jahr, um Ihre besonderen Leistungen im Rahmen des anstehenden Projekts [Name] zu honorieren. Die Einzelheiten zu diesen Sonderzahlungen sind in Anlage 1 zu dieser Vereinbarung geregelt.
2. Diese Vereinbarung ist befristet bis [Datum]. Sie endet, ohne dass es einer Kündigung bedarf, mit Ende des Geschäftsjahres [Jahr].

---

231 BAG, Urt. v. 18.4.2012 – 4 AZR 139/10 – Rn 28.
232 BAG, Urt. v. 18.4.2012 – 4 AZR 139/10 – Rn 28 ff.
233 Vgl. hierzu ausführlich Kapitel 5 B – Rn 22 ff. und Kapitel 5 D – Rn 73 ff. und 84 ff.
234 Vgl. hierzu Kapitel 1 D.

7. Kürzungsregelung

173 Arbeitsleistungsbezogene Sonderzahlungen können – im Gegensatz zu „echten" Sonderzahlungen – Kürzungsregelungen für Zeiten ohne Arbeitsleistung enthalten. Eine anteilige Kürzung von Sonderzahlungen stellt für das BAG ein **Indiz** dafür dar, dass die Sonderzahlung zumindest auch die Arbeitsleistung des Mitarbeiters honorieren will und deshalb gerade als arbeitsleistungsbezogene Sonderzahlung (und nicht als „echte" Sonderzahlung) zu qualifizieren ist.

a) Rechtsgrundlagen

174 Grundsätzlich sind arbeitsleistungsbezogene Sondervergütungen hinsichtlich der Kürzungsregelungen **wie die Festvergütung** zu behandeln: Wegen der synallagmatischen Verknüpfung („Ohne Arbeit kein Lohn") entfällt die Pflicht zur Zahlung der Sondervergütung, wenn keine Arbeitsleistung erbracht wird und keine zwingenden gesetzlichen oder tariflichen Regelungen die Entgeltfortzahlung anordnen.[235] Bei Zeiten ohne Vergütungsanspruch (z.B. Elternzeit, Pflegezeit, unbezahlter Sonderurlaub) ist dementsprechend eine Kürzungsvereinbarung grundsätzlich zulässig und – im Gegensatz zu fixen Vergütungsbestandteilen – auch keineswegs überflüssig. Denn bei der Vielzahl an möglichen Fallgestaltungen ist es erforderlich, möglichst viele gewünschte Details zu regeln und den Gerichten im Streitfall einen geringen Auslegungsspielraum zu belassen.[236]

175 Bei **Zielboni** und sonstigen **erfolgsabhängigen Vergütungen**, bei denen der Arbeitnehmer die Höhe der Leistung mit seiner persönlichen Leistung mitbestimmt, kann die Kürzungsmöglichkeit davon abhängen, inwieweit Ziele bereits zu 100% erfüllt sind. In diesem Fall kann dem Arbeitnehmer die Vergütung für die bereits erbrachte Arbeitsleistung z.B. allein wegen seines vorzeitigen Ausscheidens nicht (mehr) entzogen werden.[237]

176 Eine Kürzung wegen **krankheitsbedingter Fehlzeiten**, für die Entgeltfortzahlung zu leisten ist, kommt bei den üblichen arbeitsleistungsbezogenen Sonderzahlungen wie 13. Monatsgehalt, Zielbonus, Tantieme o.ä. **nicht in Betracht**. Diese Zahlungen stellen keine „Sondervergütung" im Sinn des § 4a EFZG dar, sondern werden in das unmittelbare Austauschverhältnis zwischen Arbeitsleistung und Vergütung einbezogen. Die Kürzung von arbeitsleistungsbezogenen Sonderzahlungen wegen sonstiger berechtigter Fehlzeiten, in denen der Arbeitgeber die Vergütung

---

235 BAG, Urt. v. 8.9.1998 – 9 AZR 273/97; BAG, Urt. v. 21.3.2001 – 10 AZR 28/00.

236 Schaub/*Linck*, ArbR-Hb., § 78 Rn 45 ff. Zum Streitstand bei Kürzung wegen Elternzeit vgl. Schaub/*Linck*, ArbR-Hb., § 78 Rn 42a; ErfK/*Preis*, § 611 BGB Rn 543 ff.

237 BAG, Urt. v. 18.1.2012 – 10 AZR 667/10 – Rn 11; BAG, Urt. v. 12.4.2011 – 1 AZR 412/09 – Rn 27 ff.; vgl. hierzu ausführlich Kapitel 5 G – Rn 231.

weiterzahlen muss (z.B. Mutterschutz, Urlaub) ist ebenfalls problematisch und voraussichtlich unwirksam.[238]

Verfolgt eine Sonderzahlung allerdings ausschließlich den Zweck, Fehlzeiten 177
wegen Krankheit im Bezugszeitraum möglichst gering zu halten, kann eine Kürzungsregelung bei krankheitsbedingten Ausfällen vereinbart werden (sog. **Anwesenheitsprämie**). Es handelt sich bei solchen Anwesenheitsprämien um eine arbeitsleistungsbezogene Sondervergütung, da die Zahlung unmittelbar an die (wegen Krankheit nicht erbrachte) Arbeitsleistung anknüpft. Für Krankheitszeiten enthält **§ 4a EFZG** eine ausdrückliche gesetzliche Erlaubnis dafür, Leistungen zu reduzieren, die der Arbeitgeber zusätzlich zum laufenden Arbeitsentgelt erbringt (Sondervergütungen). Die Kürzung wegen krankheitsbedingter Fehlzeiten stellt deshalb keine Maßregelung im Sinn von § 612a BGB dar.[239] Allerdings muss die arbeitgeberseitige Kürzungsbefugnis **ausdrücklich vereinbart** werden; § 4a EFZG selbst enthält keine Rechtsgrundlage für eine Kürzung, sondern legitimiert lediglich eine entsprechende Vereinbarung der Parteien.[240] Bei einer Kürzung wegen Krankheit gibt § 4a Satz 2 EfZG vor, dass eine **überproportionale Kürzung** pro Krankheitstag möglich ist, wobei jedoch ein Viertel des Arbeitsentgelts, das im Jahresdurchschnitt auf einen Arbeitstag entfällt, nicht überschritten werden darf.[241]

Beispiel

Erhält der Arbeitnehmer einschließlich aller Vergütungsbestandteile ein jährliches Bruttogehalt in Höhe von EUR 52.000,00 und ist er Vollzeit in einer 5-Tage-Woche beschäftigt, verdient er im Jahresdurchschnitt pro Arbeitstag EUR 200,00 (EUR 52.000,00 : 52 Wochen : 5). Die Sondervergütung darf deshalb um $^1/_4$ davon bzw. EUR 50,00 pro Krankheitstag gekürzt werden.

---

b) Formulierungsbeispiel

Vor dem oben geschilderten Hintergrund kann eine Kürzungsregelung für **Zeiten** 178
ohne Arbeitsleistung wie folgt vereinbart werden:

Klauselmuster

1. Bei unterjährigem Eintritt wird die Sonderzahlung anteilig bezahlt.
2. Im Übrigen reduziert sich die Sonderzahlung anteilig für jeden Tag, an dem das Arbeitsverhältnis ohne Vergütungsanspruch ruht.
3. Im Fall des unterjährigen Ausscheidens erhält der Arbeitnehmer die Sonderzahlung anteilig pro rata temporis.

---

238 Vgl. zum Diskussionsstand Schaub/*Linck*, ArbR-Hb., § 78 Rn 42; ErfK/*Preis*, § 611 Rn 545.
239 Schaub/*Linck*, ArbR-Hb., § 79 Rn 4; ErfK/*Reinhardt*, § 4a EFZG Rn 2.
240 Schaub/*Linck*, ArbR-Hb., § 79 Rn 4.
241 Zu den Details vgl. Schaub/*Linck*, ArbR-Hb., § 79 Rn 11 ff.

179 Soll eine **Anwesenheitsprämie** vereinbart werden, die die Kürzung bei Krankheit erlaubt, kann diese wie folgt gefasst werden:

Klauselmuster

1. Der Arbeitnehmer erhält pro Kalenderjahr eine Anwesenheitsprämie in Höhe von EUR 2.500,00 brutto, die mit der Januar-Vergütung des folgenden Kalenderjahres ausbezahlt wird.
2. Die Anwesenheitsprämie wird für jeden Tag der Arbeitsunfähigkeit infolge Krankheit im Kalenderjahr um $^1/_4$ des Arbeitsentgelts gekürzt, das im Jahresdurchschnitt auf einen Arbeitstag entfällt.
3. Im Übrigen reduziert sich die Anwesenheitsprämie anteilig für jeden Tag, an dem das Arbeitsverhältnis ohne Vergütungsanspruch ruht. Dabei werden in einem Kalenderjahr zunächst die Kürzungen wegen Krankheitstagen vorgenommen und im Anschluss daran die Kürzungen wegen eines ruhenden Arbeitsverhältnisses.
4. Bei unterjährigem Ein- oder Austritt wird die Anwesenheitsprämie anteilig pro rata temporis gewährt.

---

8. Stichtagsregelung

a) Rechtliche Grundlagen

180 Stichtagsregelungen hält das BAG grundsätzlich nur noch dann für zulässig, wenn es sich um „echte" Sonderzahlungen handelt.[242] Bei arbeitsleistungsbezogenen Sonderzahlungen steht die Stichtagsklausel üblicherweise im Widerspruch zum Grundgedanken des § 611 Abs. 1 BGB, da sie dem Arbeitnehmer bereits erarbeiteten Lohn entzieht. Sie verkürzt außerdem in nicht zu rechtfertigender Weise die nach Art. 12 Abs. 1 GG geschützte Berufsfreiheit des Arbeitnehmers, weil sie die Ausübung seines Kündigungsrechts unzulässig erschwert. Ein berechtigtes Interesse des Arbeitgebers, dem Arbeitnehmer Lohn für geleistete Arbeit vorenthalten zu können, ist nicht ersichtlich.[243]

181 Die noch bis vor kurzem getroffene Unterscheidung dahingehend, ob der Stichtag **innerhalb** oder **außerhalb** des maßgeblichen **Bezugszeitraums** liegt, hat das BAG für arbeitsleistungsbezogene Sonderzahlungen grundsätzlich **aufgegeben.**[244] Denn auch wenn der Stichtag innerhalb des Bezugszeitraums liegt, ist die Sonderzahlung zumindest zum Teil (bis zum Stichtag) Gegenleistung für erbrachte Arbeit.[245]

182 Gleichzeitig betont das BAG aber, dass die Situation anders sein kann, wenn die Arbeitsleistung des Mitarbeiters gerade zu einem bestimmten **Stichtag besonderen Wert** für den Arbeitgeber hat und deshalb eine entsprechende Klausel vereinbart ist

---

242 BAG, Urt. v. 13.11.2013 – 10 AZR 848/12 – Rn 23 ff., 28 ff.
243 BAG, Urt. v. 18.1.2012 – 10 AZR 612/10 – Rn 22, 23.
244 BAG, Urt. v. 13.11.2013 – 10 AZR 848/12 – Rn 28 ff.
245 BAG, Urt. v. 13.11.2013 – 10 AZR 848/12 – Rn 28 ff.

(z.B. in Saisonbetrieben).[246] Es verweist dabei ausdrücklich auf seine Grundsatzentscheidung aus dem Jahr 2009, in der eine Stichtagsklausel innerhalb des Bezugszeitraums für wirksam gehalten wurde.[247] Insofern ist es „zu kurz gesprungen", wenn man nun vereinfachen wollte, dass Stichtagsklauseln bei arbeitsleistungsbezogenen Sondervergütungen stets unwirksam sind.[248] Dies hängt vom Einzelfall ab.[249] Welche Auswirkungen dies auf Zielboni hat, wird dort detailliert dargestellt.[250]

b) Formulierungsbeispiel

Eine Stichtagsklausel kann vor diesem Hintergrund bei arbeitsleistungsbezogenen Sonderzahlungen wie folgt formuliert werden (wenn der Stichtag für den Arbeitgeber einen besonderen Wert hat):

Klauselmuster

Voraussetzung für die Auszahlung der Sondervergütung ist ein bestehendes Arbeitsverhältnis am letzten Tag des Geschäftsjahres.

---

9. Rückzahlungsklausel

Rückzahlungsvorbehalte sind bei arbeitsleistungsbezogenen Sonderzahlungen **unzulässig**, da der Arbeitnehmer die nach dem Arbeitsvertrag geschuldete Leistung bereits erbracht hat.[251] 183

IV. Zusammenfassung/Checkliste

Bei arbeitsleistungsbezogenen Sonderzahlungen sind fast alle Flexibilisierungsinstrumente denkbar, können aber in vielen Fällen nur in bestimmten Fallgestaltungen eingesetzt werden. Rückzahlungsregelungen sind stets unzulässig. 184

Zusammengefasst sind also folgende Flexibilisierungsinstrumente denkbar:

---

246 BAG, Urt. v. 13.11.2013 – 10 AZR 848/12 – Rn 32.

247 BAG, Urt. v. 6.5.2009 – 10 AZR 443/08 – Rn 15.

248 So z.B. Schaub/*Linck*, ArbR-Hb., § 77 Rn 8.

249 *Heins/Leder*, NZA 2014, 520; *Roggel/Neumann*, BB 2014, 1909; *Freckmann/Grillo*, BB 2014, 1914.

250 Vgl. Kapitel 5 G – Rn 236.

251 Schaub/*Linck*, ArbR-Hb., § 78 Rn 62: Der Arbeitgeber kann das „Behalten dürfen" nicht davon abhängig machen, dass der Arbeitnehmer das Arbeitsverhältnis bis zu einem bestimmten Termin nicht kündigt.

Checkliste
- Einseitige Leistungsbestimmung nach billigem Ermessen
- Verweisungsklausel auf Betriebsvereinbarungen oder Tarifverträge
- Freiwilligkeitsvorbehalt (in bestimmten Fallkonstellationen und nur für künftige Bezugszeiträume)
- Widerrufsvorbehalt
- Anrechnungsvorbehalt (nur, wenn funktional gleichwertige Leistungen im Tarifvertrag vorgesehen sind oder der Tarifvertrag eine Anrechnung ausdrücklich vorsieht)
- Befristung
- Kürzungsregelungen (bei unterjährigem Ein- oder Austritt und Zeiten ohne Entgeltfortzahlung; bei Krankheit nur, wenn ausschließlich eine Anwesenheitsprämie vereinbart wird)
- Stichtagsregelungen (nur, wenn die Arbeitsleistung gerade in einem bestimmten Zeitraum vor dem Stichtag besonderen Wert für den Arbeitgeber hat oder wenn die Sonderzahlung an den Unternehmenserfolg anknüpft)

G. Zielbonus (Sonderzahlungen mit „Mischcharakter“)

185 Zielboni sind variable Vergütungsbestandteile, deren Höhe mit der Erreichung konkreter Ziele verknüpft werden. Aus der rein zeitbezogenen Vergütung wird so eine **erfolgsabhängige Vergütung**, deren Höhe der Arbeitnehmer durch besondere Leistungen oder Erfolge beeinflussen kann und/oder die vom Unternehmenserfolg abhängen.

I. Begriff

186 Zielboni stellen nach der mittlerweile gefestigten Rechtsprechung des BAG eine direkte Gegenleistung für die im Hinblick auf die vereinbarten oder vorgegebenen Ziele erbrachte Arbeitsleistung dar.[252] Der Vergütungscharakter ist durch die Bindung an das Erreichen quantitativer oder qualitativer Ziele eindeutig; dies gilt erst Recht, wenn der Zielbonus einen wesentlichen Anteil der Gesamtvergütung des Arbeitnehmers (mindestens 25%) ausmacht.[253] Der Zielbonus ist somit als **arbeitsleistungsbezogene Sonderzahlung** in das unmittelbare Austauschverhältnis zwischen Arbeitsleistung und Vergütung einbezogen, was unmittelbar Auswirkungen auf die Flexibilisierungsmöglichkeiten hat. Allerdings wird er häufig mit den verschiedensten Flexibilisierungsinstrumenten kombiniert, weshalb sich an seinem Beispiel die

252 BAG, Urt. v. 19.3.2014 – 10 AZR 622/13 – Rn 52; BAG, Urt. v. 18.1.2012 – 10 AZR 667/10 – Rn 10; BAG, Urt. v. 5.7.2011 – 1 AZR 94/10 – Rn 35; BAG, Urt. v. 12.4.2011 – 1 AZR 412/09 – Rn 25; BAG, Urt. v. 12.12.2007 – 10 AZR 97/07 – Rn 25.

253 BAG, Urt. v. 18.1.2012 – 10 AZR 667/10 – Rn 15; BAG, Urt. v. 24.10.2007 – 10 AZR 825/06 – Rn 28.

Komplexität der sog. **Sonderzahlungen mit „Mischcharakter"** am besten veranschaulichen lässt. Der Zielbonus soll deshalb die Vergütungskategorie „Sonderzahlungen mit Mischcharakter" exemplarisch darstellen, die das BAG in neueren Entscheidungen zwar nicht mehr verwendet, aber als Begriff nach wie vor heranzieht.

II. Rechtliche Rahmenbedingungen

1. Erscheinungsform von Zielbonussystemen

Für Zielbonussysteme wird üblicherweise eine Rahmenvereinbarung getroffen, 187 entweder schon im Arbeitsvertrag oder als Zusatzvereinbarung. Die **Rahmenvereinbarung** enthält regelmäßig allgemeine Aussagen zur Anspruchsberechtigung, dem Verfahren der Zielvereinbarung, der Ermittlung der Bonushöhe und den Folgen des Nichtzustandekommens einer Zielvereinbarung für die konkreten Bezugszeiträume (**erste Stufe**). Sie wird – wenn sie nicht in einem Tarifvertrag oder einer Betriebsvereinbarung enthalten ist – nach den Vorschriften des §§ 305ff. BGB einer Inhaltskontrolle unterworfen.

Daneben werden die zu erreichenden **Ziele** für den entsprechenden Bezugszeit- 188 raum und eventuell ihre Gewichtung zueinander gesondert vereinbart (**zweite Stufe**).[254] Soweit dem Arbeitgeber bei der Ausfüllung von Zielen ein Spielraum verbleibt (z.B. bei der Festlegung einer zielrelevanten betriebswirtschaftlichen Kennzahl wie EBITDA), muss er die Festlegung nach billigem Ermessen treffen und kann sich nicht nur an konzerninternen Vorgaben orientieren.[255] Die Ziele müssen nicht notwendig vereinbart werden, sondern können auch einseitig vom Arbeitgeber festgelegt werden (Zielvorgabe).[256] Die einseitige Zielfestsetzung unterliegt allerdings gemäß § 315 BGB der Billigkeitskontrolle (wie jede einseitige Leistungsbestimmung).[257] Eine Zielvereinbarung dagegen unterliegt grundsätzlich keiner Billigkeits- oder Inhaltskontrolle nach §§ 307ff. BGB, sondern ist zwischen den Parteien individuell ausgehandelt.[258]

2. Grenzen der Regelungsbefugnis

Üblicherweise werden Zielboni zusätzlich zur Festvergütung und ggf. zu weiteren 189 Gehaltsbestandteilen gezahlt. Dies ist aber nicht zwingend. Der Arbeitgeber könnte

254 *Simon/Hidalgo/Koschker*, NZA 2012, 1071; Schaub/*Linck*, ArbR-Hb., § 77 Rn 11, 12; Küttner/*Griese*, Personalbuch, Zielvereinbarung Rn 4.

255 BAG, Urt. v. 11.12.2013 – 10 AZR 364/13; LAG München, Urt. v. 3.4.2014 – 3 Sa 857/13.

256 Schaub/*Linck*, ArbR-Hb., § 77 Rn 3; HWK/*Thüsing*, § 611 BGB Rn 116.

257 BAG, Urt. v. 12.12.2007 – 10 AZR 97/07 – Rn 16.

258 BAG, Urt. v. 12.12.2007 – 10 AZR 97/07 – Rn 16; Schaub/*Linck*, ArbR-Hb., § 77 Rn 2.

auch die **gesamte Vergütung erfolgsabhängig** gestalten, wenn er dabei sicherstellt, dass der Mitarbeiter die geforderte Leistung unter normalen Umständen erbringen kann[259] und der Arbeitnehmer mindestens eine Vergütung erhält, die nicht sittenwidrig ist.[260] Ist der gesetzliche **Mindestlohn** ab dem 1.1.2015 eingeführt bzw. sind Arbeitgeber und Arbeitnehmer tarifgebunden, darf eine variable Vergütung zudem nicht dazu führen, dass der gesetzliche oder tarifliche Mindestlohn unterschritten wird. Ggf. muss der Arbeitgeber die Differenz aufstocken.[261] Hintergrund dieser Überlegungen ist, dass der Arbeitgeber das Wirtschaftsrisiko des Unternehmens nicht vollständig auf den Arbeitnehmer verlagern darf.[262]

190 Gilt zwingend ein **Tarifvertrag**, kann ein Zielbonus außerdem nur „on top" zur tariflichen Vergütung oder nur insoweit gezahlt werden, als der Tarifvertrag entsprechende Regelungen zulässt. Denn ein Zielbonussystem kann nicht in eine tarifliche Festvergütung eingreifen bzw. diese zusätzlich von der Erfüllung von Zielen oder Leistungsmerkmalen abhängig machen.[263]

3. Mitbestimmungsrecht des Betriebsrats

191 Der Betriebsrat hat bei Zielbonussystemen ein Mitbestimmungsrecht nach § 87 Abs. 1 Nr. 10 BetrVG, das allerdings – wie im Zusammenhang mit Entgeltregelungen üblich – auf die **Verteilungsgrundsätze** beschränkt ist.[264]

192 Werden quantitativ messbare Ziele vereinbart, so dass sich der Bonusanteil für diese nach dem Verhältnis der erbrachten Arbeitsleistung zu einer bestimmten Bezugsleistung bestimmt (der Zielbonus sich also bei einer bestimmten Arbeitsleistung automatisch durch Multiplikation mit der Bezugsleistung errechnet), handelt es sich um **leistungsbezogenes Entgelt**. Das Mitbestimmungsrecht des Betriebsrats richtet sich dann nicht nur nach § 87 Abs. 1 Nr. 10 BetrVG, sondern nach § 87 Abs. 1 Nr. 11 BetrVG.[265] Sinn und Zweck des erweiterten Mitbestimmungsrechts ist es, die besonderen Belastungen der Mitarbeiter bei Zahlung leistungsbezogener Entgelte zu berücksichtigen und zu gewährleisten, dass die erwartete Zusatzleistung des Arbeitnehmers sachgerecht bewertet und in einem angemessenen Verhältnis zu dem erzielbaren Mehrverdienst gestellt wird. Der Mitarbeiter soll insbesondere vor einer

---

259 Andernfalls würde es sich um eine sittenwidrige und damit nichtige Regelung gemäß §§ 138, 134 BGB handeln, vgl. BAG, Urt. v. 20.6.1989 – 3 AZR 504/87 unter II. 3.b) der Gründe.

260 Vgl. zur sittenwidrigen Vergütung Kapitel 5 B Rn 8 ff.; ebenso Schaub/*Linck*, ArbR-Hb., § 77 Rn 13; HWK/*Diller*, § 65 HGB Rn 5.

261 HWK/*Diller*, § 65 Rn 5 für die tarifliche Mindestvergütung.

262 BAG, Urt. v. 12.1.2005 – 5 AZR 364/04 – Rn 23.

263 Küttner/*Griese*, Personalbuch, Zielvereinbarung Rn 10.

264 Vgl. Kapitel 5 B Rn 22 ff.

265 BAG, Urt. v. 21.10.2003 – 1 ABR 39/02 – juris Rn 58; *Fitting*, § 87 BetrVG Rn 498.

Überforderung geschützt werden.[266] Deshalb ist in solchen Fällen auch der **Geldfaktor** mitbestimmungspflichtig, also die Vergütung für die Bezugs- oder Ausgangsgröße, an der die Leistung des Arbeitnehmers gemessen wird.[267]

Nicht jedes leistungsbezogene Entgelt unterfällt allerdings dem Mitbestim- 193
mungsrecht nach § 87 Abs. 1 Nr. 11 BetrVG, sondern nur solche, bei denen sich die Vergütung unmittelbar aus der Arbeitsleistung des Arbeitnehmers errechnet, also je nach Leistung automatisch steigt oder sinkt (wie es beim Akkordlohn der Fall ist). **Provisionen** gehören **ebenso wenig** zu den leistungsbezogenen Entgelten[268] wie **Zielboni**, bei denen die Zielerreichung am Ende der Zielperiode vom Vorgesetzten bewertet wird.[269]

Soweit der Zielvereinbarungsprozess die Teilnahme an **„strukturierten" Ge-** 194
sprächen, Dokumentationspflichten etc. vorsieht, ergibt sich ein Mitbestimmungsrecht aus § 87 Abs. 1 Nr. 1 BetrVG.[270] Werden Zielbonussysteme **IT-gestützt** aufgesetzt und dabei Daten der Mitarbeiter automatisiert verarbeitet, hat der Betriebsrat ein Mitbestimmungsrecht aus § 87 Abs. 1 Nr. 6 BetrVG. Außerdem besteht seitens des Betriebsrats ein umfassendes Recht auf **Auskunft** über die getroffenen Zielvereinbarungen (§ 80 Abs. 2 S. 1 BetrVG).[271]

Mitbestimmungspflichtig sind bei Zielbonussystemen vor diesem Hintergrund 195
vor allem die folgenden Gegenstände:

Checkliste !
- Zielvereinbarungsprozess als solcher (Wer vereinbart wann mit wem was?)
- Abstrakte Art der Ziele (persönlich, unternehmensbezogen)
- Anzahl der Ziele (z.B. mindestens drei, höchstens fünf Ziele)
- Gewichtung der Ziele zueinander (z.B. mindestens 20% und höchstens 40% des Bonus darf an der Zielerreichung eines Ziels hängen)
- Konfliktlösungsmechanismen
- Folgen unterlassener Zielvereinbarungen

4. Unterbliebene Zielvereinbarung

In der Praxis existieren häufig zwar Rahmenvereinbarungen über Zielbonussyste- 196
me, die aber nicht wirklich „gelebt" werden, weil sich weder Führungskräfte noch Mitarbeiter der jährlichen Prozedur unterziehen, konkrete Ziele festzulegen. Ist der Arbeitgeber – wie meist – dafür zuständig, dass eine Zielvereinbarung geschlossen

266 *Fitting*, § 87 BetrVG Rn 499.
267 *Fitting*, § 87 BetrVG Rn 499.
268 Umstritten, vgl. *Fitting*, § 87 BetrVG Rn 535 mit Hinweisen zum Streitstand.
269 Schaub/*Linck*, ArbR-Hb., § 77 Rn 24.
270 Küttner/*Griese*, Personalbuch, Zielvereinbarung Rn 19.
271 BAG, Urt. v. 21.10.2003 – 1 ABR 39/02 – juris Rn 60ff.

wird, hat der Arbeitnehmer nach Ablauf der Zielperiode bei unterbliebener Zielvereinbarung grundsätzlich Anspruch auf **Schadenersatz** gemäß §§ 280 Abs. 1, Abs. 3, 283 S. 1, 252 BGB.[272] Für die Höhe des Schadensersatzes ist es ohne Bedeutung, ob und ggf. in welchem Umfang der Arbeitnehmer in vorhergehenden Zielperioden die vereinbarten Ziele erreicht hat. Maßgeblich ist allein der zugesagte **Bonus bei 100%** Zielerreichung. Dabei ist gleichzeitig im **Normalfall** davon auszugehen, dass ein Arbeitnehmer die Ziele erreicht hätte, wenn nicht besondere Umstände diese Annahme ausschließen.[273] Der Verpflichtung zur Zahlung einer variablen Vergütung kann sich der Arbeitgeber nämlich nicht dadurch entziehen, dass er Ziele angeboten hätte, die der Arbeitnehmer nicht erreichen konnte.[274] Will der Arbeitgeber sich deshalb bei einer unterbliebenen Zielvereinbarung darauf berufen, dass der Arbeitnehmer die Ziele nicht erreicht hätte, muss er dies im Streitfall darlegen und beweisen.[275]

197 Wenn die Parteien festlegen, dass eine Zielvereinbarung bis zum Abschluss einer Nachfolgeregelung **weitergelten** soll, ist dieser Wille zu beachten. Daraus folgt aber nicht, dass die Verhandlungspflichten im Hinblick auf den Abschluss nachfolgender Zielvereinbarungen erlöschen.[276] Auch wenn sich der Arbeitnehmer in den Vorjahren mehrfach geweigert hat, einer Änderung der Zielvereinbarung zuzustimmen, rechtfertigt dies es nicht, keine Verhandlungen mehr über eine Zielvereinbarung zu führen.[277] Der Arbeitgeber muss trotzdem für das Folgejahr dem Arbeitnehmer ein **neues Angebot** unterbreiten und über eine neue Zielvereinbarung verhandeln.[278] Bei der Höhe des Schadensersatzanspruchs ist ein etwaiges **Mitverschulden** des Arbeitnehmers beim Scheitern der Vereinbarung zu berücksichtigen.[279]

5. Streit hinsichtlich der Zielerreichung

198 Sind sich die Parteien über den Grad der Zielerreichung nicht einig, kann der Arbeitnehmer die Beurteilung seiner individuellen Leistungen einer gerichtlichen Überprüfung unterziehen (§ 315 Abs. 3 BGB). Denn der Arbeitgeber muss seine Beurteilung im billigen Ermessen treffen, soweit ihm ein Beurteilungsspielraum ver-

---

272 BAG, Urt. v. 12.5.2010 – 10 AZR 390/09 – Rn 11; BAG, Urt. v. 10.12.2008 – 10 AZR 889/07 – Rn 12 ff.; BAG, Urt. v. 12.12.2007 – 10 AZR 97/07 – Rn 44 ff.

273 BAG, Urt. v. 12.12.2007 – 10 AZR 97/07 – Rn 50.

274 BAG, Urt. v. 12.5.2010 – 10 AZR 390/09 – Rn 11; BAG, Urt. v. 12.12.2007 – 10 AZR 97/07 – Rn 50.

275 BAG, Urt. v. 12.12.2007 – 10 AZR 97/07 – Rn 50.

276 BAG, Urt. v. 12.5.2010 – 10 AZR 390/09 – Rn 19.

277 BAG, Urt. v. 12.5.2010 – 10 AZR 390/09 – Rn 22.

278 Vgl. hierzu ausführlich auch Schaub/*Linck*, ArbR-Hb., § 77 Rn 17 ff.

279 BAG, Urt. v. 12.12.2007 – 10 AZR 97/07 – Rn 54.

bleibt, und ist hierfür auch darlegungs- und beweisbelastet.[280] Dabei gilt ein **abgestuftes System der Darlegungslast**: Maßgeblich sind zunächst die vorgenommenen Beurteilungen. Erst wenn der Arbeitnehmer bestimmte Bewertungen bestreitet, ist der Arbeitgeber verpflichtet, diese unter Vortrag von Tatsachen substanziiert zu begründen. Bestreitet der Arbeitnehmer wiederum diesen Vortrag substanziiert auf Grundlage der ihm zur Verfügung stehenden Informationen, so hat der Arbeitgeber die Richtigkeit der Beurteilung zu beweisen. Dabei werden die Anforderungen an ein substanziiertes Bestreiten steigen, wenn die arbeitgeberseitige Beurteilung einer vom Arbeitnehmer abgegebenen Selbsteinschätzung entspricht.[281] Darüber hinaus kommt dem Umstand Bedeutung zu, dass dem Arbeitgeber notwendigerweise ein **Beurteilungsspielraum** zusteht.[282] Deshalb ist bei der Bewertung der Zielerreichung zu unterscheiden: Geht es um sog. harte *(quantitative)* Ziele wie z.B. Umsatz- oder Kundenzahlen, die Durchführung bestimmter Veranstaltungen etc., ist ein konkreter Vortrag möglich und erforderlich. Geht es hingegen um sog. weiche *(qualitative)* Ziele, wie z.B. das Führungsverhalten, muss der Arbeitgeber seine Wertungen auf entsprechendes Bestreiten (nur) soweit wie möglich konkretisieren und plausibel machen. Soweit solche Wertungen auf bestimmte Einzelvorkommnisse oder Bewertungen anderer Mitarbeiter *(Upward-Feedback)* gestützt werden, sind diese konkret zu benennen. Reine Werturteile bedürfen zwar keines näheren Vortrags, reichen aber für sich genommen nicht aus, um eine negative Bewertung zu stützen.[283]

III. Flexibilisierungsinstrumente

Bei den Flexibilisierungsinstrumenten von Zielbonussystemen zeigt sich sehr deut- 199
lich, dass generalisierende Aussagen zur Zulässigkeit bzw. Unzulässigkeit schwer zu treffen sind. Es kommt immer darauf an, wie die vertragliche Regelung gestaltet ist und in welchem Zusammenhang sie gewählt wird.

1. Einseitige Leistungsbestimmung nach billigem Ermessen

Der Arbeitgeber kann sich vorbehalten, die absolute Höhe des Zielbonus bei 100% 200
Zielerreichung von der Höhe eines erst noch zu bestimmenden Bonusbudgets oder eines jährlich festzulegenden Unternehmensfaktors abhängig zu machen. Dann

280 BAG, Urt. v. 14.11.2012 – 10 AZR 783/11 – Rn 52; Schaub/*Linck*, ArbR-Hb., § 77 Rn 16; *Otto/Walk*, BB 2010, 373, 376.

281 BAG, Urt. v. 14.11.2012 – 10 AZR 783/11 – Rn 52.

282 BAG, Urt. v. 14.11.2012 – 10 AZR 783/11 – Rn 52; BAG, Urt. v. 18.8.2009 – 9 AZR 617/08 – Rn 33.

283 BAG, Urt. v. 14.11.2012 – 10 AZR 783/11 – Rn 52.

kann der Arbeitgeber z.B. nach Aufstellung des Jahresabschlusses und abhängig vom betriebswirtschaftlichen Erfolg des Unternehmens die Bonushöhe einseitig bestimmen.

a) Rechtliche Grundlagen

201 Ein solches einseitiges Leistungsbestimmungsrecht ist **grundsätzlich zulässig**; die konkrete Festlegung muss aber nach billigem Ermessen erfolgen.[284] Dies ist der Fall, wenn die wesentlichen Umstände des zugrunde liegenden Sachverhalts abgewogen und die beiderseitigen Interessen angemessen berücksichtigt worden sind.[285] Maßgeblich ist der **Zeitpunkt**, in dem der Arbeitgeber die Ermessensentscheidung treffen muss.[286] Ob die Ermessensentscheidung der Billigkeit entspricht, unterliegt der **vollen gerichtlichen Kontrolle** (§ 315 Abs. 3 S. 2 BGB). Die Darlegungs- und Beweislast trägt der Arbeitgeber.[287]

202 Das BAG hat mittlerweile folgende **Leitlinien** für die Ausübung des Leistungsbestimmungsrechts herausgearbeitet:

203 Wenn der Arbeitnehmer seine persönlichen Ziele erreicht hat, kommt auch bei einem negativen Unternehmensergebnis im Rahmen „normaler" Schwankungsbreiten eine **Bonusfestsetzung auf „Null"** nicht in Betracht; eine solche Entscheidung würde billigem Ermessen widersprechen.[288] Eine solche kann in diesem Fall nur bei besonders gewichtigen, außergewöhnlichen Umständen gerechtfertigt sein.[289]

204 Soweit **Kriterien für die Leistungsbestimmung** vertraglich festgelegt sind, ist der Arbeitgeber an sie gebunden; er kann sich nicht mehr einseitig von diesen lösen, indem er andere als die vereinbarten Parameter für die Leistungsbestimmung ansetzt.[290] Offen ist derzeit noch, ob der Arbeitgeber – wie beim Widerrufsvorbehalt – verpflichtet ist, seine Ermessensentscheidung an vertraglich festgelegte Kriterien zu binden. Das BAG hat dies kurz thematisiert, musste die Frage im Ergebnis aber nicht entscheiden, da es um eine Weihnachtsgratifikation ging und solche, nicht einmal im unmittelbaren Gegenseitigkeitsverhältnis stehenden Entgelte jedenfalls

---

284 BAG, Urt. v. 19.3.2014 – 10 AZR 622/13 – Rn 35; BAG, Urt. v. 29.8.2012 – 10 AZR 385/11 –Rn 21; BAG, Urt. v. 12.10.2011 – 10 AZR 649/10 – Rn 26; LAG München, Urt. v. 3.4.2014 – 3 Sa 857/13.
285 BAG, Urt. v. 19.3.2014 – 10 AZR 622/13 – Rn 41; BAG, Urt. v. 12.10.2011 – 10 AZR 746/10 – Rn 26; BAG, Urt. v. 25.8.2010 – 10 AZR 275/09 – Rn 31; BAG, Urt. v. 13.4.2010 – 9 AZR 36/09 – Rn 40.
286 BAG, Urt. v. 19.3.2014 – 10 AZR 622/13 – Rn 41.
287 BAG, Urt. v. 19.3.2014 – 10 AZR 622/13 – Rn 41.
288 BAG, Urt. v. 19.3.2014 – 10 AZR 622/13 – Rn 43; BAG, Urt. v. 15.5.2013 – 10 AZR 679/12 – Rn 21; BAG, Urt. v. 20.3.2013 – 10 AZR 636/11 – Rn 39; BAG, Urt. v. 29.8.2012 – 10 AZR 385/11 – Rn 49.
289 BAG, Urt. v. 19.3.2014 – 10 AZR 622/13 – Rn 43; BAG, Urt. v. 20.3.2013 – 10 AZR 636/11 – Rn 39; z.B. bei extremen Verlusten von Banken in Milliardenhöhe, die den „Rettungsschirm" in Anspruch nehmen mussten.
290 BAG, Urt. v. 20.3.2013 – 10 AZR 636/11 – Rn 22; BAG, Urt. v. 17.10.2012 – 10 AZR 620/11 – Rn 22.

keine Maßstäbe für die vom Arbeitgeber zu treffende Entscheidung erfordern.[291] Richtigerweise darf aber auch bei arbeitsleistungsbezogenen Sonderzahlungen wie bei Zielboni eine vertragliche Konkretisierung für die Ermessensausübung **nicht verlangt werden**. Dafür spricht zum einen die Parallelität zur betriebsverfassungsrechtlich anerkannten unternehmerischen Freiheit des Arbeitgebers hinsichtlich des **Dotierungsrahmens**.[292] Insofern kann es keinen Unterschied machen, ob das Unternehmen über das Zielbonussystem eine Betriebsvereinbarung abschließt, nach der er das Bonusbudget mitbestimmungsfrei festlegen kann, oder in Betrieben ohne Betriebsrat individualrechtliche Vereinbarungen trifft. Der Arbeitnehmer ist zum anderen wegen der vollen gerichtlichen Überprüfbarkeit der getroffenen Ermessensentscheidung nicht schutzlos. Außerdem muss das Budget jedenfalls dann, wenn nicht nur unternehmensabhängige Ziele vereinbart sind, sondern auch persönliche Ziele, nach denen der Arbeitnehmer seine Arbeitsleistung ausgerichtet hat, in Abhängigkeit von der Ertragslage eine Größenordnung erreichen, die diesen Leistungsbezug beachtet und ausreicht, die erbrachten Leistungen angemessen zu honorieren.[293] In diesem Zusammenhang muss der **Arbeitgeber darlegen**, inwieweit er das Budget nach den Grundsätzen des billigen Ermessens unter Berücksichtigung der Interessen der Arbeitnehmer festgesetzt hat. Dafür reicht der Hinweis nicht aus, der Vorstand habe kein Budget für Bonuszahlungen zur Verfügung gestellt.[294]

Praxistipp **!**

Kriterien für die Leistungsbestimmung nach billigem Ermessen müssen nach der hier vertretenen Auffassung nicht vertraglich festgelegt werden. Da die Rechtslage derzeit aber noch unklar ist und das Bonusbudget in den meisten Fällen ausschließlich am Unternehmenserfolg ausgerichtet sein wird, sollte der vorsichtige Arbeitgeber diesen Maßstab bei der vertraglichen Formulierung angeben.

Eine Leistung nach billigem Ermessen setzt voraus, dass arbeitsvertraglich **kein** 205 **Anspruch** auf Zahlung eines **Zielbonus in** einer **bestimmten Höhe** vereinbart ist. Wird z.B. eine bezifferte Gesamtvergütung als Jahreszieleinkommen angegeben, das sich in eine bezifferte Festvergütung und einen bezifferten variablen Anteil aufspaltet, wird dem Arbeitnehmer eine feste Bonushöhe bei 100% Zielerreichung zugesagt. Bei einer solchen vertraglichen Festlegung kann nicht gleichzeitig ein einseitiges Leistungsbestimmungsrecht hinsichtlich der Bonushöhe vereinbart werden; eine solche Regelung wäre unklar, in sich widersprüchlich und somit unwirksam (§ 307 Abs. 1 S. 2 BGB).

---

291 BAG, Urt. v. 16.1.2013 – 10 AZR 26/12 – Rn 21.
292 H.M., vgl. *Fitting*, § 87 BetrVG Rn 445 m.w.N.
293 BAG, Urt. v. 19.3.2014 – 10 AZR 622/13 – Rn 59.
294 BAG, Urt. v. 19.3.2014 – 10 AZR 622/13 – Rn 62.

Praxistipp
Der Arbeitgeber muss sich entscheiden, ob er auf die Bezifferung des variablen Anteils der Vergütung bei 100% Zielerreichung verzichten kann, ohne an Attraktivität für Bewerber und Belegschaft zu verlieren. Kann er dies nicht, bleibt nur die (teilweise) Bindung des Zielbonus an Unternehmensziele im Rahmen der jährlichen Zielvereinbarung, um eine Anpassung an schlechtere Jahre zu erlauben. Soweit es aber möglich ist, auf eine Bezifferung des Zielbonus bei 100% Zielerreichung zu verzichten, stellt die Ermessensleistung ein praktikables Instrument dar, um die Zielbonushöhe variabel zu gestalten und innerhalb der Grenzen des praktikables Ermessens an die Ertragslage des Unternehmens anzupassen.

206 Sieht eine Betriebsvereinbarung vor, dass der Arbeitgeber das Bonusvolumen (den Bonuspool) in Abhängigkeit vom Geschäftsergebnis festlegen darf und ergeben sich die Bonusansprüche der Mitarbeiter nach Festsetzung des Bonuspools unmittelbar aus der Betriebsvereinbarung, kann der Arbeitgeber eine einmal getroffene **Leistungsbestimmung nicht mehr einseitig ändern**.[295] Aus der Ermessensleistung ist durch die erstmalige Ausübung des Leistungsbestimmungsrechts nämlich bereits ein konkreter Anspruch auf einen bestimmten Bonus geworden, über den der Arbeitgeber nicht mehr einseitig disponieren kann.

b) Formulierungsbeispiel

207 Ein Zielbonus, dessen Höhe einseitig vom Arbeitgeber bestimmt wird, könnte in einer Rahmenvereinbarung unter Berücksichtigung der vorstehenden Ausführungen wie folgt formuliert werden:

Klauselmuster
1. Sie erhalten einen Zielbonus, dessen Höhe sich bei 100% Zielerreichung jährlich neu nach dem freigegebenen Bonusbudget richtet.
2. Die Höhe des Bonusbudgets legt der Arbeitgeber unter Berücksichtigung der Ertragslage des Unternehmens fest. Es wird ausdrücklich darauf hingewiesen, dass der Zielbonus trotz Erreichens persönlicher Ziele EUR 0,00 betragen kann, wenn im maßgeblichen Geschäftsjahr aufgrund einer schlechten Ertragslage des Unternehmens kein Bonusbudget zur Verfügung gestellt wird. Umgekehrt kann die Höhe des Bonusbudgets bei 100% Zielerreichung bei guter Ertragslage des Unternehmens den Zielbonus der Vorjahre erheblich übersteigen, ohne dass dies Rückschlüsse auf die Höhe des Zielbonus in den kommenden Jahren erlaubt.
3. Ihr individueller Zielbonus hängt vom Zielerreichungsgrad der mit Ihnen vereinbarten Ziele ab, die in einem Geschäftsjahr (Zielperiode) zu erreichen sind. Die Zielvereinbarung wird spätestens bis zum Ende des dritten Monats der Zielperiode abgeschlossen und regelt für die Bemessung des Zielbonus die zu erreichenden Ziele sowie deren die Gewichtung untereinander. Kommt eine Zielvereinbarung nicht bis zum Ende des dritten Monats der Zielperiode zustande, gibt der Arbeitgeber die Ziele für das laufende Jahr nach billigem Ermessen vor.

295 BAG, Urt. v. 12.10.2011 – 10 AZR 649/10 – Rn 42.

4. Über den Grad der Zielerreichung und die endgültige Höhe des auszuzahlenden individuellen Zielbonus entscheidet der Arbeitgeber nach Durchführung eines Zielerreichungsgesprächs mit dem Mitarbeiter nach billigem Ermessen bis Ende des dritten Monats des der Zielperiode folgenden Geschäftsjahres.
5. Soweit ein Zielbonus gezahlt wird, erfolgt die Abrechnung und Auszahlung des Zielbonus mit der Gehaltsabrechnung zum Ende des vierten Monats des der Zielperiode folgenden Geschäftsjahres.

2. Verweisung auf Betriebsvereinbarungen/Tarifverträge

a) Rechtliche Grundlagen

Soweit Zielbonussysteme weitgehend in Betriebsvereinbarungen oder Tarifverträgen geregelt sind, kann im Arbeitsvertrag dynamisch auf die Geltung dieser kollektiven Bestimmungen verwiesen werden. 208

Zwar gelten Betriebsvereinbarungen und Tarifverträge ohnehin normativ und zwingend im Arbeitsverhältnis (§ 77 Abs. 4 S. 1 BetrVG, § 4 Abs. 1 TVG). Ein Verzicht auf Rechte aus solchen kollektiven Regelungen ist nur mit Zustimmung des Betriebsrats bzw. der Tarifvertragsparteien zulässig, die Verwirkung solcher Rechte ausgeschlossen (§ 77 Abs. 4 S. 2 und 3 BetrVG, § 4 Abs. 4 S. 1 und S. 2 TVG). Ein solcher Verweis macht für den Arbeitnehmer aber transparent, dass das Bonussystem im Arbeitsvertrag nicht abschließend geregelt ist; dieser hat damit **mehr als deklaratorische Bedeutung.**[296] Solche dynamischen Bezugnahmeklauseln sind im Arbeitsrecht weit verbreitet und entsprechen einer üblichen Regelungstechnik. Sie dienen den Interessen beider Parteien eines auf die Zukunft gerichteten Arbeitsverhältnisses.[297] Die Verweisung auf Betriebsvereinbarungen bzw. Tarifverträge führt für sich genommen nicht zur Intransparenz der Regelung im Sinn von § 307 Abs. 3 S. 2 i.V.m. Abs. 1 S. 2 BGB.[298] Eine dynamische Bezugnahme auf eine Betriebsvereinbarung oder Tarifverträge enthält auch keinen Änderungsvorbehalt im Sinn von § 308 Nr. 4 BGB, da der Arbeitgeber weder eine Betriebsvereinbarung noch einen Tarifvertrag einseitig ändern oder umgestalten kann.[299] 209

b) Formulierungsbeispiel

Eine Verweisung auf anwendbare Betriebsvereinbarungen bei einem Zielbonus könnte wie folgt formuliert werden: 210

---

296 BAG, Urt. v. 19.3.2014 – 10 AZR 622/13 – Rn 31; BAG, Urt. v. 5.7.2011 – 1 AZR 94/10 – Rn 14.
297 BAG, Urt. v. 19.3.2014 – 10 AZR 622/13 – Rn 31.
298 BAG, Urt. v. 19.3.2014 – 10 AZR 622/13 – Rn 37 (zur Bezugnahme auf Betriebsvereinbarungen); BAG, Urt. v. 21.11.2012 – 4 AZR 85/11 – Rn 35; BAG, Urt. v. 23.3.2011 – 10 AZR 831/09 – Rn 26 (jeweils zur Bezugnahme auf tarifliche Regelungen).
299 BAG, Urt. v. 19.3.2014 – 10 AZR 622/13 – Rn 37.

Klauselmuster
Zusätzlich zu Ihrer Festvergütung erhalten Sie einen Zielbonus, dessen Einzelheiten sich aus der Betriebsvereinbarung zum Zielbonussystem in der jeweils gültigen Fassung ergeben.

211 Eine Verweisung auf anwendbare Tarifverträge bei einem Zielbonus könnte wie folgt formuliert werden, wobei zusätzlich eine sog. große dynamische Tarifwechselklausel vereinbart werden sollte:[300]

Klauselmuster
Zusätzlich zu Ihrer Festvergütung erhalten Sie einen Zielbonus, dessen Einzelheiten sich aus dem für den Arbeitgeber geltenden Tarifvertrag in der jeweils gültigen Fassung ergeben.

3. Freiwilligkeitsvorbehalt

212 Ob Freiwilligkeitsvorbehalte bei Zielbonussystemen vereinbart werden können, ist gegenwärtig noch nicht abschließend geklärt. Fest steht, dass dem Arbeitnehmer durch diesen keine bereits erarbeitete erfolgsabhängige Vergütung entzogen werden darf. Im Übrigen ist die Zulässigkeit unklar.

a) Rechtliche Grundlagen

213 Da der Arbeitgeber mit einer Zielvereinbarung Leistungsanreize für den Arbeitnehmer setzt und dieser seine Arbeitsleistung gerade auch mit Blick auf die Zielvereinbarung erbringt, ist der Zielbonus Teil der Gegenleistung für die Tätigkeit.[301] Damit ist es nicht zu vereinbaren, wenn sich der Arbeitgeber das Recht vorbehält, trotz erbrachter Arbeitsleistung und selbst dann, wenn der Mitarbeiter die vereinbarten Ziele erreicht, den Vergütungsanspruch entfallen zu lassen.[302] Ein Freiwilligkeitsvorbehalt, der **während oder nach Ablauf der Beurteilungsperiode** dem Arbeitgeber die freie Entscheidung darüber erhalten soll, ob der Zielbonus bezahlt wird oder nicht, benachteiligt den Arbeitnehmer unangemessen und ist deshalb **unwirksam** (§ 307 Abs. 1 S. 1, Abs. 2 Nr. 1 und 2 BGB).[303]

214 Denkbar ist aber, dass ein Arbeitgeber **je nach Bedarf mit Zielboni** arbeiten möchte und diese nicht fester Bestandteil seines Vergütungssystems sind. In einem solchen Fall kann er diesen Wunsch durch einen Freiwilligkeitsvorbehalt zum Ausdruck bringen, wobei sich dieser ausschließlich darauf bezieht, dass aus der einma-

---

300 Formulierungsbeispiel unter Kapitel 8 Rn 61 und 68.

301 BAG, Urt. v. 19.3.2014 – 10 AZR 622/13 – Rn 52; BAG, Urt. v. 18.1.2012 – 10 AZR 667/10 – Rn 10; BAG, Urt. v. 12.4.2011 – 1 AZR 412/09 – Rn 25.

302 BAG, Urt. v. 19.3.2014 – 10 AZR 622/13 – Rn 52; BAG, Urt. v. 14.11.2012 – 10 AZR 783/11 – Rn 40.

303 BAG, Urt. v. 19.3.2014 – 10 AZR 622/13 – Rn 48.

ligen Vereinbarung eines Zielbonus kein Anspruch für die Zukunft entsteht.[304] Der aktuelle Zielbonus wird davon nicht berührt. Dies ist der Sache nach **zulässig**, da die vage Aussicht auf einen möglichen Zielbonus in der Zukunft keine Verhaltensanreize für den Arbeitnehmer setzt, die seine Arbeitsleistung beeinflussen könnten. Ob, in welcher Höhe und unter welcher Voraussetzung in künftigen Bemessungszeiträumen ein Zielbonus gezahlt wird, bleibt völlig offen.[305] Es wird dabei auch nicht ein bereits erarbeiteter Lohn nachträglich entzogen. Die Bedenken des BAG gegen pauschale Freiwilligkeitsvorbehalte (Erfassung unterschiedlicher Leistungen unabhängig von Art und Entstehungsgrund, Ausschluss späterer Individualabreden im Sinn von § 305b BGB, möglicher nachträglicher Wegfall bereits erarbeiteter Vergütung)[306] kann man bei entsprechender Formulierung des Freiwilligkeitsvorbehalts überwinden und zudem den Freiwilligkeitsvorbehalt in jeder Zielvereinbarung wiederholen.

Solche Freiwilligkeitsvorbehalte eignen sich allerdings nur für Arbeitgeber, die 215
tatsächlich nicht jedes Jahr einen Zielbonus vorsehen, sondern dies nur fallweise bei besonderen Umständen in Erwägung ziehen. Bei **regelmäßiger Vereinbarung eines Zielbonus** über mehrere Jahre hinweg erstarkt die freiwillige Leistung trotz aller Formulierungskunst möglicherweise zu einem Anspruch des Arbeitnehmers. Der Arbeitgeber zeigt durch sein Verhalten, dass er entgegen der vertraglichen Regelung nicht jährlich neu über den Zielbonus entscheidet, sondern der Zielbonus zur regelmäßigen Gesamtvergütung des Arbeitnehmers gehört. Der Freiwilligkeitsvorbehalt steht in Widerspruch zu diesem Verhalten (venire contra factum proprium). Da der Arbeitnehmer mit Blick auf den Zielbonus – anders als bei einer „echte" Sonderzahlung – häufig eine geringere Festvergütung oder deren geringere Erhöhungen in Kauf nimmt, entsteht ein **schutzwürdiges Vertrauen** darauf, dass der Zielbonus auf Basis von Zielvereinbarungen trotz des Freiwilligkeitsvorbehalts auch in Zukunft gewährt wird. Auf einen Verpflichtungswillen des Arbeitgebers kommt es nicht an, sondern nur darauf, wie der Arbeitnehmer das Verhalten des Arbeitgebers nach Treu und Glauben unter Berücksichtigung aller Begleitumstände (§§ 133, 157 BGB) verstehen konnte und durfte.[307] Darf der Mitarbeiter trotz des Freiwilligkeitsvorbehalts aus dem Verhalten des Arbeitgebers schließen, dass er ihm das Angebot auf dauerhafte Zahlung eines Zielbonus als Teil der Gesamtvergütung macht, nimmt er dieses gemäß § 151 BGB ohne ausdrückliche Erklärung an.[308] Die entstandene vertragliche Bindung kann ein Freiwilligkeitsvorbehalt nicht mehr beseitigen.

304 Für Aktienoptionspläne ebenso Lunk/*Oberthür*, § 1 Rn 254.
305 *Simon/Hidalgo/Koschker*, NZA 2012, 1071.
306 BAG, Urt. v. 14.9.2011 – 10 AZR 526/10; BAG, Urt. v. 19.3.2014 – 10 AZR 622/13 – Rn 50.
307 BAG, Urt. v. 14.9.2011 – 10 AZR 526/10 – Rn 12; BAG, Urt. v. 8.12.2010 – 10 AZR 671/09 – Rn 11.
308 BAG, Urt. v. 14.9.2011 – 10 AZR 526/10 – Rn 13.

216 Ab wann ein solcher Anspruch trotz eines Freiwilligkeitsvorbehalts entsteht, kann **zeitlich nicht exakt bestimmt** werden. Insbesondere sind die Grundsätze für eine betriebliche Übung nicht anwendbar, nach der schon ein dreimal wiederholtes Verhalten einen Anspruch begründen soll. Ob ein schutzwürdiges Vertrauen des Arbeitnehmers zu einem Anspruch auf Zielbonus führt, muss deshalb im Einzelfall unter Abwägung aller Umstände ermittelt werden.

Beispiel
Will der Arbeitgeber z.B. in seinem Unternehmen ein SAP-System neu einführen und plant er hierfür einen Zeitraum von maximal vier Jahren ein, kann er – obwohl regelmäßig keine Zielboni bezahlt werden – zur Unterstützung dieses Vorhabens jährliche Zielvereinbarungen mit den Mitarbeitern schließen, die Freiwilligkeitsvorbehalte für die Zukunft enthalten. Ist die SAP-Einführung in zwei Jahren abgeschlossen, kann er die Zahlung des Zielbonus ab dem dritten Jahr einstellen; er ist nicht verpflichtet, den Mitarbeitern weiter einen Zielbonus zu zahlen und andere Ziele als die erfolgreiche Implementierung von SAP mit ihnen zu vereinbaren. Dauert die SAP-Einführung vier oder fünf Jahre, können Zielvereinbarungen mit Freiwilligkeitsvorbehalten auch vier oder fünf Jahre lang vereinbart werden, ohne dass ein schutzwürdiges Vertrauen entsteht, das einen Anspruch auf Abschluss einer Zielvereinbarung und Zahlung eines Zielbonus für die Zukunft begründet.

---

b) Formulierungsbeispiel

217 Unter Berücksichtigung der oben dargestellten Grundlagen kann ein Freiwilligkeitsvorbehalt für ein Zielbonussystem in einer **Rahmenvereinbarung** wie folgt formuliert werden:

Klauselmuster
1. Der Arbeitgeber entscheidet von Geschäftsjahr zu Geschäftsjahr neu, ob er zusätzlich zum Grundgehalt einen Zielbonus gewährt.
2. Entschließt sich der Arbeitgeber für ein bestimmtes Geschäftsjahr zur Gewährung eines Zielbonus, werden die Ziele rechtzeitig vor Beginn des Geschäftsjahres in einer schriftlichen Zielvereinbarung niedergelegt.
3. Aus dem Abschluss einer Zielvereinbarung über die Zahlung eines Zielbonus in einem Geschäftsjahr entsteht weder dem Grunde noch der Höhe nach ein Rechtsanspruch für den Arbeitnehmer, in den folgenden Geschäftsjahren erneut eine Zielvereinbarung über einen Zielbonus zu schließen, es sei denn, dass etwas anderes individuell vereinbart wird.

---

218 Der Freiwilligkeitsvorbehalt in den einzelnen **Zielvereinbarungen** kann wie folgt gefasst werden:

Klauselmuster
Der Zielbonus wird nur für das Geschäftsjahr [Jahr] bezahlt. Ob in künftigen Geschäftsjahren erneut eine Zielvereinbarung über einen Zielbonus abgeschlossen wird, entscheidet der Arbeitgeber jeweils neu. Ein Rechtsanspruch auf Abschluss einer Zielvereinbarung und auf Zahlung eines darauf beruhenden Zielbonus für zukünftige Geschäftsjahre entsteht durch diese Vereinbarung nicht.

---

4. Widerrufsvorbehalt

Zielbonussysteme können grundsätzlich unter einen Widerrufsvorbehalt gestellt 219
werden.

a) Rechtliche Grundlagen

Bei Vereinbarung eines Widerrufsvorbehalts muss allerdings sichergestellt sein, 220
dass dem Arbeitnehmer der Zielbonus nicht wieder entzogen wird, wenn er die geschuldete Arbeitsleistung im Hinblick auf die vorgegebenen Ziele bereits erbracht hat. Dabei ist zu berücksichtigen, dass auch Zielboni – wie alle arbeitsleistungsbezogenen Sonderzuwendungen – anteilig während des Bezugszeitraums **„pro rata temporis"** verdient werden und nur zu einem anderen Zeitpunkt insgesamt fällig werden, wenn die Parteien nichts anderes vereinbaren oder sich aus der Art der Ziele nichts anderes ergibt.[309] Denn es genügt nach Auffassung des BAG, dass der Anspruch (unabhängig von einer gleichmäßigen Zielerfüllung im Geschäftsjahr) kontinuierlich an die Arbeitsleistung anknüpft.[310] Nur, wenn der Zielbonus gerade für besondere, zu bestimmten Zeiten während des Geschäftsjahres zu erbringende Leistungen versprochen ist oder die Ziele „unteilbar" sind, kann vom Grundsatz „pro rata temporis" abgewichen werden; in diesem Fall kann es allein auf bestimmte Zeiträume ankommen.[311]

Für die Ausübung des Widerrufs bedeutet das, dass ein Zielbonus in der **lau-** 221
fenden Zielperiode nur dann für die Zukunft widerrufen werden kann, wenn folgende Voraussetzungen vorliegen:

Checkliste !

- Der Arbeitnehmer darf die vereinbarten Ziele noch nicht vollständig erfüllt haben.
- Der Widerruf darf sich nur auf den noch nicht „verdienten" Anteil des Zielbonus bezieht.
- Lässt sich die Zielerfüllung nicht klar bestimmen, gilt der Zielbonus als anteilig verdient, so dass der Widerruf in der laufenden Zielperiode (nur) mit Wirkung für die Zukunft ausgeübt werden kann.

Im **Normalfall** dürfte eine variable Vergütung in Form eines Zielbonus somit immer 222
erst **für die nächste Zielperiode** rechtssicher widerrufen werden können.

---

309 BAG, Urt. v. 14.11.2012 – 10 AZR 793/11 – Rn 14; BAG, Urt. v. 18.1.2012 – 10 AZR 667/10 – Rn 10; BAG, Urt. v. 21.4.2010 – 10 AZR 178/09 – Rn 14.

310 BAG, Urt. v. 14.11.2012 – 10 AZR 793/11 – Rn 14: Deshalb sind Zielboni im Fall der Insolvenz auch Insolvenzforderungen, soweit sie für Zeiträume vor der Insolvenzeröffnung gezahlt werden sollen.

311 BAG, Urt. v. 14.11.2012 – 10 AZR 793/11 – Rn 14.

223 Ein Widerrufsvorbehalt muss zudem die üblichen Voraussetzungen (maximal 25% der Gesamtvergütung betroffen, konkrete Formulierung der Widerrufsgründe) erfüllen, um der Inhaltskontrolle nach §§ 305 ff. BGB standzuhalten.[312] Außerdem muss die Ausübung des Widerrufs im konkreten Fall billigem Ermessen entsprechen.[313]

b) Formulierungsbeispiel

224 Unter Berücksichtigung der rechtlichen Grundlagen kann ein Widerrufsvorbehalt bei einem Zielbonus wie folgt formuliert werden:

Klauselmuster

1. Der Arbeitgeber behält sich vor, den Zielbonus ganz oder teilweise[314] zu widerrufen. Der Widerruf kann erklärt werden, wenn die Geschäftsziele des Arbeitgebers hinsichtlich Umsatz und/oder Gewinn um mindestens [Zahl] % verfehlt werden oder eine wirtschaftliche Notlage eintritt.
2. Durch den Widerruf darf die Gesamtvergütung des Arbeitnehmers um nicht mehr als 25% verringert werden. Würde der Widerruf zu einer Verringerung der Gesamtvergütung um mehr als 25% führen, bleibt der Anspruch auf Zielbonus insoweit bestehen und ist vom Arbeitgeber auf der Basis der für den Zielbonus geltenden Regelungen zu erfüllen.[315]
3. Der Widerruf muss schriftlich erklärt oder in betriebsüblicher Weise bekanntgemacht werden. Er wird frühestens zum Beginn der nächsten Zielperiode wirksam, d.h. die bei Erklärung des Widerrufs laufende Zielperiode sowie der aufgrund der Zielerreichung in dieser Zielperiode zu zahlende Zielbonus wird durch den Widerruf nicht berührt.

---

5. Anrechnungsvorbehalt

a) Rechtliche Grundlagen

225 Zielboni verfolgen den Zweck, die Arbeitsleistung des Mitarbeiters im Hinblick auf erreichte Ziele zu vergüten. Nur, wenn tarifliche Leistungen den gleichen Zweck verfolgen und deshalb eine **funktionelle Gleichwertigkeit** besteht, kommt eine Anrechnung des Zielbonus auf tarifliche Leistungen in Betracht[316]. Auf „normale" Tariflohnerhöhungen kann ein Zielbonus hingegen nicht angerechnet werden. Da-

312 Vgl. ausführlich Kapitel 1.

313 St. Rspr., vgl. z.B. BAG, Urt. v. 21.3.2012 – 5 AZR 651/12 – Rn 21 ff.

314 Ob der Zielbonus auch teilweise widerrufen werden kann, ist ungeklärt, aber vor dem Hintergrund der 25%-Grenze wahrscheinlich. Sonst könnte ein Arbeitgeber den grundsätzlich zulässigen Widerrufsvorbehalt nicht nutzen, wenn er z.B. 70% der Gesamtvergütung als Festvergütung und 30% als Zielbonus zahlt. Allerdings sind bei einem teilweisen Widerruf regelmäßig die Mitbestimmungsrechte des Betriebsrats zu beachten, vgl. Kapitel 5 B – Rn 22 ff. und Kapitel 5 D – Rn 73 ff. und Rn 84 ff.

315 Diese Klausel soll nur im „Notfall" helfen; deren Wirksamkeit ist allerdings offen. Rechtssicher wäre es, im Vorfeld die Auswirkungen des Widerrufs auf die Gesamtvergütung zu prüfen und bereits bei der Widerrufserklärung mitzuteilen, in welcher Höhe der Zielbonus widerrufen wird.

316 BAG, Urt. v. 18.4.2012 – 4 AZR 139/10 – Rn 28.

durch würde der Arbeitgeber in die tarifliche Festvergütung eingreifen bzw. diese zusätzlich von der Erfüllung von Zielen oder Leistungsmerkmalen abhängig machen.[317] Umgekehrt kann auch die Höhe des Zielbonus bei 100% Zielerreichung nicht mit Blick auf eine Tariferhöhung reduziert werden, da die Leistungen unterschiedliche Zwecke verfolgen.

Eine Anrechnung kommt deshalb üblicherweise nur in Betracht, wenn der Ta- 226
rifvertrag die **Anrechnung** von freiwilligen Zielbonuszahlungen **ausdrücklich vorsieht** oder selbst einen vergleichbaren Zielbonus regelt. Dabei ist im Wege der Auslegung der tariflichen Regelung zu ermitteln, ob diese auch die Anrechnung der Zielbonuszahlung im konkreten Fall erfasst.[318]

b) Formulierungsbeispiel

Vor diesem Hintergrund kann ein Anrechnungsvorbehalt wie folgt formuliert wer- 227
den:

Klauselmuster

Der Zielbonus kann ganz oder teilweise[319] auf tarifliche Leistungen angerechnet werden, wenn deren Zweck dem Zweck des Zielbonus funktional gleichwertig ist. Das Recht zur Anrechnung bleibt auch dann bestehen, wenn der Arbeitgeber von seinem Anrechnungsrecht längere Zeit keinen Gebrauch gemacht hat.

---

6. Befristung

a) Rechtliche Grundlagen

Eine Befristung von Zielbonussystemen ist hinsichtlich der Rahmenvereinbarung 228
nur denkbar, wenn der Arbeitgeber den Zielbonus nicht zum Bestandteil seines Vergütungssystems machen möchte, sondern ihn nur für eine bestimmte Zeit (z.B. für drei Jahre, bis ein neues SAP-System eingeführt ist) benötigt. Bei einem entsprechend vorübergehenden Bedürfnis nach einem Zielbonus ist die Teilbefristung zulässig und stellt keine unangemessene Benachteiligung des Arbeitnehmers im Sinn von § 307 Abs. 1 S. 1 BGB dar. Wirksam ist sicherlich auch die Befristung der jährlichen Zielvereinbarung, da das Zielbonussystem davon „lebt", dass jährlich neue Ziele vereinbart bzw. vorgegeben werden können. Die Teilbefristungen richten sich in diesem Fall nach den allgemeinen Regeln.[320]

---

317 Küttner/*Griese*, Personalbuch, Zielvereinbarung Rn 10.

318 BAG, Urt. v. 18.4.2012 – 4 AZR 139/10 – Rn 28 ff.

319 Bei einer nur teilweisen Anrechnung sind regelmäßig die Mitbestimmungsrechte des Betriebsrats zu beachten, vgl. Kapitel 5 B – Rn 22 ff. und Kapitel 5 D – Rn 73 ff. und Rn 84 ff.

320 Vgl. hierzu ausführlich Kapitel 1 D.

b) Formulierungsbeispiel

229 Vor diesem Hintergrund könnte eine Teilbefristung bei einem Zielbonussystem in der Rahmenvereinbarung wie folgt formuliert werden:

Klauselmuster

1. Für die Geschäftsjahre [Jahr] und [Jahr] wird zur Erprobung ein Zielbonussystem eingeführt. Der Arbeitnehmer erhält in diesen Geschäftsjahren zusätzlich zur Festvergütung einen Zielbonus, dessen Einzelheiten in Anlage 1 zu dieser Vereinbarung geregelt sind.
2. Der Zielbonus wird nur bis zum Ablauf des Geschäftsjahres [Jahr] bezahlt. Nach dem Geschäftsjahr [Jahr] hat der Arbeitnehmer keinen Anspruch mehr auf einen Zielbonus.

230 Die Befristung der einzelnen Zielvereinbarung kann wie folgt formuliert werden:

Klauselmuster

Diese Zielvereinbarung gilt ausschließlich für das Geschäftsjahr [Jahr]. Sie endet, ohne dass es einer Kündigung bedarf, mit Ende des Geschäftsjahres [Jahr].

7. Kürzungsregelung

a) Rechtliche Grundlagen

231 Grundsätzlich reduziert sich die Höhe des Zielbonus als erfolgsabhängiger Vergütungsbestandteil „automatisch“, wenn der Arbeitnehmer die Ziele nicht oder nicht vollständig erreicht hat bzw. das Geschäftsergebnis bei quantitativen Zielen verfehlt wird. Die Frage nach Kürzungsmöglichkeiten stellt sich deshalb üblicherweise vor allem dann, wenn der Arbeitnehmer **unterjährig eintritt** oder vor Ablauf der Zielperiode **ausscheidet**. Soweit eine Stichtagsregelung – wie regelmäßig – nicht vereinbart werden kann[321], wird der Zielbonus grundsätzlich nur anteilig („pro rata temporis“) verdient.[322] Selbst ohne ausdrückliche Kürzungsvereinbarung steht dem Mitarbeiter deshalb nur ein anteiliger Zielbonusanspruch zu. Etwas anderes kann nur dann gelten, wenn der Arbeitnehmer ausnahmsweise trotz seines vorzeitigen Ausscheidens alle Ziele bereits zu 100% erfüllt hat. Die Vergütung für die bereits erbrachte Arbeitsleistung kann ihm in diesem Fall allein wegen seines vorzeitigen Ausscheidens nicht entzogen werden.[323]

232 Da der Zielbonus zur im Gegenseitigkeitsverhältnis stehenden Vergütung gehört, gilt das Entgeltfortzahlungsgesetz (EFZG) im Fall der **Krankheit** für ihn dahingehend, dass er bis zum Ablauf des Entgeltfortzahlungszeitraums grundsätzlich ungekürzt zu bezahlen ist. Eine Reduzierung nach § 4a EFZG scheidet aus, weil der

---

321 Vgl. hierzu ausführlich unten Rn 234 ff.

322 BAG, Urt. v. 14.11.2012 – 10 AZR 793/11 – Rn 14.

323 BAG, Urt. v. 18.1.2012 – 10 AZR 667/10 – Rn 11; BAG, Urt. v. 12.4.2011 – 1 AZR 412/09 – Rn 27 ff.

Zielbonus keine „Sondervergütung" im Sinn dieser Vorschrift ist. Nach Ablauf des Entgeltfortzahlungszeitraums entfällt der Zielbonus allerdings anteilig, ohne dass es einer ausdrücklichen Kürzungsregelung bedarf. Das gleiche gilt für alle sonstigen **Zeiten ohne Arbeitsleistung**, für die das Gesetz die Entgeltfortzahlung nicht ausdrücklich vorsieht (z.B. währen der Elternzeit, Pflegezeit oder bei unbezahltem Urlaub). Denn arbeitsleistungsbezogene Sonderzahlungen sind ohne tatsächliche Arbeitsleistung nur dann fortzuzahlen, wenn die Entgeltfortzahlung aufgrund gesetzlicher, tariflicher oder sonstiger Regelungen gewährt werden muss.[324] Insoweit gilt für den Zielbonus das Gleiche wie für die fixe Vergütungsbestandteile.[325]

b) Formulierungsbeispiel

Vor dem oben geschilderten Hintergrund kann eine Kürzungsregelung bei einem Zielbonus wie folgt vereinbart werden: 233

Klauselmuster

1. Bei unterjährigem Eintritt wird der Zielbonus anteilig bezahlt.
2. Im Fall des unterjährigen Ausscheidens erhält der Arbeitnehmer den Zielbonus nur anteilig pro rata temporis, soweit er nicht im Einzelfall ein objektiv messbares Ziel bereits zu 100% erreicht hat und die Erreichung dieses Ziel bei der Bemessung des Zielbonus mit einem eigenen Betrag gesondert berücksichtigt war. In diesem Fall wird der Zielbonus im Hinblick auf dieses Ziel zu 100% bezahlt und nur im Übrigen anteilig gekürzt.

8. Stichtagsregelung

Inwieweit Stichtagsklauseln bei Zielboni vereinbart werden können, ist unklar. 234

a) Rechtliche Grundlagen

Das BAG hat zu Stichtagsklauseln bei Zielboni klargestellt, dass sie immer dann **unzulässig** sind, wenn dem Arbeitnehmer dadurch (zumindest auch) Vergütung für bereits erbrachte Arbeitsleistung entzogen wird.[326] Dies gilt unabhängig davon, ob der Stichtag innerhalb oder außerhalb des Bezugszeitraums liegt; die frühere Differenzierung hat das BAG mittlerweile aufgegeben.[327] Die einmal erbrachte Arbeitsleistung gewinnt nicht durch bloßes Verharren des Arbeitnehmers im Arbeitsverhältnis nachträglich an Wert.[328] 235

---

324 BAG, Urt. v. 8.9.1998 – 9 AZR 273/97; BAG, Urt. v. 21.3.2001 – 10 AZR 28/00.

325 Vgl. Kapitel 5 D Rn 94 f.

326 BAG, Urt. v. 18.1.2012 – 10 AZR 667/10 – Rn 11; BAG, Urt. v. 12.4.2011 – 1 AZR 412/09 – Rn 27 ff.

327 BAG, Urt. v. 13.11.2013 – 10 AZR 848/12 – Rn 23 ff., 28 ff.

328 BAG, Urt. v. 18.1.2012 – 10 AZR 612/10 – Rn 25.

236 Allerdings weist das BAG auch ausdrücklich darauf hin, dass **im Einzelfall** eine **andere Beurteilung** angemessen sein kann. Dies ist z.B. dann der Fall, wenn die Arbeitsleistung gerade in einem bestimmten Zeitraum vor dem Stichtag besonderen Wert für den Arbeitgeber hat, z.B. in Saisonbetrieben oder auch bei anderen branchen- oder betriebsbezogenen Besonderheiten.[329] Auch wenn die Höhe des Zielbonus auf das Geschäftsergebnis bezogen ist, kann der Zielbonus erst dann verdient sein, wenn das Geschäftsjahr abgeschlossen ist. Der Wille der Parteien, für den Zielbonus Jahresziele und nicht Tages-, Wochen- oder Monatsziele gemeinsam festzulegen, ist zu achten.[330] Nachdem das BAG auch in neueren Entscheidungen[331] stets auf die Leitentscheidung aus dem Jahr 2009[332] verweist und die Wirksamkeit solcher Stichtagsregelungen betont, ist es zu kurz gegriffen, wenn sich in der Literatur vereinfachend die Aussage findet, dass Zielboni wegen ihres Entgeltcharakters nicht mehr vom Bestand des Arbeitsverhältnisses zu einem bestimmten Stichtag abhängig gemacht werden können.[333] Entscheidend ist nur, dass durch eine entsprechende Klausel dem Arbeitnehmer nicht die Vergütung für bereits erbrachte Arbeitsleistungen entzogen wird.

Beispiel
Wird im Einzelhandel 90% des Umsatzes mit dem Weihnachtsgeschäft verdient und ist für den Arbeitgeber deshalb die Arbeitsleistung vor allem im Dezember entscheidend, kann die Auszahlung des Zielbonus vom Bestand des Arbeitsverhältnisses am 31.12. eines Jahres abhängig gemacht werden.

b) Formulierungsbeispiel

237 Eine Stichtagsklausel bei Zielbonussystemen könnte vor diesem Hintergrund wie folgt formuliert werden:

Klauselmuster
Voraussetzung für die Auszahlung des Zielbonus ist ein bestehendes Arbeitsverhältnis am letzten Tag des Geschäftsjahres.

329 BAG, Urt. v. 13.11.2013 – 10 AZR 848/12 – Rn 32.

330 BAG, Urt. v. 6.5.2009 – 10 AZR 443/08 – Rn 15ff.; BAG, Urt. v. 18.1.2012 – 10 AZR 667/10 – Rn 11; BAG, Urt. v. 13.11.2013 – 10 AZR 848/12 – Rn 32.

331 BAG, Urt. v. 13.11.2013 – 10 AZR 848/12 – Rn 32; BAG, Urt. v. 18.1.2012 – 10 AZR 667/10 – Rn 11.

332 BAG, Urt. v. 6.5.2009 – 10 AZR 443/08, das den Erben eines am 3.12.2005 und damit nur 28 Tage vor Ablauf der Zielperiode am 31.12.2005 verstorbenen Arbeitnehmers wegen einer Stichtagsklausel keinen Zielbonus zusprach.

333 Schaub/*Linck*, ArbR-Hb., § 77 Rn 5 und 7ff.; *Sura/Mosch*, NJW-Spezial 2014, 434; *Freckmann/Grillo*, BB 2014, 1914; wie hier für die weitere Zulässigkeit von Stichtagsklauseln: *Heins/Leder*, NZA 2014, 520; *Roggel/Neumann*, BB 2014, 1909.

9. Rückzahlungsklausel

Rückzahlungsklauseln kommen bei Zielboni nicht in Betracht, wenn der Arbeitnehmer seine Arbeitsleistung im Hinblick auf die vereinbarten Ziele erbracht hat und der Zielbonus ausbezahlt worden ist. Denn dem Arbeitnehmer darf bereits erarbeitete Vergütung rückwirkend nicht mehr entzogen werden.[334] 238

IV. Zusammenfassung/Checkliste

Zielboni sind zwar nach der Kategorisierung des BAG arbeitsleistungsbezogene Sonderzahlungen und folgen deshalb hinsichtlich der Zulässigkeit von Flexibilisierungsinstrumenten in vieler Hinsicht fixen Vergütungsbestandteilen. Sie sind aber nach „alter" Terminologie klassische Sonderzahlungen mit „Mischcharakter", bei denen grundsätzlich alle Flexibilisierungsinstrumente denkbar sind. Diese können aber in vielen Fällen nur bei bestimmten Sachverhaltsgestaltungen eingesetzt werden. Rückzahlungsregelungen sind dabei stets unzulässig. Die Kontrollfrage – „Wird dem Arbeitnehmer durch das Flexibilisierungsinstrument bereits verdiente Vergütung entzogen?" – hilft in vielen Fällen weiter, um dessen Zulässigkeit im konkreten Fall zu beurteilen. 239

Zusammengefasst sind folgende Flexibilisierungsmechanismen bei Zielbonussystemen grundsätzlich denkbar: 240

Checkliste !

- Einseitige Leistungsbestimmung der Zielbonushöhe bei 100% Zielerreichung durch den Arbeitgeber nach billigem Ermessen.
- Verweisungsklausel auf Betriebsvereinbarungen oder Tarifverträge.
- Freiwilligkeitsvorbehalt (für zukünftige Bezugszeiträume, wenn der Zielbonus nur in einzelnen Jahren vereinbart werden soll und nicht fester Bestandteil der Gesamtvergütung ist).
- Widerrufsvorbehalt (auszuüben grundsätzlich nur für zukünftige Zielperioden, nicht für die laufende Zielperiode).
- Anrechnungsvorbehalt (nur, wenn funktional gleichwertige Leistungen im Tarifvertrag vorgesehen sind oder der Tarifvertrag eine Anrechnung ausdrücklich vorsieht).
- Befristung (wenn der Zielbonus z.B. nur bis zum Abschluss eines bestimmten Projekts vereinbart werden soll und nicht Teil des generellen Vergütungssystems ist).
- Kürzungsregelungen (bei unterjährigen Ein- oder Austritt und Zeiten ohne Entgeltfortzahlung, nicht aber bei Krankheit).
- Stichtagsregelungen (nur, wenn die Arbeitsleistung gerade in einem bestimmten Zeitraum vor dem Stichtag besonderen Wert für den Arbeitgeber hat oder an den Unternehmenserfolg anknüpft).

334 BAG, Urt. v. 18.1.2012 – 10 AZR 667/10 – Rn 11; BAG, Urt. v. 12.4.2011 – 1 AZR 412/09 – Rn 27 ff.

H. Zusammenfassung

241 Grundsätzlich lassen sich generalisierende Aussagen zur Zulässigkeit von Flexibilisierungsinstrumenten bei Vergütungsbestandteilen nicht treffen, da es stets auf die verfolgte Zweckrichtung, die Höhe des Vergütungsbestandteils, die Gründe für die Vereinbarung des Flexibilisierungsinstruments und ganz allgemein auf den Einzelfall ankommt. Die **Kategorisierung** der Vergütungsbestandteile in fixe Vergütungsbestandteile, „echte" Sonderzahlungen und arbeitsleistungsbezogene Sonderzahlungen hilft bei der Einschätzung, wird aber nie alle denkbaren Varianten erfassen können, wie sich aus der genaueren Untersuchung des Zielbonus zeigt.

242 Als erster **Überblick** über die grundsätzliche Zulässigkeit von Flexibilisierungsinstrumenten mag aber die nachfolgende Tabelle dienen, die es dem Rechtsanwender zusammen mit den Checklisten und Tabellen am Ende der jeweiligen Ausführungen zu den einzelnen Vergütungsbestandteilen zumindest erleichtert, einen „Einstieg" zu finden.

Vergütungsbestandteil → **Flexibilisierungsinstrument ↓**	Fixe Vergütungsbestandteile	„Echte" Sonderzahlung	Arbeitsleistungsbezogene Sonderzahlung	Zielbonus
Billiges Ermessen	nein	ja	ja	ja
Verweisungsklausel	ja	ja	ja	ja
Freiwilligkeitsvorbehalt	nein	ja	in besonderen Fällen	in besonderen Fällen
Widerrufsvorbehalt	ja	ja	ja	ja
Anrechnungsvorbehalt	ja	ja	ja	ja
Befristung	ja	ja	ja	ja
Kürzungsregelung	nicht erforderlich	nein	ja	ja
Stichtagsregelung	überflüssig oder unzulässig	ja	in besonderen Fällen	in besonderen Fällen
Rückzahlungsregelung	nein	ja	nein	nein

Kapitel 6
Flexibilisierung von Sachbezügen

A. Dienstwagen

Stellt der Arbeitgeber dem Arbeitnehmer einen Dienstwagen zur Verfügung, stellt 1 sich ebenfalls die Frage, ob und wie entsprechende arbeitsvertragliche Regelungen zu der Flexibilisierung der Nutzung beitragen können.

In der Praxis sagt der Arbeitgeber dem Arbeitnehmer im Rahmen des Arbeitsver- 2 trages regelmäßig „lediglich" einen Dienstwagen zu, da der Arbeitsvertrag nicht mit weiteren Regelungen überladen werden soll. Die weitere Ausgestaltung des Gebrauchs, d.h. rein dienstliche oder auch private Nutzung, Modellauswahl und Rückgabemodalitäten etc., werden häufig in weiterführenden, separaten Dienstwagenverträgen oder durch Verweise auf betriebliche Dienstwagenordnungen oder -richtlinien geregelt.[1] Im Arbeitsvertrag an sich wird daher oft nicht mehr als ein grundsätzlicher Anspruch auf einen Dienstwagen festgelegt.

Beispiel
Der Arbeitgeber stellt dem Arbeitnehmer einen Dienstwagen zur Verfügung. Die Einzelheiten der Dienstwagennutzung richten sich nach der bei dem Arbeitgeber geltenden Dienstwagenrichtlinie in ihrer jeweils geltenden Fassung.

Hinzu kommt, dass die Bestimmungen zum Dienstwagen oftmals erst dann Gegen- 3 stand von Streitigkeiten werden, wenn das Arbeitsverhältnis beendet oder der Dienstwagen aus anderen Gründen herausgegeben werden soll.

I. Rechtliche Rahmenbedingungen

Der Arbeitgeber ist frei, ob er seinen Arbeitnehmern einen Dienstwagen zur Verfü- 4 gung stellt. Entscheidet sich der Arbeitgeber hierfür, begründet er im Rahmen des Arbeitsverhältnisses (evtl. auch konkludent) einen **vertraglichen Anspruch** des Arbeitnehmers auf die Nutzung des Dienstwagens.[2] Dieser wird entweder im Arbeitsvertrag selbst (eher selten) oder in Richtlinien des Arbeitgebers bzw. einer gesonderten Vereinbarung (üblich) weiter ausgestaltet. Unabhängig von der gewählten Regelungsart sollte die Dienstwagennutzung – um Streitigkeiten von Beginn an zu ver-

---

1 Vgl. zur letzten Variante: BAG, Urt. v. 21.3.2012 – 5 AZR 651/10 – NZA 2012, 616. Vgl. zu den Regelungsmöglichkeiten: *Schrader/Straube*, Dienstwagen, Rn 2ff. Vgl. hierzu auch: Kapitel 8 Rn 90ff.
2 Schaub/*Linck*, ArbR-Hb., § 68 Rn 6.

meiden – so genau wie möglich festgelegt werden. Aufgrund der Zielsetzung dieses Buches werden im Folgenden aber nicht alle denkbaren Punkte angesprochen. Vielmehr sollen vor allem die rechtlichen Rahmenbedingungen kurz umrissen und die Flexibilisierung der Herausgabe des Dienstwagens genauer untersucht werden:

1. Rein dienstliche Nutzung

5 Überlässt der Arbeitgeber den Dienstwagen „nur" zur dienstlichen Nutzung, stellt das Fahrzeug ein **reines Arbeitsmittel** dar, d.h. der Arbeitgeber überlässt den Dienstwagen zum Zwecke der ordnungsgemäßen Aufgabenerfüllung. Zu Arbeitsmitteln zählen Arbeitsgeräte, Werkzeuge, Werbematerial, Geschäftsunterlagen, Schlüssel, Zugangskarten, Arbeitskleidung, Mobiltelefone, Computer/Laptops, aber auch der Dienstwagen, z.B. bei einem Außendienstmitarbeiter oder Servicetechniker.

! **Praxistipp**
Unabhängig von der Art der überlassenen Arbeitsmittel ist empfehlenswert, sich den Erhalt der Arbeitsmittel von dem Arbeitnehmer zu Nachweiszwecken stets im Detail schriftlich bestätigen zu lassen.

6 Die rechtlichen Rahmenbedingungen einer dienstlichen Dienstwagennutzung sind – vor allem im Fall der Beendigung des Arbeitsverhältnisses und/oder der Herausgabe des Dienstwagens während des laufenden Arbeitsverhältnisses – eindeutig. Der Dienstwagen stellt ein **reines Arbeitsmittel** dar; der Arbeitnehmer ist daher nur Besitzdiener nach § 855 BGB, d.h. er hat kein eigenes Besitzrecht gegenüber dem Arbeitgeber. Aus diesem Grund kann der Arbeitgeber den Dienstwagen **jederzeit herausverlangen**. Hierfür bedarf es keiner ausdrücklichen Herausgabevereinbarung (z.B. im Arbeitsvertrag).[3]

2. Gestattung auch der privaten Nutzung

7 Wird der Dienstwagen hingegen auch zur privaten Nutzung überlassen, handelt es sich um einen **Sachbezug**. Ein solcher liegt bei Leistungen des Arbeitgebers vor, die er dem Arbeitnehmer als **unmittelbare Gegenleistung für die Arbeitsleistung** in anderer Form als in Geld erbringt.[4] Im Ergebnis bedeutet dies, dass die Überlassung eines Dienstwagens zur privaten Nutzung einen **Vergütungsbestandteil** darstellt.[5]

---

3 Tschöpe/*Wisskirchen*/*Bissels*, AHB-Arbeitsrecht, Teil I D Rn 45; Küttner/*Griese*, Personalbuch, Dienstwagen Rn 9.

4 BAG, Urt. v. 24.3.2009 – 9 AZR 733/07 – Rn 15; ErfK/*Preis*, § 611 BGB Rn 522 m.w.N.

5 BAG, Urt. v. 21.3.2012 – 5 AZR 651/10 – Rn 15; BAG, Urt. v. 14.12.2010 – 9 AZR 631/09 – Rn 14; BAG, Urt. v. 16.11.1995 – 8 AZR 240/95 – NZA 1996, 415, 416.

Daher schuldet der Arbeitgeber die Nutzungsüberlassung nach dem BAG nur so lange, „*wie* (dieser) *überhaupt Arbeitsentgelt leisten muss*".[6] Somit endet diese Pflicht mit dem **rechtlichen Ende des Arbeitsverhältnisses**, aber auch bei **krankheitsbedingter Arbeitsunfähigkeit** nach Ablauf des Entgeltfortzahlungszeitraums gemäß § 3 Abs. 1 S. 1 EFZG; hiervon abweichende vertragliche Regelungen sind allerdings möglich. Wird der Entgeltfortzahlungszeitraum vertraglich verlängert, „verlängert" sich auch der Anspruch auf Nutzungsüberlassung bis zum Ende des vereinbarten Entgeltfortzahlungszeitraums. 8

Beispiel
In Verträgen mit Führungskräften, leitenden Angestellten oder Organmitgliedern werden oft längere Entgeltfortzahlungsfristen vereinbart, die sich insoweit auch auf die Privatnutzungsmöglichkeit des Dienstwagens auswirken können.

Da während der **Elternzeit** die Hauptleistungspflichten, d.h. auch die Vergütungspflicht, ruhen, kann der Arbeitgeber den Dienstwagen für die Dauer der Elternzeit herausverlangen.[7] Während seines **Urlaubs** hat der Arbeitnehmer weiterhin einen Überlassungsanspruch; die Vergütungspflicht wird in diesem Zusammenhang nicht unterbrochen. Gleiches gilt für die Dauer **der Beschäftigungsverbote und Schutzfristen** nach dem MuSchG, da sich dies nach dem BAG aus dem Gesetzeszweck des Mutterschutzes ergibt und der Arbeitgeber in dieser Zeit einen Zuschuss zum Mutterschaftsgeld bzw. Mutterschutzlohn als privatrechtlichen Lohnersatz leistet.[8] 9

3. Haftungsfragen

Wird der Dienstwagen im Rahmen der **dienstlichen** Nutzung beschädigt, sind die Grundsätze des **innerbetrieblichen Schadensausgleichs** zu beachten, die zwingendes Arbeitnehmerschutzrecht darstellen und daher weder durch einzel- noch kollektivrechtliche Vereinbarungen abbedungen werden können.[9] Trifft den Arbeitnehmer an dem Schaden kein Verschulden oder handelte er mit leichtester Fahrlässigkeit, haftet er nicht gegenüber dem Arbeitgeber. Bei mittlerer Fahrlässigkeit ist der Schaden zwischen Arbeitgeber und Arbeitnehmer nach den Umständen des Ein- 10

6 BAG, Urt. v. 14.12.2010 – 9 AZR 631/09 – Rn 14.
7 *Schrader/Straube*, Dienstwagen, Rn 90. Vgl. zur Teilzeit während der Elternzeit: *Nägele*, Dienstwagen, Mutterschutz/Elternzeit/Pflegezeit Rn 12f.
8 BAG, Urt. v. 11.10.2000 – 5 AZR 240/99 – NZA 2001, 445, 447ff. Vgl. ausführlich hierzu und weiteren Beispielen: beckPersLex/*Triemel*, Herausgabe – Dienstwagen unter I. 1.
9 BAG, Urt. v. 5.2.2004 – 8 AZR 91/03 – NZA 2004, 649.

zelfalls zu verteilen. Bei grober Fahrlässigkeit (oder Vorsatz) haftet der Arbeitnehmer grundsätzlich voll.[10]

11 Diese Grundsätze gelten allerdings nicht bei **Privatfahrten** des Mitarbeiters. Solche Fahrten sind dem persönlichen Lebensbereich des Arbeitnehmers zuzuordnen und stellen keine sog. **betrieblich veranlasste Tätigkeit** dar. Die Haftungsprivilegierung greift daher insoweit nicht. Verursacht der Arbeitnehmer beispielsweise mit seinem ihm zur privaten Nutzung überlassenen Dienstwagen auf dem Weg zur Arbeit einen Schaden, haftet er dem Arbeitgeber für diesen wie jeder Dritte. Reine Heimfahrten werden nicht aufgrund des Arbeitsverhältnisses geleistet und sind daher nicht haftungsmäßig privilegiert.[11]

4. Beendigung des Arbeitsverhältnisses und Folgen

12 Ob die Beendigung des Arbeitsverhältnisses Auswirkungen auf die private Nutzungsüberlassung hat, hängt von der Art der Kündigung bzw. dem Ablauf der Kündigungsfrist ab:

a) Fristlose Kündigung/Nach Ablauf der Kündigungsfrist bei ordentlicher Kündigung

13 Ist das Arbeitsverhältnis gekündigt, hat der Arbeitnehmer den – auch privat genutzten – Dienstwagen bei einer **außerordentlichen fristlosen Kündigung sofort** und bei einer **ordentlichen Kündigung nach Ablauf der Kündigungsfrist** an den Arbeitgeber herauszugeben. Dies lässt sich ebenfalls aus dem Grundsatz ableiten, dass die Nutzungsüberlassung nur bis zu dem Zeitpunkt geschuldet ist, in dem auch die Vergütungspflicht wegfällt.

14 Wird über die Wirksamkeit der Kündigung gestritten, kann man sich hinsichtlich der Herausgabe an den **Grundsätzen des Weiterbeschäftigungsanspruchs** orientieren:

- Zunächst Rückgabe zum streitigen Ende des Arbeitsverhältnisses.
- Bei offensichtlich unwirksamer Kündigung oder bei Bejahung eines Weiterbeschäftigungsanspruchs durch ein Gericht: Anspruch des Arbeitnehmers auf Nutzungsüberlassung bis zu einer ggf. abweichenden rechtskräftigen Entscheidung.[12]

---

10 Zusammenfassend hierzu: Küttner/*Griese*, Personalbuch, Dienstwagen Rn 6-8.

11 LAG Köln, Urt. v. 15.9.1998 – 13 Sa 367/98 – NZA 1999, 991; Schaub/*Linck*, ArbR-Hb., § 59 Rn 44 und § 68 Rn 7; *Nägele*, Dienstwagen, Haftung Rn 3.

12 LAG Nürnberg, Urt. v. 25.1.2011 – 7 Sa 521/10 – BeckRS 2011, 71815; LAG München, Urt. v. 11.9.2002 – 9 Sa 315/02 – NZA-RR 2002, 636. Im Fall eines betriebsverfassungsrechtlichen Weiterbe-

Praxistipp
Eine Verweigerung des Herausgabeverlangens stellt eine arbeitsvertragliche Pflichtverletzung dar, die – evtl. nach erfolgloser Abmahnung – eine erneute (außerordentliche) Kündigung rechtfertigen kann.[13]

b) Bei ordentlicher Kündigung vor Ablauf der Kündigungsfrist/Im ungekündigten Arbeitsverhältnis

Im ungekündigten Arbeitsverhältnis und vor Ablauf der Kündigungsfrist (z.B. im Fall der Freistellung) kann ein berechtigtes Herausgabeverlangen des Arbeitgebers hinsichtlich des auch privat genutzten Dienstwagens nur angenommen werden, wenn **arbeitsvertraglich ein wirksamer Widerrufsvorbehalt vereinbart** ist und der **Widerruf im konkreten Einzelfall ordnungsgemäß ausgeübt** wird.[14] 15

5. Mitbestimmungsrecht des Betriebsrats

Für die Frage, ob ein Mitbestimmungsrecht des Betriebsrats nach § 87 Abs. 1 Nr. 10 BetrVG (Fragen der betrieblichen Lohngestaltung) besteht, ist zwischen dienstlicher und privater Nutzung zu unterscheiden:[15] Wird der Dienstwagen nur zur **dienstlichen** Nutzung überlassen, besteht kein Mitbestimmungsrecht, da es sich insoweit nicht um einen geldwerten Vorteil für den Mitarbeiter und somit nicht um einen Entgeltbestandteil gemäß § 87 Abs. 1 Nr. 10 BetrVG handelt.[16] 16

Bei der Überlassung des Dienstwagens auch zur **privaten** Nutzung handelt es sich hingegen um einen Vergütungsbestandteil, sodass das LAG Hamm in einer aktuellen Entscheidung ein Mitbestimmungsrecht des Betriebsrats zu den *„Verteilungskriterien"* nach § 87 Abs. 1 Nr. 10 BetrVG angenommen hat.[17] Das BAG hat diese 17

schäftigungsanspruchs (§ 102 Abs. 5 BetrVG) wird man ebenfalls einen Überlassungsanspruch ab Anspruchsentstehung annehmen müssen. Vgl. hierzu auch: ErfK/*Preis*, § 611 BGB Rn 523.

13 Vgl. hierzu: LAG Nürnberg, Urt. v. 25.1.2011 – 7 Sa 521/10 – BeckRS 2011, 71815.

14 Vgl. zum Herausgabeverlangen während der Freistellungsphase: Küttner/*Griese*, Personalbuch, Dienstwagen Rn 10, der dem Arbeitgeber zumindest ein Wahlrecht zubilligen will, ob er die Überlassungsverpflichtung statt durch Überlassung durch Zahlung des Privatnutzungswertes in Geld erfüllen will.

15 Ausführlich zu den Grundsätzen des Mitbestimmungsrechts nach § 87 Abs. 1 Nr. 10 BetrVG: *Schrader/Straube*, Dienstwagen, Rn 157 ff.; *Fitting*, § 87 BetrVG Rn 407 ff. Vgl. zu möglichen Mitbestimmungstatbeständen gemäß § 87 Abs. 1 Nr. 1 und 6 BetrVG: *Yakhloufi/Klingenberg*, BB 2013, 2102, 2103 und 2106.

16 Küttner/*Griese*, Personalbuch, Dienstwagen Rn 15; *Yakhloufi/Klingenberg*, BB 2013, 2102, 2102 f.; *Moll/Roebers*, DB 2010, 2672, 2673. Vgl. zur Zuweisung eines bestimmten Büros: BAG, Beschl. v. 31.5.2005 – 1 ABR 22/04 – Rn 22 ff.

17 LAG Hamm, Beschl. v. 7.2.2014 – 13 TaBV 86/13; a.A. noch: LAG Hessen, Beschl. v. 24.5.1983 – 5 TaBV 20/83; LAG München, Beschl. v. 20.2.1981 – 4 (6) Ta BV 33/80.

Frage bisher offen gelassen.[18] Bejaht man ein Mitbestimmungsrecht, muss dieses jedoch auf die Ausgestaltung der Privatnutzung beschränkt werden, z.B. Nutzungsbeschränkungen, Sonderausstattungen etc., da nur dieser Aspekt der Nutzung einen geldwerten Vorteil darstellt. Der Arbeitgeber kann daher frei darüber entscheiden, ob überhaupt Dienstwagen und, wenn ja, ob diese zur privaten Nutzung zur Verfügung gestellt werden. Er kann weiterhin frei über den berechtigten Personenkreis und die Art des zur Verfügung gestellten Dienstwagens samt Motorisierung und Nutzungsdauer verfügen.[19]

II. Mögliche Flexibilisierungsinstrumente

1. Verweis auf außerhalb des Arbeitsvertrages liegende Regelungswerke

18 Eine Flexibilisierung der arbeitsvertraglichen Regelungen kann zunächst dadurch erreicht werden, dass im Arbeitsvertrag auf eine Betriebsvereinbarung, eine Dienstwagenordnung oder -richtlinie Bezug genommen wird.

19 Verweist der Arbeitgeber insbesondere auf eine durch ihn einseitige veränderbare Dienstwagenordnung oder -richtlinie in der jeweils gültigen Fassung, besteht das rechtliche Risiko, dass im Streitfall die Bezugnahme für unwirksam erklärt wird. Ist die Regelung sprachlich teilbar, bleibt sie aber zumindest als statische Verweisung bestehen.[20] Nach Ansicht der Rechtsprechung sind Änderungen der Überlassungsbedingungen nicht einseitig möglich, auch wenn auf ein Regelungswerk „in seiner jeweiligen Fassung" verwiesen wird.[21]

! **Praxistipp**

Wirken Arbeitgeber und Betriebsrat vertrauensvoll zusammen (§ 2 Abs. 1 BetrVG), bietet sich der Abschluss einer (freiwilligen) Betriebsvereinbarung zur Dienstwagennutzung und lediglich ein (deklaratorischer) Verweis auf die Betriebsvereinbarung in den Arbeits-/Dienstwagenverträgen an. Die Änderung der Betriebsvereinbarung wird im Zweifel leichter möglich sein als die Anpassung des Arbeits-/Dienstwagenvertrages durch eine/n Änderungskündigung/-vertrag.[22]

---

18 BAG, Beschl. v. 22.3.1983 – 1 ABR 48/81 n.v.

19 *Fitting*, BetrVG, § 87 BetrVG Rn 414; Küttner/*Griese*, Personalbuch, Dienstwagen Rn 15; *Schrader/Straube*, Dienstwagen, Rn 181 f.; *Yakhloufi/Klingenberg*, BB 2013, 2102, 2106; *Moll/Roebers*, DB 2010, 2672, 2673. Unklar insoweit: LAG Hamm, Beschl. v. 7.2.2014 – 13 TaBV 86/13.

20 Vgl. Kapitel 8 Rn 92 ff.

21 Ausführlich zu einem dynamischen Verweis auf eine „Arbeits- und Sozialordnung": BAG, Urt. v. 11.2.2009 – 10 AZR 222/08 – NZA 2009, 428.

22 Vgl. zu einem Muster für eine sog. „Car Policy": *Schrader/Straube*, Dienstwagen, Rn 188.

2. Entscheidungsbefugnis hinsichtlich Dienstwagen

Sowohl bei der Erst- als auch bei Ersatzbeschaffung des Dienstwagens stellt sich die Frage, welches Fahrzeug angeschafft werden soll und wer hierüber entscheiden darf. Eine Ersatzbeschaffung kann notwendig werden, wenn das Auto aufgrund Alters, Abnutzung oder wirtschaftlichen Totalschadens nicht mehr nutzbar ist.[23] Um bereits vor der zugesagten Dienstwagennutzung Streit zu vermeiden, ist empfehlenswert, dass der Arbeitgeber grundsätzlich selbst bestimmt, welches Auto mit welcher Ausstattung er dem Arbeitnehmer zur Verfügung stellen möchte. Will der Arbeitgeber unterschiedliche Automarken anbieten und dem Arbeitnehmer insoweit ein Wahlrecht zugestehen, sollten hiermit verbundene Mehrkosten dem Mitarbeiter in Rechnung gestellt werden können, z.B. „Upgrade" von VW Golf auf Audi A3, Ausstattungssonderwünsche etc. 20

Klauselmuster

1. Der Arbeitgeber stellt dem Arbeitnehmer einen Dienstwagen aus der Produktpalette der Herstellermarken zur Verfügung, mit denen der Arbeitgeber einen Full-Leasingvertrag unterhält. Der Arbeitgeber entscheidet nach billigem Ermessen über die Auswahl des Dienstwagens, d.h. Dienstwagenkategorie, Fahrzeugmarke, Modell, Kauf und Finanzierung des Dienstwagens etc.
2. Der Arbeitnehmer ist berechtigt:
   – Ein Alternativmodell zu dem vom Arbeitgeber ausgewählten Dienstwagen aus der gleichen Dienstwagenkategorie auszuwählen.
   – Ein Upgrade oder ein Downgrade in die nächst höhere oder in eine niedrigere Dienstwagen-Kategorie zu wählen.
   – Sonderwünsche bei der Ausstattung des Dienstwagens auszuwählen, sofern diese [einfügen] % der Bruttolistenpreises nicht übersteigen.
3. Zusätzliche Kosten, die durch die Auswahl eines Alternativmodells, eines Upgrades oder von Ausstattungssonderwünschen entstehen, trägt der Arbeitnehmer. Diese werden auf die Nutzungsdauer des Dienstwagens umgelegt und in monatlichen Raten ausgeglichen. Einsparungen aufgrund der Auswahl eines Downgrades werden nicht erstattet.

---

3. Widerruf der privaten Dienstwagennutzung

Bereits dargestellt wurden die „Widerrufsmöglichkeiten", wenn die Vergütungspflicht aufgrund gesetzlicher Vorgaben entfällt.[24] Möglich ist aber auch, im Arbeitsvertrag bzw. dem gewählten Regelungswerk einen Widerrufsvorbehalt zu vereinbaren, der in einem ersten Schritt einer AGB-Kontrolle nach §§ 307, 308 Nr. 4 BGB unterzogen wird. Dies gilt nicht, wenn der Vorbehalt in einer Betriebsvereinbarung 21

---

23 Schaub/*Linck*, ArbR-Hb., § 68 Rn 7.
24 Vgl. Kapitel 6 Rn 7ff.

enthalten ist. In einem zweiten Schritt muss die konkrete Ausübung eines wirksam vereinbarten Widerrufsvorbehalts an § 315 BGB gemessen werden.[25]

a) Rechtliche Vorgaben des BAG

22 Nach dem BAG gelten für den wirksamen Widerruf eines auch privat genutzten Dienstwagens folgende Voraussetzungen:[26]

- Der vereinbarte Widerrufsvorbehalt muss bei vorformulierten Arbeitsverträgen (= die Regel) der AGB-Kontrolle (insbes. §§ 307, 308 Nr. 4 BGB) standhalten, d.h. in transparenter Weise Angaben zu sachlichen Widerrufsgründen enthalten.
- Der widerrufliche Sachbezug, d.h. der geldwerte Vorteil der Dienstwagennutzung, darf 25% der Gesamtbruttovergütung nicht überschreiten.[27]
- Die Ausübung des Widerrufsrechts muss im konkreten Fall billigem Ermessen gemäß § 315 BGB entsprechen, sog. Ausübungskontrolle.[28]

23 Zu beachten ist insoweit, dass für die Wirksamkeit des Widerrufsvorbehalts grundsätzlich **keine Ankündigungsfrist** für den Widerruf oder eine **Entschädigungsregelung** für den Entzug der privaten Nutzungsmöglichkeit notwendig ist.[29] Allerdings kann die konkrete Ausübung des Widerrufs unangemessen sein und sich ein Anspruch auf **Nutzungsausfallentschädigung** als Schadensersatz ergeben, wenn der Arbeitgeber den privat genutzten Dienstwagen zu Unrecht oder ohne Ankündigungsfrist herausverlangt.[30]

24 Das BAG hat darüber hinaus entschieden, dass der Widerruf der auch privaten Dienstwagennutzung zulässig ist, wenn die entsprechende Klausel eine **sachgerechte Verknüpfung zwischen dienstlicher und privater Nutzung** herstellt. Daher ist der Widerruf im Fall einer wirksamen **Freistellung** zulässig, da der Arbeit-

---

25 BAG, Urt. v. 21.3.2012 – 5 AZR 651/10 – Rn 22. Ausführlich hierzu: *Schrader/Straube*, Dienstwagen, Rn 8 ff.; ErfK/*Preis*, § 310 BGB Rn 57 ff.

26 BAG, Urt. v. 19.12.2006 – 9 AZR 294/06 – Rn 17 ff. Vgl. auch Schaub/*Linck*, ArbR-Hb., § 68 Rn 6d, der darauf hinweist, dass die Rechtslage des Widerrufs einer Naturalvergütung der Rechtslage des Widerrufs anderer Entgeltbestandteile entspricht.

27 BAG, Urt. v. 11.10.2006 – 5 AZR 721/05 – Rn 23.

28 BAG, Urt. v. 21.3.2012 – 5 AZR 651/10 – Rn 21 ff.

29 BAG, Urt. v. 21.3.2012 – 5 AZR 651/10 – Rn 18 und 20; a.A. hinsichtlich der Entschädigungspflicht: ErfK/*Preis*, § 611 BGB Rn 522 und 524, der bei Fehlen einer Entschädigung die Ausübung billigen Ermessens verneint.

30 BAG, Urt. v. 21.3.2012 – 5 AZR 651/10 – Rn 23; BAG, Urt. v. 13.4.2010 – 9 AZR 113/09 – Rn 53 ff.; BAG, Urt. v. 19.12.2006 – 9 AZR 294/06 – Rn 39; *Schrader/Straube*, Dienstwagen, Rn 99 ff. Im Ergebnis ebenso: ErfK/*Preis*, § 611 BGB Rn 522 und 524. Zur Höhe der Nutzungsentschädigung: Schaub/*Linck*, ArbR-Hb., § 68 Rn 6f.; Küttner/*Griese*, Personalbuch, Dienstwagen Rn 12 f.; ErfK/*Preis*, § 611 BGB Rn 525 f.

nehmer bis zum Ende des Arbeitsverhältnisses keine Arbeitsleistung mehr erbringen muss und somit vor allem auch Dienstfahrten entfallen. Gleiches gilt, wenn die **dienstliche Nutzung** nach dem Willen der Vertragsparteien klar **im Vordergrund** steht. Fallen die Voraussetzungen für die dienstliche Nutzung des Dienstfahrzeugs in diesem Fall weg, kann der Arbeitgeber auch die private Nutzungsmöglichkeit entziehen, wenn dies vertraglich vereinbart wurde.[31]

b) Ausübung billigen Ermessens

Ist der vereinbarte Widerrufsvorbehalt wirksam, muss die Ausübung des Widerrufs 25 im Einzelfall den Grundsätzen des billigen Ermessens nach § 315 BGB entsprechen. Insoweit ist das Interesse des Arbeitnehmers an einer weiteren Privatnutzung des Fahrzeugs gegenüber dem Herausgabeinteresse des Arbeitgebers abzuwägen.[32]

Praxistipp !
Aufgrund der Rechtsprechung des BAG ist ein Herausgabeverlangen ohne Ankündigungsfrist nicht empfehlenswert. Vielmehr sollte eine solche bereits im Widerrufsvorbehalt geregelt werden.

c) Durchsetzung des Herausgabeanspruchs

Selbst bei einem zulässigen Herausgabeverlangen des Arbeitgebers kann dem Ar- 26 beitnehmer wegen existierender **Gegenansprüche**, z.B. offener Entgeltforderungen, ein **Zurückbehaltungsrecht am Dienstwagen** zustehen. Ein solches kann aber nur bei einer gestatteten Privatnutzung entstehen und geltend gemacht werden, da der Arbeitnehmer in diesem Fall zumindest mittelbarer Besitzer des Dienstwagens ist, § 868 BGB.[33]

Gibt der Arbeitnehmer den Dienstwagen zu Unrecht nicht heraus, kann der Ar- 27 beitgeber klagen und/oder eine einstweilige Verfügung auf Herausgabe beantragen.

Praxistipp !
Der Arbeitgeber kann die Haftpflichtversicherung kündigen und auf diese Weise die Straßenverkehrsbehörde dazu veranlassen, das Fahrzeug stillzulegen.[34]

---

31 BAG, Urt. v. 21.3.2012 – 5 AZR 651/10 – Rn 17; BAG, Urt. v. 13.4.2010 – 9 AZR 113/09 – Rn 34 ff.
32 BAG, Urt. v. 21.3.2012 – 5 AZR 651/10 – Rn 14 ff. und 21, in der das BAG zwar die Wirksamkeit des Widerrufsvorbehalts bejaht, aber ein sofortiges Herausverlangen des Dienstwagens für unbillig erachtet. Hierzu auch: Schaub/*Linck*, ArbR-Hb., § 68 Rn 6e.
33 LAG Hamm, Urt. v. 16.1.2009 – 10 Sa 1023/08 – BeckRS 2009, 57357; beckPersLex/*Triemel*, Herausgabe – Dienstwagen unter I. 5.
34 Küttner/*Griese*, Personalbuch, Dienstwagen Rn 14.

4. Formulierungsbeispiel

28 Aufgrund der obigen Ausführungen ist – mit der herrschenden Meinung in der arbeitsrechtlichen Literatur – ein katalogartiger Widerrufsvorbehalt empfehlenswert. Eine solche Formulierung hat vor allem den **Vorteil**, dass bei einer gerichtlichen Überprüfung vorformulierter Vertragsbedingungen im Rahmen des sog. „Blue-Pencil-Tests" etwaige unwirksame Widerrufsalternativen „gestrichen" werden können. Der Widerrufsvorbehalt ist in diesem Fall nicht als Ganzes unwirksam.[35]

Klauselmuster

1. Bei Beendigung des Arbeitsverhältnisses hat der Mitarbeiter den Dienstwagen mit allen Schlüsseln, dem Fahrzeugschein, den Tankkarten und sämtlichem Zubehör unverzüglich am Sitz des Arbeitgebers herauszugeben.
2. Der Arbeitgeber ist berechtigt, die Überlassung und damit auch die private Nutzungsmöglichkeit des Dienstwagens jederzeit aus sachlichen Gründen unter Wahrung der Interessen des Arbeitnehmers zu widerrufen, wenn der geldwerte Vorteil der Privatnutzung des Dienstwagens weniger als 25% der regelmäßigen Gesamtvergütung des Arbeitnehmers ausmacht.
3. Ein sachlicher Grund i.S.v. Abs. (1) liegt insbesondere vor bei:
   - Wirtschaftlichen Gründen, wie etwa einem Rückgang des handelsbilanziellen Jahresergebnisses des Unternehmens um mehr als [einfügen] % gegenüber dem vorherigen Geschäftsjahr.
   - Wegfall oder Unwirtschaftlichkeit der Nutzung des Dienstwagens, insbesondere bei Änderung des Tätigkeitsbereichs des Arbeitnehmers, wenn die Überlassung des Dienstwagens im Zusammenhang mit der Arbeitsaufgabe stand. Dies gilt insbesondere in den Fällen, in denen im regelmäßigen Geschäftsbetrieb für den Arbeitnehmer keine dienstlich veranlassten Fahrten mehr notwendig sind oder die tatsächliche dienstliche Fahrleistung des Arbeitnehmers um mehr als 50% unterhalb der zuvor prognostizierten oder zuvor üblichen dienstlichen Fahrleistung liegt.
   - Vertragswidriger Nutzung sowie unsachgemäßen Gebrauch des Dienstwagens durch den Arbeitnehmer, z.B. unbefugte Überlassung an Dritte.
   - Inverwahrungnahme, Sicherstellung oder Beschlagnahme des Führerscheins, Entzug der erforderlichen Fahrerlaubnis oder Verbot zum Führen eines Kraftfahrzeugs.
   - Freistellung des Arbeitnehmers im Zusammenhang mit einer Kündigung des Arbeitsverhältnisses oder dem Abschluss eines Aufhebungsvertrages.

   [Evtl. zusätzlich aus Klarstellungsgründen:
   - Wegfall tatsächlicher Arbeitsleistung, z.B. bei Krankheit, Sonderurlaub, nach Ablauf etwaiger Entgeltfortzahlungszeiträume.
   - Ruhen des Arbeitsverhältnisses, z.B. bei Elternzeit oder Pflegezeit nach § 3 PflegeZG.[36]]
4. Widerruft der Arbeitgeber die Überlassung, hat der Arbeitnehmer den Dienstwagen mit allen Schlüsseln, dem Fahrzeugschein, den Tankkarten und sämtlichem Zubehör unverzüglich am Sitz des Arbeitgebers herauszugeben.

---

35 Möglich ist darüber hinaus die Aufnahme der genannten gesetzlichen Herausgabeansprüche, z.B. bei Überschreitung des Entgeltfortzahlungszeitraums nach EFZG; vgl. hierzu auch: Preis/*Lindemann*, Arbeitsvertrag, II D 20 Rn 7; *Schrader/Straube*, Dienstwagen, Rn 115.

36 Vgl. ausführlich zur Dienstwagennutzung während der Pflegezeit: *Nägele*, Dienstwagen, Mutterschutz/Elternzeit/Pflegezeit Rn 14ff.

5. Entschädigungsansprüche hinsichtlich des Wegfalls der privaten Nutzungsmöglichkeit bestehen nicht.

Praxistipp
Rechtliche Unsicherheiten im Rahmen der AGB-Kontrolle einer Widerrufsregelung können teilweise dadurch ausgeschlossen werden, indem die Details der Dienstwagennutzung samt Widerruf in einer **Betriebsvereinbarung** geregelt werden. Gemäß § 310 Abs. 4 BGB erfolgt dann keine Inhalts-, sondern „nur" eine Rechts- und Ausübungskontrolle. Auf diese Weise können auch Ansprüche aus **betrieblicher Übung** ausgeschlossen werden. 29

5. Zusammenfassung/Checkliste

Zusammenfassend ist festzustellen, dass es sich in der Praxis dringend empfiehlt, 30 die Modalitäten der Dienstwagenüberlassung und -nutzung so detailliert wie möglich zu regeln. Folgende Punkte sollten bei der Ausarbeitung eines Dienstwagenvertrages oder eines anderen – das Dienstfahrzeug betreffenden – Regelungswerks zumindest bedacht werden:

Checkliste
- Überlassung des Dienstwagens und Überlassungszeitraum.
- Nutzungsumfang, d.h. nur dienstliche und auch private Nutzung.
- Genaue Bezeichnung des geschuldeten Fahrzeugs, d.h. Marke, Modell, Motorisierung, (Sonder-)Ausstattung etc.
- Entscheidungsbefugnis über Wahl des Fahrzeugs.
- Instandhaltungs- und Kostentragungspflichten, insbesondere Wartungs-, Benzin- und Unterhaltskosten.
- Verhaltensregeln und Haftung bei Unfallschäden.
- Arbeitgeberseitiges Widerrufsrecht bzw. Herausgabepflicht des Arbeitnehmers.
- Evtl. Grundlagen der steuerlichen Behandlung der privaten Dienstwagennutzung.
- Rechte und Pflichten bei Beendigung des Arbeitsverhältnisses.

B. Mobile Devices

Die Flexibilisierung der Arbeitswelt und des Arbeitsalltags führt dazu, dass viele 31 Arbeitnehmer jederzeit und überall erreichbar sind bzw. zumindest sein sollen, sei es per Laptop, Tablet, Mobiltelefon oder Smartphone („Mobile Devices"). Auch wenn diese Entwicklung nicht vollkommen neu ist und Arbeitgeber ihren Mitarbeitern schon seit einiger Zeit Laptops und Mobiltelefone für den Dienstgebrauch zur Verfügung stellen, ermöglichen viele Unternehmen mittlerweile auch eine private Nutzung.

Laut einer BITKOM-Umfrage verwenden mittlerweile sogar ca. 70% aller Berufs- 32 tätigen privat angeschaffte Geräte, z.B. Laptop, Handy oder Smartphone für die tägliche Arbeit. Als Hauptgrund für diese Entwicklung geben viele Arbeitnehmer an, dass sie lieber nur ein Gerät nutzen und auf diese Weise auch auf für ihre tägliche Arbeit wichtige Programme mit ihrem Privatgerät zugreifen können.[37]

I. Rechtliche Rahmenbedingungen

33 Bei Mobile Devices handelt es sich ebenso um **Arbeitsmittel**, wie Werkzeuge, Geschäftsunterlagen, Zugangskarten, Arbeitskleidung oder Dienstwagen. Das bedeutet, dass der Arbeitgeber Mobile Devices zunächst zur Erfüllung der arbeitsvertraglichen Aufgaben überlässt.

1. Rein dienstliche Nutzung

34 Stellt der Arbeitgeber Mobile Devices zu rein dienstlichen Zwecken bereit, kann nichts anderes gelten als bei der Überlassung eines Dienstwagens zur ausschließlichen dienstlichen Nutzung. Der Arbeitnehmer ist mit Blick auf die betreffenden Geräte lediglich Besitzdiener und hat somit **kein eigenes Besitzrecht**. Daher kann der Arbeitgeber Laptop, Tablet, Mobiltelefon und Smartphone jederzeit herausverlangen. Insbesondere ist für ein wirksames Herausgabeverlangen eine arbeitsvertragliche Regelung nicht notwendig; eine solche hat lediglich deklaratorische Wirkung.[38]

! **Praxistipp**

Unabhängig von der Art der überlassenen Arbeitsmittel ist empfehlenswert, sich jedenfalls den Erhalt der Arbeitsmittel von dem Arbeitnehmer zu Nachweiszwecken stets im Detail schriftlich bestätigen zu lassen.

---

35 Hintergrund ist, dass der Arbeitgeber bei eventuellen Herausgabestreitigkeiten die von ihm begehrten Gegenstände im Einzelnen genau bezeichnen und die erfolgte Übergabe an den Arbeitnehmer nachweisen muss. Existiert kein Übergabeprotokoll wird dem Arbeitgeber dies nur selten möglich sein.

36 Ein bestehender **Herausgabeanspruch** kann unter der Voraussetzung der Glaubhaftmachung der Eilbedürftigkeit im Wege einer einstweiligen Verfügung

---

37 Siehe http://www.bitkom.org/de/themen/54633_75801.aspx. Ausführlich zu den Entwicklungen bei „Bring your own device“ in arbeitsrechtlicher Hinsicht: *Seel*, MDR 2014, 69; *Brachmann*, AuA 2013, 680; *Tiedemann*, ArbRB 2013, 152; *Zöll/Kielkowski*, BB 2012, 2625; *Göpfert/Wilke*, NZA 2012, 765. Zu den datenschutzrechtlichen Fragestellungen ausführlich: *Arning*, DB 2013, 2607; *Kamps*, ArbRB 2013, 350.

38 BeckPersLex/*Triemel*, Herausgabe – Arbeitsmittel unter II.

beim Arbeitsgericht durchgesetzt werden.[39] Der Arbeitnehmer kann im Fall der rein dienstlichen – im Gegensatz zur auch privaten – Nutzung **keine Zurückbehaltungsrechte** gegenüber dem Arbeitgeber geltend machen.[40]

2. Gestattung auch der privaten Nutzung

Überlässt der Arbeitgeber Mobile Devices seinen Mitarbeitern auch zur privaten 37
Nutzung, z.B. damit diese lediglich ein Mobiltelefon oder ein Smartphone benutzen müssen, steht dem jeweiligen Arbeitnehmer ein eigenständiges Besitzrecht an den überlassenen Gegenständen zu, § 986 BGB.

Sobald aber dem Arbeitnehmer ein Besitzrecht an den überlassenen Mobile De- 38
vices zusteht, bedarf es in jedem Fall einer **arbeitsvertraglichen ausdrücklichen Herausgaberegelung**. Zwar erlischt das Besitzrecht des Arbeitnehmers nach Ende des Arbeitsverhältnisses.[41] Dies gilt bei auch privater Nutzung allerdings nicht, wenn der Arbeitgeber die dem Mitarbeiter überlassenen Geräte vor Vertragsende herausverlangen möchte. **Ausnahmen** von diesem Grundsatz gelten nur, wenn die **Treuepflicht** des Arbeitnehmers etwas anderes gebietet oder der Arbeitgeber **keine Entgeltzahlung mehr schuldet**, z.B. nach Ende des Entgeltfortzahlungszeitraums nach § 3 EFZG oder während der Elternzeit.[42]

II. Herausgabeverlangen ohne arbeitsvertragliche Regelung

Ein Herausgabeverlangen bei der auch privaten Nutzung von Mobile Devices ist 39
nach einer **außerordentlichen fristlosen Kündigung unverzüglich** und bei einer **ordentlichen Kündigung nach Ablauf der Kündigungsfrist** berechtigt. Wenn der Arbeitnehmer Kündigungsschutzklage erhoben hat, werden die **Grundsätze des Weiterbeschäftigungsanspruchs** entsprechend angewendet.[43]

---

39 Küttner/*Kreitner*, Personalbuch, Arbeitsmittel Rn 1.

40 Ausführlich hierzu: LAG Köln, Urt. v. 21.7.2011 – 7 Sa 312/11 – BeckRS 2012, 65425, das auch darauf hinweist, dass die Verweigerung der Herausgabe durch den Arbeitnehmer im Einzelfall sogar eine außerordentliche Kündigung rechtfertigen kann. Hierzu und zur Möglichkeit von Schadensersatzansprüchen: Preis/*Preis*, Arbeitsvertrag, II H 40 Rn 13 und II Z Rn 14 und 24 f.

41 Das Besitzrecht kann allerdings weiterhin bestehen, wenn die Parteien dies – was sehr selten ist – vertraglich vereinbart haben oder wenn dem Arbeitnehmer ein Zurückbehaltungsrecht zusteht.

42 Vgl. zum Dienstwagen ausführlich: *Schrader/Straube*, Dienstwagen, Rn 90; *Nägele*, Dienstwagen, Mutterschutz/Elternzeit/Pflegezeit Rn 12 f.; BAG, Urt. v. 11.10.2000 – 5 AZR 240/99 – NZA 2001, 445, 447 ff.; beckPersLex/*Triemel*, Herausgabe – Arbeitsmittel unter III.

43 Vgl. hierzu ausführlich: Kapitel 6 Rn 13 f.; beckPersLex/*Triemel*, Herausgabe – Arbeitsmittel unter IV.

III. Flexibilisierung: Widerruf der Privatnutzung von Mobile Devices

40 Ungeklärt und in der höchstrichterlichen Rechtsprechung noch nicht entschieden ist bisher, ob der Arbeitgeber die private Nutzung von Mobile Devices voraussetzungslos widerrufen kann oder diese Konstellation mit dem privaten Gebrauch eines Dienstwagens vergleichbar ist.[44] Erlaubt der Arbeitgeber auch die private Nutzung von Mobile Devices und trägt er die Kosten hierfür, z.B. im Rahmen eines „Flatrate-Tarifs", kann der Teil der Nutzung, der auf private Gespräche, E-Mails und privates „Surfen" im Internet entfällt, einen geldwerten Vorteil darstellen. Allerdings spricht viel dafür, dass aus Sicht der Arbeitsvertragsparteien der dienstliche Gebrauch von Mobile Devices – im Gegensatz zum Dienstwagen – der weit überwiegende Zweck eines überlassenen Laptops oder Mobiltelefons ist. Zum einen sollen die Erreichbarkeit des Arbeitnehmers und die damit verbundene unternehmensinterne, d.h. arbeitsaufgabenbezogene, Kommunikation sichergestellt werden. Die dienstliche Nutzung steht somit eindeutig im Vordergrund; die Ermöglichung des privaten Gebrauchs dient lediglich dazu, dass der Arbeitnehmer in angemessenem Umfang kurze Telefonate führen und E-Mails empfangen und versenden kann. Zum anderen ist der geldwerte Vorteil aufgrund der aktuell bestehenden Tarifmodelle so marginal, dass diese Konstellation, zumindest mit Blick auf die private Nutzung, nicht mit der Überlassung eines Dienstwagens vergleichbar ist. Daher müssen bei dem Widerruf des privaten Gebrauchs von Mobile Devices – mangels Vergleichbarkeit – (noch) nicht die Vorgaben des BAG zu Dienstwagen berücksichtigt werden.[45]

IV. Zusammenfassung/Formulierungsbeispiel

41 Im Ergebnis kann deshalb auch für Mobile Devices weiterhin eine allgemeine Klausel hinsichtlich der Herausgabe von Arbeitsmitteln verwendet werden. Als Alternative kann der Arbeitgeber aber auch eine speziellere und ausführlichere Regelung wählen, in der die Herausgabe von Mobile Devices an Sachgründe geknüpft wird. Diese knüpft an die Rechtsprechung des BAG zur Herausgabe von Dienstwagen an.[46]

Klauselmuster allgemein

Der Arbeitnehmer verpflichtet sich, auf Verlangen unverzüglich, spätestens jedoch im Zeitpunkt der Beendigung des Arbeitsverhältnisses, alle sich noch in seinem Besitz befindlichen oder ihm von dem Arbeitgeber überlassenen Gegenstände des Arbeitgebers, dessen Kunden sowie der mit dem Arbeitgeber verbundenen Unternehmen, insbesondere Urkunden, Drucksachen, Daten und Daten-

---

44 Vgl. hierzu den Überblick bei: beckPersLex/*Triemel*, Herausgabe – Arbeitsmittel unter III.
45 Vgl. Kapitel 6 Rn 21 ff.
46 Vgl. Kapitel 6 Rn 28.

träger, Aufzeichnungen, Notizen, Entwürfe, sowie sämtliche Abschriften und Kopien solcher Unterlagen, Muster, Werbe- und Büromaterial sowie insbesondere Schlüssel, Laptop, Mobiltelefon und Tablets vollständig an den Arbeitgeber an dessen Firmensitz in [Ort] zu übergeben. Ein Zurückbehaltungsrecht an diesen Arbeitsmitteln und Gegenständen besteht nicht.

Klauselmuster Sonderfall Mobiltelefon

1. Dem Arbeitnehmer wird zu dienstlichen Zwecken ein Mobiltelefon überlassen, das in angemessenem Umfang auch für Privatgespräche genutzt werden darf. [Hinweis: Hier kann ggf. eine monatliche Begrenzung vorgesehen werden.]
2. Der Arbeitgeber ist berechtigt, bei Vorliegen eines sachlichen Grundes die unverzügliche Rückgabe des Mobiltelefons zu verlangen und das Recht zur privaten Nutzung zu entziehen. Ein sachlicher Grund ist insbesondere gegeben bei der Freistellung des Arbeitnehmers von der Verpflichtung zur Erbringung der Arbeitsleistung, insbesondere im Zusammenhang mit dem Ausspruch einer Kündigung. [Hinweis: Ggf. Auflistung weiterer Sachgründe.]
3. Entschädigungsansprüche für den Wegfall der privaten Nutzungsmöglichkeit bestehen nicht.

Kapitel 7
Flexibilisierung des Urlaubsanspruchs

A. Einleitung

In Arbeitsverträgen werden oftmals ausführliche Urlaubsregelungen – wie die nachfolgende – verwendet, sodass sich die Frage stellt, ob sich nicht schon allein aufgrund des Umfangs der Regelung auch eine Vielzahl an Flexibilisierungsmöglichkeiten ergibt. 1

Beispiel

1. Der Arbeitnehmer hat Anspruch auf bezahlten Erholungsurlaub von 30 Arbeitstagen pro Jahr. Samstage gelten nicht als Arbeitstage.
2. Bei Eintritt oder Ausscheiden während eines Kalenderjahres hat der Arbeitnehmer nur Anspruch auf $^1/_{12}$ des Jahresurlaubs für den vollen Monat des Bestehens des Arbeitsverhältnisses.
3. Die Festlegung des Urlaubs erfolgt durch den Arbeitgeber entsprechend den betrieblichen Erfordernissen unter Berücksichtigung der Wünsche des Arbeitnehmers.
4. Der Jahresurlaub muss im laufenden Kalenderjahr genommen werden. Eine Übertragung des Urlaubs auf das nächste Kalenderjahr ist nur statthaft, wenn dringende betriebliche oder in der Person des Arbeitnehmers liegende Gründe dies rechtfertigen. Mit Ablauf des 31. März des Folgejahres (Übertragungszeitraum) verfällt der Urlaub ersatzlos. Der gesetzliche Mindesturlaub bleibt jedoch auch in diesem Fall ganz oder teilweise erhalten, wenn der Arbeitnehmer ihn wegen Arbeitsunfähigkeit im Übertragungszeitraum ganz oder teilweise nicht nehmen konnte – maximal jedoch für eine Übertragungsfrist von 15 Monaten nach dem Bezugszeitraum (Kalenderjahr). Er muss – soweit dann noch vorhanden – in Absprache mit dem Arbeitgeber unverzüglich nach Beendigung der Arbeitsunfähigkeit genommen werden.

B. Rechtliche Rahmenbedingungen

Unter „Urlaub" wird grundsätzlich nur der **Erholungsurlaub** verstanden.[1] Daher werden in diesem Kapitel andere Formen, wie z.B. Sonder- oder Bildungsurlaub, nicht behandelt.[2] Erholungsurlaub ist laut BAG die zum Zwecke der selbstbestimmten Erholung erfolgte **zeitweise Freistellung** des Arbeitnehmers von der ihm nach dem Arbeitsvertrag obliegenden (höchstpersönlichen) Arbeitspflicht durch den Arbeitgeber **unter Fortzahlung der Vergütung**, wobei die übrigen Pflichten aus dem 2

1 Ausführlich zu den unterschiedlichen „Urlaubsbegriffen": Schaub/*Linck*, ArbR-Hb., § 104 Rn 2ff.

2 Ausführlich zum Sonder- und Bildungsurlaub: Tschöpe/*Zerbe*, AHB-Arbeitsrecht, Teil 2 C Rn 6ff. und 18ff.

Arbeitsverhältnis hierdurch nicht berührt werden.[3] Das BAG geht seit Anfang der 1980er Jahre in ständiger Rechtsprechung davon aus, dass es sich beim Urlaubsanspruch um einen **Freistellungsanspruch** handelt.[4]

I. Gesetzliche Regelungen

3 Die rechtlichen Rahmenbedingungen des Urlaubsanspruchs richten sich nach den Vorschriften des **Bundesurlaubsgesetzes** (BUrlG). So hat jeder Arbeitnehmer gemäß § 1 BUrlG *„in jedem Kalenderjahr Anspruch auf bezahlten Erholungsurlaub"*, der gemäß § 3 Abs. 1 BUrlG bei einer 6-Tage-Woche *„jährlich mindestens 24 Werktage"* beträgt. Außerdem muss das Arbeitsverhältnis sechs Monate bestehen bevor der erste volle Urlaubsanspruch fällig wird, § 4 BUrlG. Nach §§ 1, 7 Abs. 3 S. 1 und 2 BUrlG muss der Urlaub im laufenden Kalenderjahr gewährt und genommen werden; eine Übertragung auf das nächste Kalenderjahr ist *„nur statthaft, wenn dringende betriebliche oder in der Person des Arbeitnehmers liegende Gründe dies rechtfertigen"*.

4 Weitere gesetzliche Sonderregelungen zum Urlaub finden sich für bestimmte Arbeitnehmergruppen beispielsweise in § 19 JArbSchG, § 17 BEEG, § 17 MuSchG, § 125 SGB IX. Besondere Gesetze bestehen außerdem für Beamte, Soldaten und Richter. Unberührt von den Regelungen des BUrlG bleiben landesgesetzliche Bestimmungen, insbesondere zum Bildungsurlaub.[5]

5 **Entscheidend** für die Flexibilisierung der gesetzlichen Rahmenbedingungen ist vor allem § 13 Abs. 1 S. 1 und 3 BUrlG, nach dem von den Bestimmungen des BUrlG **durch Arbeitsvertrag grundsätzlich nicht zuungunsten des Arbeitnehmers abgewichen** werden kann. Deutlich größeren Spielraum haben insoweit die Tarifvertragsparteien, wobei der **gesetzliche Urlaubsanspruch** sowohl für die Arbeits- als auch die Tarifvertragsparteien **unabdingbar und unverzichtbar** ist.[6] § 13 Abs. 1 S. 1 und 3 BUrlG setzt der arbeitsvertraglichen Flexibilisierung von urlaubsrechtlichen Arbeitsbedingungen enge Grenzen, da das BUrlG **zwingende Mindestbestimmun-**

---

3 BAG, Urt. v. 20.6.2000 – 9 AZR 405/99 – NZA 2001, 100, 101; Küttner/*Röller*, Urlaubsanspruch Rn 2; Tschöpe/*Zerbe*, AHB-Arbeitsrecht, Teil 2 C Rn 1. Ausführlich zum Erholungszweck: ErfK/*Gallner*, § 1 BUrlG Rn 4 ff.

4 BAG, Urt. v. 20.9.2011 – 9 AZR 416/10 – Rn 17. Vgl. hierzu auch: EuGH v. 22.4.2010 – C-486/08 – Rn 27 ff. – Zentralbetriebsrat der Landeskrankenhäuser Tirols/Land Tirol, der von einem zusammengesetzten Einheitsanspruch aus Freizeit und Entgelt ausgeht.

5 Zu weiteren gesetzlichen Urlaubsregelungen: Schaub/*Linck*, ArbR-Hb., § 104 Rn 1.

6 Ebenso: EuGH, Urt. v. 24.1.2012 – C-282/10 – Rn 15 ff. – Maribel Dominguez/Centre informatique du Centre Ouest Atlantique, Préfet de la région Centre; EuGH, Urt. v. 16.3.2006 – C-131/04 und C-257/04 – NZA 2006, 481 – C.D. Robinson-Steele/R.D. Retail Services Ltd; Michael Jason Clarke/Frauke Staddon Ltd.

gen enthält, von denen nur teilweise abgewichen werden darf.[7] Das BAG hierzu wörtlich: *„§ 13 Abs. 1 BUrlG beschränkt vielmehr unmittelbar die Befugnis der Arbeitsvertragsparteien, durch rechtsgeschäftliche Vereinbarungen von den zwingenden Vorschriften des Urlaubsrechts abzuweichen“*.[8]

II. Entstehung des Urlaubsanspruchs

Das BUrlG knüpft für die Entstehung des vollen Urlaubsanspruchs lediglich an zwei Voraussetzungen an: 6
- Bestand eines Arbeitsverhältnisses und
- Ablauf der Wartezeit nach § 4 BUrlG.

1. Bestand eines Arbeitsverhältnisses

Arbeitnehmer können nur dann einen Urlaubsanspruch nach dem BUrlG geltend 7 machen, wenn sie in einem **Arbeitsverhältnis** stehen, das mindestens einen Monat Bestand hat. Bei einer kürzeren Dauer ist selbst ein Teilurlaubsanspruch nach § 5 BUrlG ausgeschlossen. Da es **weder** auf die **Art des Arbeitsverhältnisses noch** auf den **Umfang der Arbeitsleistung** ankommt, entsteht der Urlaubsanspruch gleichermaßen im Vollzeit- und Teilzeitarbeitsverhältnis und auch im geringfügigen Beschäftigungsverhältnis. Der Umfang der Arbeitsleistung hat lediglich Auswirkungen auf die Höhe des Urlaubsanspruchs.[9]

2. Wartezeit

Gemäß § 4 BUrlG wird der **volle** Urlaubsanspruch *„erstmalig nach sechsmonatigem* 8 *Bestehen des Arbeitsverhältnisses erworben“*. Die Wartezeit beginnt mit dem **rechtlichen Beginn** des Arbeitsverhältnisses, der in der Regel mit dem Tag der tatsächlich vereinbarten Arbeitsaufnahme zusammenfallen wird, und kann sich auch auf zwei Kalenderjahre verteilen.[10] Ohne Bedeutung ist hingegen, ob der Arbeitnehmer während der Wartezeit bereits Arbeitsleistungen erbringt.[11] Für einen Urlaubsanspruch sind daher weder eine Erwerbsminderung noch eine (krankheitsbedingte) Arbeits-

---

7 Tschöpe/*Zerbe*, AHB-Arbeitsrecht, Teil 2 C Rn 32.

8 BAG, Urt. v. 20.6.2000 – 9 AZR 405/99 – NZA 2001, 100, 102.

9 ErfK/*Gallner*, § 1 BUrlG Rn 15 ff.; Schaub/*Linck*, ArbR-Hb., § 104 Rn 15 f.

10 Tschöpe/*Zerbe*, AHB-Arbeitsrecht, Teil 2 C Rn 48; Schaub/*Linck*, ArbR-Hb., § 104 Rn 21, der außerdem auf die Berechnung der Wartezeit nach § 187 Abs. 2, § 188 Abs. 2 BGB hinweist.

11 St. Rspr. seit: BAG, Urt. v. 28.1.1982 – 6 AZR 571/79 – NJW 1982, 1548, 1549; BAG, Urt. v. 7.8.2012 – 9 AZR 353/10 – Rn 8; ErfK/*Gallner*, § 1 BUrlG Rn 19.

unfähigkeit entscheidend; auch im ruhenden Arbeitsverhältnis können folglich Urlaubsansprüche entstehen.[12]

9 Die Wartezeit ist nur erfüllt, wenn das Arbeitsverhältnis **ununterbrochen** besteht, d.h. nach einer rechtlichen Unterbrechung – unabhängig von deren Dauer – beginnt diese neu.[13]

3. Entstehung des vollen Urlaubsanspruchs

10 Nach Ablauf der Wartezeit entsteht der volle Urlaubsanspruch entweder im laufenden Kalenderjahr oder, falls die Wartezeit bereits vorher erfüllt wurde, mit Beginn des Kalenderjahres am 1.1. Anders gewendet: Die Wartezeit muss in einem fortdauernden Arbeitsverhältnis **nur einmal** erfüllt werden.[14] Dies gilt unabhängig davon, ob der Arbeitnehmer z.B. zu Beginn des Kalenderjahres arbeitsunfähig erkrankt ist.[15] Da das BUrlG darüber hinaus keine eigene Regelung zur Fälligkeit des Urlaubsanspruchs trifft, gilt § 271 Abs. 1 BGB, sodass der Urlaub mit der Entstehung zu Beginn des Kalenderjahres fällig wird.[16]

III. Dauer des Urlaubsanspruchs

11 Gemäß § 3 Abs. 1 BUrlG beträgt der **gesetzliche** Jahresurlaub 24 Werktage, wobei das Gesetz von einer 6-Tage-Woche ausgeht. Arbeitet ein Arbeitnehmer daher nur an fünf Tagen in der Woche, verkürzt sich der Urlaubsanspruch auf 20 Tage.[17] In der Beratungspraxis ist vor allem der gesetzliche Sonderurlaub für schwerbehinderte Arbeitnehmer in Höhe von fünf (weiteren) Arbeitstagen pro Jahr relevant, § 125 Abs. 1 S. 1 SGB IX.

12 Allerdings gibt es kaum Branchen, in denen nicht über den gesetzlichen Urlaub hinaus tarif- und/oder arbeitsvertraglicher Zusatzurlaub gewährt wird. Gegenwärtig kann man davon ausgehen, dass bei einer 5-Tage-Woche der „Gesamturlaubsanspruch" eines Arbeitnehmers durchschnittlich zwischen 28 und 32 Tagen liegt. Folglich gewähren die meisten Arbeitgeber, z.B. auch über Verweisungen auf Tarifverträge, zwischen acht und zwölf Tagen arbeitsvertraglichen Zusatzurlaub.

---

12 BAG, Urt. v. 7.8.2012 – 9 AZR 353/10 – Rn 9; BAG, Urt. v. 18.9.2012 – 9 AZR 623/10 – Rn 10; Küttner/*Röller*, Personalhandbuch, Urlaubsanspruch Rn 9; Schaub/*Linck*, ArbR-Hb., § 104 Rn 26.

13 ErfK/*Gallner*, § 4 BUrlG Rn 4; Schaub/*Linck*, ArbR-Hb., § 104 Rn 22.

14 BAG, Urt. v. 18.3.2003 – 9 AZR 190/02 – AP Nr. 17 zu § 3 BUrlG Rechtsmissbrauch.

15 Schaub/*Linck*, ArbR-Hb., § 104 Rn 21.

16 ErfK/*Gallner*, § 1 BUrlG Rn 21; Küttner/*Röller*, Personalhandbuch, Urlaubsanspruch Rn 10.

17 Ausführlich zur Urlaubsdauer, den Berechnungsgrundsätzen und Sonderkonstellationen: Schaub/*Linck*, ArbR-Hb., § 104 Rn 44 ff.; Tschöpe/*Zerbe*, AHB-Arbeitsrecht, Teil 2 C Rn 91 ff.; Küttner/*Röller*, Personalhandbuch, Urlaubsdauer Rn 1 ff.

IV. Befristung und Übertragung des Urlaubsanspruchs

1. Grundsatz

Der Arbeitnehmer hat den Urlaubsanspruch gemäß §§ 1, 7 Abs. 3 S. 1 BUrlG grundsätzlich nur **im jeweiligen Kalenderjahr.**[18] Dass dieser „immer und automatisch" bis 31.3. des Folgejahres besteht, ist ein in der Praxis weit verbreiteter Irrglaube. Die Übertragung des Urlaubsanspruchs auf das Folgejahr ist – unabhängig davon, ob es sich um einen gesetzlichen, arbeits- oder tarifvertraglichen Urlaubsanspruch handelt – vielmehr nur unter den Voraussetzungen des § 7 Abs. 3 S. 2 und 3 BUrlG möglich.[19] Danach ist eine solche grundsätzlich *„nur statthaft, wenn dringende betriebliche oder in der Person des Arbeitnehmers liegende Gründe dies rechtfertigen"*.[20] Liegen diese Voraussetzungen vor, vollzieht sich die Übertragung kraft Gesetzes. Es bedarf weder besonderer Übertragungserklärungen der Vertragsparteien noch einer Zustimmung oder Genehmigung des Arbeitgebers.[21] 13

Allerdings steht § 13 Abs. 1 S. 3 BUrlG (arbeitsvertraglichen) Abreden nicht entgegen, die von dieser gesetzlichen Vorgabe abweichen. Die Verlängerung des Übertragungszeitraums und die Erleichterung der Übertragungsvoraussetzungen sind Regelungen zugunsten der Arbeitnehmer, die in der Praxis entweder ausdrücklich vereinbart oder konkludent „praktiziert" werden. 14

2. Übertragung und Befristung bei lang andauernder krankheitsbedingter Arbeitsunfähigkeit

Kein Bereich des Urlaubsrechts hat in den letzten fünf Jahren, nämlich seit der **Schultz-Hoff/Stringer-Entscheidung des EuGH**,[22] so viele Änderungen erfahren wie die Übertragung und Befristung des Urlaubsanspruchs bei lang andauernder krankheitsbedingter Arbeitsunfähigkeit. Allerdings spiegelt sich dies zum Leidwesen der Praxis im BUrlG (bis jetzt) nicht wider. 15

Ausgangspunkt war die Rechtsprechung des BAG, dass der Urlaubsanspruch gemäß § 7 Abs. 3 BUrlG spätestens am 31.3. des Übertragungszeitraums erlischt, 16

---

18 Grundlegend hierzu und st. Rspr.: BAG, Urt. v. 26.6.1969 – 5 AZR 393/68 – NJW 1969, 1981.

19 ErfK/*Gallner*, § 7 BUrlG Rn 38 mit dem Verweis auf gesetzliche Sonderregelungen, z.B. § 17 Abs. 2 BEEG, § 4 Abs. 2 ArbPlSchG.

20 Vgl. zu den Übertragungsgründen im Einzelnen: *Neumann/Fenski*, BUrlG, § 7 BUrlG Rn 76 ff.; Schaub/*Linck*, ArbR-Hb., § 104 Rn 105.

21 BAG, Urt. v. 9.8.1994 – 9 AZR 384/92 – NZA 1995, 174; BAG, Urt. v. 23.6.1992 – 9 AZR 57/91 – NZA 1993, 360.

22 EuGH, Urt. v. 20.1.2009 – C-350/06 und C-520/06 – NZA 2009, 135 – Gerhard Schultz-Hoff/Deutsche Rentenversicherung Bund u. Stringer u.a./Her Majesty's Revenue and Customs.

selbst wenn der Arbeitnehmer seinen Urlaub bis zu diesem Zeitpunkt krankheitsbedingt nicht nehmen kann.[23]

17 Der EuGH hat in der Entscheidung vom 20.1.2009 folgende Grundaussagen getroffen:[24]

- **Grundsatz:** Mitgliedsstaaten können grundsätzlich gesetzlich regeln, dass der Urlaubsanspruch am Ende eines Bezugs- oder Übertragungszeitraums erlischt.
- **Voraussetzung:** Der Arbeitnehmer muss allerdings tatsächlich die Möglichkeit haben, seinen Urlaubsanspruch auszuüben. Dies ist zu verneinen, wenn der Mitarbeiter während des gesamten oder eines Teils des Bezugszeitraums krankheitsbedingt arbeitsunfähig war und die Arbeitsunfähigkeit bis zum Ende des Arbeitsverhältnisses anhält.

18 Aufgrund der Entscheidung des EuGH in Sachen Schultz-Hoff/Stringer **legt** das BAG nunmehr **§ 7 Abs. 3 und 4 BUrlG richtlinienkonform aus. Gesetzliche** Urlaubsansprüche verfallen nicht, wenn der Arbeitnehmer aufgrund krankheitsbedingter Arbeitsunfähigkeit nicht in der Lage war, seinen Urlaub im Kalenderjahr oder Übertragungszeitraum zu nehmen. **Arbeits- und tarifvertragliche** Urlaubsansprüche können hingegen frei und abweichend vom gesetzlichen Urlaubsanspruch geregelt werden, wobei für einen entsprechenden Gestaltungswillen der (Tarif-)Vertragsparteien deutliche Anhaltspunkte bestehen müssen, §§ 133, 157 BGB.[25]

! **Praxistipp**

Die geänderte Rechtsprechung hat insbesondere Auswirkungen auf tarifliche Urlaubsregelungen, wenn diese für den gesamten Erholungsurlaub, d.h. auch für den gesetzlich zu gewährenden Mindesturlaub, Kürzungsmöglichkeiten für den Fall des Ruhens des Arbeitsverhältnisses festschreiben. Diese Regelung ist insoweit unwirksam, als hierdurch gesetzliche Urlaubsansprüche „kranker" Arbeitnehmer erfasst werden.[26]

---

23 Vgl. zur alten Rspr., insbesondere auch zur „Surrogatstheorie": BAG, Urt. v. 21.6.2005 – 9 AZR 200/04 – Rn 15.

24 EuGH, Urt. v. 20.1.2009 – C-350/06 und C-520/06 – NZA 2009, 135 – Gerhard Schultz-Hoff/Deutsche Rentenversicherung Bund u. Stringer u.a./Her Majesty's Revenue and Customs.

25 BAG, Urt. v. 24.3.2009 – 9 AZR 983/07 – Rn 45 ff.; bestätigt durch: BAG, Urt. v. 23.3.2010 – 9 AZR 128/09 – NZA 2010, 810; BAG, Urt. v. 4.5.2010 – 9 AZR 183/09 – NZA 2010, 1011. Zum Wechsel von einer Vollzeit- in eine Teilzeitbeschäftigung: EuGH, Urt. v. 22.4.2010 – C-486/08 – Rn 27 ff. – Zentralbetriebsrat der Landeskrankenhäuser Tirols/Land Tirol, der klarstellt, dass ein in der Zeit der Vollzeitbeschäftigung erworbener Urlaubsanspruch nicht reduziert werden darf.

26 Schaub/*Linck*, ArbR-Hb., § 104 Rn 103b m.w.N.

3. Zeitliche Begrenzung der Übertragung

Da der EuGH in der Schultz-Hoff/Stringer-Entscheidung offen ließ, ob ein Ansammeln von Urlaubsansprüchen nur bis zu einer bestimmten Höchstübertragungsgrenze oder unbegrenzt möglich ist,[27] legte das LAG Hamm dem EuGH in 2010 die Frage zu einer möglichen zeitlichen Begrenzung vor.[28] Daraufhin entschied dieser zu einer tarifvertraglichen Regelung, dass ein Übertragungszeitraum von **15 Monaten** nach dem Ende des jeweiligen Bezugszeitraums als Höchstgrenze dem Unionsrecht nicht widerspricht. Über diese Grenze hinaus fehlt dem Jahresurlaub seine positive Wirkung als Erholungszeit.[29] 19

Im Anschluss an die Entscheidungen des EuGH hat das BAG im Wege der richtlinienkonformen Auslegung von § 7 Abs. 3 BUrlG festgestellt, dass die gesetzlichen Urlaubsansprüche dauerhaft (krankheitsbedingt) arbeitsunfähiger Mitarbeiter nach **15 Monaten nach Ablauf des Urlaubsjahres** verfallen.[30] Aus der unionsrechtskonformen Auslegung folgt nur, dass der aus dem vergangenen Jahr „mitgenommene" Urlaubsanspruch zu dem im Folgejahr entstandenen Urlaubsanspruch **hinzutritt** und damit erneut dem Fristenregime des § 7 Abs. 3 BUrlG unterfällt. Eine Aufrechterhaltung des Urlaubsanspruchs über den 31.3. des zweiten auf das Urlaubsjahr folgenden Jahres gebietet das Unionsrecht hingegen nicht.[31] 20

Praxistipp !
Nicht zu empfehlen sind vertragliche Regelungen, die die Rechtsprechung des EuGH und des BAG zum Urlaubsrecht abbilden sollen, da diese zum einen seit 2009 in ständigem Fluss ist und zum anderen ein solches „Klauselungetüm" den Umfang des Arbeitsvertrages nur unnötig aufbläht, wenn lediglich die gesetzlichen Bestimmungen und die Rechtsprechung wiederholt werden.[32]

4. Ergebnis

Sowohl der EuGH als auch das BAG haben die dargestellten Grundsätze für die Urlaubsübertragung im Fall der lang andauernden Krankheit auf den **gesetzlichen** 21

---

27 EuGH, Urt. v. 20.1.2009 – C-350/06 und C-520/06 – NZA 2009, 135 – Gerhard Schultz-Hoff/Deutsche Rentenversicherung Bund u. Stringer u.a./Her Majesty's Revenue and Customs.

28 LAG Hamm, EuGH-Vorlage v. 15.4.2010 – 16 Sa 1176/09 – Rn 64 ff.

29 EuGH, Urt. v. 22.11.2011 – C-214/10 – NZA 2011, 1333 – KHS AG/Winfried Schulte; ablehnend für einen Zeitraum von neun Monaten: EuGH, Urt. v. 3.5.2012 – C-337/10 – BeckRS 2012, 80798. Vgl. hierzu auch: Schaub/*Linck*, ArbR-Hb., § 104 Rn 103c.

30 BAG, Urt. v. 7.8.2012 – 9 AZR 353/10 – Rn 32 ff.; bestätigt durch: BAG, Urt. v. 16.10.2012 – 9 AZR 63/11 – Rn 9 ff.; BAG, Urt. v. 11.6.2013 – 9 AZR 855/11 – Rn 18 ff.

31 BAG, Urt. v. 16.10.2012 – 9 AZR 63/11 – Rn 9. Zur Übertragbarkeit dieser Rechtsprechung auf andere Fälle, insbes. Erwerbsminderungsrente: Schaub/*Linck*, ArbR-Hb., § 104 Rn 103d; ErfK/*Gallner*, § 7 BUrlG Rn 48 und 55.

32 Vgl. Kapitel 7 Rn 1.

Urlaubsanspruch beschränkt; hierzu zählt auch der gesetzliche Zusatzurlaub schwerbehinderter Mitarbeiter gemäß § 125 Abs. 1 SGB IX.[33] Für **arbeits- und tarifvertragliche** Urlaubsansprüche sind daher grundsätzlich abweichende Regelungen möglich.

22 Aus dem Vorstehenden ergibt sich außerdem, dass auch bei einer langandauernden krankheitsbedingten Arbeitsunfähigkeit der Urlaub am Ende des Bezugszeitraums verfällt, wenn der Arbeitnehmer im Kalenderjahr so rechtzeitig arbeitsfähig ist, dass er in der verbleibenden Zeit bis 31.12. seinen Urlaub nehmen kann.[34] Kann der Arbeitnehmer nur einen Teil seines Urlaubs bis 31.12. nehmen, wird der restliche Urlaub in das nächste Kalenderjahr übertragen. Der erfüllbare Teil seines Urlaubs verfällt, falls der Arbeitnehmer diesen bis 31.12. nicht nimmt.[35] Im Ergebnis bedeutet dies, dass der übertragene Urlaub ebenso wie der Urlaub, der im Jahr der Genesung entsteht, den allgemeinen urlaubsrechtlichen Regeln der Gewährung, Befristung und Übertragung unterliegt.[36]

C. Mögliche Flexibilisierungsinstrumente

23 Aus den rechtlichen Rahmenbedingungen ergibt sich, dass arbeitsvertragliche Flexibilisierungen aufgrund § 13 Abs. 1 S. 3 BUrlG vor allem zugunsten des Arbeitnehmers möglich sind, z.B. kann die Wartezeit gemäß § 4 BUrlG verkürzt oder vollständig gestrichen oder der Übertragungszeitraum über den 31.3. des Folgejahres hinaus verlängert werden.[37]

I. Übernahme tariflicher Urlaubsregelungen

24 Gemäß § 13 Abs. 1 S. 1 BUrlG hat der Gesetzgeber den Tarifvertragsparteien einen deutlich weiteren Gestaltungsspielraum als den Arbeitsvertragsparteien eröffnet, sog. **„tarifvertragliches Vorrangprinzip"**. Es dürfen § 1 BUrlG (Bestand des Ur-

---

33 Vgl. zur rechtlichen Einordnung des gesetzlichen Zusatzurlaubs nach § 125 Abs. 1 SGB IX: ErfK/*Gallner*, § 7 BUrlG Rn 46.

34 BAG, Urt. v. 13.12.2011 – 9 AZR 420/10 – Rn 27 ff. Ausführlich zum Vorrangprinzip: *Neumann/Fenski*, BUrlG, § 13 BUrlG Rn 2 ff. und 11 ff.

35 Ausführlich und mit Beispielen hierzu: ErfK/*Gallner*, § 7 BUrlG Rn 53 f., die darauf verweist, dass das Unionsrecht die Passivität des Arbeitnehmers nicht schützt.

36 *Gaul/Bonnani/Ludwig*, DB 2009, 1013, 1014.

37 Vgl. zur Wartezeit: Tschöpe/*Zerbe*, AHB-Arbeitsrecht, Teil 2 C Rn 49 und Küttner/*Röller*, Personalhandbuch, Urlaubsanspruch Rn 9, die beide darauf hinweisen, dass die Tarifvertragsparteien die Wartezeit auch zum Nachteil des Arbeitnehmers verlängern können. Vgl. zum Übertragungszeitraum: ErfK/*Gallner*, § 7 BUrlG Rn 67 f.

laubsanspruchs), § 2 BUrlG (Geltungsbereich des BUrlG) und § 3 Abs. 1 BUrlG (Höhe des Urlaubsanspruchs) und der unionsrechtlich durch Art. 7 Abs. 1 der Richtlinie 2003/88/EG gewährleistete Mindesturlaub nicht – auch nicht mittelbar – zulasten der Arbeitnehmer geändert werden.[38] Das bedeutet im Umkehrschluss, dass die Tarifvertragsparteien von den Regelungen der § 3 Abs. 2, §§ 4 ff. BUrlG auch „nach unten" abweichen können. Zugunsten der Arbeitnehmer können die Tarifvertragsparteien jedoch von allen Vorschriften des BUrlG abweichen, z.B. durch Gewährung von mehr Urlaubstagen als in § 3 Abs. 1 BUrlG vorgesehen.[39] Im Ergebnis führt das tarifvertragliche Vorrangprinzip grundsätzlich dazu, dass nur ein Tarifvertrag und nicht die Vorschriften der § 3 Abs. 2, §§ 4 ff. BUrlG angewendet wird, soweit der Tarifvertrag für das Arbeitsverhältnis gilt und entsprechende Regelungen vorsieht.

1. Flexibilisierungsinstrument vor allem für nicht tarifgebundene Arbeitsvertragsparteien

Dies bietet vor allem für **nicht tarifgebundene** Arbeitgeber und Arbeitnehmer gemäß § 13 Abs. 1 S. 2 BUrlG die Möglichkeit, auf Tarifverträge zu verweisen, die den Urlaubsanspruch anders und daher möglicherweise flexibler gestalten als dies den Arbeitsvertragsparteien möglich wäre.[40] Will der nicht tarifgebundene Arbeitgeber eine umfangreiche „Urlaubsklausel" im Arbeitsvertrag vermeiden, kann er daher auf einen für ihn „günstigen" Tarifvertrag oder die für ihn „günstigen" Urlaubsregelungen des Tarifvertrages statisch oder dynamisch Bezug nehmen.[41] 25

2. Voraussetzungen der Verweisung und Formulierungsbeispiel

Grundsätzlich kann eine entsprechende Verweisung ausdrücklich, durch ein schlüssiges Verhalten, eine betriebliche Übung oder eine Gesamtzusage erreicht werden.[42] Allerdings hat das BAG insoweit klargestellt, dass – unabhängig von der Art der Bezugnahme – diese eindeutig und bestimmt sein muss.[43] Trifft der jeweilige Tarif- 26

---

38 BAG, Urt. v. 15.1.2013 – 9 AZR 465/11 – Rn 19 ff. m.w.N.; *Neumann/Fenski*, BUrlG, § 13 BUrlG Rn 11; Schaub/*Linck*, ArbR-Hb., § 104 Rn 7d.

39 BAG, Urt. v. 17.11.2009 – 9 AZR 844/08 – Rn 37 ff.; BAG, Urt. v. 22.1.2002 – 9 AZR 601/00 – NZA 2002, 1041, 1045 f.. Vgl. ausführlich zu den Gestaltungsmöglichkeiten: ErfK/*Gallner*, § 13 BUrlG Rn 8 ff.; *Leinemann/Linck*, Urlaubsrecht, § 13 BUrlG Rn 35 ff.

40 Vgl. hierzu auch: BT-Drucks. IV/207, S. 4, Rn 20 ff.; *Neumann/Fenski*, BUrlG, § 13 BUrlG Rn 26; *Leinemann/Linck*, Urlaubsrecht, § 13 BUrlG Rn 16, die beide darauf verweisen, dass auch tarifgebundene Arbeitgeber und Arbeitnehmer entsprechende Regelungen treffen können.

41 Vgl. Kapitel 8 Rn 10 ff. und 25 ff.

42 ErfK/*Gallner*, § 13 BUrlG Rn 20.

43 BAG, Urt. v. 5.12.1995 – 9 AZR 871/94 – NZA 1996, 594. Vgl. hierzu auch: *Neumann/Fenski*, BUrlG, § 13 BUrlG Rn 20.

vertrag allerdings keine oder eine mit dem BUrlG unvereinbare Regelung für bestimmte Aspekte des Urlaubsanspruchs, werden die gesetzlichen Vorschriften aufgrund eines individuellen Günstigkeitsvergleichs, der Nichtigkeit der tarifvertraglichen Regelung oder einer „Lücke" im Tarifvertrag angewendet.[44]

27 Um die durch das BAG aufgestellten Voraussetzungen zu erfüllen, kann jedenfalls auf den **konkret** persönlich, sachlich und räumlich **einschlägigen Tarifvertrag** verwiesen werden.[45] Dies ergibt sich aus dem Wortlaut des § 13 Abs. 1 S. 2 BUrlG. Auf diesen kann auch dynamisch verwiesen werden; spätere Änderungen in dem tariflichen Gesamtgefüge müssen nicht erneut gesondert von den Arbeitsvertragsparteien in Bezug genommen werden.[46] Wird auf einen nicht einschlägigen Tarifvertrag verwiesen, muss hingegen ein Günstigkeitsvergleich vorgenommen werden, § 13 Abs. 1 S. 3 BUrlG.[47]

28 Nicht notwendig ist die Bezugnahme auf den gesamten Tarifvertrag. Es kann allein auf die tarifvertraglichen Urlaubsregelungen verwiesen werden, sodass sonstige tarifvertragliche Bestimmungen außen vor bleiben. Allerdings sollte die tarifliche Urlaubsregelung insgesamt übernommen werden. Ansonsten besteht die Gefahr, dass die Verweisung bereits AGB-rechtlich unwirksam ist.[48] Sinn und Zweck des Vorrangprinzips ist nämlich, dass die Arbeitsvertragsparteien eine in sich ausgewogene Urlaubsregelung in Bezug nehmen können und nicht – im Zweifel für den Arbeitnehmer ungünstige – „Rosinen picken".[49]

! **Checkliste**

- Der konkret einschlägige Tarifvertrag sollte in einer ausdrücklichen arbeitsvertraglichen Regelung genau bezeichnet werden.
- Aufgrund der rechtlichen Unsicherheiten bei der Verweisung auf einzelne tarifliche Urlaubsregelungen sollte **jedenfalls der im Tarifvertrag geregelte „Urlaubskomplex" als Ganzes** in Bezug genommen werden, wenn nicht sogar auf den gesamten Tarifvertrag verwiesen wird.
- Wird ein Arbeitsverhältnis erst in der Zeit der **Nachwirkung** eines Tarifvertrages begründet, sollten auch **tarifgebundene** Arbeitsvertragsparteien (zusätzlich) auf den Tarifvertrag verweisen, da ein solches Arbeitsverhältnis nicht „automatisch" dem nachwirkenden Tarifvertrag unterfällt.[50]

---

44 22.1.2002 – 9 AZR 601/00 – NZA 2002, 1041, 1045 f.; BAG, Urt. v. 28.4.1998 – 9 AZR 314/97 – NZA 1999, 156; ErfK/*Gallner*, § 13 BUrlG Rn 6. Ausführlich zum Günstigkeitsprinzip und -vergleich: *Neumann/Fenski*, BUrlG, § 13 BUrlG Rn 13 ff. und 29 ff.

45 Zum Verweis auf nicht einschlägige Tarifverträge: Kapitel 8 Rn 12.

46 ErfK/*Gallner*, § 13 BUrlG Rn 20; *Neumann/Fenski*, BUrlG, § 13 BUrlG Rn 23.

47 Vgl. statt vieler: *Neumann/Fenski*, BUrlG, § 13 BUrlG Rn 25 m.w.N.

48 Vgl. Kapitel 8 Rn 13 f.

49 *Leinemann/Linck*, Urlaubsrecht, § 13 BUrlG Rn 18; *Neumann/Fenski*, BUrlG, § 13 BUrlG Rn 23 m.w.N.

50 Vgl. zur st. Rspr.: BAG, Urt. v. 3.4.2007 – 9 AZR 867/06 – Rn 18 ff. Ausführlich hierzu: *Löwisch/Rieble*, Tarifvertragsgesetz, § 4 Rn 708 ff.

- Selbstverständlich können über die Verweisung hinausgehende arbeitsvertragliche Regelungen zum Urlaub vereinbart werden, soweit diese von dem in Bezug genommenen Tarifvertrag zugunsten des Arbeitnehmers abweichen.

Klauselmuster

- Die Regelungen hinsichtlich des Urlaubs des jeweils gültigen Manteltarifvertrages für [Branche] werden Bestandteil dieses Arbeitsverhältnisses, soweit die Arbeitsvertragsparteien nichts anderes vereinbaren.
- Auf das Arbeitsverhältnis finden die Regelungen zum Urlaub des Tarifvertrages [Branche] in der Fassung vom [Datum] Anwendung.

II. Differenzierung nach der Art des Urlaubs

Will der (nicht tarifgebundene) Arbeitgeber eine eigenständige Urlaubsregelung im 29
Arbeitsvertrag treffen, da er z.B. im Fall einer dynamischen Verweisung die Entwicklung der Urlaubsregelungen weder absehen noch beeinflussen kann, sind die Flexibilisierungsmöglichkeiten begrenzt. Aufgrund der gesetzlichen Vorgaben des § 13 Abs. 1 BUrlG kann grundsätzlich „nur" der arbeitsvertraglich gewährte Zusatzurlaub flexibilisiert werden.

1. Voraussetzungen der Differenzierung

Nach Ansicht des BAG können die Vertragsparteien *„Urlaubs- und Urlaubsabgel-* 30
tungsansprüche, die den von Art. 7 Abs. 1 der Arbeitszeitrichtlinie gewährleisteten und von §§ 1, 3 Abs. 1 BUrlG begründeten Anspruch auf Mindestjahresurlaub von vier Wochen übersteigen, frei regeln".[51] Es ist durch Auslegung zu ermitteln, ob die (Tarif- oder) Arbeitsvertragsparteien für den (tarif- oder) arbeitsvertraglich gewährten Zusatzurlaub andere Regeln vereinbaren wollen als für den gesetzlichen Urlaub. Das BAG geht dabei von einem **Regel-Ausnahme-Verhältnis** aus:[52]

- **Grundsatz**: Die Vertragsparteien wollen den vereinbarten Mehrurlaub ebenfalls den gesetzlichen Regelungen unterwerfen, sodass ein Gleichlauf der Ansprüche hergestellt wird.
- **Ausnahme**: Die Vertragsparteien wollen vertragliche und gesetzliche Urlaubsansprüche unterschiedlich ausgestalten.

Es müssen danach **deutliche Anhaltspunkte** für einen Regelungswillen der Par- 31
teien vorliegen, vertraglichen und gesetzlichen Urlaub abweichend voneinander zu

51 BAG, Urt. v. 23.3.2010 – 9 AZR 128/09 – Rn 19.
52 BAG, Urt. v. 23.3.2010 – 9 AZR 128/09 – Rn 19 ff.

behandeln. Solche liegen vor, wenn sich die Vertragsparteien in weiten Teilen von der gesetzlichen Bestimmung lösen und stattdessen eigene Regelungen aufstellen.[53] Sind entsprechende Anhaltspunkte nicht ersichtlich, ist aufgrund des Regel-Ausnahme-Verhältnisses von einem Gleichlauf für den gesamten Urlaubsanspruch auszugehen.[54]

Praxistipp

- Bereits bei der Höhe des Urlaubsanspruchs ist aufgrund des dargelegten Regel-Ausnahme-Verhältnisses zwischen dem gesetzlichen und dem vertraglichen Urlaubsanspruch zu differenzieren.
- Laut BAG unterliegen Mehrurlaubsregelungen nicht der uneingeschränkten Angemessenheitskontrolle nach § 307 Abs. 1 S. 1 BGB, da insoweit nicht vom dem gesetzlichen Urlaubs- und dem gesetzlichen Urlaubsabgeltungsanspruch abgewichen wird. Sie sind lediglich darauf zu prüfen, ob sie klar und verständlich sind (**Transparenzgebot**, § 307 Abs. 1 S. 2 BGB).[55] Diese Begründung ist nur schwer nachvollziehbar, sodass bei der Formulierung von Mehrurlaubsregelungen die AGB-rechtlichen Angemessenheitsanforderungen vorsorglich berücksichtigt werden sollten.[56]

---

2. Differenzierungsmöglichkeiten

32 Entscheiden sich die Vertragsparteien dafür, zwischen dem gesetzlichen und dem vertraglichen Urlaub zu unterscheiden, bieten sich einige Flexibilisierungsmöglichkeiten an. Allerdings ist insoweit zu berücksichtigen, dass von Urlaubsregelungen, die kraft beiderseitiger Tarifbindung auf das Arbeitsverhältnis Anwendung finden und über die Mindestanforderungen des BUrlG hinausgehen, nicht zulasten der Arbeitnehmer abgewichen werden kann. Gestaltungsmöglichkeiten bieten sich den Arbeitsvertragsparteien in diesem Fall nur noch für den Urlaub, der über den tariflich gewährten Urlaub hinausgeht.[57]

a) Höhe des Urlaubsanspruchs

33 In der Praxis ist es üblich, dass die Arbeitsvertragsparteien einen höheren als den gesetzlich vorgesehenen Urlaubsanspruch vereinbaren, z.B. bei einer 5-Tage-Woche

---

53 Vgl. zu entsprechenden Klauseln: Kapitel 7 Rn 42.

54 Für den **arbeitsvertraglichen** Urlaub: BAG, Urt. v. 4.5.2010 – 9 AZR 183/09 – Rn 25f. Für den **tarifvertraglichen** Urlaub: BAG, Urt. v. 22.5.2012 – 9 AZR 618/10 – Rn 13; BAG, Urt. v. 12.4.2011 – 9 AZR 80/10 – Rn 20ff.; BAG, Urt. v. 23.3.2010 – 9 AZR 128/09 – Rn 19.

55 BAG, Urt. v. 24.3.2009 – 9 AZR 983/07 – Rn 92ff.

56 Preis/*Stoffels*, Arbeitsvertrag, II U 20 Rn 19; *Powietzka/Fallenstein*, NZA 2010, 673, 675; *Bauer/Arnold*, NJW 2009, 631, 634.

57 Preis/*Stoffels*, Arbeitsvertrag, II U 20 Rn 15.

werden zehn – über den gesetzlichen Urlaubsanspruch hinausgehende – zusätzliche Urlaubstage gewährt (insgesamt 30).

Beispiel
Der Arbeitnehmer hat Anspruch auf bezahlten Erholungsurlaub von 30 Arbeitstagen pro Jahr.

Wird – wie im genannten Bespiel – nicht zwischen dem gesetzlichen und dem vertraglichen Urlaub unterschieden, verstoßen weitere Differenzierungen in der arbeitsvertraglichen Urlaubsregelung im Zweifel gegen das Transparenzgebot gemäß § 307 Abs. 1 S. 2 BGB, da der Arbeitnehmer nicht auf den ersten Blick erkennen kann, welcher Teil seines Urlaubsanspruchs wie geregelt wird. Dies kann zur Gesamtnichtigkeit der Klausel führen, wenn sich die Unwirksamkeit des Klauselteils nicht begrenzen lässt.[58] Daher sollte der erste Absatz einer arbeitsvertraglichen Urlaubsregelung wie folgt aussehen: 34

Klauselmuster Urlaubstage
Der Arbeitnehmer hat Anspruch auf bezahlten Erholungsurlaub von [Zahl] Arbeitstagen pro Kalenderjahr. [Zahl] Arbeitstage hiervon sind der gesetzliche (Mindest-)Urlaub nach dem Bundesurlaubsgesetz (BUrlG) in der derzeit geltenden Fassung, [Zahl] Arbeitstage werden als vertraglicher Zusatzurlaub gewährt. [Evtl.: Samstage gelten nicht als Arbeitstage.][59]

b) Quotelung des Urlaubsanspruchs

Rechtlich möglich ist die Quotelung des über den gesetzlichen Urlaubsanspruch hinausgehenden Urlaubs bei **Ein- oder Austritt im laufenden Kalenderjahr**, soweit nicht zulasten der Arbeitnehmer von der Regelung des § 5 BUrlG abgewichen wird. 35

Eine Quotelung ist außerdem möglich für Zeiten, in denen das Arbeitsverhältnis **ruht**, z.B. bei einer vertraglichen Regelung während des Bezugs einer Erwerbsminderungsrente oder bei einer Entsendung. Das BAG hat zwar klargestellt, dass auch im ruhenden Arbeitsverhältnis in einem ersten Schritt zunächst ein Urlaubsanspruch entsteht.[60] Dieser kann aber in einem zweiten Schritt – entsprechend den gesetzlichen Regelungen der § 17 BEEG und § 4 ArbPlSchG – für jeden vollen Monat des Ruhens des Arbeitsverhältnisses um $^1/_{12}$ gekürzt werden. Hierbei ist zu beachten, dass jedenfalls der gesetzliche Mindesturlaub durch die Quotelung nicht angetastet 36

---

58 Preis/*Stoffels*, Arbeitsvertrag, II U 20 Rn 18 und 25.
59 Zu ausführlicheren Klauselvorschlägen, in denen die Urlaubsansprüche in zwei Absätzen geregelt werden: Preis/*Stoffels*, Arbeitsvertrag, II U 20 Rn 17; Hümmerich/Lücke/Mauer/*Wisswede*, Arbeitsrecht, § 1 Rn 165 unter § 5 Urlaub.
60 BAG, Urt. v. 7.8.2012 – 9 AZR 353/10 – Rn 8 f.

werden darf.[61] Allerdings wird diese Rechtsprechung aufgrund einer aktuellen Entscheidung des EuGH zum Urlaub bei Kurzarbeit in der arbeitsrechtlichen Literatur in Zweifel gezogen; einige Landesarbeitsgerichte gingen bereits vorher davon aus, dass ein Urlaubsanspruch im ruhenden Arbeitsverhältnis gar nicht entstehen kann.[62]

Praxistipp
Solange nicht eindeutig geklärt ist, ob ein Urlaubsanspruch im ruhenden Arbeitsverhältnis überhaupt entstehen kann, sollte auch für den Fall des Ruhens des Arbeitsverhältnisses eine Quotelungsregelung in den Arbeitsvertrag aufgenommen werden.

Klauselmuster Quotelung
Bei Eintritt oder Ausscheiden während eines Kalenderjahres hat der Arbeitnehmer nur Anspruch auf $^1/_{12}$ des Jahresurlaubs für jeden vollen Monat des Bestehens des Arbeitsverhältnisses, soweit sich nicht aus den zwingenden Bestimmungen des BUrlG ein höherer Anspruch ergibt. Der arbeitsvertragliche Urlaubsanspruch verringert sich um $^1/_{12}$ für jeden vollen Monat, in dem das Arbeitsverhältnis ruht.

c) Kürzung oder Widerruf des Urlaubsanspruchs

37 In der arbeitsrechtlichen Literatur wird vertreten, dass darüber hinaus Kürzungsmöglichkeiten bei Fehlzeiten des Arbeitnehmers vereinbart werden können.[63]

Beispiel
Der Arbeitnehmer erhält einen Zusatzurlaub von [Zahl] Arbeitstagen jährlich. Der Zusatzurlaub verkürzt sich um je einen Tag für [Zahl] Tage, an denen der Arbeitnehmer seiner Arbeitspflicht nicht nachgekommen ist oder wegen Arbeitsunfähigkeit an der Ausübung seiner Tätigkeit gehindert war.

38 Diese Flexibilisierung wird vor allem aus **§ 4a EFZG** abgeleitet, der die Kürzung von Sondervergütungen für Zeiten krankheitsbedingter Arbeitsunfähigkeit vorsieht.[64] Ob Urlaub eine „Sondervergütung" darstellt, konnte das BAG bislang offen lassen, da die Kürzungsklausel bereits intransparent war.[65] Allerdings hat die Vorinstanz entschieden, dass es sich beim Urlaubsanspruch nicht um eine „Sondervergütung" im

61 *Linck/Schütz*, FS Leinemann, 171, 180.
62 EuGH, Urt. v. 8.11.2012 – C-229/11, C-230/11 – NZA 2012, 1273 – Alexander Heimann, Konstantin Toltschin/Kaiser GmbH; *Powietzka/Christ*, NZA 2013, 18. Zum Meinungsstand in der Instanzrechtsprechung: Moll/*Jacobsen*, MAH Arbeitsrecht, § 27 Rn 43 ff.
63 So beispielweise: Preis/*Stoffels*, Arbeitsvertrag, II U 20 Rn 26.
64 Vgl. hierzu: *Linck/Schütz*, FS Leinemann, 171, 182 f.; ErfK/*Reinhard*, § 4a EFZG Rn 8. Zur „Kürzung" des Urlaubsanspruchs beim Wechsel von Voll- in Teilzeit: *Stiebert/Imani*, NZA 2013, 1338.
65 BAG, Urt. v. 15.10.2013 – 9 AZR 374/12 – Rn 19.

o.g. Sinne handeln kann, denn Urlaub kann gemäß §§ 1, 3 BUrlG nur durch Freistellung des Arbeitnehmers von dessen (höchstpersönlicher) Arbeitspflicht gewährt werden. Der Urlaub als solcher stellt daher keine Vergütung dar, da sich die Vergütungspflicht auch während des Urlaubs weiterhin nach § 611 BGB i.V.m. § 11 BUrlG richtet.[66]

Hinzu kommt, dass die „Kürzung" des bereits zu Beginn des Kalenderjahres entstandenen Urlaubsanspruchs einen Widerrufsvorbehalt darstellen dürfte, der an §§ 307, 308 Nr. 4 BGB zu messen ist. Da die Beispielsklausel die AGB-rechtlichen Voraussetzungen des BAG an Widerrufsvorbehalte nicht erfüllt, ist sie unwirksam.[67] 39

Wird die Rechtsprechung des BAG zu § 308 Nr. 4 BGB allerdings beachtet, dürfte eine arbeitsvertragliche **Widerrufsklausel** hinsichtlich des vertraglichen Urlaubs zulässig sein.[68] Allerdings hat sich – soweit ersichtlich – wohl aufgrund mangelnder praktischer Relevanz einer entsprechenden Klausel im Urlaubsrecht noch kein Arbeitsgericht hiermit beschäftigen müssen, sodass auch weiterhin offen ist, ob § 4a EFZG einer entsprechenden Bestimmung entgegenstehen würde. 40

d) Tilgungsreihenfolge

Hat der Arbeitnehmer sowohl einen gesetzlichen als auch einen vertraglichen Urlaubsanspruch, stellt sich vor allem bei einer lang andauernden Arbeitsunfähigkeit die Frage, welcher Urlaub zunächst gewährt wird und welcher Anspruch somit zunächst erlischt. Dieser Aspekt ist vor allem deswegen von Belang, weil der Urlaubsanspruch als **einheitlicher Anspruch** gesehen wird, unabhängig davon, auf welcher Rechtsgrundlage er beruht.[69] Das BAG ist lange Zeit davon ausgegangen, dass zuerst der gesetzliche Urlaubsanspruch erfüllt wird.[70] Jedoch hat das Gericht diese Rechtsprechung in 2012 aufgegeben und folgt mittlerweile der Ansicht, dass der einheitliche Urlaubsanspruch erfüllt wird.[71] Das BAG hat aber auch erkennen lassen, dass der Arbeitgeber eine **Tilgungsbestimmung** treffen kann, wenn ausdrück- 41

---

66 LAG Rheinland-Pfalz, Urt. v. 1.3.2012 – 11 Sa 647/11 – BeckRS 2012, 68203 unter Ziff. II. 2.b)cc).

67 *Hümmerich*, NZA 2003, 753, 760. A.A.: Preis/*Stoffels*, Arbeitsvertrag, II U 20 Rn 26, der dies als *„ipso iure eintretende Kürzung"* anders als den Widerruf behandeln will. Vgl. hierzu auch Kapitel 1 Rn 42 ff. und Kapitel 6 Rn 22 ff.

68 Vgl. hierzu samt Formulierungsvorschlag: Preis/*Stoffels*, Arbeitsvertrag, II U 20 Rn 27 f.; *Linck/Schütz*, FS Leinemann, 171, 178 ff. Vgl. zur Rechtsprechung des BAG zu Widerrufsvorbehalten: Kapitel 1 Rn 42 ff. und Kapitel 6 Rn 22 ff.

69 Schaub/*Linck*, ArbR-Hb., § 104 Rn 8 m.w.N.

70 BAG, Urt. v. 5.9.2002 – 9 AZR 244/01 – NZA 2003, 726, das auf Sinn und Zweck des § 366 Abs. 2 BGB abstellt. Hierzu auch: *Leinemann/Linck*, Urlaubsrecht, § 7 BUrlG Rn 15. Ausführlich hierzu: *Natzel*, NZA 2011, 77.

71 BAG, Urt. v. 7.8.2012 – 9 AZR 760/10 – Rn 12.

lich zwischen gesetzlichem und vertraglichem Urlaub differenziert wird.[72] Diese soll mit folgender Klausel vorgenommen werden können, wobei in einem zweiten Satz die **Urlaubsabgeltung** auf den gesetzlichen Urlaubsanspruch beschränkt wird:[73]

Klauselmuster Tilgungsbestimmung
Genommener Urlaub wird zunächst auf den gesetzlichen Urlaubsanspruch angerechnet. Urlaubsabgeltung wird nur in Höhe des gesetzlichen Urlaubsanspruchs gewährt.

D. Zusammenfassung/Formulierungsbeispiel

42 Die vorstehenden Ausführungen zeigen, dass aufgrund § 13 BUrlG insbesondere die Flexibilisierungsmöglichkeiten für die Arbeitsvertragsparteien limitiert sind. Eine mögliche Formulierung, die sich auf die wesentlichen Aspekte des Urlaubsanspruchs beschränkt, kann folgendermaßen aussehen, wobei sich in Ziff. 3 eine Regelung zur Festlegung des Urlaubs findet, die die Erteilung des arbeitsvertraglichen Urlaubs in das billige Ermessen des Arbeitgebers stellt:

Klauselmuster Urlaub

1. Der Arbeitnehmer hat Anspruch auf bezahlten Erholungsurlaub von [Zahl] Arbeitstagen pro Kalenderjahr. [Zahl] Arbeitstage hiervon sind der gesetzliche (Mindest-)Urlaub nach dem Bundesurlaubsgesetz (BUrlG) in der derzeit geltenden Fassung, [Zahl] Arbeitstage werden als vertraglicher Zusatzurlaub gewährt. Samstage gelten nicht als Arbeitstage.
2. Bei Eintritt oder Ausscheiden während eines Kalenderjahres hat der Arbeitnehmer nur Anspruch auf $^1/_{12}$ des Jahresurlaubs für jeden vollen Monat des Bestehens des Arbeitsverhältnisses, soweit sich nicht aus den zwingenden Bestimmungen des BUrlG ein höherer Anspruch ergibt. Der arbeitsvertragliche Urlaubsanspruch nach Ziff. 1 S. 3 verringert sich um $^1/_{12}$ für jeden vollen Monat, in dem das Arbeitsverhältnis ruht.
3. Die Festlegung des Urlaubs erfolgt durch den Arbeitgeber entsprechend den betrieblichen Erfordernissen unter Berücksichtigung der Wünsche des Arbeitnehmers. Der Arbeitgeber behält sich insbesondere vor, den über den gesetzlichen Urlaubsanspruch hinausgehenden vertraglichen Zusatzurlaub einseitig nach billigem Ermessen unter Berücksichtigung der Interessen des Arbeitnehmers zuzuweisen (z.B. an Weihnachten sowie an Brückentagen).
4. Genommener Urlaub wird zunächst auf den gesetzlichen Urlaubsanspruch angerechnet. Urlaubsabgeltung wird nur in Höhe des gesetzlichen Urlaubsanspruchs gewährt.

---

72 BAG, Urt. v. 7.8.2012 – 9 AZR 760/10 – Rn 11ff.; BAG, Urt. v. 16.10.2012 – 9 AZR 234/11 – Rn 12f. Hierzu auch: *Hohmeister*, BB 2013, 1973, 1976f.

73 Ausführlich zur Urlaubsabgeltung: ErfK/*Gallner*, § 7 BUrlG Rn 69ff.

Kapitel 8
Verweise auf Regelungen außerhalb des Arbeitsvertrages

A. Einleitung

Verweisungs- und Bezugnahmeklauseln finden sich in der Praxis in den unterschiedlichsten Ausgestaltungen. Sie stellen ein zulässiges arbeitsvertragliches Gestaltungsmittel dar und unterfallen in der Regel der AGB-Kontrolle.[1] 1

Liegt eine entsprechende arbeitsvertragliche Bestimmung vor, ist durch Auslegung zu ermitteln, in welcher Weise die Vertragsparteien auf welches Bezugnahmeobjekt verweisen wollen, da die Rechtsfolgen wesentlich von der Beantwortung dieser Fragen abhängen: Beispielsweise kann auf einen Tarifvertrag oder eine vom Arbeitgeber gestellte Arbeits- und Sozialordnung statisch oder dynamisch Bezug genommen werden oder die Parteien wollen nur auf Teile eines Regelungswerks verweisen. 2

In der arbeitsrechtlichen Praxis können drei wesentliche Bezugnahmeobjekte unterschieden werden, an denen sich auch die Einteilung der folgenden Ausführungen orientiert: Tarifverträge, Betriebsvereinbarungen und Arbeitgeberrichtlinien. Unabhängig von dem in Bezug genommenen Regelungswerk, können die häufigsten arbeitsvertraglichen Bezugnahmeklauseln ferner nach ihren unterschiedlichen Wirkungen (konstitutiv oder deklaratorisch, dynamisch oder statisch, Global-, Teil- oder Einzelverweisung) unterteilt werden. 3

B. Verweis auf Tarifverträge

In der Praxis die größte Bedeutung haben Bezugnahmen auf Tarifverträge. Wie bereits erläutert, muss aufgrund der Vielzahl von Formulierungsmöglichkeiten die im Einzelfall verwendete Klausel ausgelegt werden.[2] Die Arbeitsvertragsparteien können sowohl auf den fachlich, räumlich und zeitlich einschlägigen Tarifvertrag verweisen oder andere, branchenfremde oder bereits abgelaufene Tarifverträge in Bezug nehmen. Nach dem BAG steht es den Arbeitsvertragsparteien im Rahmen ihrer privatautonomen Gestaltungsmacht grundsätzlich frei, für ihr Arbeitsverhältnis die Anwendung **jedes beliebigen Tarifvertrages** zu vereinbaren. Art. 9 Abs. 3 GG ge- 4

---

1 Vgl. zur grundsätzlichen Zulässigkeit von Bezugnahmeklauseln und zur AGB-Kontrolle: Kapitel 1 Rn 88ff.

2 Vgl. zur Auslegung von Bezugnahmeklauseln: Kapitel 1 Rn 92ff.

bietet nicht, arbeitsvertraglich die Geltung nur solcher Tarifverträge vorzusehen, die von der für den Betrieb tarifzuständigen Gewerkschaft abgeschlossen wurden.[3]

I. Rechtliche Rahmenbedingungen

5 Aufgrund der großen Relevanz arbeitsvertraglicher Bezugnahmen auf Tarifverträge hat sich sowohl die Rechtsprechung als auch die arbeitsrechtliche Literatur intensiv mit diesem Komplex auseinandergesetzt. Die rechtlichen Rahmenbedingungen richten sich grundsätzlich nach der Art der Verweisung, wobei die unterschiedlichen Bezugnahmearten untereinander kombiniert werden können.

Beispiel
Die Arbeitsvertragsparteien nehmen einen bestimmten Tarifvertrag in seiner jeweils gültigen Fassung umfassend in Bezug oder verweisen lediglich für den Urlaub der Arbeitnehmer auf die insoweit relevanten tariflichen Regelungen in einem mit Datum genau bezeichneten Tarifvertrag. Im ersten Fall handelt es sich um eine kleine dynamische Globalverweisung, wohingegen im zweiten Fall eine statische Teilverweisung vorliegt.

---

1. Deklaratorische Verweisung

6 Von einer deklaratorischen Verweisung spricht man, wenn das in Bezug genommene Regelungswerk bereits ohne die Verweisung auf das Arbeitsverhältnis Anwendung findet. Eine entsprechende Klausel hat folglich nur **klarstellende Wirkung** und soll insbesondere den Arbeitnehmer auf die Geltung der außerhalb des Arbeitsverhältnisses vereinbarten Regelungswerke hinweisen sowie entsprechend sensibilisieren. Sind die Arbeitsvertragsparteien tarifgebunden, gilt der in Bezug genommene einschlägige Tarifvertrag gemäß § 4 Abs. 1 TVG nämlich bereits „unmittelbar und zwingend".[4] **Voraussetzung** für diese Form der Verweisung ist nach der ständigen Rechtsprechung des BAG, dass sich die deklaratorische Wirkung aus **besonderen Anhaltspunkten** in der vertraglichen Abrede oder anhand der **Umstände** des Vertragsschlusses ergibt.[5]

---

3 St. Rspr.: BAG, Urt. v. 21.9.2011 – 5 AZR 520/10 – Rn 23 f.

4 Preis/*Preis*, Arbeitsvertrag, II V 40 Rn 5, der deklaratorische Verweisungen als *„rein informatorische Hinweise"* bezeichnet.

5 Vgl. zur st. Rspr.: BAG, Urt. v. 22.2.2012 – 4 AZR 24/10 – Rn 17; BAG, Urt. v. 18.4.2007 – 4 AZR 652/05 – Rn 25 ff.

2. Konstitutive Verweisung

Im Gegensatz zur deklaratorischen Bezugnahme **begründet** die konstitutive Verweisungsklausel erst die **Anwendbarkeit** des jeweiligen Regelungswerkes. So können die Arbeitsvertragsparteien beispielsweise die Geltung eines Tarifvertrages konstitutiv vereinbaren, obwohl weder der Arbeitgeber noch der Arbeitnehmer tarifgebunden ist. Im Fall eines nicht tarifgebundenen Mitarbeiters gilt der einbezogene Tarifvertrag somit nicht als unmittelbare und zwingende Bestimmung nach § 4 Abs. 1 TVG, sondern als **Bestandteil des Arbeitsvertrages.**[6] Diese Rechtsfolge gilt unabhängig davon, ob auf einen Tarifvertrag, eine Betriebsvereinbarung oder Richtlinien des Arbeitgebers verwiesen wird. Sind Arbeitgeber und Mitarbeiter tarifgebunden, gilt der Tarifvertrag sowohl aufgrund der arbeitsvertraglichen Verweisung individualrechtlich als auch normativ und zwingend wegen beiderseitiger Tarifbindung kollektivrechtlich. Die Wirkung einer Bezugnahmeklausel wird nicht dadurch berührt, dass der Tarifvertrag, auf den im Vertrag verwiesen wird, noch aus einem weiteren rechtlichen Grund für das Arbeitsverhältnis der Parteien maßgebend ist.[7] 7

Da das BAG eine deklaratorische Verweisung nur bei besonderen Anhaltspunkten annimmt, ist davon auszugehen, dass die Arbeitsvertragsparteien **grundsätzlich** eine **konstitutive** Bezugnahme erreichen wollen.[8] Dies gilt vor allem für die Verweisung auf einen Tarifvertrag, unabhängig davon, ob die Arbeitsvertragsparteien tarifgebunden sind oder nicht. Besteht nämlich keine Tarifbindung, kann die Anwendbarkeit des Tarifvertrages nur über eine konstitutive arbeitsvertragliche Verweisung herbeigeführt werden.[9] Besteht Tarifbindung, wissen die Arbeitsvertragsparteien hiervon in der Regel nichts, da der Arbeitgeber bei Abschluss des Arbeitsvertrages nicht über die Gewerkschaftsmitgliedschaft des Arbeitnehmers informiert ist und eine entsprechende Frage unzulässig wäre (verbunden mit einem Recht des Arbeitnehmers zur Lüge).[10] Eine Verletzung der negativen Koalitionsfreiheit gemäß Art. 9 Abs. 3 GG verneint das BAG, da aufgrund der Bezugnahmeklausel der Tarifvertrag nur Bestandteil des Arbeitsvertrages wird und gerade nicht unmittelbar und zwingend auf das Arbeitsverhältnis einwirkt.[11] 8

Verweisen die Arbeitsvertragsparteien auf einen anderen Tarifvertrag als den, an den sie aufgrund beiderseitiger Tarifgebundenheit normativ gebunden sind, gilt 9

---

6 *Löwisch/Rieble*, TVG, § 3 TVG Rn 515; Preis/*Preis*, Arbeitsvertrag, II V 40 Rn 6.

7 BAG, Urt. v. 29.8.2007 – 4 AZR 767/06 – Rn 13.

8 BAG, Urt. v. 22.4.2009 – 4 AZR 100/08 – Rn 38 m.w.N.

9 BAG, Urt. v. 20.4.2012 – 9 AZR 504/10 – Rn 30; BAG, Urt. v. 22.2.2012 – 4 AZR 24/10 – Rn 17; BAG, Urt. v. 18.4.2007 – 4 AZR 652/05 – Rn 25 ff. Zur grundsätzlich deklaratorischen Verweisung auf Betriebsvereinbarungen: Kapitel 8 Rn 71 f.

10 BAG, Beschl. v. 28.3.2000 – 1 ABR 16/99 – Rn 28 ff.; ErfK/*Preis*, § 611 BGB Rn 278. Ausführlich zum Fragerecht des Arbeitgebers: *Löwisch/Rieble*, TVG, § 3 TVG Rn 305 ff.

11 ErfK/*Franzen*, § 3 TVG Rn 33; Schaub/*Treber*, ArbR-Hb., § 206 Rn 11 m.w.N.

als Kollisionsregel das **Günstigkeitsprinzip**, da es sich insoweit um die Konkurrenz einer arbeitsvertraglichen und einer normativ wirkenden Regelung handelt.[12]

3. Globalverweisung

10 Eine Globalverweisung nimmt das außervertragliche Regelungswerk **vollständig** in Bezug, ohne von diesem abzuweichen. Da Tarifverträge und Betriebsvereinbarungen gemäß §§ 307 Abs. 3, 310 Abs. 4 S. 1 und 3 BGB Rechtsvorschriften gleichstehen und von diesen nicht durch die Verweisungsklausel abgewichen wird, ist diese Art der Bezugnahme rechtlich nicht zu beanstanden. Gegenstand der Verweisung ist in der Regel der betrieblich, zeitlich, persönlich und örtlich einschlägige Flächen- oder der entsprechende Haustarifvertrag.[13] **Zweck** der Globalverweisung ist daher in der Regel die **Gleichbehandlung** aller Arbeitnehmer, da das in Bezug genommene Regelwerk für alle gleichermaßen gelten soll.[14]

Beispiel
Auf das Arbeitsverhältnis findet der Tarifvertrag [Branche] in der Fassung vom [Datum]/in seiner jeweils gültigen Fassung Anwendung.

---

11 Die Arbeitsvertragsparteien können aber auch einen **anderen** als den betrieblich, zeitlich, persönlich und örtlich anwendbaren (Flächen-)**Tarifvertrag** in Bezug nehmen. Die arbeitsvertragliche Vereinbarung eines fachfremden Tarifwerks ist vom Grundsatz der Vertragsfreiheit gedeckt, soweit nicht gesetzliche oder zwingende tarifliche Mindestbedingungen entgegenstehen. Dies gilt selbst, wenn die Arbeitsvertragsparteien normativ an den einschlägigen Tarifvertrag gebunden sind.[15] Wird ein branchenfremder Tarifvertrag in Bezug genommen, wird vor allem in der arbeitsrechtlichen Literatur darauf verwiesen, dass dieser in der Regel auf anderen ökonomischen und betrieblichen Rahmenbedingungen beruht als das einschlägige Tarifwerk. Insoweit kann die **Richtigkeitsvermutung**, die einem Tarifvertrag innewohnt, nicht mehr uneingeschränkt gelten.[16] In diesem Fall kann sowohl das in Bezug genommene Regelungswerk unangemessen als auch die Bezugnahmeklausel in

---

12 BAG, Urt. v. 29.8.2007 – 4 AZR 767/06 – Rn 20 unter ausdrücklicher Aufgabe von BAG, Urt. v. 23.3.2005 – 4 AZR 203/04 – Rn 29.
13 Schaub/*Treber*, ArbR-Hb., § 206 Rn 21 und 33f.
14 Preis/*Preis*, Arbeitsvertrag, II V 40 Rn 21f., der diesen Zweck anzweifelt, wenn in einem Unternehmen mehrere in Bezug genommene Regelungswerke gelten.
15 BAG, Urt. v. 21.9.2011 – 5 AZR 520/10 – Rn 23; BAG, Urt. v. 22.1.2002 – 9 AZR 601/00 – NZA 2002, 1041, 1043.
16 Vgl. hierzu auch: Kapitel 1 Rn 96ff.

AGB-rechtlicher Hinsicht überraschend und daher unwirksam sein;[17] dies ist im Einzelfall zu prüfen.[18] Unproblematisch ist hingegen die Inbezugnahme eines **nachwirkenden** Tarifvertrages, solange dieser einschlägig ist.[19]

Praxistipp
Wird auf einen anderen als den einschlägigen Tarifvertrag verwiesen, ist dies in der Bezugnahmeklausel ausdrücklich klarzustellen.

Die Verweisung auf einen **unwirksamen** Tarifvertrag kann hingegen nur bei eindeutigen Anhaltspunkten für einen entsprechenden Parteiwillen angenommen werden, da grundsätzlich nicht davon ausgegangen werden kann, dass die Arbeitsvertragsparteien an sich unwirksame (tarifliche) Regelungen zum Inhalt des Arbeitsvertrages machen wollen.[20] Ergibt die Auslegung einen entsprechenden Parteiwillen, ist die Bezugnahmeklausel wiederum der AGB-Kontrolle unterworfen. In diesem Fall werden jedoch auch die Regelungen des unwirksamen Tarifvertrages uneingeschränkt überprüft, da dieser nicht mehr der Privilegierung des § 310 Abs. 4 Satz 1 BGB unterfällt.[21] 12

4. Teilverweisung

Bei einer Teilverweisung nehmen die Arbeitsvertragsparteien nur auf **bestimmte Komplexe** eines außervertraglichen Regelungswerks Bezug, z.B. auf tarifliche Regelungen zu Urlaub oder Kündigungsfristen. Insbesondere die Verweisung auf Teile von Tarifverträgen begegnet keinen rechtlichen Bedenken, wenn der Gesetzgeber durch die Schaffung von tarifdispositivem Recht abweichende Regelungen aufgrund von Tarifverträgen gerade ermöglicht hat, z.B. § 13 Abs. 1 BUrlG, § 622 Abs. 4 13

17 Preis/*Preis*, Arbeitsvertrag, II V 40 Rn 84; *Richardi*, NZA 2002, 1057, 1062; *Thüsing/Lambrich*, NZA 2002, 1361, 1362f.

18 Preis/*Preis*, Arbeitsvertrag, I C Rn 81, der eine entsprechende Bezugnahmeklausel für unwirksam hält, wenn sie nicht *„im Einzelfall üblich ist"* und der Arbeitnehmer daher mit dieser rechnen musste. Vgl. auch: Kempen/Zachert/*Brecht-Heitzmann*, TVG, § 3 TVG Rn 190.

19 BAG, Urt. v. 9.5.2007 – 4 AZR 319/06 – Rn 32; BAG, Urt. v. 7.12.1977 – 4 AZR 474/76 – AP Nr. 9 zu § 4 TVG Nachwirkung.

20 BAG, Urt. v. 22.1.2002 – 9 AZR 601/00 – NZA 2002, 1041, 1043 für den Fall der Inbezugnahme eines Tarifvertrages einer nicht tariffähigen Gewerkschaft, wobei das Gericht die Wirksamkeit der Bezugnahme in diesem Fall an den zwingenden gesetzlichen Vorschriften des BUrlG scheitern lässt. Vgl. zu dieser *„Auslegungsregel"*: Schaub/*Treber*, ArbR-Hb., § 206 Rn 21 m.w.N.

21 BAG, Urt. v. 19.2.2014 – 5 AZR 680/12 – Rn 12f.; BAG, Urt. v. 25.9.2013 – 5 AZR 939/12 – Rn 11, wobei das Gericht die Bezugnahme in dieser Entscheidung bereits daran scheitern lässt, dass die Arbeitsvertragsparteien nur die Verweisung auf einen wirksamen Tarifvertrag wollten. Vgl. hierzu auch: Kempen/Zachert/*Brecht-Heitzmann*, TVG, § 3 TVG Rn 196.

S. 2 BGB.[22] Das BAG hält einzelvertragliche Bezugnahmen auf **tarifvertraglich einschlägige und in sich geschlossene Sachkomplexe** (z.B. Urlaub, Entgelt etc.) regelmäßig für zulässig.[23]

14 Allerdings ist in jedem Einzelfall zu prüfen, ob eine Verweisung auf Teile eines Tarifvertrages transparent i.S.v. § 307 Abs. 1 S. 2 BGB ist und die in Bezug genommenen Regelungskomplexe einer Angemessenheitskontrolle standhalten. Dies rührt daher, dass – ähnlich wie bei der Verweisung auf orts- oder branchenfremde Tarifverträge – die generelle Richtigkeits- und Angemessenheitsvermutung für Tarifverträge auch hier nicht automatisch greifen kann.[24] Ist die Bezugnahmeklausel nicht hinreichend transparent oder ist die in Bezug genommene Regelung nicht in sich ausgewogen und somit unangemessen, ist die Verweisung unwirksam.[25]

Praxistipp
Soll lediglich auf Teile eines Tarifvertrages Bezug genommen werden, ist die Bezugnahme auf vollständige Regelungskomplexe des (im Falle der Tarifbindung) einschlägigen Tarifvertrages zu beschränken.

Klauselmuster Deklaratorische Verweisung
Hinsichtlich der Dauer des Urlaubs, der Höhe des Urlaubsgeldes und der Höhe der vermögenswirksamen Leistungen gelten, soweit im Arbeitsvertrag nichts Abweichendes bestimmt ist, die jeweils für den Betrieb normativ geltenden Tarifverträge. Hierbei handelt es sich derzeit um die folgenden: [Tarifverträge aufführen]. [**Evtl.**: Die Tarifverträge können in der Personalabteilung eingesehen werden.[26]]

5. Einzelverweisung

15 Wird lediglich auf **ausgewählte Vorschriften** eines Tarifvertrages Bezug genommen, spricht man von einer Einzelverweisung. Ist nicht klar, ob lediglich auf ein-

---

22 Schaub/*Treber*, ArbR-Hb., § 206 Rn 22; Preis/*Preis*, Arbeitsvertrag, II V 40 Rn 23ff. Zum Verweis auf Teilbereiche verschiedener Tarifverträge: BAG, Urt. v. 5.4.2006 – 4 AZR 390/05 – Rn 18ff.

23 BAG, Urt. v. 6.5.2009 – 10 AZR 390/08 – Rn 23ff.; BAG, Urt. v. 19.1.1999 – 1 AZR 606/98 – NZA 1999, 879, wobei diese Entscheidung noch zur Rechtslage vor Einführung der AGB-Kontrolle erging.

24 Moll/*Melms*, Arbeitsrecht, § 10 Rn 112; Preis/*Preis*, Arbeitsvertrag, II V 40 Rn 88 m.w.N; a.A.: BeckOK ArbR/*Jacobs*, § 307 BGB Rn 27.

25 Vgl. zur insoweit umstrittenen Rechtslage: BAG, Urt. v. 6.5.2009 – 10 AZR 390/08 – Rn 29 m.w.N.; BeckOK ArbR/*Jacobs*, § 307 BGB Rn 26 m.w.N.; Preis/*Preis*, Arbeitsvertrag, I C Rn 66 und II V 40 Rn 89.

26 Dieser Satz ist lediglich deklaratorisch, da sich diese Verpflichtung des Arbeitgebers bereits aus § 8 TVG ergibt.

zelne Bestimmungen oder einen gesamten Regelungskomplex verwiesen werden soll, geht das BAG im Zweifel von der zweitgenannten Variante aus.[27]

Da bei der **Einzelverweisung** nur auf bestimmte einzelne Vorschriften Bezug genommen wird und dadurch die Gefahr besteht, dass der Arbeitgeber nur die für ihn positiven Regelungen in das Arbeitsverhältnis einführt, unterliegen sogar die in das Arbeitsverhältnis inkorporierten tarifvertraglichen Bestimmungen nach allgemeiner Ansicht der **vollen Inhaltskontrolle gemäß §§ 307 ff. BGB**. Die Privilegierung des § 310 Abs. 4 S. 1 BGB greift in diesem Fall nicht, da erst die Gesamtheit der tarifvertraglichen Regelungen grundsätzlich die Vermutung begründet, dass dieser die divergierenden Arbeitgeber- und Arbeitnehmerinteressen angemessen ausgleicht.[28] 16

Praxistipp

Von einer Einzelverweisung sollte nur im Notfall Gebrauch gemacht werden, da nicht ausgeschlossen werden kann, dass entweder die Bezugnahme als Ganzes oder zumindest die in Bezug genommenen Bestimmungen der AGB-Kontrolle nicht standhalten. Die Einzelverweisung bietet daher keinen praktischen Vorteil gegenüber einer eigenständigen arbeitsvertraglichen Regelung und kann daher nicht empfohlen werden.

---

6. Doppelverweisung

Eine Doppelverweisung liegt vor, wenn das Regelungswerk, auf das im Arbeitsvertrag Bezug genommen wird, auf ein **weiteres Regelungswerk** verweist.[29] 17

Beispiel

Der Arbeitsvertrag enthält folgende Bezugnahmeklausel: *„Die Regelungen des jeweils gültigen Manteltarifvertrages für den Groß- und Außenhandel in Bayern werden Bestandteil dieses Arbeitsverhältnisses, soweit die Arbeitsvertragsparteien nichts anderes vereinbaren."* Der Manteltarifvertrag verweist sodann z.B. für die Vergütung auf den jeweils einschlägigen Lohn- und Gehaltstarifvertrag als Bestandteil eines einheitlichen Tarifwerks.

Für die arbeitsrechtliche Praxis stellt sich insoweit das Problem, dass das BAG zu einer „Doppelverweisung" zuletzt 1988 Stellung genommen hat, d.h. vor Einführung der AGB-Kontrolle im Arbeitsrecht. Ferner hat das Gericht in dieser Entscheidung schon das Vorliegen einer Doppelverweisung verneint, da der arbeitsvertrag- 18

---

27 BAG, Urt. v. 17.11.1998 – 9 AZR 584/97 – NZA 1999, 938, 939.

28 BAG, Urt. v. 6.5.2009 – 10 AZR 390/08 – Rn 29 m.w.N.; Schaub/*Treber*, ArbR-Hb., § 206 Rn 22. Vgl. auch Preis/*Preis*, Arbeitsvertrag, II V 40 Rn 28 und 86, der auf eine ansonsten mögliche *„Rosinenpickerei"* durch den Arbeitgeber verweist.

29 Preis/*Preis*, Arbeitsvertrag, II V 40 Rn 29.

lich in Bezug genommene Manteltarifvertrag keine weitere *„konstitutive"* Verweisung auf den genannten Lohn- und Gehaltstarifvertrag enthielt, sondern aus Sicht des Gerichts lediglich den bestehenden Rechtszustand feststellte.[30] Aus dieser Entscheidung lassen sich daher für die heutige Rechtslage keine hinreichenden Schlüsse ziehen. Der BGH hat hingegen für das Zivilrecht entschieden, dass Weiterverweisungen in AGB grundsätzlich zulässig sind, solange das geschaffene Regelungswerk nicht so komplex ist, dass es für den Vertragspartner nicht mehr zu durchschauen ist.[31]

19 Vor dem Hintergrund der Rechtsprechung des BGH und der mittlerweile auch im Arbeitsrecht notwendigen AGB-Kontrolle nach §§ 307 ff. BGB ist fraglich, ob eine Doppelverweisung für den Arbeitnehmer hinreichend **transparent** ist. Zwar kann sich das Problem, ob der arbeitsvertraglich in Bezug genommene Tarifvertrag (samt „Weiterverweisung") an sich angemessen ist, aufgrund der für Tarifverträge geltenden „Richtigkeitsvermutung" nicht stellen, wenn das einschlägige Tarifwerk in Bezug genommen wird. Der Arbeitnehmer muss sich jedoch auf der einen Seite mit mehreren Regelungswerken auseinandersetzen, um die für ihn passende Bestimmung zu finden, sodass insoweit durchaus ein „zu komplexes Regelungswerk" vorliegen kann. Zudem „zwingt" das NachwG den Arbeitgeber dazu, im Arbeitsvertrag *„auf die einschlägigen Tarifverträge, Betriebs- oder Dienstvereinbarungen und ähnlichen Regelungen, die für das Arbeitsverhältnis gelten"*, hinzuweisen (§ 2 Abs. 3 S. 1 NachwG). Bei einer tatsächlichen Doppelverweisung wird aber gerade nicht auf alle einschlägigen, sondern nur auf einen einschlägigen Tarifvertrag Bezug genommen, der seinerseits auf weitere Tarifverträge verweist.[32]

20 Auf der anderen Seite mutet es seltsam an, dass eine arbeitsvertragliche Bezugnahmeklausel für unwirksam erklärt wird, obwohl der Arbeitgeber auf einen vollständigen Tarifvertrag verweist und dieser aufgrund der geltenden „Richtigkeitsvermutung" einer AGB-rechtlichen Kontrolle gerade entzogen ist. Allein die weitere Verweisung würde in diesem Fall zur Unwirksamkeit der arbeitsvertraglichen Bezugnahmeklausel führen. Es bleibt deshalb abzuwarten, wie ein Arbeitsgericht eine entsprechende Klausel bewertet, wobei es – zumindest unter Berücksichtigung der BGH-Rechtsprechung – im Wesentlichen auf die Komplexität des durch die Doppelverweisung geschaffenen Regelungswerks ankommen dürfte.

---

30 BAG, Urt. v. 2.3.1988 – 4 AZR 595/87 – NZA 1988, 623, das im streitgegenständlichen Fall getrennte tarifvertragliche Bestimmungen annimmt. Ebenso: LAG Nürnberg, Urt. v. 22.5.2011 – 6 Sa 562/00.

31 BGH, Urt. v. 21.6.1990 – VII ZR 308/89 – NJW 1990, 3197 zu einem Verweis auf die Verdingungsordnung für Bauleistungen.

32 Vgl. hierzu: Preis/*Preis*, Arbeitsvertrag, II V 40 Rn 31 f.; Moll/*Hamacher*, Arbeitsrecht, § 68 Rn 73.

Praxistipp
Aufgrund der aktuell offenen Rechtslage können Doppelverweisungen im Rahmen eines Arbeitsvertrages – soweit diese bei Vertragsschluss überhaupt erkennbar sind – nicht empfohlen werden. Soll auf bestimmte tarifvertragliche Regelungen für bestimmte Aspekte des Arbeitsverhältnisses Bezug genommen werden, sollte – zumindest klarstellend – auf das weitere Regelungswerk direkt verwiesen und eventuell mit Teilverweisungen gearbeitet werden.

7. Bezugnahme auf mehrgliedrige Tarifverträge

Von mehrgliedrigen Tarifverträgen spricht man, wenn auf beiden Seiten des Tarifvertrages oder der Tarifverträge mehrere Parteien auftreten.[33] 21

Beispiel
Verbandstarifverträge des Christlichen Gewerkschaftsbundes Deutschland (CGB) und dem Arbeitgeberverband Mittelständischer Personaldienstleister e.V. (AMP).[34] Ob die in der Zeitarbeitsbranche zwischen der aus den DGB-Gewerkschaften gebildeten Tarifgemeinschaft Zeitarbeit und dem Bundesverband Zeitarbeit Personal-Dienstleistungen e.V. (BZA; jetzt BAP) bzw. dem Interessenverband Deutscher Zeitarbeitsunternehmen (iGZ) abgeschlossenen Tarifverträge mehrgliedrig sind, ist umstritten.[35]

Insoweit ist durch Auslegung zu ermitteln, ob es sich um mehrere Tarifverträge 22 handelt oder ob ein einheitlicher Tarifvertrag gewollt ist, an dem nur mehrere Parteien auf einer Seite beteiligt sind. Das BAG geht im Zweifel von mehreren selbstständigen Tarifverträgen aus, da die betreffenden Tarifvertragsparteien die Autonomie über die (zukünftige) Vertragsgestaltung und/oder eine Beendigung durch eine Kündigung nicht aus den Händen geben wollen.[36] Im ersten Fall sind daher die selbstständigen Tarifverträge lediglich in einer Urkunde zusammengefasst und die einzelnen Tarifvertragsparteien sind selbstständig berechtigt und verpflichtet und bleiben deshalb in der Lage, unabhängig voneinander den Tarifvertrag zu kündigen. Wird ein solcher sog. *„mehrgliedriger Tarifvertrag im engeren Sinne"* in Bezug genommen,[37] stellt sich die Frage der AGB-rechtlichen Zulässigkeit einer entsprechenden arbeitsvertraglichen Klausel.[38]

33 Zur Definition von mehrgliedrigen Tarifverträgen: BAG, Urt. v. 8.11.2006 – 4 AZR 590/05 – Rn 22ff.; *Löwisch/Rieble*, TVG, § 1 TVG Rn 1289ff.
34 Vgl. hierzu: BAG, Urt. v. 19.2.2014 – 5 AZR 700/12 – Rn 5; BAG, Urt. v. 13.3.2013 – 5 AZR 954/11 – Rn 4.
35 LAG Baden-Württemberg, Urt. v. 4.6.2013 – 22 Sa 73/12 – Rn 31ff., das von einem „mehrgliedrig-einheitlichen" Tarifvertrag ausgeht. Vgl. hierzu auch: *Herrmann/Molle*, BB 2013, 1781, 1782ff.; *Stenslik/Heine*, DStR 2013, 2179, 2183.
36 BAG, Urt. v. 7.5.2008 – 4 AZR 229/07 – Rn 20; BAG, Urt. v. 8.11.2006 – 4 AZR 590/05 – Rn 23 m.w.N.
37 BAG, Urt. v. 8.11.2006 – 4 AZR 590/05 – Rn 22.
38 Ausführlich zu den AGB-rechtlichen Problemen: *Stoffels/Bieder*, RdA 2012, 27, 27ff.

23 Die Instanzrechtsprechung hält eine pauschale Inbezugnahme eines mehrgliedrigen Tarifvertrages gemäß § 307 Abs. 1 S. 2 BGB überwiegend für intransparent und damit unwirksam.[39] Allerdings gilt dies nicht, wenn die Texte der Tarifverträge identisch sind; in diesen Fällen ist nämlich lediglich unklar, aus welchem der in Bezug genommenen Tarifverträge sich der Anspruch des Arbeitnehmers ergibt. Die Rechtsdurchsetzung wird dadurch nicht erschwert.[40] Das BAG geht hingegen davon aus, dass eine Bezugnahme auf mehrgliedrige Tarifverträge AGB-rechtlich nur wirksam ist, wenn eine **Kollisionsregel** vereinbart ist. Aus dieser muss sich entnehmen lassen, welcher von mehreren in Bezug genommenen Tarifverträgen vorrangig ist, wenn sich die tariflichen Regelwerke widersprechen.[41] Dies gilt auch, wenn die tariflichen Regelwerke bei Vereinbarung der Bezugnahmeklausel noch inhaltsgleich waren, sich aber später auseinander entwickeln.[42]

! **Fettnapf**

„Die Rechte und Pflichten dieses Arbeitsvertrages bestimmen sich nach den zwischen dem Arbeitgeberverband Mittelständischer Personaldienstleister e.V. (AMP) und der Tarifgemeinschaft Christlicher Gewerkschaften Zeitarbeit und PSA (CGZP), der Christlichen Gewerkschaft Metall (CGM), der DHV – die Berufsgewerkschaft e.V. (DHV), dem Beschäftigtenverband Industrie, Gewerbe, Dienstleistung (BIGD), dem Arbeitnehmerverband land- und ernährungswirtschaftlicher Berufe (ALEB) sowie medsonet. Die Gesundheitsgewerkschaft (medsonet) geschlossenen Tarifverträgen, derzeit bestehend aus Mantel-, Entgeltrahmen-, Entgelt- und Beschäftigungssicherungstarifverträgen sowie etwaigen ergänzenden oder ersetzenden Tarifverträgen, in ihrer jeweils gültigen Fassung. Dies gilt auch, wenn der Mitarbeiter nicht Mitglied einer der in Satz 1 genannten Gewerkschaften oder der Tarifgemeinschaft ist.“[43]

---

24 Auch die **hilfsweise Inbezugnahme** mehrerer unterschiedlicher Tarifverträge, z.B. wenn sich ein Tarifvertrag als unwirksam herausstellen sollte, ist intransparent, da

39 LAG Hamm, Urt. v. 29.2.2012 – 3 Sa 889/11; LAG Düsseldorf, Urt. v. 21.6.2012 – 13 Sa 319/12; LAG Berlin-Brandenburg, Urt. v. 20.9.2011 – 7 Sa 1318/11.

40 LAG Düsseldorf, Urt. v. 24.10.2012 – 5 Sa 704/12; LAG Rheinland-Pfalz, Urt. v. 1.6.2012 – 9 Sa 24/12; ErfK/*Franzen*, § 3 TVG Rn 34a.

41 BAG, Urt. v. 28.5.2014 – 5 AZR 422/12 – Rn 16; BAG, Urt. v. 13.3.2013 – 5 AZR 954/11 – Rn 30; ebenso: ArbG Lübeck, Urt. v. 15.3.2011 – 3 Ca 3147/10. Vgl. auch: BeckOK ArbR/*Waas*, § 1 TVG Rn 17, der klarstellend darauf verweist, dass die Beteiligten tariffähig und tarifzuständig sein müssen. A.A.: *Stoffels/Bieder*, RdA 2012, 27, die davon ausgehen, dass aufgrund der Bestimmbarkeit der jeweils in Bezug genommenen Regelung die arbeitsvertragliche Klausel weder intransparent noch unangemessen ist.

42 BAG, Urt. v. 13.3.2013 – 5 AZR 954/11 – Rn 32; *Brors*, RdA 2014, 182, 183; a.A.: *Stoffels/Bieder*, RdA 2012, 27, 34.

43 Zitiert aus: BAG, Urt. v. 13.3.2013 – 5 AZR 954/11 – Rn 4. Vgl. zu einer ähnlichen Regelung: BAG, Urt. v. 19.2.2014 – 5 AZR 700/12 – Rn 5.

in dieser Konstellation ein Arbeitnehmer nicht erkennen kann, welche Rechte ihm aus welchem Tarifvertrag wann zustehen.[44]

Fettnapf

„Auf das Arbeitsverhältnis finden die Regelungen des Manteltarifvertrages (MTV) vom 29.11.2004, des Entgeltrahmentarifvertrages (ERTV) vom 29.11.2004, des Entgelttarifvertrages (ETV) West/Ost vom 29.11.2004 sowie des Beschäftigungssicherungstarifvertrages vom 29.11.2004, jeweils geschlossen zwischen der Tarifgemeinschaft Christliche Gewerkschaften Zeitarbeit und PSA (CGZP) und dem Arbeitgeberverband Mittelständischer Personaldienstleister e.V. (AMP), in ihrer jeweils gültigen Fassung Anwendung. (...) Sollten die in Ziffer 3 in Bezug genommenen Tarifverträge unwirksam werden, sollen sich die Rechte und Pflichten aus diesem Arbeitsverhältnis nach dem Manteltarifvertrag (MTV) vom 22.7.2003, dem Entgeltrahmentarifvertrag Zeitarbeit (ERTV) vom 22.7.2003 sowie dem Entgelttarifvertrag Zeitarbeit (ETV) vom 22.7.2003, jeweils geschlossen zwischen dem Bundesverband Zeitarbeit Personaldienstleistungen e.V. (BZA) und den unterzeichnenden Mitgliedsgewerkschaften des DGB, in ihrer jeweils gültigen Fassung richten.“[45]

Praxistipp

Aufgrund der Rechtsprechung des BAG darf nur dann auf mehrgliedrige Tarifverträge (im engeren Sinn) Bezug genommen werden, wenn die Verweisung auch eine Kollisionsregelung enthält.

Beispiel

Die Rechte und Pflichten der Parteien bestimmen sich nach den zwischen dem Arbeitgeberverband [Name] und den Gewerkschaften [Name] und [Name] geschlossenen Tarifverträgen und den diese ergänzenden, ändernden oder ersetzenden Tarifverträge in der jeweils gültigen Fassung. Für die Dauer des Kundeneinsatzes gelten diejenigen genannten Tarifverträge der jeweiligen Gewerkschaft, deren satzungsgemäßem Organisationsbereich der Kundenbetrieb unterliegt. In Zeiten, in denen der Mitarbeiter nicht in Kundenbetrieben eingesetzt werden kann, gelten die zwischen dem Arbeitgeberverband [Name] und [Name] abgeschlossenen Tarifverträge.

---

8. Statische Verweisung

Eine statische Verweisung liegt vor, wenn der Arbeitsvertrag auf ein **bestimmtes** 25
Regelungswerk in einer **bestimmten Fassung** verweist. Es werden nur die zum Zeitpunkt des Vertragsschlusses geltenden Bestimmungen in Bezug genommen,

---

44 Vgl. zu einem entsprechend formulierten Änderungsangebot: BAG, Urt. v. 15.1.2009 – 2 AZR 641/07 – Rn 16 ff. Zur Intransparenz einer arbeitsvertraglichen Ausschlussfristenregelung bei hilfsweiser Inbezugnahme mehrerer Tarifverträge: BAG, Urt. v. 19.2.2014 – 5 AZR 700/12 – Rn 26 ff. Vgl. auch: ErfK/*Franzen*, § 3 TVG Rn 34a; *Löwisch/Rieble*, TVG, § 3 TVG Rn 551; *Brors*, BB 2006, 101, 103 f., die insoweit von *„Staffelverweisungen“* spricht.

45 Zitiert aus: BAG, Urt. v. 15.1.2009 – 2 AZR 641/07 – Rn 3.

sodass deren (mögliche) inhaltliche Weiterentwicklungen nicht erfasst werden.[46] Tarifvertragliche Änderungen wirken sich daher nur dann aus, wenn der Tarifvertrag, auf den Bezug genommen wird, gleichzeitig auch normativ für das Arbeitsverhältnis gilt.[47]

Beispiel

Auf das Arbeitsverhältnis findet der Manteltarifvertrag für die Arbeitnehmer des Groß- und Außenhandels in Bayern in der Fassung vom 15.6.2011 Anwendung.

26 Für den Arbeitgeber hat eine statische Verweisungsklausel sowohl Vor- als auch Nachteile: Dieser entgeht durch diese Vertragsgestaltung auf der einen Seite bereits von vornherein möglichen unerwünschten und von ihm nicht beeinflussbaren Änderungen des in Bezug genommenen Regelwerks, z.B. bei einem Flächentarifvertrag, der vom Arbeitgeberverband und der jeweiligen Gewerkschaft „fortgeschrieben" wird. Auf der anderen Seite ist eine statische Verweisung für den Arbeitgeber natürlich – wie sich aus der Bezeichnung ergibt – statisch und daher unflexibel, da jede Änderung des betreffenden Regelwerks nur durch eine Änderung des Arbeitsvertrages umgesetzt werden kann.[48]

27 Selbstverständlich kann der Arbeitgeber tarifvertragliche Änderungen, z.B. Tariflohnerhöhungen, die aufgrund der statischen Verweisung grundsätzlich irrelevant für das Arbeitsverhältnis wären, tatsächlich an seine Mitarbeiter weitergeben, ohne dies ausdrücklich im Arbeitsvertrag zu regeln. Hierdurch kann der Arbeitgeber eine betriebliche Übung auf Weitergabe zukünftig entstehender Tarifänderungen begründen, sodass im Ergebnis auch auf diesem Weg – ob gewollt oder nicht – eine „dynamische Bezugnahme" entstehen kann.[49] Allerdings nimmt das BAG eine solche nur an, *„wenn es deutliche Anhaltspunkte im Verhalten des Arbeitgebers dafür gibt, dass er auf Dauer die von den Tarifvertragsparteien ausgehandelten"* tariflichen Änderungen übernehmen will.[50] Gerade ein nicht tarifgebundener Arbeitgeber will sich nämlich nicht der Regelungsmacht der Verbände für die Zukunft unterwerfen,

46 Däubler/*Lorenz*, TVG, § 3 TVG Rn 229; Tschöpe/*Wieland*, AHB-Arbeitsrecht, Teil 4 C Rn 255; ErfK/*Franzen*, § 3 TVG Rn 36; Schaub/*Treber*, ArbR-Hb., § 206 Rn 35, wobei Letzterer zu Recht auf die geringe praktische Relevanz dieser Verweisungsart verweist.

47 Bauer/Lingemann/Diller/Haußmann/*Lingemann*, Arbeitsrecht, M 2.2 Ziff. 5 Fn 18.

48 Zu den Vor- und Nachteilen: Henssler/Moll/Bepler/*Henssler*, Tarifvertrag, Teil 10 Rn 53; Preis/*Preis*, Arbeitsvertrag, II V 40 Rn 9.

49 Bauer/Lingemann/Diller/Haußmann/*Lingemann*, Arbeitsrecht, M 2.2 Ziff. 5 Fn 18. Zur Einbeziehung tarifvertraglicher Regelungen durch betriebliche Übung: Hümmerich/Reufels/*Reufels*, Arbeitsverträge, § 1 Rn 1386 ff.

50 BAG, Urt. v. 19.10.2011 – 5 AZR 359/10 – Rn 14 ff., das diesen Fall ausdrücklich von einer betrieblichen Übung bei der Gewährung von Zulagen oder Jahressonderzahlungen unterscheidet.

auch wenn er z.B. Tariflohnerhöhungen weitergibt und hierüber am „Schwarzen Brett" informiert.

Praxistipp
Als Flexibilisierungsinstrument ist diese Verweisungsart grundsätzlich nicht zu empfehlen, da durch ihre statische Wirkung eine möglichst flexible Handhabung der Arbeitsbedingungen gerade verhindert wird. Vor diesem Hintergrund hat die statische Bezugnahme auch nur geringe praktische Bedeutung erlangt. Abzuraten ist ferner von der – zumindest vorbehaltlosen – tatsächlichen Weitergabe von Tarifänderungen.

9. Dynamische Verweisung/Jeweiligkeitsklausel

Weit verbreitet in der Praxis sind hingegen **dynamische** Verweisungs- oder Jewei- 28
ligkeitsklauseln. Da der Arbeitgeber in der Regel ein Interesse daran hat, die bei ihm bestehenden Arbeitsbedingungen so offen wie möglich zu gestalten, bietet sich diese Bezugnahme an. Sie bietet Flexibilität, ohne dass häufige arbeitsvertragliche Änderungen notwendig wären.

Beispiel
- Es gelten die Bestimmungen des Manteltarifvertrages für die Arbeitnehmer des Groß- und Außenhandels in Bayern in seiner jeweils gültigen Fassung.
- Auf das Arbeitsverhältnis findet der Manteltarifvertrag für die Arbeitnehmer des Groß- und Außenhandels in Bayern einschließlich der ändernden, ergänzenden und ersetzenden Tarifverträge Anwendung.

Ergibt sich aus der jeweiligen Verweisung nicht eindeutig, ob eine dynamische oder 29
statische Wirkung gewollt ist, ist im Zweifel von einer dynamischen und nicht von einer statischen Bezugnahme auszugehen. Diese **Auslegungsregel** gilt unabhängig davon, ob die Klausel den Zusatz „in der jeweiligen Fassung" enthält oder nicht. Eine statische Verweisung ist nur anzunehmen, wenn sich dies eindeutig aus dem Wortlaut der arbeitsvertraglichen Regelung ergibt, z.B. wenn eine bestimmte Fassung des in Bezug genommenen Tarifvertrages durch ein konkretes Datum festgelegt wird.[51]

Die Bezeichnung „Jeweiligkeitsklausel" rührt daher, dass die dynamische – an- 30
ders als die statische – Verweisung in der Regel auf ein Regelungswerk **in seiner jeweils geltenden oder gültigen Fassung** Bezug nimmt. Sie führt dazu, dass in-

51 BAG, Urt. v. 20.4.2012 – 9 AZR 504/10 – Rn 26; BAG, Urt. v. 13.9.2006 – 4 AZR 803/05 – AP Nr. 49 zu § 1 TVG Bezugnahme auf Tarifvertrag; BAG, Urt. v. 17.1.2006 – 9 AZR 41/05 – NZA 2006, 923. Vgl. hierzu auch: MüKo-BGB/*Müller-Glöge*, § 611 BGB Rn 341. Zu alternativen Vertragsgestaltungen: Moll/*Hamacher*, Arbeitsrecht, § 68 Rn 107.

haltliche Weiterentwicklungen des in Bezug genommenen Regelungsobjekts automatisch auch im jeweiligen Arbeitsverhältnis Anwendung finden, z.B. werden Entgelterhöhungen automatisch an die Arbeitnehmer weitergereicht, wenn die Tarifvertragsparteien einen neuen Tarif im Rahmen einer Lohnrunde vereinbaren. Hierbei wird zwischen einer sog. **großen** und einer sog. **kleinen** dynamischen Verweisungsklausel unterschieden.[52]

a) Kleine dynamische Verweisungsklausel

31 Unabhängig von dem in Bezug genommenen Objekt, spricht man von einer kleinen dynamischen Verweisungsklausel, wenn „lediglich" auf die jeweilige Fassung eines bestimmten Regelungswerks verwiesen und dadurch dessen inhaltliche Fortentwicklung in den Arbeitsvertrag einbezogen wird.[53] Es handelt sich folglich um eine **Flexibilisierung in zeitlicher Hinsicht.**

b) Große dynamische Verweisungsklausel/Tarifwechselklausel

32 Verweist der Arbeitsvertrag auf das jeweils für den Betrieb einschlägige Regelungswerk in seiner jeweils geltenden Fassung, spricht man hingegen von einer großen dynamischen Verweisungsklausel. Bei dieser Art der Bezugnahme wird nicht nur auf die Entwicklung eines bestimmten „alten", sondern ggf. eines – das alte ablösenden – neuen Regelungswerks Bezug genommen. Insbesondere findet aufgrund einer solchen Verweisung ein anderer Tarifvertrag Anwendung, wenn der Arbeitgeber aus dem Anwendungsbereich des bisherigen Tarifvertrages herauswächst, gleichzeitig aber tarifliche Regelungen in einer anderen Branche bestehen. Durch eine solche Bezugnahme erfolgt eine **Flexibilisierung in zeitlicher und sachlicher Hinsicht**, da sie auf den jeweils sachlich einschlägigen oder normativ gültigen Tarifvertrag in seiner jeweils gültigen Fassung verweist.[54]

Beispiel

- Auf das Arbeitsverhältnis sind die jeweils für den Arbeitgeber geltenden Tarifverträge in der jeweils gültigen Fassung anwendbar.[55]
- Es gelten die Bestimmungen des jeweils gültigen Manteltarifvertrages in seiner jeweils gültigen Fassung, soweit in diesem Arbeitsvertag nichts anderes geregelt ist. Dies sind zurzeit die

---

52 Ausführlich zu dieser Unterscheidung: Henssler/Moll/Bepler/*Henssler*, Tarifvertrag, Teil 10 Rn 58 ff. und 83 ff.; Tschöpe/*Wieland*, AHB-Arbeitsrecht, Teil 4 C Rn 257 ff.

53 ErfK/*Franzen*, § 3 TVG Rn 36; Schaub/*Treber*, ArbR-Hb., § 206 Rn 23; *Kempter*, BB 2014, 1785, 1786.

54 Henssler/Moll/Bepler/*Henssler*, Tarifvertrag, Teil 10 Rn 83; ErfK/*Franzen*, § 3 TVG Rn 36; Preis/*Preis*, Arbeitsvertrag, II V 40 Rn 18 ff.

55 Diese arbeitsvertragliche Bestimmung wird oft als „klassische" große dynamische Verweisungsklausel bezeichnet.

von der A-Gewerkschaft mit dem B-Arbeitgeberverband für das Tarifgebiet C abgeschlossenen Tarifverträge für die D-Branche.

Auf der einen Seite ermöglichen große dynamische Verweisungen eine größtmögliche Flexibilität. Auf der anderen Seite birgt eine große dynamische Bezugnahme – bei ungenauer Formulierung – die Gefahr, dass durch sie eine **konstitutive dynamische** Wirkung herbeigeführt wird, sobald die normative Wirkung des in Bezug genommenen Tarifvertrages entfällt, z.B. aufgrund eines Herauswachsens aus dem jeweiligen Geltungsbereich oder des Austritts aus dem tarifschließenden Arbeitgeberverband. 33

Wegen ihrer möglichen Reichweite („Tarifwechsel") und der damit für die Arbeitnehmer im Zeitpunkt des Arbeitsvertragsschlusses regelmäßig nicht vorhersehbaren Auswirkungen auf ihr Arbeitsverhältnis, werden große dynamische Bezugnahmen (vor allem in ihrer kurzen „klassischen Form") im Rahmen der AGB-Kontrolle teilweise kritisch gesehen.[56] Das BAG geht jedoch in ständiger Rechtsprechung von der **grundsätzlichen Zulässigkeit** dieser Art der Verweisung aus.[57] Allerdings müssen die rechtlichen Folgen der jeweiligen Klausel für den Arbeitnehmer im Einzelfall klar und verständlich sein, insbesondere im Hinblick darauf, dass es gegebenenfalls zu einem Tarifwechsel kommen kann.[58] Ob die „klassische" große dynamische Bezugnahmeklausel diese Voraussetzungen aus AGB-rechtlicher Sicht noch erfüllt, hat das BAG nach der Rechtsprechungsänderung zur Gleichstellungsabrede noch nicht entschieden.[59] 34

Praxistipp !

Da bisher durch das BAG nicht abschließend geklärt ist, ob die bislang übliche Formulierung großer dynamischer Bezugnahmeklauseln (*„jeweils für den Arbeitgeber geltenden Tarifverträge in der jeweils gültigen Fassung"*) einer AGB-Kontrolle weiterhin standhält, sollte zumindest bei der Neubegründung von Arbeitsverhältnissen vorsorglich eine ausführlichere Verweisung in den Arbeitsvertrag aufgenommen werden.[60]

56 Preis/*Preis*, Arbeitsvertrag, II V 40 Rn 18 und 90; *Bauer/Günther*, NZA 2008, 6, 11; *Insam/Plümpe*, DB 2008, 1265, 1267.

57 BAG, Urt. v. 17.11.2010 – 4 AZR 391/09 – Rn 25; BAG, Urt. v. 22.10.2008 – 4 AZR 784/07 – Rn 21f.; BAG, Urt. v. 29.8.2007 – 4 AZR 767/06 – Rn 17f.

58 Vgl. zum Tarifwechsel: Kapitel 8 Rn 52ff.

59 Henssler/Moll/Bepler/*Henssler*, Tarifvertrag, Teil 10 Rn 86; *Jordan/Bissels*, NZA 2010, 71, 72ff.

60 Vgl. Kapitel 8 Rn 51.

10. Zusammenfassung/Checkliste

35 Aus dem Vorstehenden ergibt sich, dass sich die rechtlichen Rahmenbedingungen bei Verweisungsklauseln nach der Art der gewünschten Bezugnahme richten. Insbesondere sind zur Flexibilisierung von Arbeitsbedingungen nur bestimmte Klauseln dienlich.

Checkliste Klauselarten
- Bei **Teilverweisungen** sollte nur auf in sich geschlossene Regelungskomplexe des theoretisch einschlägigen Tarifvertrages verwiesen werden.
- **Einzelverweisungen** sind aufgrund einer vollen AGB-Kontrolle nicht zu empfehlen; sie bieten keinen Vorteil gegenüber rein arbeitsvertraglichen Regelungen.
- **Doppelverweisungen** können intransparent sein, sodass bei dieser Verweisungsart Vorsicht geboten ist.
- Eine **statische** Verweisung dient nicht der Flexibilisierung von Arbeitsbedingungen.
- **Dynamische** Verweisungen bieten ein Höchstmaß an Flexibilität.

36 Sind die rechtlichen Rahmenbedingungen und damit die rechtlichen Möglichkeiten der in Betracht kommenden Bezugnahmen bekannt, muss sich der Arbeitgeber fragen, ob er überhaupt auf ein oder mehrere Tarifwerke Bezug nehmen will und wenn ja, mit welchem Ziel:

Checkliste Verweisungsziele
- Soll überhaupt auf einen Tarifvertrag verwiesen werden?
- Wenn ja, welche Reichweite soll die Bezugnahme haben, insbesondere sollen tarifgebundene und nicht tarifgebundene Arbeitnehmer gleich behandelt werden?
- Sollen bei einem Betriebsübergang oder anderen Umstrukturierungen die Regelungen eines anderen, dann einschlägigen Tarifwerks auch ohne Änderung des Arbeitsvertrages anwendbar sein?

II. Die sog. Gleichstellungsabrede als Flexibilisierungsinstrument

1. Definition

37 Von einer Gleichstellungsabrede spricht man, wenn der **tarifgebundene** Arbeitgeber den für ihn geltenden Tarifvertrag in gleicher Weise auf tarifungebundene Mitarbeiter anwenden will. Hierdurch findet der Tarifvertrag auch auf nicht organisierte Arbeitnehmer Anwendung, sodass diese mit den Beschäftigten gleichgestellt werden, für die der Tarifvertrag aufgrund beiderseitiger Tarifgebundenheit normativ gilt.[61] Die Bezugnahme im Arbeitsvertrag **ersetzt** somit die fehlende oder zumindest

61 BAG, Urt. v. 20.2.2002 – 4 AZR 123/01 – NZA 2003, 933.

unbekannte Tarifbindung der nicht tarifgebundenen Arbeitnehmer.[62] Allerdings wird durch die arbeitsvertragliche Inbezugnahme für die Durchführung des Arbeitsverhältnisses ein „Mitgliedschaftsstatus“ des Mitarbeiters (in einer Gewerkschaft) weder begründet noch fingiert.[63]

2. Voraussetzungen

a) Tarifgebundenheit des Arbeitgebers

Wesentliche Voraussetzung einer Gleichstellungsabrede ist die **Tarifgebundenheit** 38
des Arbeitgebers. Ist diese nicht gegeben und gelten Tarifverträge folglich für ihn daher nicht normativ, ist die Gleichstellung von nicht tarifgebundenen und tarifgebundenen Mitarbeitern nicht möglich. Ist der Arbeitgeber nämlich nicht tarifgebunden, können auch für organisierte Mitarbeiter die Tarifverträge nicht normativ gelten.[64]

b) Verweis auf einschlägige Tarifverträge

Der Arbeitgeber muss nicht nur tarifgebunden sein, sondern er muss auch auf die 39
für ihn einschlägigen Tarifverträge arbeitsvertraglich Bezug nehmen. Dies ist im Zweifel durch eine Auslegung zu ermitteln. Würde er auf andere Tarifverträge verweisen, fehlt bereits die Gleichstellungsabsicht.[65]

3. Altverträge (vor 1.1.2002)

Das BAG geht bei Arbeitsverträgen, die vor dem 1.1.2002 geschlossen wurden und 40
Verweisungsklauseln enthalten (sog. Altverträge), davon aus, dass der Arbeitgeber tarifgebundene und nicht tarifgebundene Arbeitnehmer grundsätzlich gleichstellen will.[66] Das BAG begründete seine „alte“ Rechtsprechung zur Auslegung von Gleichstellungsabreden vor allem damit, dass der tarifgebundene Arbeitgeber durch die Bezugnahme auf tarifliche Regelungen eine **einheitliche Tarifanwendung** errei-

---

62 ErfK/*Franzen*, § 3 TVG Rn 37; Moll/*Hamacher*, Arbeitsrecht, § 68 Rn 96. A.A. bereits vor der Rechtsprechungsänderung des BAG: LAG Hamm, Urt. v. 1.2.2001 – 8 Sa 1439/00 – BeckRS 2001, 30789540.

63 BAG, Urt. v. 18.3.2009 – 4 AZR 64/08 – Rn 26 ff.; Henssler/Moll/Bepler/*Henssler*, Tarifvertrag, Teil 10 Rn 6; Schaub/*Treber*, ArbR-Hb., § 206 Rn 32.

64 BAG, Urt. v. 22.10.2008 – 4 AZR 793/07 – Rn 13; Henssler/Moll/Bepler/*Henssler*, Tarifvertrag, Teil 10 Rn 61.

65 BAG, Urt. v. 14.12.2011 – 4 AZR 79/10 – Rn 18 und 22 ff.; BAG, Urt. v. 17.11.2010 – 4 AZR 127/09 – Rn 31 ff.; BAG, Urt. v. 21.10.2009 – 4 AZR 396/08 – Rn 23.

66 BAG, Urt. v. 27.11.2002 – 4 AZR 540/01 – NZA 2003, 1278, 1279; BAG, Urt. v. 26.9.2001 – 4 AZR 544/00 – NZA 2002, 634, 635; BAG, Urt. v. 4.9.1996 – 4 AZR 135/95 – NZA 1997, 271, 272.

chen möchte.[67] Problematisch ist insoweit, dass das BAG diesen Zweck auch in Klauseln hineininterpretierte, deren Wortlaut für eine solche Interpretation keinen Anlass bot, weil eine Gleichstellung nicht ausdrücklich vereinbart war und sich die Arbeitsvertragsparteien möglicherweise bewusst gegen eine solche entschieden hatten. Dies führt zu dem unbefriedigenden Ergebnis, dass eine identisch formulierte Bezugnahme bei einem tarifgebundenen Arbeitgeber anders auszulegen ist als bei einem nicht tarifgebundenen Unternehmen.[68]

41 Folge der Auslegung als Gleichstellungsabrede ist, dass die in Bezug genommenen Tarifverträge nur so lange auf die Arbeitsverhältnisse aller Mitarbeiter Anwendung finden, wie der Arbeitgeber auch unmittelbar tarifgebunden ist. Endet die Tarifbindung des Arbeitgebers, gilt der Tarifvertag und dessen Dynamik mangels beidseitiger Tarifbindung nicht mehr für die tarifgebundenen Mitarbeiter. Nach Ansicht des BAG sollen sich aber auch die tarifungebundenen Arbeitnehmer nach dem Ende der unmittelbaren Tarifbindung nicht mehr auf die sich aus der Bezugnahmeklausel erwachsende Dynamik berufen können. Eine Besserstellung der nicht tarifgebundenen Mitarbeiter war nicht gewollt.[69] Aufgrund der Einordnung als Gleichstellungsabrede werden daher bei einem Ende der normativen Tarifbindung des Arbeitgebers sowohl für tarifgebundene als auch für die nicht tarifgebundene Arbeitnehmer die betreffenden Tarifverträge „eingefroren". Die zunächst als dynamisch ausgelegte Bezugnahmeklausel (im Sinne einer Gleichstellungsabrede) gilt ab dem Ende der unmittelbaren Tarifbindung des Arbeitgebers nur noch als **statische Verweisung** fort.[70]

4. Rechtsprechungsänderung für Neuverträge (ab 1.1.2002)

42 Bereits im Jahr 2005 hat das BAG auf die Kritik in der Instanzrechtsprechung und der arbeitsrechtlichen Literatur reagiert und eine Rechtsprechungsänderung hinsichtlich der Auslegung von Bezugnahmeklauseln angekündigt und diese auch wenig später vollzogen.[71] Das BAG bejaht seitdem für ab 1.1.2002 geschlossene Arbeitsverträge

---

67 BAG, Urt. v. 19.3.2003 – 4 AZR 331/02 – NZA 2003, 1207, 1208 f.; Preis/*Preis*, Arbeitsvertrag, II V 40 Rn 54, der daher von einem *„technische(n) Mittel zur Herbeiführung der gleichmäßigen Tarifanwendung"* spricht.

68 Vgl. zur Kritik in der Instanzrechtsprechung und der arbeitsrechtlichen Literatur: LAG Mecklenburg-Vorpommern, Urt. v. 15.4.2002 – 2 Sa 48/02; LAG Hamburg, Urt. v. 15.11.2000 – 4 Sa 32/00; *Hanau*, NZA 2005, 489, 489 ff.; ErfK/*Franzen*, § 3 TVG Rn 43; Henssler/Moll/Bepler/*Henssler*, Tarifvertrag, Teil 10 Rn 62 m.w.N.

69 BAG, Urt. v. 27.11.2002 – 4 AZR 540/01 – NZA 2003, 1278, 1279; BAG, Urt. v. 4.9.1996 – 4 AZR 135/95 – NZA 1997, 271, 272 f.

70 BAG, Urt. v. 22.10.2008 – 4 AZR 793/07 – Rn 13; MüKo-BGB/*Müller-Glöge*, § 611 BGB Rn 343.

71 BAG, Urt. v. 14.12.2005 – 4 AZR 536/04 – Rn 19 ff.; BAG, Urt. v. 18.4.2007 – 4 AZR 652/05 – Rn 25 ff.

(sog. Neuverträge) eine Gleichstellungsabrede nur noch, wenn sich aus dem Wortlaut der Regelung **hinreichende Anhaltspunkte** für eine entsprechende Auslegung ergeben. Andere Umstände sind grundsätzlich nur zu berücksichtigen, wenn diese mit hinreichender Deutlichkeit zum Ausdruck kommen.[72] Dies bedeutet, dass die Tarifbindung des Arbeitsgebers in der arbeitsvertraglichen Klausel eindeutig, d.h. in der Regel als **auflösende Bedingung**, zur Voraussetzung der zeitdynamischen Verweisung im Sinne einer Gleichstellung gemacht werden muss. Ist dies nicht der Fall, ist eine entsprechende Klausel bei tarifgebundenen und bei nicht tarifgebundenen Arbeitgebern identisch als **konstitutive** Verweisungsklausel (sog. **„unbedingte zeitdynamische Verweisung"**) zu qualifizieren.[73] Zweifel gehen dabei zulasten des Arbeitgebers, da die Klarstellung der gewünschten Klauselwirkung in seinen Verantwortungsbereich fällt, § 305c Abs. 2 BGB.[74] Dies bedeutet, dass der Arbeitgeber auch bei Wegfall der Tarifbindung verpflichtet bleibt, die in Bezug genommenen Tarifverträge bei tarifgebundenen und nicht tarifgebundenen Arbeitnehmern weiterhin dynamisch anzuwenden. Ein „Einfrieren" der tariflichen Bedingungen – wie bei Altverträgen – ist ausgeschlossen, wenn die Klausel den Gleichstellungszweck nicht hinreichend zum Ausdruck bringt.[75]

5. Vertrauensschutz und geänderte Altverträge

Altverträge genießen nach der Rechtsprechungsänderung **Vertrauensschutz.**[76] Allerdings ist für die Einordnung als „Altvertrag" nicht entscheidend, wann der in Rede stehende Arbeitsvertrag samt Bezugnahmeklausel vereinbart wurde. Ein sog. Neuvertrag liegt nämlich bereits dann vor, wenn ein vor 1.1.2002 geschlossener Arbeitsvertrag nach diesem Datum neu gefasst oder überarbeitet wurde. Nach dem BAG ist insoweit ausschlaggebend, ob die Bezugnahmeklausel *„zum Gegenstand der rechtsgeschäftlichen Willensbildung der hieran beteiligten Vertragsparteien gemacht worden ist"*.[77] Dies ist zweifelsfrei zu bejahen, wenn die Bezugnahmeklausel selbst im Wege der Vertragsänderung angepasst wurde.[78] 43

---

72 BAG, Urt. v. 18.4.2007 – 4 AZR 652/05 – Rn 26 ff.; MüKo-BGB/*Müller-Glöge*, § 611 BGB Rn 343.

73 BAG, Beschl. v. 22.4.2009 – 4 ABR 14/08 – Rn 18 m.w.N.; BAG, Urt. v. 18.4.2007 – 4 AZR 652/05 – Rn 32; Preis/*Preis*, Arbeitsvertrag, II V 40 Rn 57.

74 ErfK/*Franzen*, § 3 TVG Rn 38 m.w.N.; *Löwisch*/*Rieble*, TVG, § 3 TVG Rn 460.

75 Henssler/Moll/Bepler/*Henssler*, Tarifvertrag, Teil 10 Rn 63, der insoweit von einer *„konstitutiven Ewigkeitsbindung"* spricht.

76 BAG, Urt. v. 18.4.2007 – 4 AZR 652/05 – Rn 52ff.; Schaub/*Treber*, ArbR-Hb., § 206 Rn 41 m.w.N. Zu den Voraussetzungen des Vertrauensschutzes: Moll/*Hamacher*, Arbeitsrecht, § 68 Rn 97.

77 BAG, Urt. v. 19.10.2011 – 4 AZR 811/09 – Rn 27; BAG, Urt. v. 24.2.2010 – 4 AZR 691/08 – Rn 25; BAG, Urt. v. 18.11.2009 – 4 AZR 514/08 – Rn 25.

78 BAG, Urt. v. 24.2.2010 – 4 AZR 691/08 – Rn 23 ff.

Beispiel
- Ursprüngliche Bestimmung: „*Sonstige Regelungen.* Im Übrigen gelten für das Anstellungsverhältnis die Bestimmungen der gültigen Tarifverträge der Metallindustrie Schleswig-Holstein in der jeweils gültigen Fassung und alle betrieblichen Regelungen, Richtlinien, Betriebsvereinbarungen der D-GmbH in ihrer jeweils gültigen Fassung, sofern Sie unter deren Geltungsbereich fallen."
- Änderungsvereinbarung: „Die einschlägigen Tarifverträge der Metallindustrie in Schleswig-Holstein in ihrer jeweiligen Fassung sind Bestandteil dieser Vereinbarung."[79]

44 Ausreichend ist regelmäßig auch, wenn die Arbeitsvertragsparteien in der Änderungsvereinbarung durch eine entsprechende Formulierung kundgetan haben (z.B. „alle anderen Vereinbarungen aus dem Anstellungsvertrag bleiben unberührt"), dass die unmittelbar nicht geänderten Bestimmungen Gegenstand des Willensbildungsprozesses der Parteien im Rahmen der Vertragsänderung gewesen sind. Allerdings betont das BAG in der Entscheidung vom 19.10.2011, dass allein der Umstand einer Vertragsänderung nicht dazu führt, dass zugleich stets alle vertraglichen Regelungen des ursprünglichen Arbeitsvertrages erneut vereinbart oder bestätigt werden. Ob eine solche Abrede gewollt ist, ist deshalb anhand der konkreten Vertragsänderung unter Berücksichtigung der Umstände des Einzelfalls zu beurteilen.[80]

Beispiel
Änderungsvereinbarung: „Der Arbeitnehmer verzichtet beginnend mit dem Jahr 2007 für weitere 3 Jahre bis zum 31.12.2009 auf jedwede Sonderzahlung, insbesondere die Weihnachtszuwendung und Urlaubsgeld aus dem nachwirkenden Tarifvertrag BAT/BMTG. (...) Des Weiteren bleibt es bei den bisherigen Arbeitsbedingungen."[81]

Offen gelassen hat das BAG bisher, ob ein *„pauschaler Verweis"* auf den Altvertrag in der Änderungsvereinbarung ausreichend ist.[82] In dem zu entscheidenden Fall wurde weder die Bezugnahmeklausel geändert noch enthielten die Änderungsvereinbarungen einen Verweis auf die „bisherigen Arbeitsbedingungen",[83] sodass nicht klar ist, was das BAG unter einem „pauschalen" Verweis versteht. Denkbar wäre insoweit die Bezugnahme auf den ursprünglichen Arbeitsvertrag in der Überschrift oder der Präambel der Änderungsvereinbarung.

---

79 Vgl. zu diesem Beispiel: BAG, Urt. v. 24.2.2010 – 4 AZR 691/08 – Rn 3f.
80 BAG, Urt. v. 19.10.2011 – 4 AZR 811/09 – Rn 27 und 30; BAG, Urt. v. 18.11.2009 – 4 AZR 514/08 – Rn 25; Henssler/Moll/Bepler/*Henssler*, Tarifvertrag, Teil 10 Rn 67.
81 Vgl. zu diesem Beispiel: BAG, Urt. v. 19.10.2011 – 4 AZR 811/09 – Rn 5.
82 BAG, Urt. v. 18.11.2009 – 4 AZR 514/08 – Rn 25.
83 Vgl. zum Sachverhalt: BAG, Urt. v. 18.11.2009 – 4 AZR 514/08 – Rn 1ff.

Praxistipp

!

- Aufgrund der mittlerweile gefestigten Rechtsprechung des BAG müssen tarifgebundene Arbeitgeber eine gewünschte Gleichstellung von nicht tarifgebundenen Mitarbeitern ausdrücklich kenntlich machen und entsprechende Bezugnahmeklauseln **eindeutig formulieren**. Auslegungszweifel gehen zulasten des Arbeitgebers. Bei einer „unsauberen" Formulierung besteht das Risiko, dass die Verweisung nach Wegfall der Tarifbindung des Arbeitgebers zu einer sog. **„Ewigkeitsbindung"** an die in Bezug genommenen Tarifverträge führt.[84]
- Daher muss in der Klausel hinreichend deutlich klargestellt werden, dass bei Wegfall der Tarifbindung die Dynamik der Bezugnahme entfällt. Dies ist durch eine **„auflösende Bedingung"** in der Verweisungsklausel möglich.
- Soll durch eine Änderungsvereinbarung (auch) ein Altvertrag in einen Neuvertrag „umgewandelt" werden, sollten die Arbeitsvertragsparteien – aus Gründen der Rechtssicherheit – den **Wortlaut der Bezugnahmeklausel** ändern.[85]
- Falls eine existierende „ewige Dynamik" beendet werden soll, ist dies nur im Wege einer **Änderungsvereinbarung** oder **Änderungskündigung** denkbar. Die erste Variante ist grundsätzlich problemlos möglich, setzt aber die Zustimmung des Arbeitnehmers voraus, die diese regelmäßig nicht oder zumindest nicht einheitlich erteilen werden. Ob eine (betriebsbedingte) Änderungskündigung wirksam möglich ist, ist umstritten. Dafür spricht, dass der Arbeitgeber nach seinem Austritt aus dem Arbeitgeberverband und damit einer durch Art. 9 Abs. 3 GG geschützten Entscheidung auch die Möglichkeit haben muss, sich von einer grundsätzlich weiterhin durch die Bezugnahmeklauseln vermittelten Tarifdynamik zu befreien.[86]

6. Aktuelle Rechtsprechung des EuGH

Trotz der mittlerweile ständigen Rechtsprechung des BAG zur Gleichstellungsabrede, wird in der arbeitsrechtlichen Literatur über eine mögliche „Wiedergeburt" dieser Klauselart diskutiert. Ausgangspunkt sind insoweit die Entscheidungen des EuGH in Sachen „Werhof/Freeway Traffic Systems GmbH & Co. KG" (im Folgenden kurz „Werhof") und „Alemo-Herron".[87] In beiden Fällen ging es dem Wortlaut nach um **kleine dynamische Bezugnahmeklauseln** bei einem zunächst tarifgebundenen Arbeitgeber. Der den Betrieb des tarifgebundenen Veräußerers erwerbende Ar- 45

84 Henssler/Moll/Bepler/*Henssler*, Tarifvertrag, Teil 10 Rn 92, der zu Recht darauf verweist, dass dies von der konkreten Formulierung abhängt. Zum Risiko der „Ewigkeitsklausel": Moll/*Hamacher*, Arbeitsrecht, § 68 Rn 99; *Preis/Greiner*, NZA 2007, 1073, 1075. Zu Bezugnahmeklauseln unter Widerrufsvorbehalt: Hümmerich/Reufels/*Reufels*, Arbeitsverträge, § 1 Rn 1410 ff.

85 *Löwisch/Rieble*, TVG, § 3 TVG Rn 464, die auf die durch die Rechtsprechung geschaffenen Rechtsunsicherheiten hinweisen.

86 Vgl. hierzu: Däubler/*Lorenz*, TVG, § 3 TVG Rn 157; *Giesen*, NZA 2006, 625, 631 f.; *Gaul*, NZA 1998, 9, 11.

87 EuGH, Urt. v. 9.3.2006 – C 499/04 – NZA 2006, 376 – Werhof/Freeway Traffic Systems GmbH & Co. KG; EuGH, Urt. v. 18.7.2013 – C-426/11 – NZA 2013, 835 – Alemo-Herron/Parkwood Leisure Ltd, wobei im zweiten Fall zwei Betriebsübergänge stattfanden. Vgl. zum Meinungsstand in der arbeitsrechtlichen Literatur: *Kempter*, BB 2014, 1785; *Willemsen/Grau*, NJW 2014, 12; *Commandeur/Kleinebrink*, BB 2014, 181; *Lobinger*, NZA 2013, 945.

beitgeber war nicht tarifgebunden, sodass die in Bezug genommenen Tarifverträge nur noch aufgrund der arbeitsvertraglichen Verweisung in dem übergegangenen Arbeitsverhältnis anwendbar waren. Nach dem Wortlaut der Klauseln hätten diese weiterhin dynamisch in den Arbeitsverhältnissen gelten müssen, obwohl die Betriebserwerber keine Möglichkeit hatten, auf die in Bezug genommenen Tarifwerke Einfluss zu nehmen. Entsprechende Sachverhalte stellten bis zu der Rechtsprechungsänderung des BAG zur Gleichstellungsabrede kein Problem dar, da das Gericht bis zu diesem Zeitpunkt davon ausging, dass die Dynamik der Verweisung mit dem Betriebsübergang sein Ende findet. Der Betriebserwerber trat daher gemäß § 613a Abs. 1 S. 1 BGB in bestehende Arbeitsverhältnisse mit (nur noch) statisch wirkenden Bezugnahmeklauseln ein. Erst seit der Rechtsprechungsänderung des BAG besteht bei unklaren Verweisungen das Risiko einer *„konstitutiven Ewigkeitsklausel"* bzw. einer *„Endlosbindung"* für den Betriebserwerber.[88]

a) „Werhof"

46 Das vorlegende LAG Düsseldorf ging in diesem Fall von der Unvereinbarkeit der „alten" Judikatur des BAG zur Auslegung von Bezugnahmeklauseln als Gleichstellungsabreden mit europäischem Recht aus.[89] Der EuGH hingegen billigte die „alte" Rechtsprechung des BAG zur Gleichstellungsabrede.[90] Der EuGH sprach lediglich an, dass eine dynamische Auslegung einer vertraglichen Bezugnahmeklausel das europäische Grundrecht der negativen Vereinigungsfreiheit eines Betriebserwerbers beeinträchtigen kann, wenn dieser durch die Verweisung an fremde Tarifverträge gebunden wird.[91] Die sog. „Betriebsübergangsrichtlinie" bezweckt, die am Tag des Betriebsübergangs bestehenden Rechte und Pflichten der Arbeitnehmer zu wahren.[92] Aus der Richtlinie ergibt sich aber nicht, dass der Erwerber durch andere Kollektivverträge als die zum Zeitpunkt des Übergangs geltenden gebunden und demnach verpflichtet werden soll, die Arbeitsbedingungen später durch die Anwendung eines neuen, nach dem Übergang geschlossenen Kollektivvertrags zu ändern. Der nicht tarifgebundene Erwerber muss vielmehr in der Lage sein, die für die Fortset-

88 *Willemsen/Grau*, NJW 2014, 12, 12f.; *Lobinger*, NZA 2013, 945. Vgl. hierzu auch: BAG, Urt. v. 17.11.2010 – 4 AZR 391/09 – Rn 13ff.

89 LAG Düsseldorf, EuGH-Vorlage v. 8.10.2004 – 9 Sa 817/04 – Rn 33ff. Zur „alten" Judikatur des BAG: BAG, Urt. v. 27.11.2002 – 4 AZR 540/01 – NZA 2003, 1278, 1279; BAG, Urt. v. 26.9.2001 – 4 AZR 544/00 – NZA 2002, 634, 635; BAG, Urt. v. 4.9.1996 – 4 AZR 135/95 – NZA 1997, 271, 271ff.

90 EuGH, Urt. v. 9.3.2006 – C 499/04 – Rn 23ff. – Werhof/Freeway Traffic Systems GmbH & Co. KG.

91 EuGH, Urt. v. 9.3.2006 – C 499/04 – Rn 34 – Werhof/Freeway Traffic Systems GmbH & Co. KG; Henssler/Moll/Bepler/*Henssler*, Tarifvertrag, Teil 10 Rn 65; *Willemsen/Grau*, NJW 2014, 12, 13.

92 Vgl. Richtlinie 77/187/EWG bzw. 2001/23/EG.

zung seiner Tätigkeit erforderlichen Anpassungen vorzunehmen.[93] Diese Voraussetzungen sah der EuGH jedenfalls durch die – vor der Rechtsprechungsänderung des BAG – im Rahmen eines Betriebsübergangs vorgenommene *„statische Auslegung“* der Verweisungsklausel als erfüllt an. Zu einer möglichen dynamischen Bezugnahme musste er sich daher nicht äußern.[94]

Das BAG sah sich daher nicht gezwungen, von seiner aktuellen Rechtsprechung 47 zur Auslegung von Bezugnahmeklauseln abzuweichen. Die arbeitsvertragliche Inbezugnahme von kollektivrechtlichen Normen kann – anders als die normative Tarifgeltung – bereits nicht gegen die negative Koalitionsfreiheit verstoßen und der EuGH hat sich gerade nicht zum Schicksal einer dynamischen Bezugnahmeklausel nach einem Betriebsübergang geäußert.[95]

b) „Alemo-Herron“

Gegenstand der Entscheidung „Alemo-Herron“ war die Wirksamkeit einer engli- 48 schen Bezugnahmeklausel, die aufgrund ihrer Formulierung mit einer kleinen dynamischen Verweisung nach deutschem Recht vergleichbar ist. Die Besonderheit ist insoweit, dass ein Betriebsübergang von einem öffentlichen auf einen privaten Arbeitgeber stattfand, wobei Letzterer auf die arbeitsvertraglich in Bezug genommenen tariflichen Regelungen zu keinem Zeitpunkt Einfluss nehmen konnte. Hinzu kommt, dass im englischen Recht die rechtliche Bindung an Tarifverträge erst durch eine arbeitsvertragliche Bezugnahme hergestellt werden muss, d.h. eine normative Wirkung von Tarifverträgen gibt es nicht.[96]

Im Gegensatz zur „Werhof“-Entscheidung stellte der EuGH in diesem Fall auf 49 das in der europäischen Grundrechte-Charta gewährleistete **Grundrecht der unternehmerischen Freiheit** und die sich aus diesem ergebende Vertragsfreiheit des Betriebserwerbers ab.[97] Kann dieser auf die Verhandlungen der Tarifverträge, auf die die Arbeitsverträge seiner Mitarbeiter **dynamisch** Bezug nehmen, keinen Einfluss nehmen, ist die Vertragsfreiheit des Betriebserwerbers *„so erheblich reduziert,*

---

93 EuGH, Urt. v. 9.3.2006 – C 499/04 – Rn 25f., 29 und 31 – Werhof/Freeway Traffic Systems GmbH & Co. KG.

94 EuGH, Urt. v. 9.3.2006 – C 499/04 – Rn 36 – Werhof/Freeway Traffic Systems GmbH & Co. KG; *Kempter*, BB 2014, 1785, 1787; *Spielberger*, AuA 2014, 90, 91.

95 BAG, Urt. v. 23.9.2009 – 4 AZR 331/08 – Rn 23ff.; BAG, Urt. v. 22.10.2008 – 4 AZR 793/07 – Rn 17ff.; BAG, Urt. v. 29.8.2007 – 4 AZR 765/06 – Rn 34; BAG, Urt. v. 18.4.2007 – 4 AZR 652/05 – Rn 34ff.; Kempen/Zachert/*Brecht-Heitzmann*, TVG, § 3 TVG Rn 226f.; a.A.: *Lobinger*, NZA 2013, 945, 946.

96 EuGH, Urt. v. 18.7.2013 – C-426/11 – NZA 2013, 835 – Alemo-Herron/Parkwood Leisure Ltd.

97 EuGH, Urt. v. 18.7.2013 – C-426/11 – Rn 20ff. – Alemo-Herron/Parkwood Leisure Ltd. Vgl. zur neuen Argumentation des EuGH: *Kempter*, BB 2014, 1785, 1787; *Willemsen/Grau*, NJW 2014, 12, 13f.; *Lobinger*, NZA 2013, 945, 946f.

dass eine solche Einschränkung den Wesensgehalt seines Rechts auf unternehmerische Freiheit beeinträchtigen kann“.[98] Die Klausel darf in diesem Fall nicht gegenüber dem Erwerber *„durchsetzbar sein“.*[99]

c) Ausblick

50 Vor allem aus der Entscheidung „Alemo-Herron“ lässt sich aktuell kein zwingendes Ergebnis für die zukünftige Auslegung von kleinen dynamischen Bezugnahmeklauseln, insbesondere bei Betriebsübergängen, ableiten. In der arbeitsrechtlichen Literatur wird insoweit von einer notwendigen (erneuten) Rechtsprechungsänderung des BAG über eine erleichterte arbeitgeberseitige Lösung von Bezugnahmeklauseln bis hin zur fehlenden Übertragbarkeit der „Alemo-Herron“-Entscheidung auf das deutsche Arbeitsrecht alles vertreten.[100] Klar ist allerdings, dass die „Alemo-Herron“-Entscheidung das BAG zwingt, seine aktuelle Rechtsprechung zur Dynamik einer arbeitsvertraglichen Bezugnahme bei Betriebsübergängen zumindest zu überdenken. Dies gilt umso mehr, als dass diese Entscheidung in dogmatischer Hinsicht einige Fragen aufwirft.[101] Für die arbeitsrechtliche Praxis ist vor allem spannend, wie die Arbeitsgerichte die Entscheidung „Alemo-Herron“ praktisch umsetzen werden.

! **Praxistipp**

Sollen – aufgrund der „Alemo-Herron“-Entscheidung – bestehende rechtliche Unsicherheiten im Fall eines Betriebsübergangs vermieden werden, empfiehlt sich, die Gleichstellungsabsicht in der Bezugnahmeklausel ausdrücklich klarzustellen und die Tarifbindung des Arbeitgebers zur „auflösenden Bedingung“ der Verweisung zu machen.

---

7. Checkliste/Formulierungsbeispiel

51 Vor dem Hintergrund der aktuellen Rechtsprechung des BAG zu dynamischen Bezugnahmeklauseln und der Tatsache, dass das BAG auf die Rechtsprechung des EuGH in Sachen „Alemo-Herron“ noch nicht reagiert hat bzw. noch nicht reagieren konnte, lassen sich die vorstehenden Ausführungen zur Gleichstellungsabrede folgendermaßen zusammenfassen:

98 EuGH, Urt. v. 18.7.2013 – C-426/11 – Rn 35 – Alemo-Herron/Parkwood Leisure Ltd.

99 EuGH, Urt. v. 18.7.2013 – C-426/11 – Rn 37 – Alemo-Herron/Parkwood Leisure Ltd.

100 Zu den unterschiedlichen Ansichten: *Kempter*, BB 2014, 1785, 1787 f.; *Willemsen/Grau*, NJW 2014, 12, 14 ff.; *Commandeur/Kleinebrink*, BB 2014, 181, 183 f.; *Lobinger*, NZA 2013, 945, 947.

101 Zusammenfassend hierzu und zu der knappen Urteilsbegründung des EuGH: *Willemsen/Grau*, NJW 2014, 12, 17; *Commandeur/Kleinebrink*, BB 2014, 181, 184 f.

Checkliste Gleichstellungsabrede

1. „Alte" Gleichstellungsabrede
   - Widerlegliche Vermutung einer Gleichstellungsabrede, wenn der verweisende Arbeitsvertrag vor 1.1.2002 geschlossen wurde.
   - Bei einem Ende der Tarifbindung des Arbeitgebers endet die Teilnahme der **tarifgebundenen** Arbeitnehmer an der tariflichen Entwicklung. Sie können sich „ersatzweise" auch nicht mehr auf die im Zweifel dynamisch formulierte Bezugnahmeklausel in ihrem Arbeitsvertrag berufen.
   - Aufgrund der Gleichstellung endet auch für **nicht tarifgebundene** Mitarbeiter die Teilnahme an der tariflichen Entwicklung. Auch diese können in diesem Zusammenhang nicht die Verweisungsklausel ins Feld führen, um eine fortdauernde dynamische Anwendung der in Bezug genommen Tarifverträge zu begründen.
   - Die Gleichstellungsabrede verhindert damit das Auseinanderlaufen der maßgeblichen Tarifbedingungen bei tarifgebundenen und tarifungebundenen Arbeitnehmern.
   - Der Vertrauensschutz für Altverträge ist zeitlich nicht begrenzt.
2. Anwendbarkeit der „neuen Auslegungsregeln"
   - **Anwendbarkeit** auf Arbeitsverträge, die ab 1.1.2002 geschlossen wurden oder die vor 1.1.2002 geschlossen, aber nach 1.1.2002 in einen Neuvertrag „umgewandelt" wurden.
   - Risiko der **„ewigen Dynamik"** beschränkt sich auf unklare Klauseln (dies sind regelmäßig kleine dynamische Verweisungen) und Arbeitsverträge, die nach 1.1.2002 geschlossen oder in einen Neuvertrag umgewandelt wurden.
3. Daher sollten bei der Formulierung einer Gleichstellungsabrede nach den vom BAG mit seiner neuen Rechtsprechung verlangten „Standards" folgende Aspekte unbedingt beachtet werden:
   - **Ausdrückliche Vereinbarung** einer Gleichstellung, d.h. die Tarifbindung des Arbeitgebers wird zur auflösenden Bedingung der Dynamik der Verweisung gemacht.
   - Nicht zu empfehlen ist eine Formulierung, aus der sich die Gleichstellungsabsicht lediglich durch Auslegung ermitteln lässt.
   - Aufgrund § 2 Abs. 3 NachwG sollten in der Gleichstellungsabrede die **derzeit geltenden Tarifverträge** konkret bezeichnet werden.
   - Aufnahme einer **„Kollisionsregelung"** für den Fall, dass mehrere Tarifwerke einschlägig sind.[102]

Klauselmuster Gleichstellungsabrede

„Für das Arbeitsverhältnis gelten unabhängig von der Gewerkschaftszugehörigkeit des Arbeitnehmers die für den Betrieb/das Unternehmen betrieblich/fachlich einschlägigen Tarifverträge, an die der Arbeitgeber gebunden ist, in ihrer jeweils gültigen Fassung. Das sind aktuell die Tarifverträge [einfügen]. Entfällt die Tarifbindung des Arbeitgebers, finden die Bestimmungen der Tarifverträge [einfügen] in der Folgezeit in ihrer zurzeit des Wegfalls der Tarifbindung des Arbeitgebers geltenden Fassung Anwendung. Der Arbeitnehmer hat keinen Anspruch auf eine Weitergabe nachfolgender Tarifentwicklungen."

„**Alternative**: Auf das Arbeitsverhältnis findet der Tarifvertrag [einfügen] in seiner jeweils gültigen Fassung Anwendung. Hiermit ist eine Gleichstellung tarifgebundener und nicht tarifgebundener Arbeitnehmer bezweckt. Auf das Arbeitsverhältnis wird unabhängig von einer Tarifgebundenheit

102 Ausführlich zum Ganzen: BAG, Urt. v. 17.11.2010 – 4 AZR 127/09 – Rn 14ff; *Löwisch/Rieble*, TVG, § 3 TVG Rn 464.

des Arbeitnehmers der jeweils für den Arbeitgeber geltende Tarifvertrag angewendet. Die Verweisung auf den benannten Tarifvertrag in ihrer jeweils geltenden Fassung gilt wegen der Tarifgebundenheit des Arbeitgebers und nur, solange diese Tarifgebundenheit besteht. Der Arbeitnehmer hat keinen Anspruch auf eine Weitergabe nachfolgender Tarifentwicklungen."

III. Die Tarifwechselklausel als Flexibilisierungsinstrument

1. Rechtliche Rahmenbedingungen

52 Durch große dynamische Verweisungen oder **Tarifwechselklauseln**, wird – in der Regel bei tarifgebundenen Arbeitgebern – auf die Bedingungen der *„jeweils für den Betrieb einschlägigen Tarifverträge"* Bezug genommen.[103] Dies hat zur Folge, dass zunächst die Tarifverträge Anwendung finden, an die der Arbeitgeber bei Abschluss des Arbeitsvertrages **normativ** gebunden ist. Die Klausel bewirkt aber darüber hinaus, dass anstelle der ursprünglich in Bezug genommenen Tarifverträge, wenn diese z.B. nicht mehr normativ für das Unternehmen gelten, tarifvertragliche Regelungen anderer Branchen oder anderer Tarifvertragsparteien angewendet werden. Die Arbeitsvertragsparteien nehmen bereits *„vorsorglich"* Bezug auf andere Tarifwerke, die aufgrund tatsächlicher Änderungen zukünftig einschlägig sein können.[104] Es wird folglich über die entsprechende Klausel automatisch ein „Tarifwechsel" vollzogen, wenn der Betrieb aus dem Anwendungsbereich eines Tarifvertrages herausfällt, sodass dem Arbeitgeber die „Flucht" aus dem Tarifvertrag ermöglicht wird.[105]

Beispiel

Fälle eines **Tarifwechsels**:
- Änderung der Verbandszugehörigkeit des Arbeitgebers.
- „Herauswachsen" aus dem Geltungsbereich des Tarifvertrages, z.B. durch Veränderungen im Organisations-/Tätigkeitsbereich des Betriebs oder Unternehmens, sodass Tarifverträge einer anderen Branche einschlägig werden.
- Abschluss eines Haustarifvertrages mit einer (anderen) Gewerkschaft.
- Anwendbarkeit tariflicher Regelungen eines Verbandes nur aufgrund arbeitsvertraglicher Bezugnahme und erstmaliger Beitritt des Arbeitgebers zu einem anderen Arbeitgeberverband.
- Versetzung des Arbeitnehmers in einen anderen Betrieb.

---

103 Vgl. hierzu bereits: Kapitel 8 Rn 10. Ausführlich zur grundsätzlichen Zulässigkeit von Tarifwechselklauseln: *Jordan/Bissels*, NZA 2010, 71, 72ff. Vgl. zu einer *„universellen"* Tarifwechselklausel für tarifgebundene und nicht tarifgebundene Arbeitgeber: *Giesen*, NZA 2006, 625, 630f.

104 Zum Zweck der Tarifwechselklausel: BAG, Urt. v. 22.4.2009 – 4 ABR 14/08 – Rn 27.

105 MünchArbR/*Rieble/Klumpp*, § 178 Rn 27; Henssler/Moll/Bepler/*Henssler*, Tarifvertrag, Teil 10 Rn 83.

2. Abgrenzung zur Tarifsukzession

Abzugrenzen von einem Tarifwechsel ist die sog. **Tarifsukzession**, bei der ein Tarifvertrag oder ein vollständiges Tarifwerk vollständig von einem neuen – oft erheblich abweichenden – Tarifvertrag oder einem neuen Tarifwerk ersetzt wird. Allerdings bleiben in diesem Fall – im **Unterschied** zu einem Tarifwechsel – die Tarifvertragsparteien dieselben; die Tarifsukzession findet folglich im Rahmen des Geltungsbereichs des bisherigen Tarifvertrages statt.[106] 53

Beispiel
Ablösung des Bundesangestelltentarifvertrages (BAT) durch den Tarifvertrag für den öffentlichen Dienst (TVöD).

In diesen Fällen stellt sich die Frage, ob der neue Tarifvertrag bereits von einer kleinen dynamischen Bezugnahmeklausel oder nur von einer Tarifwechselklausel erfasst wird. Das BAG hat für den Wechsel vom BAT zum TVöD mehrfach entschieden, dass die im öffentlichen Dienst verwendeten Bezugnahmeklauseln auch die „Nachfolgetarifverträge" in Bezug nehmen, solange sie auf den BAT samt die diesen *„ergänzenden, ändernden oder ersetzenden Tarifverträge"* verweisen, sog. **erweiterte kleine dynamische Bezugnahmeklausel**.[107] 54

Fehlt es an einer solchen, muss nach dem BAG differenziert werden:[108] Haben die Arbeitsvertragsparteien eine Tarifwechselklausel vereinbart, wird ein Fall der Tarifsukzession zumindest im Wege der Vertragsauslegung von dieser Verweisung erfasst, auch wenn die Tarifsukzession an sich kein Fall des Tarifwechsels ist.[109] Enthält der Arbeitsvertag nur eine einfache kleine dynamische Bezugnahmeklausel, erfasst deren Wortlaut die Tarifsukzession gerade nicht. Auch kann eine solche Verweisung in der Regel wegen des entgegenstehenden Wortlauts nicht als Tarifwechselklausel ausgelegt werden. Die Folge wäre die statische Fortgeltung des dynamisch in Bezug genommenen Tarifwerks (z.B. BAT). Dies widerspricht aber dem Zweck der arbeitsvertraglich vereinbarten kleinen dynamischen Bezugnahme. Das BAG geht deshalb davon aus, dass durch den Wegfall des Bezugnahmeobjekts nachträglich eine planwidrige Regelungslücke entstanden ist. Bei einer **Tarifsukzession** ist eine einfache kleine dynamische Verweisung deswegen einer **ergänzenden Vertragsauslegung** zugänglich. Dabei ist davon auszugehen, dass die Arbeitsvertrags- 55

---

106 BAG, Urt. 19.5.2010 – 4 AZR 796/08 – Rn 36 f.; BAG, Urt. v. 16.12.2009 – 5 AZR 888/08 – Rn 18 ff.; BAG, Urt. v. 22.4.2009 – 4 ABR 14/08 – Rn 28.

107 BAG, Urt. v. 22.4.2009 – 4 ABR 14/08 – Rn 24 ff.; Henssler/Moll/Bepler/*Henssler*, Tarifvertrag, Teil 10 Rn 78; *Greiner*, NZA 2009, 877, 878 f.

108 Vgl. zu den in der arbeitsrechtlichen Literatur vertretenen Ansichten: ErfK/*Franzen*, § 3 TVG Rn 42.

109 BAG, Urt. v. 19.5.2010 – 4 AZR 796/08 – Rn 37 m.w.N.; *Greiner*, NZA 2009, 877, 878.

parteien auch den nachfolgenden („neuen") Tarifvertrag in Bezug nehmen wollten, sodass auch dieser von der vereinbarten Verweisung erfasst wird.[110]

Klauselmuster Tarifsukzession
Das Arbeitsverhältnis bestimmt sich nach dem Tarifvertrag [einfügen] und den diesen ergänzenden, ändernden oder ersetzenden Tarifverträgen.

56 Treten an die Stelle des abgelösten Tarifvertrages zwei oder mehrere Tarifverträge (z.B. Ersetzung des BAT für den Bereich des Bundes und der Kommunen durch den TVöD sowie den Tarifvertrag für Ärztinnen und Ärzte an kommunalen Krankenhäusern), spricht man von einer sog. **tarifpluralen oder aufgespaltenen** Tarifsukzession.[111] Aufgrund der vorstehend dargestellten Rechtsprechung kommt man auch in diesem Fall zu einer dynamischen Verweisung auf die ersetzenden Tarifverträge.

57 Dies beantwortet aber nicht die Frage, welcher von mehreren (neuen) Tarifverträgen in Bezug genommen wird. Nicht herangezogen werden kann insoweit der Grundsatz der Spezialität, da es sich hierbei um eine tarifrechtliche Kollisionsregel handelt, die bei der Auslegung einer arbeitsvertraglichen Bezugnahme grundsätzlich keine Anwendung findet.[112] Vielmehr muss nach dem BAG im Wege der ergänzenden Vertragsauslegung derjenige Tarifvertrag ermittelt werden, dessen Geltung die Parteien bei einer angemessenen Abwägung der beiderseitigen Interessen nach Treu und Glauben als redliche Vertragsparteien vereinbart hätten, wenn ihnen die Unwirksamkeit der vertraglichen Verweisung bekannt gewesen wäre. Die Ergänzung muss deshalb für den betroffenen Vertragstyp *„als allgemeine Lösung eines stets wiederkehrenden Interessengegensatzes angemessen sein"*.[113] Daher ist derjenige Tarifvertrag anzuwenden, der den durch die jeweilige Bezugnahmeklausel verfolgten Zweck, in der Regel die Vereinheitlichung der Arbeitsbedingungen auf Grundlage eines Tarifwerkes, am ehesten gewährleistet. Welcher Tarifvertrag dies ist, ist eine Auslegungsfrage und muss unter Betrachtung der Einzelfallumstände entschieden werden, z.B. kann der Abschluss entsprechender Arbeitsverträge nur mit

110 BAG, Urt. v. 18.4.2012 – 4 AZR 392/10 – Rn 13ff.; BAG, Urt. v. 10.11.2010 – 5 AZR 633/09 – Rn 16ff.; BAG, Urt. v. 19.5.2010 – 4 AZR 796/08 – Rn 16ff.; *Greiner*, NZA 2009, 877, 879f. Ausführlich hierzu: *Henssler/Seidensticker*, RdA 2011, 247. Vgl. zur vergleichbaren Argumentation in dem weiteren Sonderfall „Privatisierung der Deutschen Bundespost": BAG, Urt. v. 6.7.2011 – 4 AZR 706/09 – Rn 22ff., wobei hier keine Tarifsukzession vorliegt.

111 Vgl. zum Ganzen: Schaub/*Treber*, ArbR-Hb., § 206 Rn 31 m.w.N.; *Greiner*, NZA 2009, 935, 935f.

112 BAG, Urt. v. 16.11.2011 – 4 AZR 246/10 – Rn 27.

113 BAG, Urt. v. 18.4.2012 – 4 AZR 392/10 – Rn 20 m.w.N.

einer bestimmten Gruppe von Arbeitnehmern darauf schließen lassen, dass der Arbeitgeber die Absicht hat, für diese gesonderte Arbeitsbedingungen zu schaffen.[114]

Praxistipp
Eine aufgespaltene Tarifsukzession kann arbeitsvertraglich nur über eine Klarstellung bzw. Ergänzung in der Bezugnahmeklausel erfasst werden, die Regeln für die Bestimmung des „einschlägigen" Tarifvertrages aufstellt.

Klauselmuster
Kommen nach dieser Regelung unterschiedliche Tarifverträge in Betracht, so ist die Auswahl des anzuwendenden Tarifvertrages nach den Regeln der Tarifkonkurrenz, insbes. dem Grundsatz der Spezialität, zu bestimmen.[115]

Praxistipp
Ist eine Tarifsukzession im Rahmen der Verweisung nicht gewollt, muss entweder eine statische Verweisung vereinbart oder in der dynamischen Bezugnahme ausdrücklich darauf hingewiesen werden, dass eine etwaige Tarifsukzession nicht erfasst sein soll.

Klauselmuster Vermeidung Tarifsukzession
Es gelten die Bestimmungen des Tarifvertrages [einfügen] in seiner jeweils gültigen Fassung. Von dieser kleinen zeitdynamischen Bezugnahmeklausel wird eine etwaige Tarifsukzession ausdrücklich nicht erfasst.

---

3. Formulierung einer Tarifwechselklausel

Das BAG ging lange Zeit davon aus, dass eine kleine dynamische Verweisung – entgegen ihres Wortlauts – im Sinne einer Gleichstellungsabrede als Tarifwechselklausel ausgelegt werden kann. Entscheidend war, dass die Tarifverträge vor und nach dem Tarifwechsel mit derselben Gewerkschaft geschlossen waren, da nicht tarifgebundene Mitarbeiter durch den Tarifwechsel nicht besser gestellt werden durften als tarifgebundene Arbeitnehmer. Fehlte es an einer kongruenten Tarifbindung vor und nach dem „Tarifwechsel", mussten weitere Umstände hinzutreten, um von einer Tarifwechselklausel ausgehen zu können.[116] 58

Seit der Rechtsprechungsänderung zur Gleichstellungsabrede hat das BAG jedoch mehrmals klargestellt, dass eine kleine dynamische Verweisung – über deren 59

---

114 BAG, Urt. v. 18.4.2012 – 4 AZR 392/10 – Rn 38f.; BAG, Urt. v. 25.8.2010 – 4 AZR 14/09 – Rn 33, wobei das Gericht diese Frage in beiden Entscheidungen offen lassen konnte. Vgl. zu einer Auslegungsentscheidung: LAG Düsseldorf, Urt. v. 18.12.2012 – 3 Sa 1476/12 – Rn 45ff.

115 Vgl. hierzu: *Giesen*, NZA 2006, 625, 629f.

116 BAG, Urt. v. 25.10.2000 – 4 AZR 506/99 – NZA 2001, 100, 103; BAG, Urt. v. 30.8.2000 – 4 AZR 581/99 – NZA 2001, 510, 511; BAG, Urt. v. 4.9.1996 – 4 AZR 135/95 – NZA 1997, 271, 272.

Wortlaut hinaus – nur noch dann als Tarifwechselklausel ausgelegt werden kann, wenn sich dies aus **besonderen Umständen** ergibt.[117] Allein die Bezeichnung als „Gleichstellungsabrede“ oder die Feststellung, dass eine solche vereinbart wurde, ist nicht ausreichend.[118] Ein Wille der Arbeitsvertragsparteien, die je nach (wechselnder) Branchenzugehörigkeit des Betriebs einschlägigen Tarifverträge privatautonom zur Geltung zu bringen, muss im Wortlaut des Vertrages einen hinreichend deutlichen Niederschlag gefunden haben oder sich zumindest aus den Begleitumständen bei Vertragsschluss ergeben. Dies ist in jedem Einzelfall gesondert festzustellen.[119] Eine ergänzende Vertragsauslegung ist nur bei einer nachträglich eingetretenen Regelungslücke möglich, wobei es sich insoweit um Ausnahmefälle handelt, z.B. Fälle der Tarifsukzession.[120]

60 In der Praxis kommt erschwerend hinzu, dass eine Tarifwechselklausel zur Anwendbarkeit mehrerer Tarifwerke auf das Arbeitsverhältnis führen kann, da das BAG den Grundsatz der Tarifeinheit im Betrieb aufgegeben hat.[121] Somit kann ein Arbeitgeber an mehrere Tarifverträge normativ gebunden sein. Die Frage, welcher dieser Tarifverträge aufgrund der Inbezugnahme anwendbar ist, kann nicht unmittelbar über den Grundsatz der Spezialität gelöst werden, da dieser eine rein tarif-, aber keine arbeitsvertragsrechtliche Kollisionsregel darstellt.[122] Das BAG orientierte sich allerdings bisher auch bei der Auslegung von einzelvertraglichen Bezugnahmen an dieser und gab im Zweifel dem (räumlich, betrieblich, fachlich und persönlich) **spezielleren Tarifvertrag** den Vorzug.[123]

61 Da gegenwärtig nicht abzusehen ist, welche Auslegungsgrundsätze das BAG in Zukunft anwenden wird, vertritt die arbeitsrechtliche Literatur unterschiedliche Lösungsansätze zur Frage, wie der „einschlägige“ Tarifvertrag festgestellt werden

---

117 Vgl. zur Rechtsprechungsänderung zur Gleichstellungsabrede: BAG, Urt. v. 14.12.2005 – 4 AZR 536/04 – Rn 19 ff.; BAG, Urt. v. 18.4.2007 – 4 AZR 652/05 – Rn 25 ff.

118 BAG, Urt. v. 6.7.2011 – 4 AZR 706/09 – Rn 45 f., das darauf hinweist, dass dies auch bei einer Verweisung auf Haustarifverträge gilt. Vgl. auch: BAG, Urt. v. 17.11.2010 – 4 AZR 391/09 – Rn 34; BAG, Beschl. V. 22.4.2009 – 4 ABR 14/08 – Rn 73; BAG, Urt. v. 29.8.2007 – 4 AZR 767/06 – Rn 17.

119 BAG, Urt. v. 6.7.2011 – 4 AZR 706/09 – Rn 36 ff.; BAG, Urt. v. 17.11.2010 – 4 AZR 391/09 – Rn 25 f.; Schaub/*Treber*, ArbR-Hb., § 206 Rn 26 f., der darauf hinweist, dass die abweichende Rechtsprechung im Fall von „gleichbleibenden“ Gewerkschaften mittlerweile ausdrücklich aufgegeben wurde; vgl. BAG, Urt. v. 22.4.2009 – 4 ABR 14/08 – Rn 73.

120 Vgl. hierzu bereits: Kapitel 8 Rn 53 ff. Vgl. auch: BAG, Urt. v. 18.4.2012 – 4 AZR 392/10 – Rn 13 ff.; BAG, Urt. v. 6.7.2011 – 4 AZR 706/09 – Rn 25.

121 BAG, Beschl. v. 27.1.2010 – 4 AZR 549/08 – Rn 17 ff.; BAG, Beschl. v. 23.6.2010 – 10 AS 2/10 – Rn 2.

122 BAG, Urt. v. 24.3.2010 – 4 AZR 713/08 Rn 40 ff.; ErfK/*Franzen*, § 4 TVG Rn 66 m.w.N.; Moll/*Hamacher*, Arbeitsrecht, § 68 Rn 124.

123 BAG, Urt. v. 14.12.2005 – 10 AZR 296/05 – Rn 25. Ausführlich zu Tarifkonkurrenz und Tarifpluralität: *Löwisch/Rieble*, TVG, § 4 TVG Rn 263 ff.; ErfK/*Franzen*, § 4 TVG Rn 65 ff.; Henssler/Moll/Bepler/*Henssler*, Tarifvertrag, Teil 9 Rn 75 ff. und 85 ff.

kann. Beispielsweise werden ein einseitiges Bestimmungsrecht des Arbeitgebers, die Anwendung des repräsentativsten oder des speziellsten Tarifvertrages oder die Festlegung des einschlägigen Tarifwerks nach Günstigkeitsgesichtspunkten vertreten.[124] Die ungeklärte Rechtslage bietet dem Arbeitgeber in der Praxis die Möglichkeit, die Regeln für die Bestimmung des für das Arbeitsverhältnis relevanten Tarifvertrages in der Bezugnahmeklausel selbst festzulegen. Außer dem Vorschlag eines einseitigen Bestimmungsrechts des Arbeitgebers, das im Zweifel gegen § 308 Nr. 4 BGB verstößt,[125] sind viele Möglichkeiten denkbar, solange die betreffenden Tarifverträge möglichst konkret bezeichnet werden.

Praxistipp

- Die gewünschte Wirkung als Tarifwechselklausel muss sich eindeutig aus dem **Wortlaut** des Arbeitsvertrages ergeben, um den vom BAG geforderten entsprechenden Parteiwillen rechtssicher annehmen zu können.
- Droht eine **Kollision** mehrere Tarifverträge aufgrund einer arbeitsvertraglichen Inbezugnahme, ist diese vertraglich „aufzulösen".
- Geeignet sind hierzu Klauseln, die eine eindeutige Ermittlung des jeweils in Bezug genommenen Tarifvertrages anhand **abstrakt festgelegter Kriterien** ermöglichen.
- Um eine „Ewigkeitsbindung" zu vermeiden, sollte eine **statische Weitergeltung** der in Bezug genommenen Tarifverträge für den Fall des Endes der Tarifgebundenheit des Arbeitgebers vereinbart werden.

Klauselmuster Tarifwechselklausel

1. Ist der Arbeitgeber an mehrere, konkurrierende Tarifverträge gebunden, in deren Geltungsbereich dieses Arbeitsverhältnis fällt, kommen die Grundsätze der Tarifeinheit und der **Spezialität** zur Anwendung.
   - **Alternative**: Ist der Arbeitgeber an mehrere Tarifverträge gebunden, so sind auf das Arbeitsverhältnis die Tarifverträge anwendbar, in deren Geltungsbereich das Arbeitsverhältnis fällt. Wird das Arbeitsverhältnis von mehreren konkurrierenden Tarifverträgen erfasst, so ist der **speziellste** Tarifvertrag anwendbar. Das ist der Tarifvertrag, der dem Betrieb räumlich, betrieblich, fachlich und persönlich am nächsten steht und deshalb den Erfordernissen und Eigenarten des Betriebs und der dort tätigen Arbeitnehmer am besten gerecht wird. Derzeit sind damit nach Auffassung des Arbeitgebers die folgenden Tarifverträge anwendbar: [an dieser Stelle möglichst genaue Bezeichnung der Tarifverträge nach Bezeichnung, Tarifgebiet, Tarifvertragsparteien].[126]
   - **Alternative**: Auf das Arbeitsverhältnis sind die jeweils für eine **relative Mehrheit** der im jeweiligen Beschäftigungsbetrieb tätigen tarifgebundenen Arbeitnehmer geltenden Tarif-

124 Ausführlich zu den einzelnen Vorschlägen: Preis/*Preis*, Arbeitsvertrag, II V 40 Rn 64 f.; *Preis/Greiner*, NZA 2007, 1073, 1076 f. m.w.N.; ErfK/*Franzen*, § 4 TVG Rn 67 ff.; Bauer/Lingemann/Diller/Haußmann/*Lingemann*, Arbeitsrecht, M 2.2 Fn 32, der auf den Gesetzentwurf von DGB und BDA zur Tarifeinheit verweist.

125 Preis/*Preis*, Arbeitsvertrag, II V 40 Rn 64.

126 Vgl. zu dieser Klausel und einer „einfachen" Tarifwechselklausel: Bauer/Lingemann/Diller/Haußmann/*Lingemann*, Arbeitsrecht, M 2.2 Ziff. 5 Var. 3 und 4.

verträge in ihrer jeweils gültigen Fassung anwendbar. Das sind nach Kenntnis des Arbeitgebers derzeit: [an dieser Stelle möglichst genaue Bezeichnung der Tarifverträge nach Bezeichnung, Tarifgebiet, Tarifvertragsparteien].[127]

2. Die Verweisung nach Abs. 1 gilt, solange der Arbeitgeber tarifgebunden ist. Endet die Tarifbindung des Arbeitgebers, gilt der zu diesem Zeitpunkt anwendbare Tarifvertrag statisch in seiner zuletzt gültigen Fassung fort.

4. Veränderungen der Geltung des Tarifvertrages

62 Abschließend stellt sich die Frage, ob bestimmte Veränderungen des Geltungsbereichs des Tarifvertrages im Rahmen der Formulierung von Bezugnahmeklauseln besonders berücksichtigt werden können oder ob die Arbeitsvertragsparteien auf eine ihren Zielen entsprechende Vertragsauslegung hoffen müssen. Tritt ein Arbeitgeber z.B. aus dem Arbeitgeberverband aus, wirkt der Tarifvertrag nach seinem Ablauf (sog. Nachbindung, § 3 Abs. 3 TVG) nach (§ 4 Abs. 5 TVG). Auch bei Veränderungen des Geltungsbereichs werden nicht tarifgebundene mit tarifgebundenen Mitarbeitern gleichgestellt, wenn eine Gleichstellungsabrede vorliegt.[128] Liegt hingegen keine Gleichstellungsabrede vor, wird die Dynamik der Verweisung von Veränderungen der Geltung des Tarifvertrages grundsätzlich nicht berührt.[129] Unproblematisch ist eine ausdrücklich vereinbarte statische Verweisung, da diese auch bei Veränderungen des Geltungsbereichs des Tarifvertrages die Dynamik der Bezugnahme verhindert.[130]

a) Betriebsübergang

63 Bei einem Betriebsübergang, der mit einer Änderung der Geltung des Tarifvertrages verbunden ist, werden die tariflichen Regelungen der **tarifgebundenen** Mitarbeiter gemäß § 613a Abs. 1 S. 2 BGB Bestandteil der Arbeitsverträge beim Erwerber.[131] Arbeitsvertragliche Verweisungsklauseln gehen gemäß § 613a Abs. 1 S. 1 BGB auf den Erwerber über. Stellt die Bezugnahmeklausel im Arbeitsvertrag eines **nicht tarifgebundenen** Arbeitnehmers eine Gleichstellungsabrede dar, verliert diese Verweisung grundsätzlich automatisch ihre Dynamik, wenn der Erwerber nicht oder anders tarifgebunden ist. Der beim Veräußerer geltende Tarifvertrag findet nur noch

---

127 Moll/*Hamacher*, Arbeitsrecht, § 68 Rn 123 m.w.N.

128 BAG, Urt. v. 19.3.2003 – 4 AZR 331/02 – NZA 2003, 1207, 1208 f.; BAG, Urt. v. 26.9.2001 – 4 AZR 544/00 – NZA 2002, 634, 635.

129 BAG, Urt. v. 22.10.2008 – 4 AZR 793/07 – Rn 23 f. Vgl. zum nicht tarifgebundenen Arbeitgeber: Henssler/Moll/Bepler/*Henssler*, Tarifvertrag, Teil 10 Rn 72 f.

130 ErfK/*Franzen*, § 3 TVG Rn 39.

131 Vgl. zur „kongruenten" Bindung nach § 613a Abs. 1 S. 3 BGB: BAG, Urt. v. 29.8.2007 – 4 AZR 767/06 – Rn 19; Preis/*Preis*, Arbeitsrecht, II V 40 Rn 106 m.w.N.

statisch Anwendung.[132] Ist der Erwerber hingegen an einen Tarifvertrag mit derselben Gewerkschaft wie der Veräußerer gebunden, folgt der „neue“ Tarifvertrag dem „alten“ – weiterhin dynamisch – nach.[133]

Liegt **keine Gleichstellungsabrede** vor, bleibt die Dynamik der Verweisungs- 64
klausel nach dem Betriebsübergang bestehen. Sie wirkt bei nicht tarifgebundenen Mitarbeitern gemäß § 613a Abs. 1 S. 1 BGB **dauerhaft konstitutiv und dynamisch** beim Betriebserwerber fort.[134] Falls bei diesem ein anderer Tarifvertrag normativ gilt und die in Bezug genommenen Tarifverträge inhaltlich von erstem abweichen, sind diese Kollisionen bei kongruent tarifgebundenen Mitarbeitern über das **Günstigkeitsprinzip** im Rahmen eines sog. „Sachgruppenvergleichs“ zu lösen, § 4 Abs. 3 TVG.[135] Bei nicht tarifgebundenen Arbeitnehmern tritt bei dieser Klauselart regelmäßig keine „Kollision“ auf, da die betreffenden Tarifwerke auch nach dem Betriebsübergang nur kraft arbeitsvertraglicher Bezugnahme Anwendung finden und auf bestimmte Tarifwerke verwiesen wird; welche dies sind, ergibt sich sodann aus einer Auslegung.

Eine **„klassische“ große Bezugnahmeklausel** kann Schwierigkeiten bereiten, 65
wenn der Betriebserwerber anders tarifgebunden ist als der Veräußerer und mehrere Tarifverträge bei Ersterem normativ gelten. Insoweit wird vertreten, dass der Betriebsübergang auf einen nicht tarifgebundenen Arbeitgeber unproblematisch sei, da diese Art der Bezugnahme regelmäßig auf die *„jeweils (normativ) geltenden“* Tarifbestimmungen verweist, die beim nicht tarifgebundenen Arbeitgeber nicht mehr existieren.[136] Hierüber lässt sich mit Blick auf den Zweck einer großen dynamischen Bezugnahmeklausel aber durchaus diskutieren, sodass zumindest die bei angenommener Tarifbindung geltenden Tarifverträge in Bezug genommen werden.

Praxistipp !

Da bei Abschluss des Arbeitsvertrages regelmäßig nicht absehbar ist, ob in Zukunft überhaupt ein Betriebsübergang stattfinden wird und wenn ja, ob der Betriebserwerber tarifgebunden ist oder nicht, empfiehlt es sich, mögliche Varianten vertraglich zu erfassen und eine Kollisionsregel aufzunehmen.

---

132 BAG, Urt. v. 17.11.2010 – 4 AZR 391/09 – Rn 31; BAG, Urt. v. 14.12.2005 – 4 AZR 536/04 – Rn 13; BAG, Urt. v. 29.8.2001 – 4 AZR 332/00 – NZA 2002, 513, 516 f.

133 BAG, Urt. v. 30.8.2000 – 4 AZR 581/99 – NZA 2001, 510, 511; BAG, Urt. v. 25.10.2000 – 4 AZR 506/99 – NZA 2002, 100, 103.

134 BAG, Urt. v. 24.2.2010 – 4 AZR 691/08 – Rn 23 ff.; BAG, Urt. v. 22.10.2008 – 4 AZR 793/07 Rn 21 ff.; Preis/*Preis*, Arbeitsrecht, II V 40 Rn 109 m.w.N.

135 BAG., Urt. v. 12.12.2012 – 4 AZR 329/11 – Rn 46 f.; BAG, Urt. v. 29.8.2007 – 4 AZR 767/06 – Rn 20; a.A.: ErfK/*Franzen*, § 4 TVG Rn 37. Vgl. ausführlich zum Günstigkeitsprinzip und Sachgruppenvergleich: *Löwisch/Rieble*, TVG, § 4 TVG Rn 486 f. und 522 ff.

136 Henssler/Moll/Bepler/*Henssler*, Tarifvertrag, Teil 10 Rn 92; ErfK/*Franzen*, § 3 TVG Rn 41.

Klauselmuster Betriebsübergang
Im Falle eines Betriebsübergangs gelten die zu diesem Zeitpunkt gemäß Abs. [einfügen] anwendbaren Tarifverträge statisch in der zuletzt gültigen Fassung fort, wenn der neue Arbeitgeber nicht tarifgebunden ist. Ist der neue Arbeitgeber tarifgebunden, finden die jeweils für die Mehrheit der bei dem neuen Arbeitgeber beschäftigten tarifgebundenen Arbeitnehmer geltenden Tarifverträge Anwendung. Die Tarifverträge nach Satz 1 können durch andere Abmachungen ersetzt werden.[137]

b) Verbandsaustritt, Verbandswechsel und Tarifwegfall

66 Hinsichtlich eines Verbandsaustritts oder eines Verbandswechsels des Arbeitgebers wird auf die Ausführungen zur Gleichstellungsabrede und zum Betriebsübergang verwiesen, da sich die bei einem Verbandsaustritt oder -wechsel auftretenden Fragen insoweit in ähnlicher Weise stellen.[138] Wird ein in Bezug genommener Tarifvertrag nicht mehr fortgeführt und durch einen anderen (neuen) Tarifvertrag ersetzt, z.B. wenn ein kleinerer Verband in einem größeren aufgeht oder ein Haustarifvertrag beendet wird, spricht man von einem **Tarifwegfall.** Insoweit kann auf die Ausführungen zur Tarifsukzession verwiesen werden, da auch bei einem Tarifwegfall – aufgrund der vergleichbaren Konstellation – eine ergänzende Vertragsauslegung möglich sein dürfte.[139]

IV. Zusammenfassung/Formulierungsbeispiel

67 Es hat sich gezeigt, dass bei arbeitsvertraglichen Bezugnahmen auf Tarifverträge die unterschiedlichsten Konstellationen auftreten und diese auf verschiedene Arten gehandhabt werden können. Je nachdem, wie der Arbeitgeber auf welchen Tarifvertrag oder dessen Teile für welchen Zeitraum Bezug nehmen will, kommen unterschiedliche Varianten von Verweisungsklauseln in Betracht. Unabhängig vom Zweck der Bezugnahme, muss diese im Hinblick auf die §§ 305ff. BGB **eindeutig, klar und transparent** formuliert werden, um die gewünschte Flexibilisierungswirkung zu erfüllen und keinen Raum für eine Auslegung zu eröffnen, die zu einem im Zweifel nicht gewünschten Ergebnis führt. Vor der Verwendung von Verweisungen müssen daher zunächst die Interessenlage und die möglichen Folgewirkungen genau untersucht und analysiert werden, da durch diese Klauseln auf der einen Seite oftmals eine Gleichstellung aller Mitarbeiter erreicht werden soll. Auf der anderen

137 Vgl. zu diesem Klauselmuster: Preis/*Preis*, Arbeitsrecht, II V 40 Rn 112. Vgl. zu einer ausdrücklichen Gleichstellungsabrede: Moll/*Melms*, Arbeitsrecht, § 10 Rn 161.
138 Vgl. Kapitel 8 Rn 37ff. und 63ff.
139 Vgl. Kapitel 8 Rn 53ff. Vgl. hierzu auch: ErfK/*Franzen*, § 3 TVG Rn 40 m.w.N.

Seite haben die Arbeitsvertragsparteien regelmäßig großes Interesse an einer Flexibilisierung und Dynamisierung der Arbeitsbedingungen.[140]

Eine konkrete Klauselvariante kann vor dem Hintergrund, dass die jeweilige 68
Formulierung wesentlich von der im Einzelfall gewünschten Wirkung abhängig ist, nicht generalisierend empfohlen werden. Allerdings können mit einer Tarifwechselklausel die meisten Eventualitäten „erschlagen" und regemäßig das größte Maß an Flexibilisierung erreicht werden. Trotz des Flexibilisierungsgedankens darf nicht übersehen werden, dass wesentliches Ziel einer jeden Bezugnahmeklausel auch die Herbeiführung von Rechtssicherheit für die Arbeitsvertragsparteien sein muss, soweit dies vor dem Hintergrund der BAG-Rechtsprechung möglich ist.

Klauselmuster Verweisungsklausel

1. Ist der Arbeitnehmer an die bei dem Arbeitgeber geltenden Tarifverträge normativ gebunden, finden auf das Arbeitsverhältnis ausschließlich diese Tarifverträge Anwendung. Die folgenden Absätze gelten in diesem Fall nicht.
2. Ist der Arbeitnehmer nicht tarifgebunden, finden auf das Arbeitsverhältnis die jeweils für den Arbeitgeber kraft normativer Tarifbindung geltenden Tarifverträge und die diesen ergänzenden, ändernden oder ersetzenden Tarifverträge in ihrer jeweils gültigen Fassung Anwendung.
3. Ist der Arbeitgeber an mehrere Tarifverträge gebunden, so sind auf das Arbeitsverhältnis die Tarifverträge anwendbar, in deren Geltungsbereich das Arbeitsverhältnis fällt. Wird das Arbeitsverhältnis von mehreren konkurrierenden Tarifverträgen erfasst, ist der speziellste Tarifvertrag anwendbar. Das ist der Tarifvertrag, der dem Betrieb räumlich, betrieblich, fachlich und persönlich am nächsten steht und deshalb den Erfordernissen und Eigenarten des Betriebs und der dort tätigen Arbeitnehmer am besten gerecht wird. Derzeit sind damit nach Auffassung des Arbeitgebers die folgenden Tarifverträge anwendbar: [an dieser Stelle möglichst genaue Bezeichnung der Tarifverträge nach Bezeichnung, Tarifgebiet, Tarifvertragsparteien].
4. Diese Abrede bezweckt die Gleichstellung tarifgebundener und nicht tarifgebundener Arbeitnehmer und stellt daher eine Gleichstellungsabrede dar. Dies bedeutet:
   - Sie ersetzt lediglich eine fehlende Tarifbindung auf Seiten des Arbeitnehmers. Einen darüber hinaus gehenden Zweck hat diese Klausel nicht, insbesondere soll einem nicht tarifgebundenen Arbeitnehmer keine weiter gehende Rechtsstellung eingeräumt werden als diejenige, die für den tarifgebundenen Arbeitnehmer normativ gilt. Die Tarifverträge gemäß Abs. 1 sind daher nur solange auf das Arbeitsverhältnis anwendbar, wie der Arbeitgeber normativ gegenüber organisierten Arbeitnehmern tarifgebunden ist.
   - Endet die Tarifbindung des Arbeitgebers oder findet ein Betriebsübergang auf einen nicht 69
     tarifgebundenen Arbeitgeber statt, finden die Bestimmungen der Tarifverträge mit dem Inhalt Anwendung, den sie bei Ende der Tarifbindung des Arbeitgebers haben. Der Arbeitnehmer hat keinen Anspruch auf Weitergabe künftiger tariflicher Änderungen. Der Arbeitgeber wird dem Arbeitnehmer jeweils mitteilen, wenn und wann seine Tarifbindung endet. Diese Regelung gilt jeweils so lange, bis für den Arbeitgeber wieder kraft Tarifbindung ein oder mehrere Tarifverträge Anwendung finden.
   - Im Fall eines Verbandswechsels des Arbeitgebers, eines Betriebsübergangs auf einen tarifgebunden Arbeitgeber oder eines Branchenwechsels gelten für das Arbeitsverhältnis

---

140 Vgl. zu diesem Spannungsverhältnis: Preis/*Preis*, Arbeitsvertrag, II V 40 Rn 115.

die zu diesem Zeitpunkt jeweils kraft normativer Tarifbindung für den Arbeitgeber anwendbaren Tarifverträge in ihrer jeweils gültigen Fassung. Dies gilt unabhängig davon, ob sie die Arbeitsbedingungen für den Arbeitnehmer verbessern oder verschlechtern. Der Arbeitgeber wird dem Arbeitnehmer die anwendbaren Tarifverträge jeweils mitteilen.

5. Der Arbeitgeber kann aus wirtschaftlichen Gründen durch schriftliche Erklärung die Anwendung der geltenden Tarifverträge auf die im Zeitpunkt der Erklärung geltende Fassung beschränken. Künftige Tarifänderungen gelten dann nicht mehr für den Arbeitnehmer.[141]

C. Verweis auf Betriebsvereinbarungen

70 Bezugnahmeklauseln auf Betriebsvereinbarungen finden sich in vielen Arbeitsverträgen von Unternehmen, die über einen Betriebsrat verfügen. Dennoch wird dieser Art der Verweisungsklausel nur wenig Beachtung geschenkt. Es stellt sich in diesem Zusammenhang insbesondere die Frage, ob diese Bezugnahmen genauso zu behandeln sind wie solche auf Tarifverträge, da in beiden Fällen Bezugnahmeobjekt eine kollektive Regelung ist.

I. Rechtliche Rahmenbedingungen

1. Grundsatz: Deklaratorische Verweisung

71 Gemäß § 77 Abs. 4 S. 1 BetrVG gelten Betriebsvereinbarungen in dem jeweiligen Betrieb **unmittelbar und zwingend** für alle betriebsangehörigen Arbeitnehmer. Da die Eigenschaft als „Betriebsangehöriger" im Gegensatz zur Mitgliedschaft in der Gewerkschaft **nicht „frei" wählbar** ist, werden alle Betriebsangehörigen bereits durch das Gesetz „gleichgestellt". Daher kann eine Bezugnahme auf eine Betriebsvereinbarung grundsätzlich nur **deklaratorische** Wirkung haben.[142] Dabei ist davon auszugehen, dass im Zweifel **dynamisch** auf die Betriebsvereinbarung verwiesen wird.[143]

---

141 Zu dieser und anderen Klauselvarianten: Bauer/Lingemann/Diller/Haußmann/*Lingemann*, Arbeitsrecht, M 2.2 Ziff. 5 Var. 4; Hümmerich/Reufels/*Reufels*, Arbeitsverträge, § 1 Rn 1414 ff.; Preis/*Preis*, Arbeitsvertrag, II V 40 Rn 115; Moll/*Melms*, Arbeitsrecht, § 10 Rn 161; *Giesen*, NZA 2006, 625, 630 f.

142 BAG, Urt. v. 12.3.2008 – 10 AZR 256/07 – Rn 24; BAG, Urt. v. 24.9.2003 – 10 AZR 34/03 – Rn 45, *Singer*, RdA 2003, 194, 198. Vgl. auch *Preis*, NZA 2010, 361, 367, der aufgrund des deklaratorischen Charakters der Verweisung deren Sinnhaftigkeit in Frage stellt.

143 *Rieble/Schul*, RdA 2006, 339, 346.

2. Ausnahme: Konstitutive Verweisung

Eine Bezugnahme auf eine Betriebsvereinbarung kann nur ausnahmsweise **konstitutive** Wirkung haben, wenn diese nicht bereits normativ gilt, z.B. in betriebsratslosen Betrieben und für leitende Angestellte i.S.v. § 5 Abs. 3 BetrVG.[144] Deren Regelungen werden in diesem Fall Inhalt des Arbeitsvertrages und können nur unter Mitwirkung des Betriebsrats geändert werden. 72

a) Verweis auf unwirksame Betriebsvereinbarungen

Auch der Verweis auf **unwirksame** Betriebsvereinbarungen, z.B. aufgrund fehlen- 73
der Regelungskompetenz, mangelhafter Beschlussfassung nach § 33 BetrVG, Anfechtung oder Verstoßes gegen das Schriftformgebot, kann eine konstitutive Bezugnahme darstellen. Zwar ist es aus arbeitsvertraglicher Sicht nicht notwendig, dass die in Bezug genommene Betriebsvereinbarung kollektivrechtlich anwendbar ist, soweit das Wirksamkeitshindernis nicht auch der arbeitsvertraglichen Bezugnahme entgegensteht.[145] Allerdings müssen insoweit dieselben Anforderungen wie bei einem Verweis auf unwirksame Tarifverträge gestellt werden: Nur wenn sich aus der Bezugnahmeklausel eindeutige Anhaltspunkte für einen entsprechenden Parteiwillen ergeben, können die Arbeitsvertragsparteien unwirksame betriebsverfassungsrechtliche Bestimmungen zum Inhalt des Arbeitsvertrages machen.[146] Dies gilt erst recht, wenn eine zunächst deklaratorische in eine konstitutive Verweisung „konvertiert", da die normative Geltung der in Bezug genommenen Betriebsvereinbarung nachträglich wegfällt.[147]

Beispiel
Die Arbeitsvertragsparteien verweisen auf eine Betriebsvereinbarung, deren Nachwirkung die Betriebsparteien von vornherein ausgeschlossen hatten. Diese wird gekündigt, durch Aufhebungsvertrag beendet oder gilt nach Ablauf einer vereinbarten Befristung nicht mehr.[148]

Da die Bezugnahme auf eine Betriebsvereinbarung grundsätzlich keine konstitutive 74
Wirkung hat, kann eine solche auch **nicht nachträglich** durch äußere Umstände eintreten, solange sich ein entsprechender Wille der Arbeitsvertragsparteien nicht

144 BAG, Urt. v. 18.11.2003 – 1 AZR 604/02 – NZA 2004, 803, 804f. Zu weiteren Beispielen: *Preis*, NZA 2010, 361, 365.
145 *Rieble/Schul*, RdA 2006, 339, 346, die auf Verstöße gegen die zwingende Geltung von Tarifverträgen verweisen.
146 Vgl. zum Verweis auf unwirksame Tarifverträge: BAG, Urt. v. 22.1.2002 – 9 AZR 601/00 – NZA 2002, 1041, 1043. Vgl. auch: *Rieble/Schul*, RdA 2006, 339, 346f., die darauf verweisen, dass zumindest ein „*Mindestmaß an natürlicher Einigung*" zwischen den Betriebsparteien vorliegen muss.
147 *Preis*, NZA 2010, 361, 365; *Rieble/Schul*, RdA 2006, 339, 346f.
148 Vgl. zur Nachwirkung bei Betriebsvereinbarungen: *Fitting*, BetrVG, § 77 BetrVG Rn 177ff.

ausdrücklich aus der Verweisung ergibt. Endet die kollektivrechtliche Geltung der in Bezug genommenen Betriebsvereinbarung, kommt der deklaratorischen Verweisung damit keine konstitutive Wirkung zu, sondern diese geht vielmehr ins Leere.[149]

b) Verweis auf „betriebsfremde" Betriebsvereinbarungen

75 Eine konstitutive Bezugnahme ist außerdem in der Verweisung auf Betriebsvereinbarungen anderer Betriebe zu sehen, da diese nur in deren Geltungsbereich, d.h. in dem Betrieb, für den sie abgeschlossen wurden, unmittelbar und zwingend gelten. Erst die arbeitsvertragliche Verweisung begründet die Anwendung der in Bezug genommenen Betriebsvereinbarung, sodass sich auch hier ein entsprechender Parteiwille aus der Bezugnahmeklausel oder den Umständen bei Vertragsschluss ergeben muss.[150]

3. AGB-Kontrolle

a) Normativ geltende Betriebsvereinbarung

76 Die arbeitsvertragliche Verweisung auf bereits normativ im Betrieb geltende Betriebsvereinbarungen unterliegt der AGB-Kontrolle. Die in Bezug genommene Betriebsvereinbarung und deren Regelungen unterliegen als solche – genauso wie der Tarifvertrag – gemäß § 310 Abs. 4 S. 1 und 3 BGB hingegen nicht der AGB-Kontrolle. So sollen auch Betriebsvereinbarungen nur an den für sie spezifisch entwickelten Maßstäben des BetrVG gemessen werden.[151] Da die Verweisung auf eine normativ geltende Betriebsvereinbarung nur deklaratorische Wirkung hat, werden die Mitarbeiter durch die Bezugnahme an sich nicht belastet. Daher ist eine entsprechende arbeitsvertragliche Klausel aus AGB-rechtlicher Sicht nicht zu beanstanden.

Klauselmuster Deklaratorische Bezugnahme
Auf das Arbeitsverhältnis findet die bei dem Arbeitgeber geltende Betriebsvereinbarung zur Lage, Beginn und Ende der Arbeitszeit in ihrer jeweils gültigen Fassung Anwendung.

---

b) Unwirksame und betriebsfremde Betriebsvereinbarungen

77 Haben die Arbeitsvertragsparteien ihren Willen dahingehend klar zum Ausdruck gebracht, dass Bezugnahmeobjekt eine **unwirksame** Betriebsvereinbarung sein

---

149 Ebenso: *Preis*, NZA 2010, 361, 365; *Rieble/Schul*, RdA 2006, 339, 344 und 346.
150 BAG, Urt. v. 18.11.2003 – 1 AZR 604/02 – NZA 2004, 803, 804 f.; *Rieble/Schul*, RdA 2006, 339, 343 f.
151 *Preis*, NZA 2010, 361, 365; *Rieble/Schul*, RdA 2006, 339, 348 f.; Däubler/Bonin/Dienert/*Däubler*, AGB-Kontrolle, § 310 BGB Rn 54 ff.

soll, sind sowohl die Verweisung als auch die Regelungen der unwirksamen Betriebsvereinbarung uneingeschränkt der AGB-Kontrolle unterworfen. Die Privilegierung des § 310 Abs. 4 Satz 1 BGB greift nicht.[152] Darüber hinaus ist zu prüfen, ob die Bezugnahme an sich nicht bereits überraschend ist.[153]

Anders als bei einer Verweisung auf eine unwirksame Betriebsvereinbarung 78
kann bei der Inbezugnahme einer **betriebsfremden** Betriebsvereinbarung dieser die Richtigkeitsgewähr nicht abgesprochen werden. Die Betriebsparteien, die für die in Bezug genommene Regelung verantwortlich sind, haben diese unter Berücksichtigung der für ihren Betrieb geltenden Rahmenbedingungen ausgehandelt und abgeschlossen. Jedoch kann die Bezugnahme als solche überraschend und damit unwirksam sein. Dies richtet sich jeweils nach den Umständen des Einzelfalls und kann z.B. angenommen werden, wenn die wirtschaftlichen Rahmenbedingungen der beiden Betriebe stark voneinander abweichen.[154]

c) Rechtsfolgen

Erweist sich bereits die Bezugnahmeklausel als überraschend (§ 305c Abs. 1 BGB) 79
oder benachteiligt sie den Mitarbeiter unangemessen (§ 307 Abs. 1 und 2 BGB), ist die arbeitsvertragliche Verweisung unwirksam und die in Bezug genommene Betriebsvereinbarung wird nicht Inhalt des Arbeitsverhältnisses. Falls nur die Dynamik gegen AGB-rechtliche Grundsätze verstößt, bleibt eine statische Verweisung erhalten.[155]

Wurde die unwirksame (betriebsfremde) Betriebsvereinbarung hingegen wirk- 80
sam zum Inhalt des Arbeitsvertrages gemacht, hält aber diese der AGB-Kontrolle ganz oder teilweise nicht stand, wird sie im Wege des sog. **„blue-pencil"-Tests** punktuell zerlegt. Anders ausgedrückt: Nur die für die Arbeitnehmer unangemessenen Bestimmungen werden „gestrichen". Neutrale und vor allem für Arbeitnehmer günstige Regelungen werden Inhalt des Arbeitsverhältnisses, soweit diese sprachlich abtrennbar sind.[156]

---

152 Däubler/Bonin/Deinert/*Däubler*, AGB-Kontrolle, § 310 BGB Rn 56a; *Rieble/Schul*, RdA 2006, 339, 345, *Singer*, RdA 2003, 194, 198.

153 *Rieble/Schul*, RdA 2006, 339, 347 f., die die dynamische Verweisung auf unwirksame oder betriebsfremde Betriebsvereinbarungen außerdem an § 308 Nr. 4 BGB scheitern lassen wollen.

154 Vgl. Kapitel 8 Rn 11; *Rieble/Schul*, RdA 2006, 339, 345 f., die zutreffend darauf verweisen, dass über die Beurteilung einer Bezugnahme als unklar oder überraschend keine AGB-Kontrolle der Betriebsvereinbarung herbeigeführt werden kann. A.A.: Däubler/Bonin/Deinert/*Däubler*, AGB-Kontrolle, § 310 BGB Rn 55; *Diehn*, NZA 2004, 129, 131; *Singer*, RdA 2003, 194, 198.

155 *Preis*, NZA 2010, 361, 363.

156 *Rieble/Schul*, RdA 2006, 339, 348.

II. Formulierungsbeispiel

81 Aus den obigen Ausführungen ergibt sich, dass zunächst genau geprüft werden sollte, ob der mit der Verweisung verfolgte Regelungszweck nur durch die Inbezugnahme einer unwirksamen oder betriebsfremden Betriebsvereinbarung erreicht werden kann. Wird eine wirksame Betriebsvereinbarung in Bezug genommen werden, kann jedenfalls das Risiko der späteren Unwirksamkeit durch die Aufnahme einer auflösenden Bedingung in die arbeitsvertragliche Verweisung vermieden werden, wenn man diesen Fall nicht bereits von dem Wort „geltend" als mitumfasst ansieht.

Klauselmuster Konstitutive Bezugnahme
Auf das Arbeitsverhältnis findet die bei dem Arbeitgeber geltende Betriebsvereinbarung zur Lage, Beginn und Ende der Arbeitszeit in ihrer jeweils gültigen Fassung Anwendung. Die Verweisung auf die benannte Betriebsvereinbarung in ihrer jeweils gültigen Fassung gilt nur, solange die Betriebsvereinbarung wirksam ist.

III. Alternative: betriebsvereinbarungsoffene Vertragsgestaltung

82 Neben der ausdrücklichen arbeitsvertraglichen Verweisung auf Betriebsvereinbarungen ist eine sog. betriebsvereinbarungsoffene Vertragsgestaltung in der Praxis üblich.[157] Diese hat regelmäßig den Zweck, das auch auf das Verhältnis von Betriebsvereinbarung und Arbeitsvertrag anwendbare **Günstigkeitsprinzip** auszuschließen, da das BAG bereits mehrfach ausdrücklich klargestellt hat, dass Betriebsvereinbarungen grundsätzlich den Arbeitsvertrag nicht zu Ungunsten der Arbeitnehmer ändern können.[158]

1. Rechtliche Rahmenbedingungen

83 Das BAG bejaht allerdings auch in ständiger Rechtsprechung die Zulässigkeit einer betriebsvereinbarungsoffenen Vertragsgestaltung. Ein entsprechender Änderungsvorbehalt kann ausdrücklich, aber auch stillschweigend oder konkludent vereinbart werden, wenn sich dies aus den Begleitumständen bei Vertragsschluss ergibt.[159] Eine solche Regelung, die vom BAG grundsätzlich als „dynamische Verweisung"

157 Vgl. zur Flexibilisierung der Arbeitszeit: ErfK/*Kania*, § 77 BetrVG Rn 85 f.
158 St. Rspr.: BAG, Urt. v. 5.3.2013 – 1 AZR 417/12 – Rn 55; BAG (Großer Senat), Beschl. v. 16.9.1986 – GS 1/82 – NZA 1987, 168, 172 ff. Ausführlich hierzu: ErfK/*Kania*, § 77 BetrVG Rn 68 ff.
159 BAG, Urt. 24.8.2004 – 1 AZR 419/03 – Rn 33; BAG, Urt. v. 20.11.1987 – 2 AZR 284/86 – NZA 1988, 617, 620; BAG, Urt. v. 12.8.1982 – 6 AZR 1117/79 – NJW 1983, 68, 69 f.

ausgelegt wird, bewirkt, dass das Günstigkeitsprinzip keine Anwendung findet.[160] Das BAG war zumindest bis zur Einführung der AGB-Kontrolle im Arbeitsrecht sehr großzügig in Bezug auf die Annahme von betriebsvereinbarungsoffenen Arbeitsverträgen:[161]

Beispiel

- „Die allgemeinen Arbeitsbedingungen und -vergütungen unterliegen den gesetzlichen Bestimmungen sowie Betriebsvereinbarungen."
- In einem Rundschreiben des Arbeitgebers, mit der eine Gesamtzusage bekannt gemacht wurde, war folgende Passage enthalten: „Bisher unterlag der Arbeitgeberbeitrag zum Beamtenversicherungsverein unter Berücksichtigung des Monatsfreibetrages von 26 DM als Arbeitseinkommen der Sozialversicherungs- und Steuerpflicht. **In Abstimmung mit dem Gesamtbetriebsrat** (Hervorhebung durch den Verfasser) wird ab der Februar-Gehaltsabrechnung, rückwirkend ab Januar 1976, eine Pauschalversteuerung des Arbeitgeberanteils zum Beamtenversicherungsverein erfolgen. Hierdurch ergibt sich künftig eine betragsmäßig nicht unerhebliche Entlastung für die Mitarbeiter, da die pauschalierten Steuern von der Bank getragen werden."

Ausreichend für eine Betriebsvereinbarungsoffenheit sollte sogar sein, dass eine Verpflichtung des Arbeitnehmers zur Leistung von Überstunden arbeitsvertraglich nicht ausgeschlossen ist.[162] 84

Existiert ein arbeitsvertraglicher Änderungsvorbehalt oder ergibt sich die Betriebsvereinbarungsoffenheit aus den Umständen, können die Betriebsparteien auch **zulasten** der Mitarbeiter von arbeitsvertraglichen Regelungen abweichen.[163] Allerdings unterliegen zumindest die jeweiligen Betriebsvereinbarungen einer **Rechtskontrolle**, da die Betriebsparteien die Grundsätze der Verhältnismäßigkeit und des Vertrauensschutzes zu beachten haben.[164] 85

---

160 BAG, Urt. v. 16.11.2011 – 10 AZR 60/11 – Rn 17; BAG, Urt. 24.8.2004 – 1 AZR 419/03 – Rn 33; ErfK/*Kania*, § 77 BetrVG Rn 79; Hümmerich/Reufels/*Schiefer*, Arbeitsverträge, § 1 Rn 1260.

161 Vgl. zu den Beispielen: BAG, Urt. v. 20.11.1987 – 2 AZR 284/86 – NZA 1988, 617; BAG, Urt. v. 10.12.2002 – 3 AZR 671/01 – NJOZ 2003, 3363, 3364 f. Vgl. zu weiteren Beispielen und zur nachträglichen Vereinbarung einer Betriebsvereinbarungsoffenheit: ErfK/*Kania*, § 77 BetrVG Rn 81 f.

162 BAG, Urt. v. 3.6.2003 – 1 AZR 349/02 – NZA 2003, 1155, 1159. Vgl. hierzu auch: *Preis/Ulber*, RdA 2013, 211, 225, die zutreffend darauf hinweisen, dass aus einer derart weiten Auslegung der Grundsatz folgt: *„alles was ungeregelt ist, ist betriebsvereinbarungsoffen"*.

163 BAG, Urt. v. 10.12.2002 – 3 AZR 671/01 – NJOZ 2003, 3363, 3366; BAG, Urt. v. 12.8.1982 – 6 AZR 1117/79 – NJW 1983, 68, 69 f., wobei der 6. Senat bereits das Günstigkeitsprinzip zu Unrecht für nicht einschlägig hält.

164 BAG, Urt. v. 10.12.2002 – 3 AZR 671/01 – NJOZ 2003, 3363, 3368.

2. Formulierungsbeispiel

86 Aus dem Vorstehenden kann für eine rechtssichere Vertragsgestaltung allerdings nicht abgeleitet werden, dass jede Klausel ausreichend ist, die nur in irgendeiner Form auf Betriebsvereinbarungen verweist. Dies folgt zum einen daraus, dass das BAG seit Einführung der AGB-Kontrolle im Arbeitsrecht in einigen Entscheidungen von den vormals sehr großzügigen Auslegungsgrundsätzen abrückt.[165] Zum anderen steht die arbeitsrechtliche Literatur den bisherigen Auslegungsgrundsätzen des BAG unter AGB-Gesichtspunkten kritisch gegenüber. Sie verweist darauf, dass diese weder das Transparenzgebot gemäß § 307 Abs. 1 S. 2 BGB noch die Unklarheitenregel nach § 305c Abs. 2 BGB beachten.[166]

87 Auch eine kürzlich ergangene Entscheidung des 1. Senats des BAG bringt insoweit keine Sicherheit, da dieser eine Betriebsvereinbarungsoffenheit bereits annimmt, *„wenn der Vertragsgegenstand in Allgemeinen Geschäftsbedingungen* (d.h. im Arbeitsvertrag, Anm. des Verfassers) *enthalten ist und kollektiven Bezug hat“.*[167] Nicht klar ist jedoch, wann der Vertragsgegenstand (hier: Befristung des Arbeitsverhältnisses auf das Regelrentenalter) einen „kollektiven Bezug“ aufweist, da im streitgegenständlichen Fall bei Abschluss des Arbeitsvertrages eine Befristungsbestimmung weder in diesem noch in den an den Arbeitnehmer ausgehändigten Betriebsvereinbarungen oder Tarifverträgen enthalten war. Vielmehr wurde erst während der Dauer des Arbeitsverhältnisses eine entsprechende Befristung (*„Das Arbeitsverhältnis endet – ohne dass es einer Kündigung bedarf – mit Ablauf des Monats, in dem das 65. Lebensjahr vollendet wird.“*) in eine der übergebenen (Gesamt)Betriebsvereinbarungen aufgenommen.[168] Arbeitsverträge und Betriebsvereinbarungen sind aber nach Ansicht des Senats auf eine Vereinheitlichung der jeweiligen Regelungsgegenstände gerichtet, sodass für einen verständigen und redlichen Arbeitnehmer nicht zweifelhaft sein kann, dass es sich bei den durch Arbeitsvertrag gestellten Arbeitsbedingungen um solche handelt, die einer Änderung durch Betriebsvereinbarung zugänglich sind.[169]

! **Praxistipp**
Aufgrund der unklaren Rechtslage sollte sich der Arbeitgeber bei der Arbeitsvertragsgestaltung an den §§ 305 ff. BGB orientieren und eine ausdrückliche und transparente Öffnungsklausel verwenden. Er kann wählen, ob er das Arbeitsverhältnis „global“ oder nur bestimmte Regelungsgegen-

---

165 BAG, Urt. v. 5.8.2009 – 10 AZR 483/08 – Rn 15, das auf das Transparenzgebot gemäß § 307 Abs. 1 S. 2 BGB verweist. Vgl. auch: BAG, Urt. v. 22.4.2009 – 5 AZR 292/08 – Rn 23; BAG, Urt. v. 17.6.2008 – 3 AZR 553/06 – Rn 22f.

166 ErfK/*Kania*, § 77 BetrVG Rn 79f.; ausführlich hierzu: *Preis/Ulber*, RdA 2013, 211, 224 f.; *Rieble/Schul*, RdA 2006, 339, 340.

167 BAG, Urt. v. 5.3.2013 – 1 AZR 417/12 – Rn 60.

168 Vgl. zum Sachverhalt: BAG, Urt. v. 5.3.2013 – 1 AZR 417/12 – Rn 1ff.

169 BAG, Urt. v. 5.3.2013 – 1 AZR 417/12 – Rn 60.

stände für Änderungen durch Betriebsvereinbarung öffnen will, wobei letztere Variante zur Transparenz der Klausel beiträgt.

Klauselmuster Globale Öffnungsklausel

- Die Parteien sind sich einig, dass die mit dem Betriebsrat bereits abgeschlossenen und noch abzuschließenden Betriebsvereinbarungen den Regelungen in diesem Arbeitsvertrag oder anderen einzelvertraglichen Absprachen auch dann vorgehen, wenn die vertragliche Regelung im Einzelfall günstiger ist.
- **Alternative**: Arbeitsvertragliche Regelungen können durch Betriebsvereinbarung auch verschlechternd abgeändert werden.[170]

88 Das LAG Köln hat eine der ersten Klausel sehr ähnliche Bestimmung zwar wegen einer unangemessen Benachteiligung des Mitarbeiters gemäß § 307 Abs. 1 und 2 BGB als unwirksam qualifiziert.[171] Jedoch legte das Gericht die zu prüfenden Bestimmung als Bezugnahmeklausel aus, die auch das BAG einer strengen AGB-Kontrolle unterwirft. Ferner ging das LAG Köln mit keinem Wort auf die großzügige Rechtsprechung des BAG zu Öffnungsklauseln ein, sodass man insoweit von einer nicht repräsentativen Einzelfallentscheidung ausgehen kann.

Praxistipp

Diese Entscheidung zeigt aber trotzdem, dass der Arbeitgeber gut beraten ist, wenn er eine Öffnungsklausel möglichst klar und transparent formuliert und die Betriebsvereinbarungsoffenheit auf bestimmte Regelungsgegenstände beschränkt oder für diese separat regelt.

Klauselmuster konkrete Öffnungsklausel

Die Parteien sind sich einig, dass die mit dem Betriebsrat bereits abgeschlossenen und noch abzuschließenden Betriebsvereinbarungen den Regelungen in diesem Arbeitsvertrag oder anderen einzelvertraglichen Absprachen hinsichtlich Lage, Beginn und Ende der Arbeitszeit auch dann vorgehen, wenn die vertragliche Regelung im Einzelfall günstiger ist.[172]

IV. Zusammenfassung/Checkliste

89 Arbeitsvertragliche Bezugnahmen auf Betriebsvereinbarungen und betriebsvereinbarungsoffene Vertragsgestaltungen sind rechtlich möglich, auch wenn in beiden

170 Vgl. zu diesen und anderen Formulierungsvorschlägen: Preis/*Preis*, Arbeitsvertrag, II O 10 Rn 3; *Rieble/Schul*, RdA 2006, 339, 340.

171 LAG Köln, Urt. v. 22.4.2008 – 9 Sa 1445/07; a.A. *Preis/Ulber*, RdA 2013, 211, 225.

172 Vgl. zu weiteren konkreten Öffnungsklauseln: Hümmerich/Reufels/*Schiefer*, Arbeitsverträge, § 1 Rn 1259, wobei diese Bestimmungen ihrem Wortlaut ebenfalls als Bezugnahmeklauseln eingestuft werden können.

Fällen bei der Formulierung der entsprechenden arbeitsvertraglichen Klauseln vor allem die §§ 305ff. BGB beachtet werden müssen.[173]

! **Checkliste Verweis auf Betriebsvereinbarungen**

- Durch Betriebsvereinbarungen kann grundsätzlich nicht zulasten der Arbeitnehmer in deren arbeitsvertragliche Ansprüche eingegriffen werden, da insoweit das **Günstigkeitsprinzip** gilt.
- Die arbeitsvertragliche Verweisung auf eine Betriebsvereinbarung ist grundsätzlich nicht notwendig: Betriebsvereinbarungen gelten gemäß § 77 Abs. 4 S. 1 BetrVG **unmittelbar und zwingend** für die im Betrieb beschäftigten Arbeitnehmer. Nur in Ausnahmefällen hat die Verweisung auf eine Betriebsvereinbarung konstitutiven Charakter.[174]
- Die Parteien können fremde und unwirksame Betriebsvereinbarungen arbeitsvertraglich in Bezug nehmen, wenn für einen entsprechenden Parteiwillen Anhaltspunkte vorliegen.
- Verweisungen auf Betriebsvereinbarungen unterliegen der AGB-Kontrolle nach §§ 305ff. BGB. Dies ist bei der Vertragsgestaltung zu berücksichtigen.
- In Bezug genommene unwirksame Betriebsvereinbarungen unterliegen darüber hinaus einer vollständigen AGB-Kontrolle.
- Zur Ablösung von Arbeitsbedingungen ist auch eine **„betriebsvereinbarungsoffene"** Vertragsgestaltung denkbar; die jeweilige Klausel sollte – trotz der großzügigen Rechtsprechung des BAG – hinreichend klar und transparent formuliert sein.

D. Verweis auf Arbeitgeberrichtlinien

90 In der Praxis ist nicht nur der Verweis auf kollektivrechtliche Regelungen, sondern auch auf von dem Arbeitgeber einseitig gestellte Richtlinien oder Arbeitsordnungen weit verbreitet.

I. Vertragsgestaltung

91 Da der Arbeitgeber in der Regel ein Interesse an einer möglichst flexiblen Gestaltung der Arbeitsverträge hat, werden regelmäßig die Richtlinien oder Verordnungen *„in ihrer jeweils gültigen Fassung"* in Bezug genommen, sog. **Jeweiligkeitsklausel**.[175]

---

173 Vgl. zu ablösenden Betriebsvereinbarungen bei Widerrufsvorbehalten oder Änderung der Geschäftsgrundlage: ErfK/*Kania*, § 77 BetrVG Rn 87f.

174 Ebenso: *Rieble/Schul*, RdA 2006, 339, 349; *Preis*, NZA 2010, 361, 367.

175 Vgl. zu sog. Jeweiligkeitsklauseln: BAG, Urt. v. 11.2.2009 – 10 AZR 222/08 – Rn 18; BAG, Urt. v. 24.9.2008 – 6 AZR 76/07 – Rn 30f.; BAG, Urt. v. 14.3.2007 – 5 AZR 630/06 – Rn 27f.

Beispiel
- „Der Arbeitgeber stellt dem Arbeitnehmer einen Dienstwagen zur Verfügung. Die Einzelheiten der Dienstwagennutzung richten sich nach der bei dem Arbeitgeber geltenden Dienstwagenrichtlinie in ihrer jeweils geltenden Fassung."
- „Fahrt-, Reisekosten und Spesen werden – soweit sie im Interesse des Arbeitgebers erforderlich waren – nach Maßgabe der Reisekostenrichtlinie in ihrer jeweils gültigen Fassung erstattet."
- „Im Übrigen gelten die allgemeinen Arbeitsbedingungen des Arbeitgebers in ihrer jeweils gültigen Fassung, die diesem Arbeitsvertrag als Anlage beigefügt sind."[176]

II. Rechtliche Rahmenbedingungen

Die Bezugnahme auf Arbeitgeberrichtlinien hat immer **konstitutiven** Charakter, da diese nur auf diesem Weg zum Inhalt des Arbeitsverhältnisses gemacht werden können. Eine normative Geltung, wie bei Tarifverträgen und Betriebsvereinbarungen, existiert insoweit nicht. Daher unterliegen sowohl die Verweisungsklausel als auch die in Bezug genommene Regelung der vollen AGB-Kontrolle.[177] Deshalb begegnen Jeweiligkeitsklauseln – trotz ihrer hohen praktischen Relevanz – rechtlichen Bedenken. 92

1. Änderungsvorbehalt

Das BAG prüft derartige Bestimmungen an § 308 Nr. 4 BGB, da durch einen entsprechenden arbeitsvertraglichen Verweis auf Arbeitgeberrichtlinien de facto ein Änderungsvorbehalt zugunsten des Arbeitgebers vorgesehen wird. Dieser kann die Arbeitsbedingungen durch die „Überarbeitung" der von ihm erlassenen Richtlinien und Ordnungen einseitig ändern. Ein **uneingeschränktes einseitiges Vertragsänderungsrecht** des Arbeitgebers verfolgt aber das gleiche Ziel wie andere Bestimmungsrechte, insbesondere ein Widerrufsvorbehalt. Hierdurch wird das rechtsgeschäftliche Konsensprinzip ausgehebelt.[178] Zudem kann der Arbeitgeber durch entsprechende Anpassungen erheblich in das Leistungs-/Gegenleistungsgefüge des Arbeitsvertrages eingreifen und dieses zu seinen Gunsten ändern. 93

Bei der rechtlichen Bewertung kommt es ausschließlich darauf an, welche **abstrakt-generellen Änderungsmöglichkeiten** durch die Jeweiligkeitsklausel geschaffen werden. Ob und wie der Arbeitgeber diese Änderungsmöglichkeiten nutzt, 94

---

176 Vgl. zu Jeweiligkeitsklauseln i.R.v. variablen Vergütungsmodellen: *Lembke*, NJW 2010, 321, 322; *Bittmann/Mujan*, AuA 2010, 366, 367.
177 *Preis*, NZA 2010, 361, 361.
178 Preis/*Preis*, Arbeitsvertrag, II J 10 Rn 4.

ist hingegen bedeutungslos.[179] Da die Änderungsmöglichkeiten einer Jeweiligkeitsklausel grundsätzlich denen eines Widerrufsvorbehalts entsprechen, müssen bei Erstgenannter nach § 308 Nr. 4 BGB AGB-rechtlich dieselben Voraussetzungen wie bei einem Widerrufsvorbehalt beachtet werden. Ein einseitiges Änderungsrecht des Arbeitgebers ist nämlich von einem arbeitsvertraglichen Verweis auf Kollektivvereinbarungen zu unterscheiden, denn bei Letzteren wird die Parität der Verhandlungspartner vermutet, sodass bei vorgenommenen (konsensualen) Änderungen auch die Angemessenheit der Anpassungen im Arbeitsverhältnis gewährleistet ist.[180] Außerdem gewährt die Bezugnahme auf Kollektivvereinbarungen dem Arbeitgeber kein einseitiges Änderungsrecht hinsichtlich der Arbeitsvertragsbedingungen. Wegen dieser Unterschiede lässt sich allein aus dem Grundsatz, dass Verweisungen auf kollektive Regelungswerke im Zweifel als dynamisch auszulegen sind, nicht ableiten, dass eine Inhaltskontrolle einer Bezugnahme auf Richtlinien des Arbeitgebers entfallen kann.[181]

2. Wirksamkeitsvoraussetzungen

95 Von der AGB-rechtlichen Wirksamkeit einer Jeweiligkeitsklausel kann somit nur ausgegangen werden, wenn die Änderung oder Abweichung unter Berücksichtigung der Interessen des Arbeitgebers für den Arbeitnehmer zumutbar ist. Dies ist nur der Fall, wenn für die Änderung ein ***„triftiger Grund** vorliegt und dieser bereits **in der Änderungsklausel beschrieben** ist“*.[182] Im Ergebnis muss die vertragliche Regelung einen sachlichen Grund für die Änderung der jeweils in Bezug genommenen Arbeitsbedingung enthalten.[183]

! **Praxistipp**
Eine Jeweiligkeitsklausel ohne die Berücksichtigung der Rechtsprechung des BAG zu Änderungsvorbehalten/Widerrufsvorbehalten nach § 308 Abs. 4 BGB ist unwirksam.

---

179 BAG, Urt. v. 11.2.2009 – 10 AZR 222/08 – Rn 24 f.; *Preis*, NZA 2010, 361, 362; *Gaul/Ludwig*, BB 2010, 55, 57. Zur Anwendbarkeit der AGB-Kontrolle auf Jeweiligkeitsklauseln: ErfK/*Preis*, §§ 305–310 BGB Rn 27.

180 BAG, Urt. v. 11.2.2009 – 10 AZR 222/08 – Rn 30; *Preis*, NZA 2010, 361, 363. Vgl. zur sog. materiellen Richtigkeitsgewähr von Tarifverträgen: BAG, Urt. v. 24.9.2008 – 6 AZR 76/07 – Rn 49.

181 BAG, Urt. v. 11.2.2009 – 10 AZR 222/08 – Rn 31. Zu Verweisungen auf beamtenrechtliche Regelungen: BAG, Urt. v. 11.2.2009 – 10 AZR 222/08 – Rn 24 ff. Zum Sonderfall der Verweisung auf Versorgungsordnungen: BAG, Urt. v. 14.3.2007 – 5 AZR 630/06 – Rn 19 ff. Kritisch hierzu: Preis/*Preis*, Arbeitsvertrag, II J 10 Rn 5.

182 BAG, Urt. v. 11.2.2009 – 10 AZR 222/08 – Rn 24 m.w.N.

183 *Lembke*, NJW 2010, 321, 322; *Preis*, NZA 2010, 361, 363, der ansonsten auch einen Verstoß gegen das Transparenzgebot und eine unangemessene Benachteiligung des Arbeitnehmers annimmt. Ausführlich hierzu: Kapitel 1 Rn 42 ff.

III. Checkliste/Formulierungsbeispiel

Werden bei einer Jeweiligkeitsklausel und damit einem vertraglich vereinbarten uneingeschränkten einseitigen Änderungsrecht des Arbeitgebers die für einen Widerrufsvorbehalt nach § 308 Nr. 4 BGB geltenden Voraussetzungen nicht beachtet oder verstößt die Bestimmung gegen das Transparenzgebot gemäß § 307 Abs. 2 S. 1 BGB, **entfällt sie** nach § 306 BGB grundsätzlich **ersatzlos**. Eine geltungserhaltende Reduktion oder eine ergänzende Vertragsauslegung kommt insoweit nicht in Betracht.[184] 96

Möglich ist im Falle der sprachlichen Teilbarkeit der Jeweiligkeitsklausel allerdings, dass deren wirksamer und weiterhin verständlicher Teil im Wege des „**Blue-Pencil**"-Prinzips aufrechterhalten wird. Es könnten z.B. die dynamisch wirkenden Komponenten gestrichen werden; es bleibt folglich eine **statische Verweisung** auf die (ursprünglich) in Bezug genommene Arbeitgeberrichtlinie übrig. In diesem Fall kann der Arbeitgeber eine Anpassung der Arbeitsbedingungen nicht „automatisch" über die Jeweiligkeitsklausel, sondern nur durch eine (auch konkludente) Änderungsvereinbarung oder eine Änderungskündigung erreichen.[185] 97

Checkliste Jeweiligkeitsklausel

- Konkrete und genaue Bezeichnung des **Bezugnahmeobjekts**.
- Beachtung der von der Rechtsprechung aufgestellten Anforderungen zur AGB-rechtlichen Wirksamkeit von **Widerrufsvorbehalten**,[186] insbesondere konkrete Angabe des **Grundes** für die zukünftige Anpassung der Arbeitsbedingungen.
- Alternativ Vereinbarung einer **statischen** Verweisungsklausel, die allerdings zur „Versteinerung" der Arbeitsbedingungen führen kann.

Klauselmuster Verweis auf Reisekostenrichtlinie

- Fahrt-, Reisekosten und Spesen werden – soweit sie im Interesse des Arbeitgebers erforderlich waren – nach Maßgabe der beim Arbeitgeber geltenden Reisekostenrichtlinie in ihrer jeweils gültigen Fassung erstattet. Der Arbeitgeber behält sich vor, die Regelungen der Reisekostenrichtlinie aus wirtschaftlichen Gründen, insbesondere wirtschaftliche Notlage, negatives wirtschaftliches Ergebnis, nicht ausreichender Gewinn, Rückgang der oder nicht Nichterreichen der erwarteten wirtschaftlichen Entwicklung zu widerrufen oder anzupassen. Gleiches gilt für die Fällte, dass sich die Tätigkeit des Arbeitnehmers oder deren rechtliche Rahmenbedingungen ändern oder veränderte Vorgaben zur Benutzung von Verkehrsmitteln oder Hotels Anwendung finden.[187]

---

184 BAG, Urt. v. 11.2.2009 – 10 AZR 222/08 – Rn 33; MüKo-BGB/*Müller-Glöge*, § 611 BGB Rn 57.

185 MüKo-BGB/*Müller-Glöge*, § 611 BGB Rn 75. Zum „Blue-Pencil-Test": BAG, Urt. v. 12.3.2008 – 10 AZR 152/07 – Rn 23ff.; Preis/*Preis*, Arbeitsvertrag, II J 10 Rn 7, der insoweit auf mögliche „Vertragsänderungsabreden" verweist, die aber an § 308 Nr. 5 BGB zu messen sind.

186 Vgl. Kapitel 1 Rn 42ff. und Kapitel 6 Rn 22.

187 Vgl. hierzu auch: *Gaul/Ludwig*, BB 2010, 55, 58.

– **Alternative:** Fahrt-, Reisekosten und Spesen werden – soweit sie im Interesse des Arbeitgebers erforderlich waren – nach Maßgabe der beim Arbeitgeber geltenden Reisekostenrichtlinie vom [Datum] erstattet.

Sachregister

Die fetten Zahlen verweisen auf die Kapitel, die mageren Zahlen verweisen auf die Randnummern.

Printed and bound by CPI Group (UK) Ltd, Croydon, CR0 4YY
05/10/2026
14975896-0001